智元微库
OPEN MIND

成 长 也 是 一 种 美 好

终身学习核心知识库

管理信息系统

原书第 10 版
10th Edition

[美] 戴维·M. 克伦克（David M. Kroenke）
[美] 兰德尔·J. 博伊尔（Randall J. Boyle）

著

陈先贵　胡冬宁　王　凌

译

人民邮电出版社
北京

图书在版编目（CIP）数据

管理信息系统：原书第10版 ／（美）戴维·M. 克伦克（David M. Kroenke），（美）兰德尔·J. 博伊尔（Randall J. Boyle）著；陈先贵，胡冬宁，王凌译. 北京：人民邮电出版社，2025. --（终身学习核心知识库）. -- ISBN 978-7-115-67620-7

Ⅰ. C931.6

中国国家版本馆CIP数据核字第2025V6K739号

版 权 声 明

◆ 著　[美]戴维·M. 克伦克（David M. Kroenke）
　　　　[美]兰德尔·J. 博伊尔（Randall J. Boyle）
　　译　陈先贵　胡冬宁　王　凌
　　责任编辑　张渝涓
　　责任印制　周昇亮

◆ 人民邮电出版社出版发行　　　北京市丰台区成寿寺路 11 号
　　邮编　100164　　电子邮件　315@ptpress.com.cn
　　网址　https://www.ptpress.com.cn
　　天津千鹤文化传播有限公司印刷

◆ 开本：787×1092　1/16
　　印张：29　　　　　　　　　　　　　2025 年 8 月第 1 版
　　字数：680 千字　　　　　　　　　2025 年 8 月天津第 1 次印刷

著作权合同登记号　图字：01-2022-5854 号

定价：99.00 元

读者服务热线：（010）67630125　　印装质量热线：（010）81055316
反盗版热线：（010）81055315

献给 C. J.、卡特（Carter）和夏洛特（Charlotte）。

——戴维·M. 克伦克

献给考特尼（Courtney）、诺亚（Noah）、菲奥娜（Fiona）、莱拉（Layla）和亨利（Henry）。

——兰德尔·J. 博伊尔

内容简介

　　管理信息系统是以信息系统为核心的、应用于组织的信息系统。本书讨论的主要内容是使用信息系统及相关技术来降低成本、增加收入、改善工作条件，以帮助组织进行创新，进而创造更多价值。

　　本书共分为四大部分：第一部分"为什么使用管理信息系统"、第二部分"信息技术"、第三部分"利用信息系统获得竞争优势"，以及第四部分"信息系统管理"。每个部分由三章构成。

　　与之前的各个版本相比，本书不仅对管理信息系统的相关知识进行了大量与时俱进的更新，而且对人工智能、机器学习、机器人、无人机、自动驾驶、云服务等新兴技术和手段进行了详细的案例分析。对未来的商务专业人士而言，本书中涉及的知识对他们增强自己未来在就业市场上的竞争力至关重要。

亲爱的同学：

你会喜欢上"管理信息系统"这门课程的。它的主要内容是如何利用技术为你所在的组织创造价值。从中你可以了解到企业如何运用技术手段来降低成本、增加收益、改善工作条件，从而生产出新产品，并为客户提供新服务。

在这门课程中你将学到很多知识，例如人工智能、机器学习、自动驾驶、3D 打印、社交媒体、大数据、虚拟现实、云和网络安全等。很多学生喜欢这门课是因为它能让他们有机会更多地了解自己在新闻中读到的东西，而且这些既酷炫又有趣的前沿技术能够帮助他们找到自己心仪的工作。许多人向往这类工作，却对这些专业技术没有深刻的了解。本书就会向你介绍这些技术。

有了在这门课程中学到的知识，你有机会找到一份相当不错的工作，还可以提升你的收入潜力，使你成为企业内部无可取代的那类员工。可能你无法成为杰夫·贝索斯（Jeff Bezos）或史蒂夫·乔布斯（Steve Jobs）那样的知名企业家，但通过运用在这门课程中学到的知识，你或许能实现超乎想象的成就。现代企业的发展壮大越来越依赖专业技术，它们需要那些懂得如何运用新技术来解决新问题的人，而你将会成为这样的人。

想想看，随着时间的推移，技术会创造出许许多多前所未有的新职位，如机器学习工程师、云数据工程师、机器人流程自动化开发人员、社交媒体分析师、信息安全专家、商业智能分析师、数据架构师等。不说 20 年，就是在 10 年前，这些工作都是不存在的。[①] 同样地，20 年后最抢手的工作现在可能还未出现。

例如，企业纷纷开始使用人工智能、机器学习、物联网设备和机器人技术来实现劳动力的自动化。当然，自动化会降低劳动力成本，为消费者提供价格更低廉的

---

① 本书的英文原著出版于 2022 年。请读者在阅读本书作者关于时间的表述时以此为参照。——编者注

产品。但员工呢？他们的岗位去哪儿了？

其实，所有新技术都需要具备不同知识和技能水平的员工来使用。企业需要专家来创建和管理人工智能应用程序、数据库、高速网络、智能设备，以及机器人系统。这就需要许多名员工，而雇主对技能的要求会发生改变。那些单调、重复、低薪的常规工作将会消失，取而代之的是高薪的新职位，在这些职位上的人会负责管理这些新技术。

如果你愿意不断地学习，并且富有创造力；如果你愿意培养自己对非常规问题的解决能力、愿意寻找新的工作机会，并运用新兴技术来推进实施你所在企业的战略，你就永远不会缺少工作机会。无论你的工作是在市场营销、运营、销售、会计、金融、创业领域，还是其他领域，情况都是如此。

将信息系统转变为你的优势，终极目标在于让你能够预测技术创新，并在行业中处于领先地位。在你的职业生涯中，你会有很多在政府和商业领域中创新性地运用信息系统的机会——前提是你要知道如何去寻找这些机会。

你可以运用在这门课程中学到的知识，在未来可期且趣味满满的职业生涯中抓住机会、茁壮成长。你不仅会学习管理信息系统的相关术语，还会了解信息系统正在为商业带来变革的方式，以及你可以参与这种变革的众多途径。

在你奋力前行的路上，我们祝愿你——未来的商务专业人士，能取得圆满成功！

兰德尔·J. 博伊尔（Randall J. Boyle）
戴维·M. 克伦克（David M. Kroenke）

前言

在第 1 章中，我们提出，管理信息系统是商科专业所有课程中最为重要的一门课。这是一个颇为大胆的说法，我们每年都会判断这个说法是否依然正确。目前，有哪一门学科对政府和当代商业的影响会比信息系统更大呢？时至今日，在我们看来，答案依然是没有。每年都有一些革命性的新技术涌现于世，许多组织的科研人员都会开发新的技术应用，从而提高生产力，并帮助组织实现战略目标。

我们看到，一些人们已讨论许久的创新成果在过去的几年间有了突飞猛进的发展。自动驾驶技术取得了巨大进展；优步（Uber）、特斯拉（Tesla）和 Waymo^① 等公司的自动驾驶里程已达数千万英里^②；几乎所有的汽车制造商都在全速转型，将研发重心从传统汽车转向自动驾驶的智能汽车。麦肯锡咨询公司（McKinsey & Company）的一份报告指出：自动驾驶技术可能最快将于 2030 年被广泛采用，但毕马威公司（KPMG）则估计该技术到 2050 年才会被广泛采用。可以设想一下，有一天，当亚马逊公司正式将其目前正在测试的自动驾驶卡车投入使用时，将会发生什么——会降低 80% 的运输成本！

在 2021 年的国际消费类电子产品展览会（International Consumer Electronics Show，简称 CES）上，8K 分辨率的超高清 QLED 电视很受欢迎。这种新电视非常轻薄、屏幕极亮，且边框极窄。在一次新闻发布会上，LG 公司播放了一段关于其新款卷轴屏智能手机的视频。该款智能手机的屏幕会变得更大，因此，卷轴屏手机有望获得消费者的青睐。同样在 2021 年，凯迪拉克（Cadillac）公司展示了其名为

---

① 本书中涉及的外国公司、品牌和产品等较多，其中，有官方中文译名的机构（企业）、品牌或产品，本书使用其中文译名，而没有官方中文译名的机构（企业）、品牌或产品，本书则保留其外语原名。——编者注

② 1 英里 = 1609.344 米。——编者注

Halo 的新型自动驾驶概念车。这款自动驾驶汽车可以通过语音或手势来控制，看起来就像配置了全包裹座椅的跨界车。通用汽车（General Motors）公司还展示了关于其自主研发的无人驾驶飞机的概念视频。这款无人机可能会配备容量 90 千瓦时的电池，其速度有望达到每小时 56 英里。

数字现实（也称虚拟现实）技术无疑已经起飞。2019 年，微软（Microsoft）公司和 Magic Leap 公司分别发布了它们的混合现实设备——HoloLens 2 和 Magic Leap 1。微软公司侧重于向企业合作伙伴提供设备，并取得了成功，而 Magic Leap 公司则侧重于消费者市场，不得不在 2020 年裁员 600 人。Magic Leap 公司解雇的大部分员工都被苹果（Apple）公司聘用了，据说是为了研发其神秘的增强现实设备。据推测，到 2026 年，数字现实市场的估值将达到 1200 亿美元。这些设备将创造一种全新类型的组织，而且可能会改变人们的生活、工作、购物和娱乐方式。

除了改变个人生活和数据收集的方式，创新也在改变着组织的工作方式。很多组织都开始让员工远程办公，也开始更加关注自动化并增加对机器人的使用。

例如，在我们撰写本前言之时，亚马逊的 20 万个基瓦（Kiva）机器人正在该公司的 110 个仓库中昼夜不停地工作着。基瓦机器人将公司的运营成本降低了 20%（每个仓库因此省下了 2200 万美元），并将从下单到发货的时间缩短了 75%。亚马逊、联邦快递（FedEx）、UPS、波音（Boeing）和敦豪速递（DHL）公司都在测试将无人机用于包裹递送服务的可行性。据估计，到 2030 年，无人机包裹递送市场的价值将达到 910 亿美元。亚马逊原计划于 2019 年底开启无人机递送业务，但截至 2021 年年中，该设想仍未实现。麦肯锡咨询公司估计，运输一个包裹的成本是 4 美元，而亚马逊 2020 年的运输成本为 610 亿美元。无人机递送有望让亚马逊的运输成本削减 50%。在这个例子中，技术作为一种自动化的劳动力，正在从根本上改变组织的运作方式。技术可以让组织的生产效率更高，让它们更有创新性、适应性更强。

此外，大规模的数据泄露也令人担忧不已。实际上，根据 Risk Based Security 公司的报告，在 2021 年发生的 3932 起安全事件中，共丢失了 370 亿条个人信息数据。其中影响较大的数据泄露事件涉及以下公司：雅虎公司（30 亿）、Keepnet Labs 公司（50 亿）、AdvancedInfo Service 公司（80 亿）、CAM4 公司（100 亿）。超过 77% 的用户信息数据是被外部黑客通过网络漏洞（94%）或直接黑入系统（5%）的方式盗取的，而这些公司也只是数据泄露受害者的冰山一角。

本书已对上述情况进行了更新，还根据一些新兴技术（如人工智能、机器学习、云服务等）做了常规性修订。

所有这些改变都强调了这样一个事实，即更复杂、要求更高的用户正将组织推向一个快速变化的未来，一个需要不断调整和改进业务规划的未来。鉴于这样的商业环境，我们的学生需要知道如何应用新兴技术以更好地实现其所在组织的战略。因此，了解管理信息系统的相关知识至关重要。这种变化的速度总是让我们想起凯丽·费雪（Carrie Fisher）的那句话："能被即时解决的问题皆因其变化还不够快。"

为什么出第 10 版

我们在这里要重申一下早期版本的序言：技术变化很快，保持与时俱进至关重要。在每一个版本中，我们都要更新、删除，并增加所需的信息，这样才能为实现课程目标提供必要的内容。

对某些领域的学习而言，一年半的时间似乎并不长，因为在这段时间内会发生的变化很小。但对管理信息系统而言，一个公司可以在短短几年内成立，然后以数十亿美元的价格售出。例如，YouTube 公司成立于 2005 年 2 月，它在 2006 年 11 月以 16.5 亿美元的价格被出售给了谷歌（Google）公司（21 个月）。这并不是一时的侥幸。脸书（Facebook）公司成立于 2004 年，它引领了当时社交媒体的变革，而到 2021 年年中，它已成为一家上市公司，估值为 9540 亿美元。这意味着，截至 2022 年，它的估值在以年均 590 亿美元的惊人速度增长！管理信息系统的变化很快——非常快。我们希望这个新版本是最新的管理信息系统教材之一。

本书第 10 版对第 3、4、6 和 10 章进行了较大的修改。新增内容包括低代码系统、机器人流程自动化、智能自动化、数据湖、数据发现、持续智能、工业物联网、自动驾驶技术、无人机、工业机器人、5G、混合云、多云策略、数据结构、密码重复使用、凭证填充、信息安全疲劳、加密恶意软件等。

本书第 7 章至第 12 章引入了关于 iMed Analytics 公司的讨论，这是一家基于云的医疗分析初创公司。本书第 1 章至第 6 章从讨论 eHermes 公司开始，它是一家使用自动驾驶汽车提供移动购物体验的初创公司。这些内容可以帮助引入本章内容，也可以为学生提供大量的练习机会，让学生练习第 1 章中提到的关键能力："评价、评估信息技术并将其应用于商务实践。"

本版本的新内容是位于每章末尾的"安全指南"。这些指南侧重于关注一些网络安全问题，因为它们与本章内容有关。安全问题对数据、网络、硬件、员工和组织整体战略的影响越来越大。学生需要知道安全问题会如何影响他们和他们的组织。

本版本继续关注道德教育。每个"道德指南"都要求学生将伊曼努尔·康德（Immanuel Kant）的绝对命令、边沁（Bentham）和密尔（Mill）的功利主义应用于指南中描述的商业情况。我们希望学生能在这些练习中进行丰富而深刻的伦理思考。绝对命令在第 1 章的"道德指南"中有所介绍，而功利主义在第 2 章的"道德指南"中有所介绍。

我们对每章都做了额外的修改，改动的内容包括 10 个新的"创新指南"、12 个新的"安全指南"、6 个新的"就业指南"、10 个新的"道德指南"，以及 6 个新的章节案例。指南全部移到了每章的末尾，这样便于查找。为了让内容更易于理解，我们还添加了更多的图片，例如第 6 章中展示公共云、私有云和混合云之间差异的图片。我们对全书章节做了许多修改，努力让它们足够有新意。管理信息系统发展迅速，为了更新文本，我们检查了每个事实、数据点、关键句和行业参考信息，以避免其过时，并在必要时替换它们。

积极参与

这一版的《管理信息系统》为学生提供了许多积极参与的机会。每章的"创新指南"中都有练习和问题供学生使用，以展示本章内容和他们的相关性。每章还有一个"道德指南"，着眼于本章内容的道德含义，以及一个"安全指南"，着眼于一些影响本章所涉及的概念的安全问题。它们可以作为课堂上的小练习。

促进学生学习

现在的学生是在不断受到新生事物的冲击和"频道"转换的环境中成长的，许多学生很难把注意力完全集中在某一个话题上超过几分钟。当然，作为教育工作者的我们是不希望这样的事情发生的，但短暂的注意力持续时长是学生和我们都面临的现实问题。最近的一些研究似乎证实了学生们的说法，即除了在课堂上发短信，他们也会在课堂上毫无困难地同时处理多项任务。

本书的结构可以适应当代学生的学习风格。首先，本书是围绕着问题组织编写的，这样可以帮助学生管理时间。每一章的学习目标都以问题列表的形式呈现。正文中的每个主要标题都是这些问题中的一个，而每一章的结尾都有一个要点回顾模块，可以让学生展示他们对每个问题的学习成果。学生在认真研究后才能回答这些问题，他们可能需要花费五分钟或五小时，而他们的任务就是回答这些问题。这种学习方法来自玛丽拉·斯维尼奇（Marilla Svinick）的研究，它能很好地帮助学生管理学习时间。

其次，教师也可以用这些问题来组织课堂，或者至少是部分课堂。教师可以让学生用回答问题的方式来开启课堂，也可以在教室里走动，请某位同学回答一个问题或问题中的一部分。

再次，当学生对学习内容有情感投入时，他们就会有更大的学习兴趣。我们设置每章开头小故事的目的就是唤起学生的情感，引起他们对本章内容的关注。

最后，82% 的商学院学生更喜欢视觉学习，而不是听觉（声音或言语）学习。为了让学生更愿意翻开这本书并持续阅读，我们插入了一些有趣且引人入胜的图像和照片。但是，无论在任何情况下，我们都会坚持让图像或照片与讨论的主题相关，它们可不是博人眼球的"花瓶"。培生教育集团让我们亲自审查书中的每张图像和照片。我们相信一本好书不会枯燥乏味，而其对图像和照片的运用一定是恰到好处的。

学生参与

我们撰写这本书的目的之一是让学生不会忽略管理信息系统在商业活动中的重要性。本书易于理解、便于使用，它的语言时而幽默、时而让人如沐春风，而我们的目标始终是向所有商务专业人士强调管理信息系统的重要性。

● 注重协作

与之前的所有版本一样，本书十分注重协作。正如第 1 章所描述的那样，这是赖克（Reich）提出的 21 世纪的专业人士需要具备的关键技能之一。我们认为，教师不仅需要要求学生进行协作，还需要教他们协作的关键技能。第 7 章和第 10 章分别介绍了协作技术和协作信息系统，每章还配有协作练习（见本书电子资源）。

● 每部分和每章的开篇小故事

每部分和每章都会以一则小故事开篇，其目的是让学生在情感上参与其中。我们希望学生在心理上将自己置于相应的情境中，并意识到故事中的情况——或类似的情况——可能发生在他们身上。每个小故事都涉及本章的主要内容，它们作为介绍性案例，有助于支持学生的学习动机和学习目标。

此外，这些介绍性案例都涉及将新技术应用于现有业务。我们的目标是为学生提供更多的机会，让他们了解组织是如何受到新技术的影响和冲击的，以及他们需要如何应对。同时，我们希望为教师提供更多途径，让教师与学生一起进行探索。

在设计这些小故事时，我们努力创造足够丰富的商业场景，以便真实地进行与信息系统相关的探讨。这些故事浅显而易于理解，即使是没有专业知识，甚至没有商业经验的学生也能理解。我们也尝试创造了一些有利于教学的趣味小故事。本版本引入了新的 iMed Analytics 公司的分析案例，并延续了第 9 版的 eHermes 公司的分析案例。

● eHermes 公司

本书第一部分和第二部分中的各章分别介绍了 eHermes 公司一些主要人物的对话，eHermes 公司是一家使用自动驾驶汽车提供移动购物体验的私营公司。我们希望围绕一种有趣的商业模式展开案例讨论，让学生们想要去了解更多相关知识。自动驾驶汽车在各种媒体上得到了广泛关注，但学生们可能还不太了解它们在商业上的应用。自动驾驶技术已经走上了正轨，在接下来的几年里，该技术应该会被广泛采用。在不久的将来，学生们很可能会拥有或使用自动驾驶汽车。

eHermes 公司的研发人员正在考虑利用某种人工智能或机器学习来提高汽车的工作效率，以提升其市场竞争力。然而，如果该公司这样做，将需要相当大规模的投资，还需要雇用一个人工智能专家团队去开发新的业务流程，并修改公司的内部信息系统。所有这些都为第 2 章的学习提供了很好的素材，并强调了信息系统需要支持不断发展的商业战略，它所采取的方式也至关重要。

最终，eHermes 公司的领导者决定不投资人工智能，因为这样做成本太高，而他们希望利用资金来发展其他业务。目前公司没有足够可靠的数据来训练人工智能，需要在额外的基础设施上投入更多，所以公司决定专注于其核心优势，即通过移动店铺销售商品。

学生们可能会认为，自己在研究 eHermes 公司的过程中，把大量时间花在了一个最终没有商业意义而且被拒绝了的机会上。但这一结果至少与成功的结果在一点上是一样的——为学生提供了丰富的信息。该案例使用了流程知识和商业智能的应用程序，从而避免犯下严重错误并浪费大量资金。eHermes 公司不需要雇用一大批人工智能专家、购买新的基础设施，创造出一个复杂的人工智能工具，最后却发现这是一个错误。公司可以尝试制作测试品，分析成本和收益，然后从一开始就避免犯错误。解决问题的最好方法就是不要创造问题！

● iMed Analytics 公司

iMed Analytics 公司是一家刚刚起步的医疗信息公司，它利用人工智能和机器学习来分析医疗数据，希望能改善患者的医疗结果。它研发的 iMed 系统允许患者自己上传来自各种经过批准的物联网医疗设备的医疗数据，如智能手表、智能秤、血氧仪、血压计、血糖监测仪、心电图监测仪、智能吸入器、空气质量传感器等。

　　然后，iMed 系统会使用其定制的人工智能和专门为患者数据设计的机器学习算法分析这些数据。患者可以查看自己定制的医疗保健控制面板，并与医生共享这些数据。医生可以利用这些数据持续地监测患者的情况，观察患者对新药物的反应、患者遇到的问题或经历的危及生命的情况。

　　在坦帕综合医院（Tampa General Hospital）工作的著名肿瘤科医生格雷格·所罗门（Greg Solomon）意识到了使用像 iMed 系统这种应用系统的必要性。他无法定期见到许多癌症患者，于是他想找到一种方法，让自己即使不能亲眼看到病人，也能为他们提供医疗服务。在某种程度上，iMed 系统让这一切成为可能。

　　iMed 系统是基于 C 语言编写的真实测试系统，其代码运行在云中的 Azure 数据库上。它使用了 Windows Phone 模拟器，这是 Visual Studio 的一部分。所罗门医生聘请埃米丽·刘易斯（Emily Lewis）担任这家公司的信息系统经理，并请她开发了一款简单的测试品，让他可以向医院和诊所进行展示。与此同时，他还找到并聘请了新的总经理贾丝明·穆尔（Jasmine Moore）、客户服务经理费利克斯·拉莫斯（Felix Ramos）和机器学习专家乔斯·纳瓦罗（Jose Navarro）。所有这些都在第 7 章的开篇有所描述。

● 绝对命令与功利主义在道德指南中的运用

　　自将"道德指南"引入本书的第一版以来，我们相信学生对道德的态度发生了转变。长期以来，至少学生中的一部分人似乎对道德问题表现得比较悲观和冷漠。

　　于是，在第 5 版中，我们开始使用康德的绝对命令和边沁与密尔的功利主义，要求道德标准还不够成熟的学生采用绝对命令和功利主义的观点，而不是他们自己的观点，或者在某些时候加上自己的观点。我们希望学生们在"尝试"运用这些标准的过程中，能够更深入地思考道德原则，而不是简单地固守个人偏见。

　　第 1 章的"道德指南"介绍了绝对命令，第 2 章的"道德指南"介绍了功利主义。如果教师选择使用这些观点，就需要让学生阅读这两个指南。

● 指南

　　在本书中，每一章的末尾都有几篇文章，叫作"指南"。每章包括四个独特的指南，重点关注信息系统当前面临的问题。在每章的指南中，第一个侧重于创新技术的影响（创新指南），第二个侧重于商业活动中的信息安全问题（安全指南），第三个侧重于信息系统领域的职业发展（就业指南），第四个侧重于信息系统领域的道德问题（道德指南）。每个指南的内容都旨在激发学生进行思考，鼓励学生进行讨论并积极参与，其目的在于帮助学生学习解决问题的技能，从而让他们成为更优秀的商务专业人士。

创新指南旨在向学生介绍一项创新技术，然后要求他们认真思考这项技术在其今后的工作与生活中将如何影响他们，以及他们可能为之工作的组织。所有商科学生都必须能够评估新技术，并了解新技术可能会如何影响他们的组织。我们希望这些指南能够帮助学生思考与组织的系统性和整体性有关的问题。

就业指南旨在让学生对现实生活中的信息系统相关工作有一个粗略的了解。每个就业指南的重点都是相关的章节内容，并由在该领域工作的管理信息系统专业毕业生撰写。这些指南能帮助学生思考本章内容与他们未来职业生涯的相关性，也能激励他们考虑从事管理信息系统方面的职业。

道德指南旨在鼓励学生解决因使用信息系统而产生的特定道德问题。学生将接触一些与伦理学、信息系统和一般商业知识相结合的基本原则。所有的指南都鼓励学生努力掌握一些思路，并将其应用于自身——这些现在或未来的商务专业人士。有了这些指南，本书可以帮助学生将知识从管理信息系统课程迁移到其他课程中去，并最终应用在他们的职业生涯中。

安全指南旨在帮助学生了解和掌握网络安全问题将会如何影响他们和他们的组织。每个指南都集中关注一些近年来出现的网络安全问题，这些问题切实影响着现实世界中的组织。安全指南说明了物理安全和网络安全之间的相似之处，以及信息安全所面临的一些特有的挑战。

本书内容是如何组织的

本书分为四个部分。通过阅读前文的内容简介，你可以了解各部分的主要内容。第一部分"为什么使用管理信息系统"介绍了管理信息系统，并解释了它对商科学生的重要性。第一部分的三章介绍了管理信息系统的基本定义和五要素框架，解释了信息系统在支持组织战略和竞争优势方面所起的作用，并介绍了商业智能系统。

第二部分"信息技术"介绍了基本的 IT 概念。第二部分的三章讨论了硬件和软件、数据库处理和数据通信等内容。

第三部分的标题是"利用信息系统获得竞争优势"。本部分的三章分别从协同信息系统、组织与系统、社交媒体三个方面进行了论述。

第四部分"信息系统管理"用三个章节进行了总结，讨论了信息系统安全、信息系统管理（包括外包）和系统开发。值得注意的是，由于安全性的重要性日益增加，第 10 章着重讨论了与安全性相关的案例。

致谢

首先，我们要感谢鲍林格林州立大学（Bowling Green State University）信息系统学教授、《管理信息系统概论：流程、系统与信息》（*Processes, Systems, and Information: An introduction to MIS*）一书的作者小厄尔·麦金尼（Earl McKinney Jr.），他对流程在管理信息系统课程中的作用进行了长达数小时的深刻探讨，并对信息的本质提出了深刻见解。我们还要感谢西华盛顿大学（Western Washington University）的戴维·奥尔（David Auer）在数据通信技术方面所提供的帮助，以及本特利大学（Bentley University）的杰弗里·普劳德富特（Jeffrey Proudfoot）在信息安全方面的见解。同时，特别感谢詹姆斯麦迪逊大学（James Madison University）的哈里·赖夫（Harry Reif），他对如何改进本书提出了极有见地的意见。

我们要感谢微软公司的兰迪·格思里（Randy Guthrie）的帮助，他为管理信息系统专业的多位教授提供了诸多帮助，也给学生进行了很多场演讲。此外，我们还要感谢罗布·霍华德（Rob Howard）对 SharePoint 和 SharePoint Designer 的讨论和意见，以及史蒂夫·福克斯（Steve Fox）对 SharePoint 和 Microsoft Azure 的有益讨论。关于我们的 SharePoint 项目，要特别感谢西华盛顿大学的戴维·奥尔和詹姆斯麦迪逊大学的劳拉·阿特金斯（Laura Atkins），他们是我们的 SharePoint 管理信息系统社区网站的监督员，这个网站让数十名教授和数百名学生能够学习如何使用 SharePoint。我们的 SharePoint 解决方案由位于美国佐治亚州亚特兰大市的 NSPI 负责托管。另外，我们感谢已获得认证的 scrum 管理员唐·尼尔松（Don Nilson），他在敏捷开发和 scrum 的新材料方面提供了重要的想法和指导。

我们还要感谢所有为本书中的"就业指南"撰稿的业内人士，包括安德鲁·延奇克（Andrew Yenchick）、科尔顿·莫里特森（Colton Mouritsen）、马歇尔·佩蒂特（Marshall Pettit）、凯莉·史密斯（Kailey Smith）、瑞安·费希尔（Ryan Fisher）、克里斯蒂·弗鲁克（Christie Wruck）、贾森·库普（Jason Koop）、亚当·扬（Adam Young）、克里斯·海伍德（Chris Heywood）、苏珊·琼斯（Susan Jones）和琳赛·姿雅（Lindsey Tsuya）。我们希望他们基于现实世界的建议能让学生对管理信息系统专业人士的日常生活有所了解。

我们要感谢我们的策划编辑谢里尔·斯拉维克（Cheryl Slavik）的支持，感谢她的学识、专业性和良好态度。现在的教科书行业正经历着剧烈的变化，她对教科书出版过程的了解、她给予我们的指导和她的智慧非常令人钦佩。

我们要感谢那些为我们的教师资源开发工作做出贡献的人：罗伯塔·M. 罗思（Roberta M. Roth）——教师手册和 PPT；梅洛迪·怀特（Melody White）——测试库。我们还要感谢以下作者，他们为我们的 MyLab 提供了一套极好的资源：犹他州立大学（Utah State University）的鲍勃·米尔斯（Bob Mills）、北爱荷华大学（University of Northern Iowa）的罗伯塔·M. 罗思，以及哥伦布州立大学（Columbus State University）的约翰·赫普（John Hupp）。

培生教育是一家出色的出版公司，拥有一群敬业、有才华、有创造力的出版人。我们要感谢编辑詹妮弗·奈尔斯（Jenifer Niles）承担了一系列复杂文本的生产管理工作，并以乐观的态度高效地完成了它。我们还要感谢苏珊·汉纳斯（Susan Hannahs）、高萨曼·萨德汉纳姆（Gowthaman Sadhanandham）和杰米·诺伊（Jaimie Noy）对本书的出版做出的贡献。没有专业销售人员的积极参与，任何一本教科书都无法送达学生的手中，所以我们还要感谢培生销售团队的不懈努力。

还要感谢我们的前任编辑，鲍勃·霍兰（Bob Horan），他现在享受着快乐的退休生活，感谢他多年来的友谊、支持和明智的建议。最后，像许多大学出版界的作者一样，我们再次感谢现任编辑詹妮弗·奈尔斯，她持续为我们提供着必要的专业指导，让本书有机会取得巨大成功。

作者简介

戴维·M. 克伦克在美国科罗拉多州立大学（Colorado State University）、西雅图大学（Seattle University）和华盛顿大学（University of Washington）有多年的执教经验。他曾经为大学教授们主持数十场关于信息系统和技术教学的研讨会。1991 年，他被国际信息系统协会评为年度计算机教育家。2009 年，他被美国信息技术专业人员教育协会特别兴趣组评为年度教育家。

戴维·M. 克伦克曾在波音公司工作。他曾是三家初创公司的负责人，担任过 Microrim 公司的产品营销和开发副总裁，以及 Wall Data 公司的数据库技术主管。他被誉为"语义对象数据模型之父"。向他咨询的客户包括 IBM 公司、微软公司和美国计算机科学公司（Computer Sciences Corporation），以及许多中小型企业。目前，他专注于将信息系统应用于教学协作和团队合作。

他所著的教科书《数据库处理》（*Database Processing*）于 1977 年首次出版，现在已经出了第 15 版。他撰写或与他人合作撰写了许多其他教科书，包括《数据库概念》（*Database Concepts*）第 9 版、《管理信息系统应用》（*Using MIS*）第 11 版、《管理信息系统概论：流程、系统与信息》第 3 版、《SharePoint 学生用书》（*Sharepoint for Students*）和《商务应用中的 Office 365》（*Office 365 in Business*）。

兰德尔·J. 博伊尔（Randall J. Boyle）是美国韦伯州立大学（Weber State University）管理信息系统专业教授、富布赖特学者和威拉德·埃克尔斯研究员（Willard Eccles Fellow）。他于 2003 年在佛罗里达州立大学（Florida State University）获得管理信息系统专业博士学位。他还拥有公共管理专业硕士学位和金融学专业学士学位。他曾在韦伯州立大学、朗伍德大学（Longwood University）、犹他大学（University of Utah）和阿拉巴马大学亨茨维尔分校（University of Alabama in Huntsville）获得教学奖。他讲授过多门课程，包括"管理信息系统导论""网络安全""网络与服务器""系统分析与设计""电信学""高级网络安全""决策支持系统""Web 服务器"等。

他的研究领域包括计算机辅助环境下的欺骗检测、安全信息系统、IT 对认知偏见的影响、IT 对知识工作者的影响，以及电子商务。他曾在一些学术期刊上发表文章，也撰写过一些教科书，包括《管理信息系统应用》（*Using MIS*）第 12 版、《企业计算机与网络安全》（*Corporate Computer and Network Security*）第 5 版、《实用信息安全》（*Applied Information Security*）第 2 版，以及《实用网络实验室》（*Applied Networking Labs*）第 2 版。

目录

第一部分

为什么使用管理信息系统

eHermes 公司成立于 2017 年，它使用自动驾驶汽车为客户提供移动购物体验。其模式大体上相当于汽车上的亿贝（eBay）网：把一个移动店铺开到客户家门口。eHermes 公司作为一家本地分类代理商，既出售二手物品，也出售新物品。其移动店铺既接收客户想卖的商品，也会留下客户想买的商品。这些移动店铺看起来像个风格极其现代的透明集装箱，可以装下数百种不同的商品。

eHermes 公司的移动店铺允许客户亲自查看数百件类似的商品，而不必与卖家见面。客户喜欢这个功能，当移动店铺停在他们家门口时，他们往往都会买好几样东西。eHermes 公司对放在其移动店铺里出售的商品按时长收费，并从被买走的每件商品中收取佣金。该公司还通过其网站和移动应用程序获得一些广告收入。

杰茜卡·拉马（Jessica Ramma）是 eHermes 公司的首席执行官，也是公司的创始人之一，她曾是加利福尼亚州一家中型风险投资公司的副总裁。杰茜卡在芝加哥大学（University of Chicago）获得工商管理硕士学位后入职了这家投资公司，负责对高科技创业公司进行分析。在这家投资公司，她晋升得很快，八年就升为副总裁。在此期间，她建立了一个由技术高超的工程师和天使投资人构成的庞大网络。

在考察一家创业公司的过程中，她遇到了维克托·巴斯克斯（Victor Vazquez）。当时，维克托正管理着一家小型人工智能创业公司，该公司正在研发一种新的视觉系统。维克托是个很讨人喜欢的人，聪明、富有，且手下几家创业公司的业务都蒸蒸日上。他有一种不可思议的能力，就是知道哪些公司将来会成功，而且他能与这些公司的创始人高效地合作，让他们的公司快速发展。

杰茜卡询问维克托，他们公司的视觉系统有哪些实际应用，维克托也多次提及该系统在自动驾驶汽车上的应用潜力。他解释说，自动驾驶汽车比人类司机看得更清楚，而且在发生紧急情况时，它的反应也会更快。随后，两人就自动驾驶汽车的影响力展开了更为广泛的讨论。杰茜卡相信自动驾驶汽车将毫无疑问地得到普及，她想知道这会对现有的商业模式产生何种影响。事实上，她的一个朋友卡玛拉·帕特尔（Kamala Patel）已经开发出了第一批用于在车辆之间传递信息的车辆间协议。卡玛拉对自动化技术充满热情，相信自动驾驶汽车会撼动几乎所有行业。杰茜卡问维克托是否愿意在下一周与她和卡玛拉一起吃顿午餐。她有了一个想法。

在吃那顿午餐时，杰茜卡向维克托和卡玛拉说出了创办 eHermes 公司的想法。就在几个月后，这家公司诞生了。让我们把时间快进五年。到 2022 年，eHermes 公司已经拥有了几十家移动店铺，年收入约 800 万美元。作为首席执行官，杰茜卡希望通过向沃尔玛（Walmart）超市和地方杂货店等传统公司以及亚马逊等电子商务零售商提供移动店铺，从而加快公司的发展速度。维克托则担心，目前公司准备得还不够周全，单单是让现有的移动店铺正常运作就已困难重重。

设计、建造和测试移动店铺成本高昂，有时甚至耗资巨大。建立库存跟踪系统比预想中复杂得多，移动店铺行驶路线的设计、协调、优化也是一场噩梦。低效的行驶路线会增加燃油消耗，这对公司的盈亏底线影响很大。而且，为收集、存储和分析店铺数据，公司正在进行的系统开发项目耗资巨大。目前，一切数据都由每个移动店铺里的销售人员手工记录，所有新的存货都会被带回仓库，在那里拍照并输入在线系统。

维克托认为他们应该等一等再扩大公司规模，公司没有足够的财力和人力来进行杰茜卡正在考虑的那种大规模扩张。但客户喜欢通过 eHermes 公司购物，而且他预计公司的前景也不错。公司得到了很多媒体的正面报道，投资人表示非常愿意投资。

杰茜卡还提到，应该尝试使用人工智能或机器学习来提高车队效率。协调所有销售站点、提取库存、为移动店铺备货、设计行驶路线、制订充电和加油时间表以及维修保养计划，这些都是非常复杂的工作。当前的系统运行正常，但它并不是最优的。这不利于 eHermes 公司赚钱。他们需要一个完全一体化的解决方案。

第 1 章

管理信息系统的重要性

● **本章学习目标**

- » 为什么管理信息系统概论是商学院中最重要的一门课程？
- » 管理信息系统将给我带来什么样的影响？
- » 为什么与管理信息系统相关的工作岗位需求量大？
- » 什么是管理信息系统？
- » 什么是信息？
- » 获得优质信息的必要数据特征是什么？

● **预期学习成果**

- » 能够讨论技术正在如何改变组织，以及管理信息系统在这种改变中所起的作用。

"解雇？你要解雇我吗？"

"噢，解雇这个词太刺耳了，但是……唉，eHermes 公司已经不再需要你的服务了。"

"但是，维克托，我不明白。我真的不明白。我工作很努力，而且我做了你让我做的每一件事。"

"阿曼达（Amanda），问题就在于此。你做了我让你做的每一件事。"

"我投入了那么多时间。你怎么会要解雇我呢？"

"你的工作是找到利用人工智能和机器学习降低公司成本的方法。"

"对呀！我就是这么做的啊！"

"不，你并没有。你只是听从了我的想法。但公司不需要一味盲目听从的人。我们所需要的人，能够自行找出问题所在，制订自己的工作计划，并把计划分享给我和其他人。"

"你怎么能指望我做这些？我才来公司六个月啊！"

"这是团队工作。的确，你还在熟悉我们的业务，但我确信，老员工都会帮助你的……"

"我不想给他们添麻烦。"

"好吧，你成功做到了这一点。我问过卡玛拉，她对你正在做的方案有什么看法。她却问我谁是阿曼达。"

"她不是在物流仓库工作吗？"

"对。她负责运营……你和她谈谈或许会有所收获。"

"我这就去！"

"阿曼达，你有没有明白刚才发生了什么？我给了你一个想法，然后你说你这就去。这不是我需要的。我需要的是你自己找到解决办法。"

"我真的努力了。我投入了很多时间，还写了这么多报告。"

"有人看过吗？"

"我和你谈过其中一些内容。但我想再等等，等到我觉得它们已经足够完美为止。"

"好吧，但这不是我们公司的做事风格。我们在有了想法以后会四处与他人探讨，没有人是全知全能的。经过探讨和修改，我们的计划会变得更好……我想我告诉过你这一点。"

"也许你说过。但我对此有些不适应。"

"但它在我们这儿是非常关键的技能。"

"我知道我能做好这项工作。"

"阿曼达，你已经来这儿六个月了；你拥有商务和信息系统专业的学位。几周前，关于流程的事我征求过你的意见，就是想确定哪些人工智能或机器学习流程可以用来降低成本并提高效率。你还记得你说了什么吗？"

"记得，我不确定该怎么做。我不想草率地提出一些可能行不通的方案。"

"但你怎么知道行不通？"

"我不想浪费钱……"

"是的，你不想浪费钱。所以，当你在这个任务上没多大进展时，我做出让步，让你给我发了一份目前正在使用人工智能和机器学习的公司名单。我想知道它们正在解决什么类型的问题、实现了多大的效率提升、应用这些系统需要多长时间，以及我们公司可以如何使用这些系统。我不要细节，只要一个概述。"

"是的，我把那些列表和说明发给你了。"

"阿曼达，它们毫无意义。你的名单中包括了使用人工智能视觉系统和自然语言处理系统的公司，而你对如何在 eHermes 公司使用人工智能的描述却聚焦在机器人技术方面。"

"我知道那些列表也可以用于规划和优化，只是我发给你的材料里没体现出来。但我会再做一次的！"

"嗯，我欣赏你的态度，但我们是一家小公司，从很多方面来讲仍然处于初创阶段。

这里的每个人都需要格外努力才行。如果我们是大公司，也许我能给你安排个位置，看看公司能不能带动你进步。但我们现在还做不到这些。"

"我的推荐信你会怎么写呢？"

"我会很乐意告诉别人你是个可靠的人，你每周工作 40 到 45 小时，你诚实又正直。"

"这些很重要啊！"

"是的，这些品质很重要。但在今天，它们还不够。"

1.1 为什么管理信息系统概论是商学院中最重要的一门课程

如今，管理信息系统概论是商学院中最重要的一门课程，但以前并非如此。几十年前，人们认为"书呆子"才会选计算机专业，但是后来情况发生了变化——而且是翻天覆地的变化。现在，很多热门的工作岗位都在科技公司中，人们会因为自己在科技创业公司工作而备感骄傲。苹果公司是世界上最大的公司之一，其市值达到了 2.11 万亿美元。史上规模第二大的首次公开募股（Initial Public Offering，IPO）出现在 2014 年，来自在线电子商务巨头阿里巴巴，达到了 250 亿美元。

但这些都是为什么呢？为什么信息技术从次要的企业支持功能一跃成为企业盈利的主要驱动力？为什么某些科技行业岗位的薪酬极高？为什么在科技公司工作成了一件超酷的事？

答案在于，科技从根本上改变了企业。

● 数字革命

你可能听说过，我们生活在信息时代，或者说在这个历史时期，信息的产生、发布和控制是经济的主要驱动力。信息时代始于 20 世纪 70 年代的数字革命，即从机械设备和模拟设备到数字设备的转变。这种转变对于公司、个人和整个社会都意味着里程碑式的变革。

主要问题是，当时人们并不能真正理解这种转变将如何，或者为什么能够影响他们。和现在的我们一样，那时的人们也只能基于过去的情况预测未来。他们了解工厂和官场，也知道大规模生产和运行效率，但这些知识并不能让他们为即将到来的变革做好充分的准备。

数字革命并不仅仅意味着新的"数字"设备正在取代旧的机械设备或模拟设备。那时，这些新的"数字"设备已经可以连接其他的数字设备并在它们之间共享数据了。随着处理器工作速度的提升，"数字"设备的工作速度也更快了。这是一次开拓性的变革。1972 年，计算机科学家戈登·贝尔（Gordon Bell）意识到，随着数字设备的发展和广泛应用，它们将改变世界。他提出的贝尔定律指出："大约每十年就会产生一个新的计算机类型，进而形成新的行业。"换言之，数字设备的发展速度如此之快，以至于每十年左右就会产生新的平台、编程环境、行业、网络和信息系统。

正如贝尔预测的那样，自 1970 年以来，大约每十年都会出现全新类型的数字设备。它们创造了全新的行业、公司和平台。20 世纪 80 年代，我们见证了个人电脑和小型局域网的兴起。20 世纪 90 年代，我们见证了因特网的兴起和手机的广泛应用。进入 21 世纪，我们看到了几乎所有事物网络化的强劲势头。社交网络和云服务的真正腾飞催生了一大批新公司。2010 年以来，我们看到了人工智能、3D 打印技术、数字现实设备（例如微软公司的 HoloLens）和自动驾驶汽车的巨大进步。

数字技术的发展已经为商业带来了根本性的改变，它也成了企业盈利的主要驱动力。至少在未来的几十年里，这种情况可能还将继续。要了解企业将如何受到数字革命的影响，关键要了解推动这些数字设备进化的动力。

● 进化能力

为了了解推动数字设备进化的根本动力，我们可以想象你身体的变化速度和数字设备的进化速度相同。假设你今天每小时能跑 8 英里，这大概属于平均水平。现在假设你的身体飞速变化，每过 18 个月，你的跑步速度就能达到原来的 2 倍。那么18 个月后，你可以跑到每小时 16 英里。再过 18 个月，你的速度将达到每小时 32 英里。然后是时速 64、128、256 和 512 英里。这样，经过 10.5 年的发展，你将以每小时 1024 英里的速度奔跑！这会为你的生活带来什么样的变化呢？

到时候你肯定会放弃使用汽车，因为它太慢了。航空旅行也可能会成为过去式。你还可以开展一项利润丰厚的快递业务，并迅速垄断市场。你可以住在城外，因为通勤时间会缩短。你还需要新衣服和非常结实的鞋子！关键是——不仅你会改变，而且你做什么和怎么做也会发生变化。贝尔定律描述的就是这件事，只是它发生在数字设备上。

这个例子乍一看可能会让你觉得有些滑稽，但它能帮助你理解指数级的变化是如何影响数字设备的。处理能力、设备的互联性、存储容量和带宽都在飞速增长——增长速度如此之快，以至于改变了这些设备的使用方式。让我们通过解释相关定律来探索一下其中的一些动力。

● 摩尔定律

1965 年，英特尔公司（Intel Corporation）的创始人之一戈登·摩尔（Gordon Moore）提出，由于电子芯片设计制造技术的进步，"集成芯片上每平方英寸 ① 的晶体管数量每 18 个月会翻一番"。这就是著名的摩尔定律（Moore's Law）。他的陈述被普遍误解为"每 18 个月计算机的速度会翻一番"，这种理解是不正确的，但它理解了摩尔定律的基本含义。

由于摩尔定律的存在，计算机处理器的性价比急剧提升。1996 年是因特网真正开始腾飞的一年，当时标准的中央处理器（central processing unit，CPU）的价格是每百万晶体管 110 美元。到 2020 年，该价格已降为每百万晶体管 0.02 美元（见图 1-1）。在过去的近 30 年里，不断增强的芯片处理能力对全球经济的影响超过了任何其他单一因素，使新的设备、应用、公司和平台的出现成为可能。实际上，如果芯片处理能力没有出现指数级的增长，今天的大多数科技公司都不会存在。

每百万晶体管价格（2020）（单位：美元）

图 1-1　计算机价格 / 性能比的下降（英特尔处理器的价格 / 性能比）

资料来源：以英特尔官网展示的数据为基础。

然而，作为未来的商务专业人士，你无须关心你的公司花 1000 美元能买到运

---

① 1 英寸 = 0.0254 米。——编者注

行速度多快的电脑。这不是关键。关键在于，根据摩尔定律，数据处理的费用正在趋近于零。现在的相关应用，如新药开发、人工智能、分子建模等，都需要极强的处理能力。因为购入性能足够强的电脑耗资巨大，所以这些领域的创新受到了限制。但好消息是，数据处理的成本正在迅速下降。

● 梅特卡夫定律

改变数字设备的另一个基本动力来自梅特卡夫定律（Metcalfe's Law），该定律是用以太网发明者罗伯特·梅特卡夫（Robert Metcalfe）的名字命名的。梅特卡夫定律指出：一个网络的价值等于连接到该网络的用户数量的平方。换言之，随着越来越多的数字设备接入网络，网络的价值将会增加（见图1-2）。从20世纪90年代因特网的快速发展中，可以清晰地看到梅特卡夫定律的作用。随着越来越多的用户接入因特网，它变得越来越有价值。互联网的繁荣催生了谷歌、亚马逊和亿贝等科技巨头公司。如果没有大量的用户连接到因特网，这些公司都不可能存在。

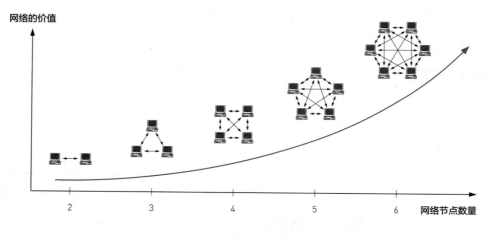

图1-2　网络价值的增加

梅特卡夫定律不只在科技公司中起作用。谷歌公司的气球网络计划（Project Loon）通过飘浮在世界各地的气球组成空中无线网络，大大提升了让全球用户联网的可能。评价社交媒体公司的主要指标之一是其社交网络的月活跃用户数（monthly active users，MAU）。加入其网络的人越多，该公司就越有价值。再看看使用 Microsoft Word 等产品的网络效应吧。你本可以使用诸如 LibreOffice Writer 之类的免费文字处理软件，但你为什么还要为使用 Microsoft Word 付费呢？你付费是因为其他人都在使用这款软件。

● 数字革命的其他推动力

改变我们使用数字设备的方式的因素不仅仅是网络用户的数量，还有网络的速度。以雅各布·尼尔森（Jakob Nielsen）的名字命名的尼尔森定律（Nielsen's Law）指出：高端用户的网络连接速度将以每年 50% 的速度增长。随着网速越来越快，将会出现新公司、新产品和新平台。

举例来说，YouTube 公司成立于 2005 年 2 月，那时候互联网上的视频并不多，但平均网速已经达到了一般的互联网连接能处理大量 YouTube 视频的程度。到 2006 年 11 月，该公司以 16.5 亿美元的价格被谷歌收购。可以算一算，这相当于用不到两年的时间就创立了一个市值 10 亿美元的公司。网速的确很重要，但问题是，为什么谷歌、微软、IBM 或苹果公司没有先于 YouTube 的创始人想到视频分享服务呢？

除了尼尔森定律、梅特卡夫定律和摩尔定律，还有一些改变数字设备和技术的其他力量（见表 1-1）。以希捷（Seagate）公司前首席技术官马克·克莱德（Mark Kryder）的名字命名的克莱德定律（Kryder's Law）指出：磁盘的存储密度正以指数级速度增长（见图 1-3）。数字存储非常重要，以至于在买新电脑、新手机或新平板电脑时，你问的第一个问题通常就是存储容量有多大。还有功耗、图像分辨率、设备之间的互联性，所有这些因素都在发生变化。所以表 1-1 也并不是一个完整的列表。

表 1-1　改变技术的根本力量

定律	含义	影响
摩尔定律	集成芯片上每平方英寸的晶体管数量每 18 个月会翻一番	计算机的速度呈指数级增长趋势；数据处理的成本趋近于零
梅特卡夫定律	一个网络的价值等于连接到该网络的用户数量的平方	更多的数字设备正在被连接在一起；数字和社交网络的价值呈指数级增长趋势
尼尔森定律	高端用户的网络连接速度将以每年 50% 的速度增长	网络的速度正在提升；更快的速度可以带来新的产品、平台和公司
克莱德定律	磁盘的存储密度正以指数级速度增长	存储容量呈指数级增长趋势；存储数据的成本趋近于零

每 GB 价格（单位：美元）

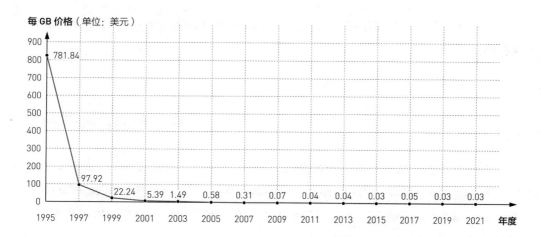

图 1-3　每 GB 存储容量的价格

● 这是商学院中最重要的一门课程

我们又回到了本章一开始的表述，即管理信息系统概论会成为你在商学院学到的最重要的一门课程。为什么这样说呢？因为这门课程将向你展示技术是如何从根本上改变企业的。你会明白为什么高管们会不断地寻求使用新技术，以找到形成持续性竞争优势的方法。因此，说管理信息系统概论是当今商学院中最重要的一门课程，第一个原因就是——

未来的商务专业人士需要具备评价、评估信息技术并将其应用于商务实践的能力。

你需要用在这门课程中学到的知识来获得这种能力。

1.2　管理信息系统将给我带来什么样的影响

技术的变革正在加速，而这将对你有何影响呢？你可能觉得技术的变革真了不起，也可能对下一款概念产品的发布翘首以待。

　　但是，你可以想象自己 2004 年从大学毕业，进入了美国当时最大、最成功的家庭娱乐公司之一——百视达公司（Blockbuster LLC）工作。2004 年的百视达公司拥有 6 万名员工和 9000 多家门店，年收入达 59 亿美元，一切看起来都很美好。可仅仅过了 6 年，到了 2010 年，百视达公司破产了！为什么会这样？因为在互联网上看视频比开车去店里看更方便。高速的互联网连接使这一切成为可能。

　　问题在于，你在毕业后也可能会选择去一家成功的知名大企业工作。而 6 年以后，这家大企业可能会破产，因为技术变了，而这家企业没变。

● 我如何获得工作保障

　　多年前，我有一位睿智且经验丰富的导师。有一天，我向他请教工作保障的问题，他告诉我，唯一的工作保障就是"一项符合市场需求的技能和使用它的勇气"。他接着说："公司无法提供保障，任何政府项目也无法提供保障，你的投资没有保障，而且靠社保也没有保障。"唉，事实证明他说得很对。

　　那么，什么是符合市场需求的技能呢？在过去，人们可以说出某些特定的技能，比如计算机编程、税务会计或市场营销。但在今天，由于摩尔定律、梅特卡夫定律和克莱德定律的存在，数据处理、存储和通信几乎是零成本的。任何常规技能工作都可以，且必将被外包给报价最低的人去做。如果你住在美国、加拿大、澳大利亚、欧洲或其他较为发达的地区，报价最低的人大概率不会是你。

　　许多组织和专家都研究过这个问题——在一个人的职业生涯中，什么技能是符合市场需求的？让我们看看其中的一些研究。首先，位于美国加利福尼亚州圣莫尼卡的智库兰德公司（RAND Corporation）70 多年来一直在发布一些具有创新性和开创性的见解，其中包括对互联网的最初设计。2004 年，兰德公司发布了一份对 21 世纪的工人所需技能的描述：

　　"快速的技术变革和加剧的国际竞争让劳动力的技能和素质备受关注，尤其是劳动力适应技术变化和需求变化的能力。随着组织性质的转变……非常规认知技能水平高的劳动力将从中受益。"

　　无论你的专业是会计、市场营销、金融还是信息系统，你都需要培养强大的非常规认知技能。

　　非常规认知技能是什么？美国前劳工部长罗伯特·赖克（Robert Reich）列举了四项：

» 抽象推理；
» 系统思维；
» 协作；
» 实验能力。

表 1-2 列出了每项技能的示例。重读本章开头 eHermes 公司的案例，你会发现阿曼达丢了工作是因为她没能培养出这些关键技能。尽管赖克的书写于 20 世纪 90 年代初，但他提到的认知技能在今天仍然有意义，因为人类不会像科技那样飞快地变化。

表 1-2   关键性非常规认知技能示例

技能	举例	阿曼达在 eHermes 公司的问题
抽象推理	构建一个模型或表征	在构思一种使用人工智能和机器学习的方法时显得犹豫不定
系统思维	对系统要素建模并展示要素的输入和输出如何相互关联	无法为 eHermes 公司的经营需求建模
协作	与他人一起完善想法和计划，提供并接受关键性反馈	在工作中不愿意与他人合作
实验能力	根据现有资源创建并测试具有前景的新方案	对失败的恐惧抑制了对新想法的讨论

● 管理信息系统概论如何帮助你学习非常规认知技能

要在商学院学习赖克提出的四项关键技能，管理信息系统概论是最合适的一门课程，因为每个主题都需要你应用并练习这些技能。下面说说具体的方式。

抽象推理

抽象推理（abstract reasoning）是一种构建和运用模型的能力。你将在本书的每个主题和每一章中使用一个或多个模型。例如，在本章的后续部分，你将学到信息系统的五要素模型。本章将描述如何使用这个模型来评估新信息系统项目的适用范围。其他各章将以这个模型为基础。

本书不仅要求你运用我们开发的模型，而且要求你构建自己的模型。例如，在

第 5 章中，你将学习如何构建数据模型，并在第 12 章中学习如何构建流程模型。

系统思维

你去杂货店，看到一罐青豆，你能把它和美国的移民政策联系起来吗？看着挖树机挖出大量的纸浆树，你能把它们的木屑与摩尔定律联系起来吗？你知道为什么美国思科（Cisco Systems）公司是 YouTube 的主要受益者之一吗？回答这些问题都需要系统思维。系统思维（systems thinking）是一种对系统要素建模的能力，将系统要素间的输入和输出连接成一个可感知的整体，以反映所观察现象的结构和动态。

你很快会明白，这本书是关于信息系统的。我们将讨论并举例说明系统是什么；你会被要求评论系统并比较不同的系统；你需要将不同的系统应用于不同的场景。所有这些任务都是为了让你拥有专业人士的系统思维。

协作

协作（collaboration）是指两个或两个以上的人一起工作，以实现共同的目标、创造共同的成果或工作产出的活动。第 7 章和章节延伸 2① 将教给你一些协作技能并阐述几个协作信息系统范例。本书的每一章都包含了协作练习，可以作为课堂练习或家庭作业。

有一个事实会让很多学生感到惊讶：有效协作与待人友善无关。事实上，调查表明，对于有效协作最重要的技能是提供并接受关键性反馈。假如你提出的一个经营建议有悖于营销副总裁所重视的计划，你很快就会发现有效协作技能不同于邻居烧烤聚会时的礼节。那么，面对副总裁的反对，你该怎样提出自己的想法，而且又不至于丢掉工作呢？在本书中，你既可以学到这种协作技能，又可以学习相关的信息系统。更重要的是，你还会有很多实践的机会。

实验能力

"我以前从来没做过这个。"

"我不知道怎么做这件事。"

"但这会有效果吗？"

"这对市场来说是不是太奇怪了？"

有一种对失败的恐惧，这种恐惧让许多优秀的人和许多优秀的想法止步不前。

---

① 章节延伸部分被收录在本书的电子资源中，读者可以根据自己的需求选读。——编者注

在业务稳定的日子里，即使新想法只是像一首歌的不同段落一样，专业人士也可能会因为害怕失败而放不开手脚。

让我们来看一个将社交网络应用于更换机油业务的例子。在该业务中，应用社交网络是否合法？如果合法，有人尝试过吗？世界上会有谁告诉你该怎么做、怎样推进吗？没有。正如赖克所言，21世纪的专业人士需要具备实验能力。

成功的实验不是为你脑子里出现的每个疯狂想法都砸钱。相反，实验（experimentation）是指对一个机会进行理性分析，设想潜在的解决方案，评估其可能性，然后开发那个与你所拥有的资源相匹配的最有前途的方案。

本书会要求你使用一些你并不熟悉的产品。这些产品可能是 Microsoft Excel 或 Access，也可能是你没用过的 Blackboard 的特点和功能。或者，本书可能会要求你使用 Microsoft OneDrive、SharePoint 或谷歌云盘（Google Drive）进行协作。你的老师会为你解释并展示这些软件的所有特点吗？你不应该抱有这种期待。你应该希望老师让你去做实验，让你自己去设想各种新的可能性，并根据自己的时间多少来尝试这些可能性。

1.3　为什么与管理信息系统相关的工作岗位需求量大

管理信息系统概论之所以对你至关重要，还有一个因素在于就业。2018年，一家叫埃森哲（Accenture）的技术咨询和外包公司对首席执行官进行了一项调查。调查发现，74% 的首席执行官计划在未来三年中大范围使用人工智能（artificial intelligence，AI）以推进业务自动化。但这些首席执行官也相信，只有 26% 的员工准备好了与 AI 同事合作。糟糕的是，只有 3% 的首席执行官计划在员工培训和再培训方面增加投入，以让员工为新技术岗位做好准备。了解新技术并愿意学习新的技术技能，将日益成为一个人在未来保有高薪工作岗位的重要条件。在第 3 章及章节延伸 2 中，你将了解更多关于智能系统（包括 AI）的知识。

信息系统和商务工作的高需求推动了未来的薪酬增长。如表 1-3 所示，美国劳工统计局的数据显示，2020 年，美国薪酬中位数最高的前五大行业类别是管理、计算机与数学、法律、建筑与工程、商务与金融运作。计算机与数学类工作的预计就业增长率是 12.1%，是所有行业平均水平（4.0%）的 3 倍。雇主要求的高水平技术技能与雇员的低水平技术技能之间的不匹配被称为技术技能差距。

表 1-3　不同行业的薪酬中位数和就业增长率

行业	2019 年薪酬中位数（美元）	2020 年薪酬中位数（美元）	2019—2029 年（预计）就业增长率（%）
管理	105 660	109 760	4.7
计算机与数学	88 340	91 350	12.1
法律	81 820	84 910	5.1
建筑与工程	81 440	83 160	2.7
商务与金融运作	69 820	72 250	5.3
医疗保健	68 190	69 870	9.1
生命、物理和社会科学	68 160	69 760	4.7
艺术、设计、娱乐、体育和媒体	51 150	53 150	2.5
教育、培训和图书馆	50 790	52 380	4.5
安装、维护和修理	46 630	48 750	2.8
施工和开采	47 430	48 610	4.0
社区和社会服务	46 090	47 520	12.5
安保服务	41 580	43 710	2.6
所有行业	**39 810**	**41 950**	**3.7**
办公室及行政支持	37 580	38 720	-4.7
制造	36 000	37 440	-4.5
交通运输类	32 440	34 080	3.4
销售及相关	29 630	31 500	-2.0
医疗保健支持	28 470	29 960	22.6
建筑物和场地的清洁和维护	28 330	29 940	4.9
农业、渔业和林业	27 180	29 670	-0.1
个人护理及服务	26 220	28 120	7.7
餐饮服务及相关	24 220	25 500	7.3

资料来源：美国劳工统计局的统计数据。

表 1-4 是 2018 年至 2020 年美国薪酬增长情况的更详细说明，包括业务经理、计算机与信息技术以及其他商业职业类别下的特定子类。该表还预测了 2019 年至 2029 年的职位增长情况。信息系统相关职位的增长率将达到或高于所有职位的平均值（即 4%）。其中，有些职位的增长速度更是快很多倍。

表 1-4   美国劳工统计局对于 2019—2029 年的部分职业展望

	2018 年薪酬中位数（美元）	2019 年薪酬中位数（美元）	2020 年薪酬中位数（美元）	2019—2029 年职位增长率（%）	2019—2029 年职位增长数（个）
业务经理类					
市场营销经理	132 620	135 900	141 490	6	18 800
信息系统经理	142 530	146 360	151 150	10	48 100
财务经理	127 990	129 890	134 180	15	108 100
人力资源经理	113 300	116 720	121 220	6	10 400
销售经理	124 220	126 640	132 290	4	15 400
计算机与信息技术类					
计算机网络架构师	109 020	112 690	116 780	5	8000
计算机系统分析师	88 740	90 920	93 730	7	46 600
数据库管理员	90 070	93 750	98 860	10	12 800
信息安全分析师	98 350	99 730	103 590	31	40 900
网络和系统管理员	82 050	83 510	84 810	4	16 000
软件开发人员	105 590	105 590	110 140	22	316 000
网页开发人员	69 430	73 760	77 200	8	14 000
其他商务职位类					
会计师和审计师	70 500	71 550	73 560	4	61 700
财务分析师	85 660	85 660	83 660	5	26 800
管理分析师	83 610	85 260	87 660	11	93 800
市场调查分析师	63 120	63 790	65 810	18	130 300
物流人员	74 600	74 750	76 270	4	8200
人力资源专家	60 880	61 920	63 490	7	46 900

资料来源：美国劳工统计局的统计数据。

信息系统和计算机技术提供了工作和薪酬福利，而受益者不仅仅是信息系统专业人员。美国经济学家阿西莫格鲁（Acemoglu）和奥托（Autor）发表了一项令人印象深刻的实证研究，内容关于从 20 世纪 60 年代至 2010 年美国和欧洲部分地区的就业和薪酬状况。他们发现，在这一时段的早期，教育和行业是就业和薪酬状况的主要决定因素。但是，自 1990 年以来，决定就业和薪酬状况的最重要因素是所从事工作的性质。简而言之，随着计算机技术的价格大幅下跌，从中受益的工作的价值迅速提高。

例如，很多人获得了高薪职位，他们是那些知道如何使用信息系统来提高业务流程质量的商务专业人士，是那些知道如何利用数据挖掘的结果来提高业绩的人，也是那些知道如何使用 3D 打印等新兴技术来开发新产品和开拓新市场的人。

● 结论是什么

"管理信息系统概论"这门课是商学院最重要的一门课程，因为：

1. 它将为你提供必要的背景知识，让你评价和评估新兴的信息系统技术并将其应用于商务工作；
2. 通过帮助你学习抽象推理、系统思维、协作和实验等能力，它可以给你一份非常关键的工作保障——符合市场需求的技能；
3. 许多与管理信息系统相关的高薪职位需求量很大。

本书每一章的道德指南部分都探讨了与信息系统使用相关的道德问题。这些指南可以促使你深入思考如何在不熟悉的情境中遵守道德标准。

1.4　什么是管理信息系统

我们将管理信息系统（management information system，MIS）定义为管理和使

用帮助组织实现其战略的信息系统。MIS 经常与两个密切相关的术语相混淆，即信息系统和信息技术。信息系统（information system，IS）是硬件、软件、数据、规程和产生信息的人员的集合。相比之下，信息技术（information technology，IT）是指用于产生信息的产品、方法、发明和标准。

那么，MIS、IS 和 IT 有什么不同呢？你不能买到 IS，但你可以买到 IT；你可以购买或者租用硬件，可以获得程序和数据库的授权，甚至可以获得预先设计好的规程，但最终，是人把你买来的 IT 组合起来并执行规程以利用这些新 IT。信息技术推动了新的信息系统的发展。

面对任何新系统，都会有培训任务（和成本），你总是需要克服员工对变化的不适应，并且总要在员工使用新系统时对员工进行管理。所以说，你可以买到 IT，但你不能买到 IS。一旦你的新信息系统开始启动并运行，为了实现组织的整体战略，你就必须对其进行有效的管理和使用。这就是 MIS。

例如，你的组织决定开发一个社交媒体主页。该社交媒体提供的是 IT——它提供了硬件、程序、数据库结构以及标准规程，但是，IS 必须由你自行创建。为了实时更新数据，你必须提供相关数据来填充数据库中关于你的那部分，并且必须用你自己的规程来扩展其标准规程。例如，这些规程需要包括一种定期审查页面内容的方法，以及一种删除被判定为违规内容的方法。而且，你需要培训员工遵守这些规程，并管理员工以确保其能遵守规程。对自己所在组织的社交媒体主页进行管理以实现组织的整体战略，这就是 MIS。管理社交媒体主页是最简单的 IS 管理，而更大、更全面的 IS 涉及几个甚至几十个部门和数千名员工，需要大量的管理工作。

MIS 的定义有三个关键要素：管理和使用、信息系统、战略。让我们逐个讨论这些要素，首先从信息系统及其构成要素开始。

● 信息系统的构成要素

系统（system）是一组相互作用以实现某种目的的要素。正如你所想的那样，信息系统（IS）是一组相互作用以产生信息的要素。这句话虽然是对的，但引出了另一个问题：这些相互作用从而产生信息的要素是什么？

图 1-4 展示了五要素框架（five-component framework），即信息系统的构成要素模型：计算机硬件（computer hardware）、软件（software）、数据（data）、规程（procedure）、人员（people）。从简单到复杂的每一个信息系统，都包括这五个要

素。例如，当你用电脑写一份课堂报告时，你使用了硬件（计算机、存储磁盘、键盘和显示器）、软件（Word、WordPerfect 或其他文字处理软件）、数据（报告中的单词、句子和段落）、规程（你启动软件、输入你的报告、打印报告、保存和备份文件所用的方法）和人员（你自己）。

图 1-4　构成信息系统的五要素框架

举一个更复杂的例子——一家航空公司的预订系统。它也由这五个要素构成，尽管每一个要素都复杂得多。硬件包含了由数据通信设备连接在一起的数千台计算机，有数百个不同的程序来协调计算机之间的通信，还有其他程序去执行预订和相关服务。此外，系统必须存储与航班、客户、预订和其他事务相关的数千万字符的数据。航空公司的工作人员、旅行社和顾客要遵守数百种不同的规程。最后是该信息系统的人员，不仅包括系统的用户，还包括那些操作和维护计算机的人、维护数据的人、维护计算机网络的人。

这五个要素意味着构建信息系统除了需要硬件技术人员和计算机程序员的技能，还需要许多其他不同的技能。

重点是，图 1-4 中的五要素是所有信息系统共有的，无论它们是小还是大。当你思考任何信息系统时，包括像社交网络这样的新型系统，都要学会找到这五个要素。同时你还要认识到，信息系统不仅仅是计算机和程序，而是一个计算机、程序、数据、规程和人员的集合。

在讲新内容之前，要注意的是，我们已经定义了一个包含计算机的信息系统。有人会说，这样的系统是一个基于计算机的信息系统（computer-based information system）。他们会指出，有些信息系统不包括计算机，比如挂在会议室外墙上的会议室使用时间表。这样的系统已经被企业使用了几个世纪。尽管这一点是正确的，但在本书中，我们关注的是基于计算机的信息系统。为了避免烦琐、节省篇幅，我们把信息系统这个术语用作基于计算机的信息系统的同义词。

● 信息系统的管理和使用

MIS 定义中的另一个要素是信息系统的管理和使用。在这里，我们将管理定义为开发、维护和调整。信息系统不会像雨后春笋般突然冒出来，它必须经过开发才能出现，还必须得到维护。而且，由于业务是动态的，因此信息系统必须根据新的需求进行更新。

你可能会说："等等，我学的是财务（或会计、管理）专业，不是信息系统专业。我不需要知道如何去管理信息系统。"如果你这么说，就不够专业了。在你的整个职业生涯中，无论你选择哪个领域，都有信息系统为你所构建并供你使用，有时还是在你的指导下构建的。要想构建一个满足你需求的信息系统，你需要在该系统的开发过程中发挥积极作用。即使你不是程序员、数据库设计师或其他 IS 专业人员，你也需要在指定系统需求和管理系统开发项目等方面发挥积极作用，而在测试新系统方面，你也将发挥重要作用。在你没有积极参与的情况下，如果新系统能满足你的需求，那只能说你比较走运。

作为一名商务专业人士，你是了解业务需求的人。如果你想把社交网络应用于你的产品，你就是那个知道如何能最大程度地获得客户反馈的人。构建网络的技术人员、创建数据库的数据库设计人员、配置计算机的 IT 人员——这些人都不知道需求是什么，也不知道现有的系统是否够用或者是否需要更新以适应新的需求。只有你知道！

除了管理任务，你还会在信息系统的使用中发挥重要作用。首先，你需要学习如何使用这个系统来完成你的工作任务，同时你也要充分发挥重要的辅助作用。例如，在使用信息系统时，你有责任保护系统及其数据的安全。你可能要完成数据备份的任务，当系统出现故障时（所有系统都会出现故障），你要在系统瘫痪期间执行任务并圆满完成它，从而帮助系统正确而迅速地恢复。

● 实现战略

MIS 定义中的第三个要素是信息系统因帮助组织实现其战略而存在。首先，要明白这种说法隐含了这样一个重要事实：组织本身不"做"任何事。一个组织是没有生命的，它不能做事。是组织中的人员在做销售、购买、设计、生产、财务、营销、会计和管理工作。因此，信息系统的存在是为了帮助在某个组织中工作的人实现该组织的战略。

　　构建信息系统不是为了探索技术的乐趣和让组织看起来与时俱进，也不是为了让组织在互联网上能有一个社交网站。信息系统更不是因为信息系统部门认为需要而构建的，或是因为公司的"技术已经过时了"而构建的。

　　这一点似乎显而易见，你可能疑惑我们为什么要提到它。然而，现在每天都有某地的某企业出于错误的理由开发信息系统。可能就在此刻，在世界上的某个地方，某家公司正决定创建自己的社交媒体主页，而该公司这样做的唯一理由是"其他公司都有"。这家公司的员工不会问下面这些问题：

- »"我们创建社交媒体主页的目的是什么？"
- »"它能为我们带来什么？"
- »"如何评估员工所做的贡献？"
- »"我们应该如何处理客户的差评？"
- »"收益能否完全抵消维护页面的成本？"

　　而这些正是这家公司应该问的问题！本书第 2 章更深入地讨论了信息系统与战略之间的关系，第 9 章则专门阐述了社交媒体与战略的关系。

　　再重申一遍，MIS 意味着管理和使用帮助组织实现其战略的信息系统。你应该已经意识到了，这本书中的内容不仅仅是教你买一台计算机、使用电子表格或创建一个互联网页面这么简单。

1.5　什么是信息

　　根据前面的讨论，我们现在可以将信息系统定义为相互作用以产生信息的硬件、软件、数据、规程和人员的集合。这个定义中唯一不明确的术语就是信息，接下来我们将讨论"信息"这个术语。

● 定义不同

"信息"是我们每天都在使用的基本术语之一，但事实上，我们很难给它下一个定义。定义信息就像定义活着、真理之类的词一样有难度。我们知道这些词的意思，我们在使用它们时也不会感到困惑，但它们仍然很难被定义。

在本书中，我们将避开定义信息这个"技术问题"，我们会使用常见的、直观的定义。最常见的定义大概是：信息是从数据中获取的知识，而数据指的是被记录下来的事实或数字。因此，詹姆斯·史密斯（James Smith）每小时挣 70 美元和玛丽·琼斯（Mary Jones）每小时挣 50 美元，这些事实是数据。公司所有平面设计师的平均薪酬为每小时 60 美元，这个陈述是信息。平均薪酬是根据个人薪酬数据得出的信息。

另一个常见的定义是：信息是在有特定意义的背景下展示的数据。杰夫·帕克斯（Jeff Parks）每小时挣 30 美元的事实是数据。然而，杰夫·帕克斯的平均时薪是平面设计师的一半，这个陈述是信息。它是在有特定意义的背景下呈现出来的数据。

你将听到的另一个关于信息的定义是：信息是经过处理的数据，或者说，信息是经过求和、排序、平均、分组、比较或其他类似操作处理的数据。这个定义的基本思想是，我们对数据做了一些事情，从而产生了信息。

信息还有第四种定义，是由著名心理学家格雷戈里·贝特森（Gregory Bateson）提出的。他将信息定义为带来差异的差异。

就本书而言，这些信息的定义都是可以采纳的，选择适用于当下情境的定义即可。关键的一点是要把数据和信息区分开。你可能会发现，不同的定义在不同场景中的使用效果不同。

● 信息在哪里

假设你创建了一张关于亚马逊公司历史股价和净利润的图，如图 1-5 所示。这个图中包含信息吗？如果它在有特定意义的背景下呈现了数据，或者如果它展示了一种能带来差异的差异，它就符合信息的两种定义，很容易让人认为这张图中包含着信息。

但是，如果现在把这张图展示给你家的狗，它能从图中找到信息吗？至少它找不到和亚马逊公司有任何关系的信息。狗可能会发现你午餐吃了什么，但它不会获

金额（单位：美元）

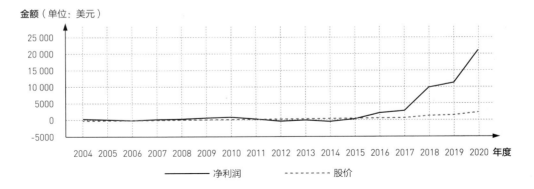

图 1-5　亚马逊公司的历史股价和净利润

资料来源：以来自纳斯达克（NASDAQ）的数据为基础。

得任何关于亚马逊公司历史股价的信息。

　　仔细思考一下这个小实验，你会意识到这张图本身并不是信息。它是你和其他人感知到的数据，从这种感知中你可以构想信息。总之，如果它在一张纸上或在一个显示屏上，它就是数据。如果在人的头脑中，它就是信息。

　　也许你在问自己：我为什么要关心这些问题？首先，它解释了为什么作为人类的你，是你所使用的任何信息系统中最重要的部分。你的思考质量、你从数据中构想信息的能力，是由你的认知技能决定的。数据仅仅是数据，而你从数据中构想出的信息才是你为信息系统增加的价值。

　　其次，人们拥有不同的感知能力和观点。因此，不同的人自然会从相同的数据中获得不同的信息。你不能对别人说"看，信息就在你面前的这堆数据中"，因为它不在数据中，而在你的头脑里，你要做的是解释你构想的信息，以便其他人理解。

　　最后，一旦你明白了这一点，你就会明白各种各样的常见句子都没有意义。其实，说"我把信息发给你了"是不对的。我们最多只能说，"我把数据发给你了，你从中得到了信息"。在你的职业生涯中，如果你记得应用这一原理，你将更少地体验到挫败感。

1.6 获得优质信息的必要数据特征是什么

你刚刚学到，人类是从数据中构想信息的。如前所述，你能创造的信息的质量在某种程度上取决于你的思维能力。然而，信息质量也取决于你所获得的数据的质量。图 1-6 总结了一些关键的高质量数据特征。

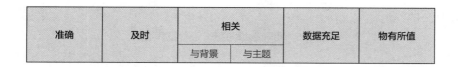

准确	及时	相关		数据充足	物有所值
		与背景	与主题		

图 1-6　高质量数据的特征

● **准确**

首先，优质信息是从精准、正确、完整的数据中构想出来的，这些数据是按照预期正确地处理过的。准确性至关重要，商务专业人士必须能够依赖他们的信息系统。如果一个信息系统产生的数据不准确，该信息系统可能就会在组织中变得臭名昭著。在这种情况下，开发该信息系统不仅浪费了时间，而且浪费了金钱，因为用户需要自行变通来避免使用不准确的数据。

由上述讨论得出的一个推论是：作为信息系统的未来用户，你不应该轻信那些出现在互联网页面、格式规范的报表或花哨的问卷上的数据。有时我们不愿去怀疑那些美化后的图表呈现的数据，但不要被误导。当你开始使用一个新的信息系统时，请对它持怀疑态度。对收到的数据要进行多方核对。在使用一个系统几周或几个月之后，你才能逐渐放松下来。但在开始时你要持怀疑态度。还有一点，就是你无法从不准确的数据中获取准确的信息。

● **及时**

优质信息要求数据足够及时，从而可以及时地用于预期应用。一份延期六周的月度报表很可能已毫无用处，而决策已定后才拿到的数据于事无补。在你给客户发货后，信息系统才发给你一份不良客户信用报告，这不仅没有任何意义，而且会令人沮丧。注意，及时性可以用时间（六周后）或事件（发货前）来衡量。

当你参与 IS 的开发时，及时性将是你指定需求的一部分。你需要提出恰当且符合实际的时间需求。在某些情况下，开发实时提供数据的系统要比开发延时提供数据的系统困难得多，成本也高得多。如果几小时前的数据对你来说是足够新的，请在需求说明阶段就说清楚。

我们来看一个例子。假设你在市场营销部门工作，你需要评估新的在线广告项目的有效性。你想要一个信息系统，它不仅能在互联网上发布广告，而且能让你确定客户点击这些广告的频率。能确定实时点击率的功能都要价不菲，而批量保存数据并在几小时后处理将容易得多，也便宜得多。如果你可以接受一两天前的数据，那么系统将更容易实现，也更便宜。

● 相关

数据既要与背景相关，又要与主题相关。考虑到背景，作为一家公司的首席执行官（chief executive officer，CEO），你需要的数据要精确到适合你岗位的程度。公司里每个雇员的时薪表或许对你没用——你需要的可能是各部门的平均薪酬信息，所以全体员工的薪资列表对你来说是无关紧要的。

数据还应该与当前的主题相关。如果你想了解一项可能信贷额度的短期利率数据，那么，一份显示 15 年期抵押贷款利率的报表就是不相关的。同样地，如果一份报表将你所需要的数据藏在一页又一页的结果中，它也不是你想要的。

● 数据充足

数据的量需要满足生成数据的目的，但不能过多。我们处于被数据淹没的时代，我们每天都要做的重要决策是，究竟要忽略掉哪些数据。你在管理层的职位越高，需要获得的数据就越多，由于你的工作时间有限，你需要忽略的数据也就越多。因此，数据应该是充足的，但不能过多。

● 物有所值

数据并不是免费的。有开发信息系统的成本，有操作和维护该系统的成本，还有阅读和处理系统产生的数据要花费的时间和薪酬成本。要让数据对得起它的成本，即数据的成本要与价值相称。

举个例子。每天报告一个墓园的全部墓主名单，其价值何在呢？这没有什么价值，除非该墓园会遇到盗墓问题。可以说，人们不值得花时间去读这份报告。从这个荒唐的例子中，很容易看出经济学的重要性。然而，当有人建议你使用一项新技术时，就不那么容易判断是否值得了。你要准备好问自己："我从这些数据中可以获得的信息有多大的价值？""成本有多高？""价值与成本是否相称？"……信息系统与其他资产一样，都要接受财务分析。

本章的知识对你有什么帮助

对阿曼达来说，本章内容来得太迟了，至少她在 eHermes 公司是这样。然而，对你来说还不算晚，对阿曼达的下一份工作来说也不算晚。那么，本章的要点有哪些呢？

第一，要认识到未来属于那些能够创造性地构想信息系统和信息技术新应用的商务专业人士。你不需要是信息系统专业的学生（虽然这是一个非常好的专业，有很好的就业前景），但你应该能够创新性地将 MIS 运用到你主修的专业中。管理、营销、会计、制造等专业的学生，可以如何利用贝尔定律、摩尔定律、梅特卡夫定律来获益呢？

第二，学习赖克提到的四项关键技能：抽象推理、系统思维、协作、实验能力。要实践，实践，再实践。管理信息系统概论是在商学院学习这些技能的最佳课程之一，所以你要积极参与。你在学习并完成作业后，问问自己从事的活动为何与这四项技能有关系，并努力提高你在这些技能上的熟练程度。

第三，学习信息系统的要素，明白每个商务专业人士都需要在新的信息系统开发中发挥积极作用。该系统是因你的需求而创建的，需要你的参与。要了解 IT、IS

和 MIS 之间的区别。最后，要了解信息和数据之间的区别，以及是什么使数据有价值。

　　我们的学习才刚刚开始；还有更多的知识可以让阿曼达（在她接下来的工作中）和你都能受益！

物联网趋势

　　你还记得过去通过登录万维网（WWW）访问互联网的情景吗？可能你还记得自己当时对探索这个新的数字世界充满期待。当时你可能坐在一个笨重的阴极射线管显示器前，一边听着调制解调器拨号的嗞嗞声，一边考虑着自己首先要访问哪个网站。

　　在 20 世纪 90 年代和 21 世纪初，网络还是一个相对简单的地方——只有小部分使用者有技术能力去创建和托管网站（因此，大多数互联网使用者是内容的消费者，而不是内容的创造者），家庭互联网接入也不像今天这样普遍。而且，从本质上讲，当时的网站设计得非常基础，通常只有静态文本和下划线或蓝色超链接。网站上没有华丽的、高分辨率的图片，没有流媒体视频，没有基于用户的定制内容，也没有让用户轻松创建自己内容的平台。那个时代通常被称为 Web 1.0 时代。

　　将你早期和今天使用互联网的体验进行比较——显然情况已有很大的不同。如今的网站功能多样，有复杂的图形、高分辨率的视频流、账户定制功能等。此外，想想你现在可以创造内容的各种方式。你可能会在社交媒体上发文，可能会开一个关于自己兴趣爱好的博客，可能会拥有一个个人网站，也可能会与同事在线合作，或者拥有自己的视频网站。

　　此外，你对网站以及对整个因特网的访问设备，不再局限于家里或图书馆里的一台笨重的台式电脑；无论你走到哪里，几乎都能上网。广泛的访问、丰富的内容、各式协作工具，以及非技术用户也有创建内容的机会，这些都是 Web 2.0 时代的标志，即我们当前所处的网络时代的特征。

　　网络的演变确实改变了你我这样的用户与因特网交互的方式，同时，更强大的因特网也对所有类型的组织产生了深远影响。具体来说，由于物联网（Internet of Things，IoT）的出现，组织之间的联系比以往任何时候都要紧密。

物联网设备

物联网意味着连接到因特网的设备在不断激增。值得注意的是，这些设备通常具有与其他物联网设备轻松集成的能力。摩尔定律一直是物联网普及的主要催化剂，因为微型数据处理芯片虽然体积小得惊人，但性能可以非常强大。

微型数据处理芯片结合互联网连接可以大幅度改变一个企业，让我们以一个农场的经营为例。耕种是一项艰苦的工作，而经营农场（可能有数百甚至数千亩地）的众多工作之一就是监测。农场主必须监测作物、牲畜、灌溉设备、土壤条件、水资源和工人等。

然而，物联网的发展从几个方面彻底改变了农业。农场主现在可以在土壤中放置联网的传感器，实时报告土壤状况（例如氧气含量和湿度）。他们还可以部署联网的无人机，让它们飞到遥远的区域去检查农作物和灌溉管线，并使用自动化的农业设备（如拖拉机）进行自动种植或收获庄稼——它们要向农场主实时报告其所在位置和作业情况。所有这些物联网设备的使用都有助于提高作物产量和农场的收入。

现在，除了农业，你可能还想知道其他行业是如何因物联网而改变的。让我们看看下面的例子。

1. **制造业：** 现在的自动化生产设备正在联网并进行优化；性能不佳的机器可以在出故障之前报告问题并被提前更换。

2. **智慧城市：** 传感器可以连接交通信号灯和应急响应人员，甚至可以使用手机应用程序来发现道路上的坑洼，并派遣道路维修人员前去维修。

3. **智慧交通：** 在汽车和手机上安装导航应用，连接到因特网，即可将城区的成千上万名司机彼此联系起来，这样有助于报告施工、拥堵、事故、道路危险等情况。

4. **智慧医疗：** 可以在医院中对医疗卫生工作人员进行实时跟踪，合理地安排他们去处理紧急情况。连接在患者身上的众多传感器将向工作人员报告患者的生理数据，甚至可以自动控制患者周围的环境（例如照明和温度）。

物联网预测

物联网设备的激增将会影响许多行业，甚至产生革命性的影响。但物联网设备不是静态的；它们将继续演变，在未来的几年甚至几十年里，它们的真正影响力是难以预测的。

一项几年前的预测认为：到2025年，世界上将有210亿台物联网设备。（这样算起来，这个星球上平均每人大约有2.7台！）这项预测包括自行车和汽车等多种交通方式的互联。另一项预测是，5G将加快在更狭窄区域内连接众多设备的速度。这可能会捕获和存储比以往更多的数据。

虽然这些预测听起来很乐观，但这些变化也可能为技术的滥用打开大门。例如，随着网速变快和物联网设备数量的增加，它们可能会被更频繁地用于分

布式拒绝服务（Distributed Denial of Service，DDoS）① 攻击。简而言之，物

联网将继续演化、扩展，并几乎可以影响我们生活的各个方面。

问题

1. 人们经常互换着使用互联网（Web）和因特网（Internet）这两个术语，但它们并不一样。请尽你最大的努力给它们分别下个定义，并确切地说出它们的不同之处。
2. 本文讨论了 Web 1.0 和 Web 2.0。你可能想知道 Web 2.0 是不是终点。你认为会有 Web 3.0 吗？如果有，它会带来什么呢？
3. 物联网显然对企业有许多影响（例如，在生产线上使用传感器跟踪制造过程），对城市也有许多影响（例如，监测交通流量、照明、公交），但物联网是如何影响你的生活的？你的公寓或家里有物联网设备吗？如果没有，你有兴趣入手哪些物联网设备呢？
4. 你是认为物联网设备已经具备了最新、最先进的安全措施，还是认为使用物联网设备会存在潜在的安全风险呢？

安全指南

密码及密码规范

　　许多形式的计算机安全设置是通过密码来控制对系统和数据的访问的。你很可能有一个大学系统的账户，你可以通过用户名和密码登录系统。当你建立这个账户时，可能曾被建议使用"强密码"。这是个好建议，但什么是强密码呢？"sesame"（芝麻）可能不是，但什么是呢？微软公司有很多理由来提高

安全性，该公司提供了创建强密码的指导方针。强密码应该——

1. 至少包含 12 个字符，14 个更好；
2. 不包含用户名、真实姓名或公司名称；
3. 不包含任何语种词典中的完整单词；
4. 与之前用过的密码不同；

---

① 即分布式阻断服务，黑客会利用 DDoS 攻击器控制多台机器同时发动攻击，以达到"妨碍正常使用者使用服务"的目的。——编者注

5. 同时包含大写字母、小写字母、数字和特殊字符（例如，~ !@#$%^&*()_ + = {}|[\]:"'←→?,./）。

下面是优质强密码的示例：

* Qw37^T1bb?at
* 3B47qq←3→5!7b

这种密码的问题在于，我们几乎不可能记住它们。你最不该做的事情就是把密码写在纸条上，并把它放在使用该密码的设备附近。永远都不要这样做！

有一种技巧能帮你设置好记的强密码，那就是根据一个短语中单词的首字母来设置密码。这个短语可以是一首歌的名字或者一首诗的第一行，也可以与你生活中的一些事物有关。例如，你可以用这句话——"I was born in Rome, New York, before 2000"（我出生在 2000 年前的纽约州罗马城）。使用该短语的首字母作为密码并将 before 这个单词替换为字符 ←，这样就得到了一组密码"IwbiR,NY←2000"。这个密码的安全性尚可，如果数字不是全部位于末尾就更好了。所以，你可以试试这个短语——"I was born at 3:00 AM in Rome, New York"（我凌晨三点出生于纽约州罗马城）。根据这句话生成的密码是"Iwba3:00AMiR,NY"，这是一个很好记的强密码。

有了强密码以后，要避免在你访问的每个网站上重复使用相同的密码。并非所有网站都能为你的数据提供相同级别的保护。事实上，有时它们会把你的密码泄露给黑客，然后黑客就可以使用该密码访问你经常访问的其他网站了。密码多样化对你有好处。不要在不太重要的网站（如社交网站）上使用访问重要网站（如网上银行）时的密码。

你还需要用恰当的行为保护你的密码。永远不要把你的密码写下来，不要和别人分享密码，也不要向别人索要密码。有时，攻击者会假装成管理员向用户询问密码。你永远不必向真正的管理员提供你的密码，他或她不需要你的密码，也不会向你索要，因为他或她已经拥有了公司所有计算机和系统的完全访问权限。

---

1. 莎士比亚的《麦克白》中有这样一句话："Tomorrow and tomorrow and tomorrow, creeps in its petty pace."（明日、明日、复明日，一天一天脚步细碎，悄然而至。）想一想，如何使用这句诗来创建密码。如何以一种便于记忆的方法，在密码中添加数字和特殊字符？

2. 列举出两个可以用来创建强密码的短语，并展示你创建的两个密码。

3. 网络世界中有一个问题，那就是我们都拥有许多个密码——一个用于工作或学习，一个用于银行账户，另一个用于购物网站……当然，最好使用不同的密码，但这样的

问题

话，你必须记住三四个不同的密码。请想出不同的短语来为每个不同的账户创建一个好记的强密码。将每个短语与该账户的应用联系起来，并展示你创建的密码。

4. 解释一下为什么在多个网站上重复使用相同的密码可能会引发安全问题。

5. 解释一下为什么真正的系统管理员不会向你索要密码。

五要素职业

几年前，甚至几十年前，很多学生直到大学生涯的最后一个学期才开始认真考虑工作问题。他们选择一个专业，上完必修课，然后准备毕业，在此期间，他们会假想在大四的某一天，招聘人员会带着大量的好工作来到校园。可是，如今已经不是那个时代了。

从目前的就业形势来看，你需要积极主动地找工作。想想看：你人生中大概有三分之一的时间都是在工作。你最应该为自己做的事就是从现在开始认真考虑你的职业前景。当然，相信你不想在商学院就读四年之后成为一名咖啡师，除非你打算开设下一家星巴克。

所以，从这里开始吧。你有兴趣从事管理信息系统方面的工作吗？如果你此时了解得还不够多，前文中的表 1-3 和表 1-4 应该会引起你的注意。看到这样的就业增长情况，你至少应该考虑一下，在某个不含外包的类别中，在信息系统和相关服务方面是否有适合你的职位。

但这意味着什么呢？如果你去美国劳工统计局官网看看，你就会发现美国有 100 多万名计算机程序员和 60 多万名系统分析师。你可能对程序员是做什么的有些了解，但你或许还不知道什么是系统分析师。不过，看一下图 1-4 中的五个要素，你就会有一些想法了。程序员主要与软件打交道，而系统分析师则要与整个系统打交道，包括所有五个要素。因此，作为系统分析师，你会与系统用户一起确定组织的需求是什么，然后与技术人员（和其他人）一起协助开发该系统。你的工作就像一个文化经纪人：将技术文化转化为商业文化，再把商业文化转化为技术文化。

对你来说，幸运的是许多有趣的工作并没有反映在美国劳工统计局的数据中。为什么说幸运呢？因为你可以用你在本书中学到的知识来发现并找到其他学生没想到甚至不知道的工作。如果情况是这样，你就获得了竞争优势。

表 1-5 提供了一个以非常规方式思考职业的框架。如你所见，MIS 中有技术工作，也有有趣、富有挑战性且高薪的非技术工作。以专业销售为例。假设你

的工作是向梅奥医学中心（Mayo Clinic）销售企业级软件。你要把软件推销给这群既聪明又野心勃勃的专业人士，让他们花费数千万美元。或者，假设你在梅奥医学中心工作，正面临着这样的推销。

你打算怎样利用这笔预算？你需要掌握业务知识，而且你需要足够了解技术，从而提出明智的问题并听懂对方的回答。

请通过回答以下问题的方式进行思考，不论它们是否计入你的成绩！

表 1-5　五要素职业表

	硬件	软件	数据	规程	人员
销售与营销	供应商（IBM、思科公司等）	供应商（微软、甲骨文公司等）	供应商（安客诚、谷歌公司等）	供应商（思爱普、Infor、甲骨文公司等）	猎头公司（罗致恒富、罗科仕公司等）
支持	供应商、内部 MIS	供应商、内部 MIS	数据库管理、安全	供应商和内部客户支持	客户支持培训
开发	计算机工程、内部 MIS	应用程序员、质量测试工程师	数据建模工程师、数据库设计	业务流程管理、流程重组	培训、内部 MIS 招聘
管理	内部 MIS	内部 MIS	数据管理	项目管理	技术管理
咨询	项目管理、开发、售前和售后支持				

1. 上文中的"在某个不含外包的类别中"是什么意思？如果你不能确定自己的答案，请重读对表 1-3 的讨论部分。为什么这对你很重要？
2. 查看上面的五要素职业表，选择与你的兴趣和能力最相关的那一行。针对该行的每个要素列，描述一个与之相关的职位。如果你不确定自己的答案，可以上网搜索一下该行各单元格中的词汇。
3. 对于你在回答第 2 题时说出的每个职位，请描述一下你认为该职位最重要的三项技能和能力。
4. 对于你在回答第 2 题时说出的每个职位，请举出一项你今年可以采取的创新行动，以改善你的就业前景。

问题

道德与职业责任

假设你是一名年轻的营销人员，刚刚举办了一场新的促销活动。执行委员会要求你对活动的促销效果进行总结，然后你制作了图 1-7。从图上看，促销活动开办得正是时候，当销售量开始下降时，你就举办了促销活动。之后，销售量便开始激增。

但请注意，图 1-7 中的纵轴并没有表示数量的值。如果加上数量，如图 1-8 所示，促销活动的效果看起来就不那么喜人了。似乎所谓的"激增"只是还不到 20 件商品。不过，图中曲线的形状仍然令人印象深刻。如果没人仔细计算，你的促销活动看起来就是成功的。

然而，这条令人印象深刻的曲线只是一种可能的画法，因为图 1-8 不是按比例绘制的。如果按比例绘制，如图 1-9 所示，你的促销活动看起来就是有问题的，至少对你来说是这样。

你会向委员会展示哪张图呢？

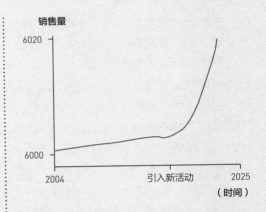

图 1-8　促销活动的销售量（2）

图 1-9　促销活动的销售量（3）

本书的每一章都有道德指南部分，该部分内容探讨了各种 MIS 相关背景中的一些讲道德、负责任的行为。在本章中，我们将讨论数据和信息方面的道德规范。

几百年来，哲学家们一直在探讨的一个问题是："什么才是正确的行为？"在这里，我们无法面面俱到地谈论它。

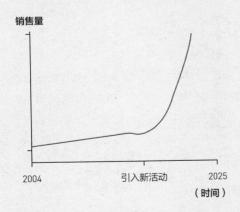

图 1-7　促销活动的销售量（1）

但在商业伦理课上，你会学到很多这方面的知识。就我们这本书而言，我们将使用伦理学中的两个支柱理论。本章介绍第一个，第 2 章介绍第二个。

德国哲学家伊曼努尔·康德将绝对命令定义为一种原则，即一个人应该只以他希望这种行为成为普遍法则的方式行事。偷窃不是这样的行为，因为如果每个人都偷窃，人就没有什么可拥有的了。所以，偷窃不可能成为普遍法则。同样地，说谎也不符合绝对命令，因为如果每个人都说谎，话语就失去了效力。

当你想知道一个行为是否符合这一原则时，一个很好的检验方法就是问自己："你愿意向全世界公布你的行为吗？你愿意把它放在你的社交媒体主页上吗？你愿意说出你对所有参与者都做了什么吗？"如果答案是否定的，你的行为就是不道德的，至少从康德绝对命令的角度看是这样。

康德将义务定义为根据绝对命令判断的某种行为的必要性。完全义务是必须一直履行的行为。不说谎是一种完全义务。不完全义务则是值得称赞，却并非绝对命令所要求的行为。做慈善就是不完全义务的一个例子。

康德以培养自己的才能为例，认为这是一种不完全义务，我们也可以用这个例子来定义职业责任。商务人士有培养工作所需技能的不完全义务。在我们的整个职业生涯中，我们也有继续培养自己的商务工作技巧和相关能力的不完全义务。

我们将在接下来的几章中运用这些原则。现在，通过回答以下问题，请使用这些原则来评价你对图 1-7、图 1-8、图 1-9 的看法。

1. 用自己的话重新表述康德的绝对命令原则。解释一下为什么考试作弊违背了绝对命令。

2. 虽然有不同的意见，但大多数学者认为黄金法则（"你希望别人怎样对待你，你就要怎样对待别人"）并不等同于康德的绝对命令。请证明这一观点。

3. 假设你使用 Microsoft Excel 创建了图 1-7。为此，你将数据输入 Excel，然后单击"创建图表"按钮（有这样一个按钮，但可能不叫这个名字）。好了，Excel 创建了图 1-7，该图没有任何标签，而且不是按比例绘制的。你没有多加思索，就把这张图放到了你的报告中。

   a. 你的行为是否符合康德的绝对命令？为什么符合或者为什么不符合？

   b. 如果 Excel 自动生成了如图 1-7 所示的图片，它的行为是否符合康德的绝对命令？为什么符合或者为什么不符合？

4. 转换一下角色，假设你现在是执行委员会的一名成员。一位初级市场营销人员向委员

问题

会展示了图 1-7，你对标签和比例缺失提出了异议。他回答说："对不起，我不知道。我只是把数据输入了 Excel，然后把生成的图片放到了报告中。"作为一名高管，你能从这名初级市场营销人员的回答中得出什么结论？

5. 这名初级市场营销人员在问题 4 中的回答是否违背了完全义务？是否违背了不完全义务？或者，他违背了任何义务吗？给出你的理由。

6. 如果你是这名初级市场营销人员，你会向委员会展示哪张图？

7. 根据康德的观点，说谎不符合绝对命令。假设你被邀请去部门主任家参加一次节日烧烤活动。有人给你端上来一份硬到几乎啃不动的牛排，你只好偷偷地把它喂给了主任家的狗（它似乎很喜欢吃）。主任问你："你那份牛排怎么样？"你回答说："太棒了，谢谢。"

　　a. 你的行为是否符合康德的绝对命令？

　　b. 那条狗似乎觉得牛排很好吃，这个事实会改变你对问题 a 的回答吗？

　　c. 你从这个例子中得出了什么结论？

第 1 章要点回顾

请使用本部分验证你是否理解了回答本章学习目标中的问题所需的想法和概念。

1. 为什么管理信息系统概论是商学院中最重要的一门课程？

• 请定义贝尔定律，并解释为什么它的结论对今天的商务专业人士而言十分重要。请描述摩尔定律、梅特卡夫定律、尼尔森定律和克莱德定律是如何改变数字设备的使用方式的。请说明商务专业人士应该如何与新兴信息技术联系起来。

2. 管理信息系统将给我带来什么样的影响？

• 请定义赖克提出的四项关键性非常规认知技能。请找出本书中对工作保障的定义，并使用赖克的列表来解释这本书将如何帮助你获得这种保障。请解释为什么系统思维对于企业很重要。

3. 为什么与管理信息系统相关的工作岗位需求量大？

- 请总结与管理信息系统相关的工作机会。根据美国劳工统计局的数据，与管理信息系统相关的职位增长率与全美所有职位的平均增长率相比，情况如何？请解释为什么技术创新或技术成本的相对下降会增加管理信息系统相关职位的价值。

4. 什么是管理信息系统？

- 请找出管理信息系统定义中的三个重要短语。请解释为什么你能买到 IT，但你永远买不到 IS。如果你是一名未来的业务经理，这种说法对你来说意味着什么？请说出并定义信息系统的五个要素。请使用五要素模型来解释 IT 和 IS 之间的区别。请解释为什么终端用户需要参与信息系统的管理。请解释为什么"组织能够采取行动"的观点是有问题的。

5. 什么是信息？

- 请说出四种不同的信息定义。从中找出你最喜欢的一个，并解释具体原因。请说明数据和信息的区别。请解释为什么信息永远不能被写在纸上或显示在显示设备上。

6. 获得优质信息的必要数据特征是什么？

- 想出一个记忆窍门来记住高质量数据的特征。请解释这些数据特征与信息质量的关系。

本章的知识对你有什么帮助

请总结一下，为什么精通赖克提出的四项技能将对你的职业生涯有所助益。请解释为什么每个商务专业人士都需要学习 IS 基础知识。

第 2 章

组织战略、信息系统与竞争优势

● **本章学习目标**

» 组织战略如何决定信息系统结构？

» 哪五种力量决定了行业结构？

» 行业结构分析如何决定竞争战略？

» 竞争战略如何决定价值链结构？

» 业务流程如何产生价值？

» 竞争战略如何决定业务流程和信息系统的结构？

» 信息系统如何提供竞争优势？

» 业务流程和信息系统的未来是什么？

● **预期学习成果**

» 能够讨论竞争战略和信息系统需求之间的关系。

"你好，卡玛拉，咱们去吃午饭吧。我想了解一下我们马上要开始用的那个新的无线射频识别库存系统。"身着正装的 eHermes 公司销售副总监苔丝（Tess）说道，此时她正在走进一个主配送仓库的会议室。

卡玛拉正在看着两名员工检查公司自动驾驶车队的数据可视化系统，同时她也在修改一块大白板上的图表。卡玛拉是自动化和机器人领域的专家，拥有麻省理工学院（Massachusetts Institute of Technology，MIT）的硕士学位，从小在印度和英国伦敦长大。

"好。我可以利用午餐时间休息一下。"

"你们在研究什么？"

"嗯……杰茜卡想看看能否把所有数据输入人工智能系统，以提高我们的运营效率。我知道计算机视觉系统和机器学习如何与自动驾驶汽车相结合，但我还没试过如何整合所有这些不同的实时数据，以进行规划和优化。"

"听起来好复杂。真庆幸你是工程师，而我是销售人员。"

卡玛拉示意苔丝到大厅里去，这样她们就可以私下谈谈了。

"说实话，这个问题我们能解决，但需要的时间恐怕超乎大家的想象。最终销量会提升，成本也会下降，我担心的倒不是这个项目。"卡玛拉的眼睛转动着，看起来非常沮丧。

"什么意思？"

"我们是做什么的？"

"你想说什么？"苔丝有点吃惊。

"好吧，作为一家公司，我们是做什么的？我们公司在本质上相当于可以提供上门服

务的移动亿贝网站，在业内已经有了一定的声誉。这点我明白。但是……如果我们试着把业务扩展到其他领域，就可以赚很多钱。"

"你指的是什么呢？哪些其他领域？"

"哦，杰茜卡前几天提到，我们应该考虑与当地公司合作，推出新的产品，而不仅仅是二手物品。这点我完全同意，我们甚至可以做得更多。我们何不也开展包裹递送服务呢？"

"你的意思是，开一家快递公司？"

"是的……嗯，算是吧。我知道这样做是在帮助潜在的竞争对手递送他们的包裹，但同时这也增加了来我们的移动店铺购物的顾客。如果我们不想得周全些，恐怕会错失良机。"

"你和杰茜卡聊过这个想法吗？"

"聊过，她也肯定了这些想法，但她希望继续专注于在我们的移动店铺中销售新产品。她甚至觉得我们可以与当地农民合作，创建一个移动的农贸市场。"

"那么……缺点是什么呢？这听起来没什么难度。我们不需要对现有经营方式做出大的改动，我们会推出很多新产品，从企业客户那里获得的利润可能会相当可观。"

"是啊，可如果我们无法与企业客户签约怎么办？如果它们意识到我们可能会把它们从分销链中排除出去呢？我的意思是，我们现在对零售企业做的事可能就像当年奈飞（Netflix）公司对百视达（Blockbuster）公司做的事一样。实体店可能会亏损，或者，更糟糕的是，如果我们变得离不开它们，利润受损怎么办？"

"我不知道。如果利润真像杰茜卡想的那么丰厚，也许值得一试。"

"是的，但我们本可以花些时间和金钱，让 eHermes 不仅仅是一家'零售'公司。如果我们成为一家快递公司，甚至是一家运输公司，我们的利润可就大了。"卡玛拉显然很沮丧，她摇了摇头。

"卡玛拉，我完全同意。我们本可以成为自动化运输和递送领域的领导者。这是毫无疑问的。"

"嗯？"

"嗯，关键还是要专攻一个领域，我们不可能面面俱到。扩大我们现有的零售业务与成为一家快递和运输公司之间有很大的差异。"

"但这些唾手可得的利润该怎么办？如果我们不去赚，别人也会去赚。如果亚马逊开展无人机送货服务……会发生什么？"

苔丝笑了，她说："嘿，我们出去吃午饭的时候叫上维克托吧。他才是真正需要听取这些建议的人。我去买泰式炒粉的时候，你们俩可以谈谈战略问题！"

2.1　组织战略如何决定信息系统结构

根据 MIS 的定义，信息系统存在的意义在于帮助组织实现其战略目标。正如你将在企业战略课程中学到的那样，一个组织的目标是由它的竞争战略（competitive strategy）决定的。因此，竞争战略最终决定了每个信息系统的结构、特征和功能。

图 2-1 总结了这种情况。简而言之，组织会调查其所在行业的结构并确定自己的竞争战略。该战略决定了价值链，而价值链又决定了业务流程，业务流程的结构又决定了配套信息系统的设计。

迈克尔·波特（Michael Porter）是竞争分析领域的重要研究者和思想理论家之一，他开发的三个不同的模型有助于我们理解图 2-1 中的各种元素。我们先来了解一下他的五力模型。

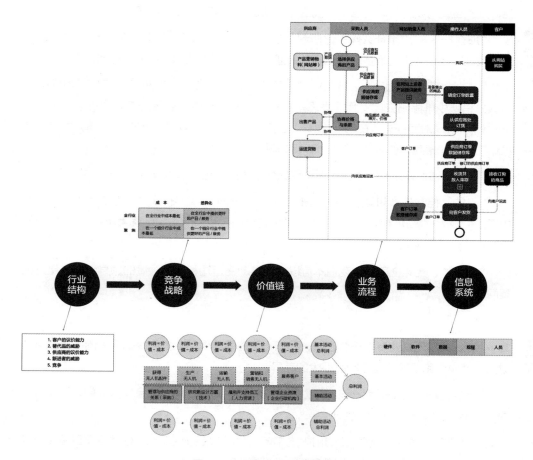

图 2-1　组织战略决定信息系统

2.2　哪五种力量决定了行业结构

组织战略的确定始于对一个行业的基本特征和结构的评估。波特的五力模型（five force model）是评估行业结构的一个模型，如图 2-2 所示。根据该模型，五种竞争力量决定了一个行业的盈利能力，它们分别是：客户的议价能力、替代品的威胁、供应商的议价能力、新进者的威胁和（现有企业之间的）竞争。这五种力量的强度决定了行业的特征、盈利能力及其盈利能力的可持续性。

```
┌─────────────────────────────┐
│  1. 客户的议价能力            │
│  2. 替代品的威胁             │
│  3. 供应商的议价能力          │
│  4. 新进者的威胁             │
│  5. 竞争                    │
└─────────────────────────────┘
```

图 2-2　波特的行业结构五力模型

资料来源：Michael E. Porter, *Competitive Advantage: Creating and Sustaining Superior Performance* (The Free Press, a Division of Simon & Schuster Adult Publishing Group).

为了理解这个模型，请思考表 2-1 中每种力量强弱的例子。检验你是否已经理解它的一个好方法就是看看你能否为表 2-1 中每个类别想出不同的力量。此外，可以以一个特定的行业为例，比如汽车维修，思考一下这五种力量如何决定该行业的竞争格局。

表 2-1　五种力量的例子

力量	力量强的例子	力量弱的例子
客户的议价能力	丰田公司购买车漆的行为（因为丰田公司是会大量购买车漆的大客户）	你改变大学的规章制度的能力
替代品的威胁	经常旅行的人对租车公司的选择	使用唯一特效药的癌症患者
供应商的议价能力	新车经销商（因为他们控制着汽车的"实际价格"，而客户无从得知这个价格是否公道）	丰收年的农民（供过于求导致产品价格降低，利润下降）
新进者的威胁	街角的咖啡摊（因为这是一个容易复制的生意）	美国的职业橄榄球队（因为球队数量由美国国家橄榄球联盟严格控制）
竞争	二手车经销商（因为有很多选择）	谷歌或必应（开发和推广搜索引擎的成本很高）

在本章的开篇，卡玛拉担心如果只销售产品可能会使 eHermes 公司处于竞争劣势。她认为该公司可以拓展到快递或运输领域。她还担心公司可能会依赖几个大公司的订单。表 2-2 分析了 eHermes 公司面对的竞争格局。

表 2-2　eHermes 公司的五种力量

力量	eHermes 公司的例子	力量强度	eHermes 公司的应对措施
客户的议价能力	一个大客户想要更多的利润份额	强	降低价格或拓展其他市场
替代品的威胁	亿贝公司提供本地送货服务	中	提供差异化的服务，如快递、物流、娱乐等
供应商的议价能力	自动驾驶汽车底盘的成本正在增加	弱	将从别的制造商那里购买
新进者的威胁	优步公司开始提供移动零售服务	中	提供差异化服务并拓展其他市场
竞争	亚马逊公司推出无人机送货服务	弱	提供附加服务或建立新的公司合作伙伴关系

eHermes 公司服务的大型企业客户可能会要求获得更多利润，因为它们给 eHermes 公司贡献了很大一部分收入。替代品的威胁（比如当地的亿贝公司提供的优质快递服务）颇大。由于缺乏技术技能或由于物理距离的限制，这些替代品对一些企业客户而言可能并不合适。优步公司这样的新进者会利用其自动驾驶车队提供移动零售服务，这可能会对 eHermes 公司构成实质性的威胁。另外，新的企业客户也可能会建立自己的移动市场，但 eHermes 公司可以通过提供额外的服务来应对这种情况，比如出售衣服、汽车零件或热食，还可以考虑开拓快递、运输或娱乐等新市场。

其他力量对 eHermes 公司来说并不那么令人担忧。移动店铺供应商的议价能力很弱，因为有很多公司愿意向 eHermes 公司出售自动驾驶汽车底盘。在自动驾驶市场，汽车制造商之间的竞争非常激烈。来自竞争对手的威胁并不大，因为 eHermes 公司已经开发了定制的移动店铺平台并整合了在线零售系统，竞争对手要复制其系统并不容易。

和 eHermes 公司所做的一样，所有组织都要考察这五种力量并确定自己的应对措施。这样的考察催生了竞争战略。

2.3　行业结构分析如何决定竞争战略

一个组织通过选择竞争战略来适应行业结构。波特在五力模型的基础上提出了包含四种竞争战略的模型，如图 2-3 所示。波特认为，每个组织都会采用这四种战略中的一种。一个组织可以专注于成为产业中的成本领先者，也可以致力于将自己的产品或服务与竞争对手差异化。此外，组织可以在全行业中使用降低成本战略或差异化战略，也可以将其战略聚焦于一个特定的细分行业。

	成　本	差异化
全行业	在全行业中成本最低	在全行业中提供更好的产品 / 服务
聚　焦	在一个细分行业中成本最低	在一个细分行业中提供更好的产品 / 服务

图 2-3　波特的四种竞争战略

资料来源： Michael Porter, "How Competitive Forces Shape Strategy", *Harvard Business Review*, July–August 1997.

让我们以汽车租赁行业为例。根据图 2-3 的第一列，一个汽车租赁公司可以努力提供全行业内成本最低的汽车租赁服务，或者在细分行业内提供成本最低的汽车租赁服务，比如仅聚焦于美国国内的商务旅行者。

如第二列所示，一个汽车租赁公司可以将其产品与竞争对手的产品差异化，并通过各种方式来做到这一点——比如提供各种高品质汽车，使用最好的预订系统、最整洁的车厢、最快速的登记取车流程，等等。该公司也可以努力在全行业或行业的某个细分领域内实现产品差异化，例如仅为美国国内的商务旅行者提供汽车租赁服务。

根据波特的观点，要想达到效果，组织的目标、文化、活动都必须与组织的战略保持一致。对 MIS 领域而言，这意味着组织中的所有信息系统必须都能推进组织的竞争战略。

2.4　竞争战略如何决定价值链结构

组织分析其所在行业的结构，并利用该分析制定出竞争战略。然后，它们需要对组织架构进行调整和构建以运用这一战略。例如，如果一个组织的竞争战略是成为成本领先者，其业务活动就需要以尽可能低的成本提供基本功能。

一个选择差异化战略的组织不一定会围绕成本最低的活动来构建。相反，这样的组织可能会选择开发成本更高的系统，但这样做的前提是这些系统为差异化战略提供的好处是有利润的。eHermes 公司的杰茜卡知道，创建移动店铺的成本很高，但她认为付出这些成本是值得的。她可能也会发现，开发 eHermes 公司自己的 AI 也是值得的。

波特将价值（value）定义为顾客愿意为资源、产品或服务支付的金额。一项活动产生的价值和该活动的成本之间的差额被称为利润。采用差异化战略的组织，只要某个活动的利润为正值，组织就愿意对其增加成本投入。

价值链（value chain）是价值创造活动的网络。通用价值链由五个基本活动和四个辅助活动组成。基本活动（primary activity）是与某个组织的产品或服务的生产直接相关的业务功能。辅助活动（support activity）是协助和促进基本活动的业务功能。

● 价值链中的基本活动

为了了解价值链的本质，让我们设想一家中等规模的无人机制造商（参见图 2-4）。首先，该制造商通过入厂物流活动获得原材料，该活动涉及原材料和其他投入资源的接收和处理。即使是一堆未组装的零件，对某些客户来说也是有价值的。从这个意义上说，这些材料的聚合增加了价值。一堆制造无人机所需的零件比架子上的一块空地更有价值，该价值不仅是零件本身的价值，还包括与这些零件的供应商联络、与这些供应商保持业务关系、订购这些零件、收货等活动所需的时间等各项成本。

在这项运营活动中，该无人机制造商将原材料转化为成品无人机，这一过程提升了产品的价值。接下来，该制造商会使用出厂物流活动将成品无人机交付给某个客户。当然，如果没有营销价值活动，该无人机制造商就不会有可交付产品的客户。最后，服务活动为无人机的使用者提供了客户支持。

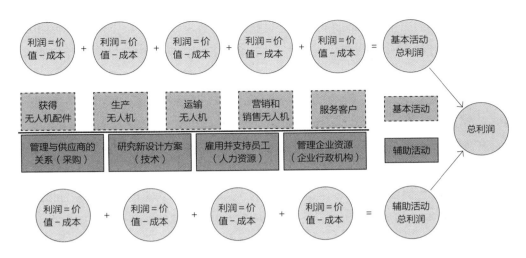

图 2-4　无人机制造商的价值链

　　该通用价值链的每个阶段都会积累成本并增加产品的价值，其最终结果是产生了该价值链的总利润，即总价值与总成本之间的差额。图 2-5 总结了该价值链中的基本活动。

基本活动	说明
入厂物流	接收、存储、分发对产品投入的资源
加工 / 制造	将投入转化为最终产品
出厂物流	收集、存储并分配产品给买家
销售与营销	诱导客户购买产品，并为其提供购买手段
客户服务	协助客户使用产品，从而维护和提升产品价值

图 2-5　价值链中基本活动的任务说明

资料来源： Michael Porter, *Competitive Advantage: Creating and Sustaining Superior Performance* (The Free Press, a Division of Simon & Schuster Adult Publishing Group). Copyright © 1985, 1998 by Michael E. Porter.

● 价值链中的辅助活动

　　通用价值链中的辅助活动在对基本活动起促进作用的同时，也间接地促进了产品的生产、销售和服务。辅助活动包括采购，采购是寻找供应商、商讨协议安排和价格谈判的过程。（这与入厂物流不同，入厂物流是根据采购签订的协议进行订购和接收。）

波特粗略地定义了技术。技术包括研究和开发，也包括组织内部与开发新工艺、新方法和新规程有关的其他活动。他将人力资源管理定义为全职和兼职员工的招聘、付薪、评估和培训。最后，组织的行政部门包括一般事务管理、财务、会计、法务和政府事务管理等部门。

辅助功能也会增加价值（尽管是间接的），而且辅助功能也有成本。因此，如图 2-4 所示，辅助活动贡献了利润。对于辅助活动，计算其利润是很难的，举例来说，很难计算出制造商通过在美国首都华盛顿游说国会议员为产品具体增加了多少价值。但这个行为的确增加了价值，且有成本，也有利润——即使它仅限于概念。

● 价值链中的联系

波特的业务活动模型包括联系（linkage），即价值链活动之间的相互作用。例如，制造系统使用联系来降低库存成本。这类系统根据销售预测来制订生产计划；再根据生产计划来确定原材料需求，然后根据原材料需求来安排采购。最终，它实现了即时库存，减少了库存规模和成本。

价值链分析可直接用于无人机制造商等制造业企业。然而，服务型企业也会应用价值链。不同之处在于，服务型企业的大部分价值是由操作、营销和销售以及服务活动产生的。入厂物流和出厂物流通常则没那么重要。

2.5 业务流程如何产生价值

回想一下，价值是指客户愿意为资源、产品或服务支付的金额。业务流程是通过将投入转换为产出而产生价值的活动网络。业务流程的成本是投入的成本加上活动的成本；业务流程的利润是产出的价值减去成本。业务流程在成本和效益上各不相同。事实上，优化业务流程以增加利润（增加价值、降低成本，或二者兼而有之）是获得竞争优势的关键。

例如，假设你做的是草坪护理生意。客户想修剪他们的草坪，他们也愿意为此付钱，但新修剪过的草坪的价值并不是无限高的，客户告诉你，他们对一块新修剪过的草坪的估价至多是 20 美元。现在你需要选择修剪草坪的流程：一种低成本的流程是用一把剪刀来修剪，这样做成本低廉且修剪得更精致，但会非常耗时。另一种流程涉及购买割草机和燃料，这种流程的成本会更高，且修剪出的草坪也不那么精致，但它会让你在同样多的时间内获得更多的收入。这两种流程都实现了相同的目标（即修剪草坪），但实现方式非常不同。

正如这个例子所示，如何产出价值直接影响到你的成本、利润和竞争优势。换句话说，你如何做某事（你的业务流程）与你做什么一样重要。

针对这个问题，我们将探讨一家虚构的 Best Bikes 公司的两个业务流程模型。Best Bikes 是一家自行车零件在线零售商，该公司正在考虑用 3D 打印技术自行生产零件，而不再从某个供应商那里订购。该公司的负责人想知道 3D 打印零件是否会降低成本并提高利润。

● Best Bikes 公司如何运作

Best Bikes 公司与供应商谈判，供应商按照特定的价格和条款提供零件。该公司在得到供应商会提供零件的承诺后，就会在其网站上发布零件的说明、照片、价格和相关销售数据。然后，Best Bikes 公司先订购一定数量的零件，从供应商那里接收零件，再将它们计入库存。当客户订购零件时，操作人员从库存中移出零件并将其寄给客户。公司不时地订购零件以补充库存，但在本例中，我们将不考虑补货流程。当然，Best Bikes 公司必须保存所有这些活动的记录，以便向供应商付款、向客户收款、检查库存情况、纳税等。

Best Bikes 公司的业务流程是典型的小型在线零售商流程，库存管理相对简单。即便如此，即使 Best Bikes 公司不使用 3D 打印技术生产零件，你也会发现，该公司仍有改进的空间。

● Best Bikes 公司的当前流程

图 2-6 是 Best Bikes 公司当前流程的示意图。这张图使用了业务流程建模标记法
（Business Process Modeling Notation，BPMN）的符号创建，是 Best Bikes 公司活动的
建模（或称抽象化）。该标记法是创建业务流程图的国际标准。相关图示的含义如
图 2-7 所示。

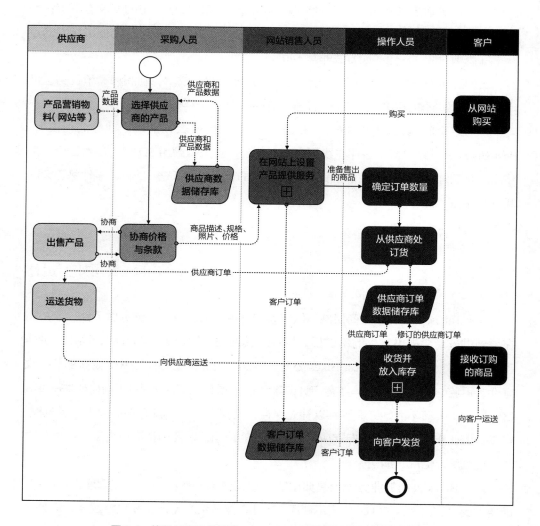

图 2-6   使用 BPMN 表示的 Best Bikes 公司的当前业务流程示意图

图 2-8 是以泳道图的格式（swimlane format）绘制的。泳道图是一种图形，这种
图形中的某个特定角色（工作类型）的所有活动都清晰地显示在单个垂直泳道中。

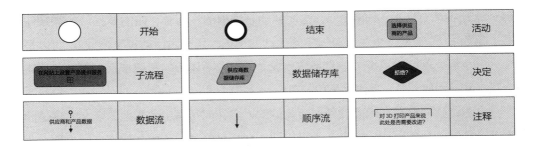

图 2-7　流程符号图示（BPMN 标记法）

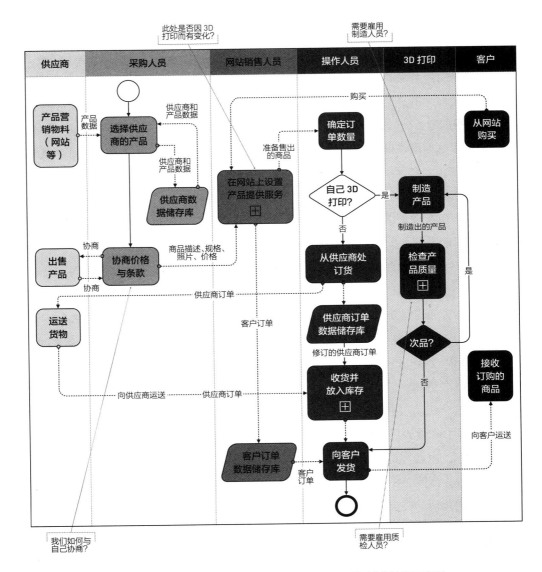

图 2-8　使用 BPMN 表示的、修订后的 Best Bikes 公司业务流程示意图

每个泳道中都有活动（activity），这些活动是流程的一部分，是需要完成的特定任务。角色（role）是一个业务流程中的活动的子集，角色由行动者（actor）（可以是个人、小组、部门、组织或信息系统）扮演。图 2-6 展示的角色包括供应商、采购人员、网站销售人员、操作人员和客户。

注意，我们没有在泳道的顶部写具体的人名，而是写出了角色的名字。这是因为某个特定的角色可能会由许多人来扮演，而且某位员工也可能扮演许多角色。此外，随着时间的推移，分配至特定角色的人员可能会发生变动。所以，在某些情况下，一个角色可以由一个信息系统来充当。

根据 BPMN 标记法，业务流程的开始用一个窄边的圆圈来表示，业务流程的结束则用一个宽边的圆圈来表示。因此，在图 2-6 中，流程从采购人员这一角色开始，或者也可以说，由采购人员开启了流程。

业务流程中的活动以圆角矩形表示。采购人员的第一个活动是"选择供应商的产品"。根据图 2-6，采购人员从供应商数据储存库中获取有关供应商和产品的数据。数据储存库是存储在业务流程中的数据集合，它可以是计算机数据库，也可以是云端的文件集合（在因特网上），还可以是打印出来的存储在文件柜中的记录。为了记录业务流程，数据储存库中的数据存储在何种特定媒介上并不重要。供应商数据储存库中不仅存放着以前的购买数据，还存放着供应商销售来电的结果、供应商往来邮件、以前采购人员在网上搜索供应商和产品数据的结果，等等。

图 2-6 中带标签的虚线被称为数据流（data flow）。它们表示数据在不同活动之间的移动。数据可以通过电子邮件、短信、电话、传真或其他方式传递。在 BPMN 图中，数据传递的媒介也不重要。对我们讨论的这个级别而言，数据项的格式也不重要。根据图 2-6，采购人员从供应商数据储存库中读取并向其写入供应商和产品数据。

"选择供应商的产品"与"协商价格与条款"这两个活动之间的实线表示在采购人员完成"选择供应商的产品"这一活动后，他的下一个行为是执行"协商价格与条款"这个活动。这样的实线被称为顺序流（sequence flow）。

图 2-6 中使用的另一个 BPMN 符号是一个位于活动符号中的方框加号。该符号表示子流程。当要完成的工作相当复杂，以至于需要一个专属的流程图时，就要用到这个符号。在图 2-6 中，"在网站上设置产品提供服务"这个活动涉及许多活动和几个不同的角色。在完整的流程文档集中，该活动将拥有自己的 BPMN 图。在这里我们就不讨论那些细节了。

理解了这些符号之后，你就可以自行解释图 2-6 的其余部分，并确定该业务流程在何处以及如何为 Best Bikes 公司产生价值。需要注意的是由操作人员负责的"收货并放入库存"这个子流程。当 Best Bikes 公司收到供应商发出的货品时,它会将收到的货物与原始的供应商订单中的货物进行比较。它将在该订单中标记出收到的货物,并将修订的供应商订单放回供应商数据储存库。它还会标出丢失的货物或收到的破损货物。

总而言之,一个业务流程是一个产生价值的活动网络。每个活动由一个角色负责,角色由个人、小组、部门、组织来担任,有时也由信息系统担任。数据储存库是数据的集合。数据在不同活动之间的流动用"数据流"表示;一个活动紧随另一个活动之后,用"顺序流"表示。复杂的活动由独立的子流程图表示,并用位于活动符号中的方框加号标记出来。

● 如何改变 Best Bikes 公司的流程以支持 3D 打印

Best Bikes 公司正在考虑自己用 3D 打印机打印零件,这样可以降低成本、增加价值,同时还有大量的零件可供选择。图 2-8 的流程图展示了当前的流程,它增加了"3D 打印"这个新角色。图中的菱形代表一个决定。例如,在某个零件备货时,操作者将需要决定是否使用 3D 打印以在公司内部制造该零件。图 2-8 还带有注释,这些只是 Best Bikes 公司的业务经理对该图的评论。

图 2-8 中的流程图为相关人员提供了与其他人讨论的基础,它是确定该业务流程是否真的会为公司产生价值的第一步。Best Bikes 公司的业务经理可以用它来记录当前流程中需要修改的部分,并证实的确需要增派人手。如果 Best Bikes 公司开展 3D 打印业务,则需要进一步定义制造产品和检查产品质量的子流程。不过,从这个示例中你会明白,流程图提供了就流程的结构和可能的更改与他人交流的一种手段。

2.6　竞争战略如何决定业务流程和信息系统的结构

表 2-3 展示的是自行车租赁公司的业务流程,不是自行车制造公司的业务流程。产生价值的活动展示在表格的顶部。有两家公司有着不同的竞争战略,其活动执行

情况展示在表格下面的各行中。

　　第一家公司向学生出租自行车，选择了低成本竞争战略。因此，该公司执行的是成本最小化的业务流程。第二家公司选择了差异化战略，该公司在高端会议度假村为企业主管们提供"超越同行"的自行车租赁服务。注意：该公司已经设计了业务流程以确保自己能提供优质服务。为了获得正利润，该公司必须确保增加的价值超过提供这些服务的成本。

表 2-3　自行车租赁公司的操作价值链

	价值链活动	问候客户	确定需求	出租自行车	归还自行车并付款
向学生们提供的低成本租赁服务	实施竞争战略的信息	"你想骑车吗？"	"自行车在那边，自己取"	"填写这张表，填完后拿到这里交给我"	"让我看看自行车""好了，你要付23.5美元，付款吧"
	支持性业务流程	无	防止自行车被盗的物理控制措施和手续	打印的表格和一个存放表格的盒子	装租车表格的盒子；最小的信用卡和现金收据系统
在会议度假村向企业主管们提供的高端租赁服务	实施竞争战略的信息	"您好，亨利女士。很高兴再次见到您。您想租上次租的'神奇单车4.5版'（WonderBike 4.5）吗？"	"其实，我认为'神奇单车超级版'（WonderBike Supreme）对您来说是更好的选择。它有着……"	"让我来把自行车的车号扫描到我们的系统中，然后我会为您调整车座"	"骑行感受如何？""在这里，我来帮您""我再扫描一遍自行车的标签，文件马上会准备好""您想喝点饮料吗？""您想把费用记在您的酒店账单上，还是现在就付款？"
	支持性业务流程	客户跟踪及过去销售活动记录系统	员工培训及对客户和自行车进行匹配的信息系统，偏向于对客户"追加销售"	登记自行车出库的自动库存系统	登记自行车入库的自动库存系统；准备付款文件；与度假村的计费系统整合

　　现在来考虑一下这些业务流程所需的信息系统。那家面向学生的自行车租赁公司只用一个盒子作为其数据存储设施，其业务中唯一涉及计算机／软件／数据的组件是银行提供的用于处理信用卡交易的机器。

　　然而，那家高端服务公司则广泛使用了信息系统，如图2-9所示。该公司有一个销售跟踪数据库，用于跟踪过去的客户租赁活动。它还有一个库存数据库，用于选择自行车和追加销售自行车租赁业务，同时还用于控制自行车库存，并尽量少给高端客户带去麻烦。

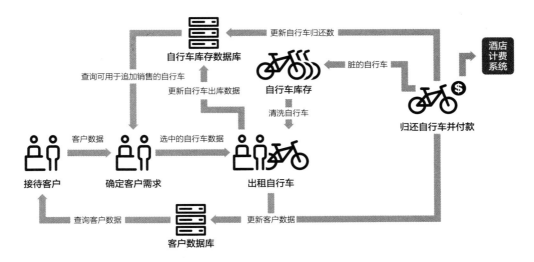

图 2-9 高端自行车租赁服务的业务流程与信息系统

2.7 信息系统如何提供竞争优势

在组织战略课上，你将了解到波特模型的更多细节。到时候你会学到组织应对五种竞争力量的不同方法。就我们的目的而言，我们可以将这些方法提炼成如图2-10 所示的原则列表。但要记住，我们必须在组织竞争战略的背景下应用这些原则。

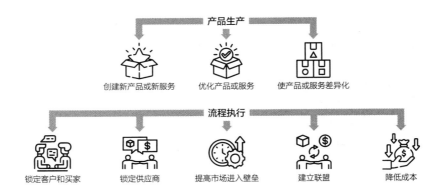

图 2-10 竞争优势的原则

这些竞争优势，有些是通过产品和服务建立的，有些则是通过业务流程的开发建立的。下面将逐一进行探讨。

● 通过产品获得竞争优势

图 2-10 中的前三条原则涉及产品或服务。组织通过创造新产品或新服务、通过优化现有产品或服务、通过将自己的产品和服务与竞争对手的产品和服务差异化，来获得竞争优势。在考虑这三条原则时，要知道信息系统可以是产品的一部分，也可以为产品或服务提供支持。

以赫兹（Hertz）或安飞士（Avis）这样的汽车租赁公司为例。信息系统提供汽车位置信息，并提供到目的地的导航路线，所以信息系统是汽车租赁的一部分，因此也是产品本身的一部分（参见图 2-11a）。相比之下，计划汽车保养的信息系统不是产品的一部分，而是在为产品提供支持（参见图 2-11b）。无论在哪种情况下，信息系统都可以实现图 2-10 中前三个原则的目标。

日常保养时间表 — 2024 年 11 月 17 日

站点代号 22   站点名称   润滑

保养日期	保养时间	车辆代号	品牌	型号	里程数	保养描述
2024 年 6 月 15 日	12:00AM	155890	福特	探险者	2244	标准润滑油
2024 年 6 月 15 日	11:00AM	12448	丰田	塔库玛	7558	标准润滑油

站点代号 26   站点名称   定位

保养日期	保养时间	车辆代号	品牌	型号	里程数	保养描述
2024 年 6 月 15 日	9:00AM	12448	丰田	塔库玛	7558	前轮定位检查

站点代号 28   站点名称   变速箱

保养日期	保养时间	车辆代号	品牌	型号	里程数	保养描述
2024 年 6 月 15 日	11:00AM	155890	福特	探险者	2244	换变速箱油

a）信息系统作为汽车租赁产品的一部分   b）信息系统作为汽车租赁产品的支持

图 2-11   信息系统对于产品的两种作用

图 2-10 中的其余五条原则与通过执行业务流程来创造竞争优势有关。

一个常见的误解是：为了建立竞争优势，一个公司必须是创造新技术的先驱。这种先发优势（first mover advantage），即通过在一个细分市场中率先开发一项新技术来获得市场份额，并不能保证该公司比竞争对手更有优势。相反，它往往是有害的，因为先驱公司必须在研发以及向公众宣传新产品或服务上投入大量资源。这样，先进技术的开发很快就会变成让公司受伤的利刃。

今天你所熟知的许多龙头企业都获得了后发优势（second mover advantage），他们通过跟随先驱公司并模仿其产品或服务来获得市场份额，从而减少了昂贵的研发支出。例如，谷歌并不是第一个做搜索引擎的公司。在谷歌 1997 年注册域名之前，远景公司（Altavista）、WebCrawler 公司、Lycos 公司和 Ask. 网站都有搜索引擎。但谷歌（其母公司是 Alphabet）是目前在美国占主导地位的搜索引擎。事实上，一些世界上最大的科技公司（如苹果）相较于其早期竞争对手（如摩托罗拉和 Myspace 公司）都是后发者。俗话说"第二只老鼠能吃到奶酪"，那些希望省下昂贵研发支出的投资者经常重复这句话。

通过业务流程获得竞争优势

组织可以通过加大客户转投其他产品的难度和成本的方式锁定客户。这种策略有时被称为建立高转换成本（switching cost）。组织也可以通过加大供应商转投其他组织的难度和成本的方式锁定供应商，或者从积极的角度说，就是通过使供应商和该组织的联系与合作变得更容易的方式锁定供应商。竞争优势可以通过设置进入壁垒来获得，这种做法会加大新竞争者进入该市场的难度与成本。

另一种获得竞争优势的方法是与其他组织建立联盟。这样的联盟可以设立标准，提升产品的知名度和需求，扩大市场规模，降低采购成本，同时获得一些其他的好处。另外，组织通过优化业务流程可以降低成本，从而获得竞争优势。这样的成本削减使组织能够降低产品价格和（或）提高盈利能力。盈利能力的提高不仅意味着股东价值的提高，而且意味着组织能获得更多的现金，这些现金可以为进一步的基础设施建设提供资金，从而让组织获得更大的竞争优势。

所有这些竞争优势原则都有据可依，但你可能会问的问题是："信息系统对于建立竞争优势有何帮助？"要回答这个问题，请思考下面这个信息系统的例子。

● 组织如何使用信息系统建立竞争优势

美国的一家大型运输公司 A 公司（该公司不希望在本书中出现其真名），是一家销售额远超 10 亿美元的跨国运输公司。从成立之初起，A 公司就在信息技术方面投入了巨资，并应用信息系统获得了竞争优势，领导了美国的运输业。接下来我们以一个信息系统为例，阐述 A 公司是如何使用信息技术成功获得竞争优势的。

A 公司维护着客户账户数据，这些数据不仅包括客户的姓名、地址和账单信息，还包括客户将货物发给什么人、什么组织和发往什么地点。A 公司为客户提供了一个互联网界面，该界面能自动填充下拉列表，包括客户过去曾发往的公司。

当用户点击该公司名称时，底层的 A 公司信息系统会从数据库中读取客户的联系方式。这些数据包括过去发货的收货人姓名、地址和电话。然后，用户选择一个联系人的名字，系统会用数据库中的数据将该联系人的地址和其他数据输入表格。因此，该系统让客户不必重新输入以往收货人的数据。以这种方式提供数据还可以降低输入数据时的错误率。

使用 A 公司的系统，客户还可以要求系统向发货人（客户自己）、收货人和其他人发送电子邮件。客户可以选择让 A 公司在发货和送达时发送电子邮件，也可以选择让谁接收送达通知，但只有发货方会收到发货通知。客户可以添加个人信息并生成运输标签。这种自动生成运输标签的方式减少了运输标签错误，并为公司节省了一大笔成本。通过向运输调度系统添加这些功能，A 公司将其产品从包裹递送服务扩展为包裹与信息递送服务。

● 该系统如何建立竞争优势

现在，根据图 2-10 中的竞争优势原则来思考一下 A 运输公司的信息系统。这个信息系统优化了现有的服务，因为它为客户减轻了工作量，同时减少了错误的发生。该信息系统还有助于在 A 公司的包裹递送服务与没有类似系统的竞争对手之间实现差异化。此外，A 公司在发出包裹和送达包裹时会发送电子邮件，相当于提供了一种新型服务。

由于该信息系统收集并存储了收货人的数据，因此它在安排发货时也减少了客户的工作量。客户会被这个系统锁定，因为如果客户希望换到不同的运输公司，他或她将需要在新的运输公司重新输入收货人数据。重新输入数据的麻烦可能远远大于换到另一家运输公司的好处。

这个系统从另外两个方面也赢得了竞争优势。第一，该系统提高了市场进入壁垒。如果另一家公司想提供运输服务，它不仅需要能够运输包裹，而且需要拥有类似的信息系统。第二，该系统还降低了成本。它减少了托运文件中的填写错误，因此为 A 公司节省了纸张、墨水和打印成本。

当然，要确定这个系统是否能够节省成本，需要用减少的错误和降低的纸张、墨水及打印成本减去开发和操作信息系统的成本，结果可能是，运用这个系统的成本比节省的成本还高。即便如此，如果无形收益（例如，锁定客户和提高进入壁垒）的价值超过净成本，这也可能是一项好的投资。

在继续学习新内容之前，请回看一下图 2-10，确保你理解了每一条竞争优势的原则以及信息系统可以如何帮助实现这些原则。事实上，图 2-10 中的内容非常重要，你需要记住它们，因为即使不使用信息系统，你也可以运用这些原则。你可以用竞争优势来分析任何商业项目或计划。

2.8　业务流程和信息系统的未来是什么

经营模式、战略和竞争优势将在未来十年间不断演变，新模式将进入大众视野。创新型创业公司，或者说处于发展初期的公司，将利用技术来创造新产品或新服务。它们希望成为下一家独角兽公司，即在短时间内估值达到 10 亿美元的科技公司。现有的公司将改进它们当前的经营模式并优化当前的业务流程。

最常见的变化之一是采用低代码系统，即完全或几乎不需要编程就能开发业务应用程序的系统。用户将能够以类似于创建流程图的可视化方式快速构建应用程序。组织将采用允许员工随着经营模式的发展而改变内部系统的平台。雇用开发团队的成本可能会很高。低代码系统让组织有能力快速适应不断变化的环境，而无须支付传统应用程序开发的高昂费用。

技术改变现有组织的另一种方式是采用机器人流程自动化（robotic process automation，RPA），即使用软件机器人实现常规业务流程自动化。不要把 RPA 和实体机器人混淆，它和硬件机器人没有任何关系。RPA 使用软件"机器人"（bots）来观察员工如何处理业务、操作数据或响应请求，然后以相同的方式重复基于规则的流程。RPA 可以极大地降低人工成本并减少内部欺诈和人为错误。

RPA 侧重于实现现有业务流程的自动化，但组织还希望能够使用人工智能（见第 3 章）改进未来的业务决策。使用 RPA 来实现业务流程自动化、使用 AI 来改进决策，二者的结合称为智能自动化。智能自动化使组织能够降低成本、做出更好的决策，并能更好地适应竞争环境的变化。

未来，组织将经历的一个变化是自动化协作的显著增多。不用等待一个工人向另一个工人报告异常情况，我们将看到工人自动从信息系统中获得消息。自动化协作将改善业务流程、数据共享和工作场所沟通情况。我们还将看到聊天机器人与客户互动的大幅增加。

由于有了更快的网速、更强的处理能力、更新的物联网设备以及更好的硬件，我们也会看到创新步伐的快速变化。智能手机、人工智能、无人机、自动驾驶汽车、3D 打印和云计算在过去 20 年里已经发展成熟。苹果、Alphabet（谷歌母公司）、微软等公司正在这些产品领域中展开竞争。在第 4 章中你将学到关于硬件和软件创新的更多知识。

想想组织战略要调整得多快才能适应这种动态环境。组织将需要重新设计或完全重建其业务流程。它们的价值链将不断被打乱，它们也将不得不频繁地重新评估自己的经营模式。

这种快速的变化乍一看可能令人生畏。但重要的是要明白，它也为勤奋、有创业精神、热爱学习的人创造了很多机会。变化可能是艰难的，但绝不会乏味。而且，你知道变化就要来了。既然知道了，你该如何利用它呢？

本章的知识对你有什么帮助

请重读本章开头的对话。请解释一下为什么卡玛拉的担忧（自己的公司依赖大公司客户）可能是有根据的，而且是个战略问题。请找出 eHermes 公司在决定是否让公司服务类型多样化时必须考虑的关键因素。

为自己定制一份关于竞争战略和信息系统需求之间关系的指导文件。把你从这个例子中学到的东西总结成一个可用于求职面试的陈述。要确保你的陈述能证明你理解了组织战略与使用信息技术和信息系统的关系。

亚马逊无处不在

回想一下你上次在超市购物的情景。超市的结账过程看起来似乎没什么新奇之处，但如果你仔细想想，其实表面之下还潜藏着很多事情。

顾客在排队结账时经常会在最后一刻加购些东西，因为此时他们会被杂志、饮料、糖果等商品"狂轰滥炸"。传送带和杂货隔板等元素被用来避免交易错误和提高效率。包括条形码扫描仪、电子秤、优惠券自动使用和订单列表在内的信息系统，使计算所有商品的总价变得轻而易举。事实上，许多店铺会将销售点系统与库存数据库连接起来，这样它们就可以获得实时信息，把即将需要补货的订单发给供应商。

此外，传统的杂货店现在也支持多种交易类型，以为购物者提供便利，并会自动打印背面印有优惠券的收据，从而加快了订单处理速度，也提高了购物者的忠诚度。现在，你可能会用这种新的视角来观察下一次购物结账的经历，你尤其要考虑的是，在若干年前这个过程是多么不同。

在顾客被允许漫步于商店之中挑选自己的商品之前（Piggly Wiggly 杂货店是 20 世纪早期美国第一家允许顾客这样做的商店），顾客要告诉杂货店的店员他们想买什么。然后，店员会去找这些东西并手工算出总价。与 20 世纪早期的杂货店相比，今天的购物结账过程显然有着很大的不同，效率更高了，技术也更先进了。大约一个世纪过去了，现在我们正在见证结账过程和相关技术的下一次革命。

绝佳的自动化购物体验

过去几年间，亚马逊在食品杂货行业非常活跃。例如，2017 年亚马逊宣布以 130 多亿美元的价格收购全食超市（Whole Foods）。第二年，亚马逊推出了一种名为 Amazon Go 的全新概念商店：一种更小的商店（类似于便利店），既没有收银员也没有自助收银台。

这种新型商店将以使用亚马逊的"拿了就走"（Just Walk Out）技术为特色。从硬件角度看，该技术由摄像头、传感器、计算机视觉技术和深度学习算法构成。这些技术共同发挥作用，使人们能够在选择想要的商品后直接走出商店，而不必排队等待付款。

亚马逊更详细地描述了这项技术，称该系统可以在顾客把商品从货架上取下来时就开始跟踪他们，然后，这些商品被添加到由该系统管理的虚拟购物车中。如果顾客决定不要某件商品了，并把该商品放回了货架，这件商品就会从他们的虚拟购物车中移除。

在顾客选择完商品后，他们可以直接走出去，不需要进行任何看得见的支付，而系统会自动收取商品的费用。自2018年第一家Amazon Go无人超市开业以来，亚马逊目前在西雅图、芝加哥、旧金山、纽约和伦敦这五个城市设有29家店。

近来，亚马逊表示，许多零售商都有兴趣购买这项技术，并将其应用于自己的业务。例如，OTG集团旗下的CIBO Express机场便利店、Cineworld电影集团旗下的帝王（Regal）剧院以及各种棒球场内的小卖部都向亚马逊表达了兴趣。

看起来这种新的结账方式不会是亚马逊独享的，如果它被广泛采用，可能会改变整个零售业的格局。

带传感器融合的巡航控制

有了亚马逊的技术，购物结账流程正在经历一种新的变革。该流程从开始的杂货店店员手工算账发展到有信息系统支持的人工收银台，再到现在完全自动化的收银台。这种范式转变只是技术在各行各业不断颠覆业务流程的又一个例子。

另一个正在经历类似创新的行业是汽车行业。让我们以自动驾驶汽车为例。自动驾驶汽车也使用了各种摄像头、传感器和计算机视觉技术。网约车公司对使用自动驾驶汽车运送乘客很感兴趣，因为机器不受针对人工的调度规定的约束。

因此，这些公司有动力尽快过渡到使用无人驾驶汽车。具有讽刺意味的是，为网约车公司工作的兼职司机们取代了无数传统出租车司机，但他们可能很快又会被机器所取代。

总体情况是，许多行业的工人正在见证自动化和人工智能的崛起。新技术将对世界各地的工人和经济产生怎样的颠覆性影响，目前尚无法确定。机器会取代人类，让大多数人失业吗？还是，机器会大幅度提升工人的能力，从而提高工作效率？

现在下结论还为时过早，但随着亚马逊开始大规模部署"拿了就走"技术，杂货店可能会成为第一批倒下的多米诺骨牌之一。

1. 一些世界上最有创意、最强大的公司是科技公司（例如，谷歌、苹果、亚马逊和奈飞）。在列出的这几家公司中，你有理由认为亚马逊是其中最强大的公司吗？为什么？
2. 你能想到其他应用传感器融合、摄像头和计算机视觉的技术吗？
3. 你能想到其他几个在过去十几年中由于技术创新而被颠覆或流程发生巨变的行业吗？
4. 你能想到一些在未来十多年里将颠覆或改变行业流程的新兴技术吗？

问题

关键的赎金

一名员工走进办公室，在小隔间里坐了下来。员工们要翻转桌上的键盘查看身份码（真麻烦！），然后才能打开电脑。今天这名员工的第一项任务是处理紧急邮件。有一些邮件是老板发来的，有一封带有两个感叹号标记的邮件来自一位沮丧的客户，还有一封是人力资源部门发来的通知，说因为员工医疗保险涵盖的范围有变化，所以员工自付费率上调了。

这时来了一通电话，该员工一边与供应商在电话中讨论最近采购订单中遗漏的一些细节，一边点开一封关于福利的电子邮件的附件文件，文件名是《常见问题解答——医疗保健福利的费率变化将如何影响薪酬》。这名员工最近因意外开支暴增而感到压力很大，所以想知道这次保险变化会让下月薪酬少发多少。

由于边打电话边收电子邮件分散了注意力，因此该员工没有注意到发件人的电子邮件地址看起来有些陌生，而且与雇主或医疗保健供应商的域名不匹配。该员工也没有注意到电子邮件正文中的两处拼写错误，以及带有医疗保健供应商标识的图片十分模糊。

员工将文件下载到桌面，双击打开文件，唉——又一家企业成了被勒索软件攻击的受害者。该员工电脑系统中的所有文件迅速被加密。攻击者表示，等他们收到巨额赎金后才会解密系统并把文件恢复到正常状态。

勒索软件攻击成功后，受害的个人和组织必须根据一些因素来决定如何应对。立即恢复对系统和数据的访问是否至关重要（例如，医院急诊室的计算机就关系到患者的安危）？恢复数据的最近备份是否可用（例如，48 小时前的云备份是否可用）？能否找到其他类似的攻击案例以及犯罪分子在收到赎金后恢复文件的例子？

对大多数个人和组织来说，停机一段时间并无大碍；然而，对关键性基础设施而言，如果勒索软件攻击成功，后果将十分严重。

电力僵局

美国会出现雷雨或暴风雪造成居民社区停电的情况。在电力公司员工恢复供电的过程中（通常能在几小时内恢复），居民们可能会匆忙去找手电筒并进行一些娱乐活动来打发时间。设想一下，勒索软件攻击了电力公司的系统，造成一片很大的区域停电几天甚至几周。这听起来像是一个平平无奇的好莱坞剧本中会出现的情节，但越来越多的安全专家和美国政府官员指出，这样的攻击是有可能发生的。

事实上，在 2020 年年初，美国国土安全部下属的网络安全和基础设施安全局（Cybersecurity and Infrastructure Security Agency，CISA）向所有被指定为关键基础设施的组织下发通知，要求其特别警惕可能发生的勒索软件攻击。它之所以发出这一警告，是因为有一例针对天然气设施的勒索软件攻击已经成功了。虽然该设施没有被攻击者远程控制的风险，但运营商在恢复正常运营之前被迫中断运营并重新部署新系统，这导致了时间和金钱方面的损失。

虽然这只是针对关键基础设施发动攻击的一个例子，但这些类型的攻击现在很常见，具体来说，主要针对 CISA 列出的以下基础设施类别：化学工业、商业设施、通信、关键制造业、水坝、国防、紧急服务、能源、金融服务、食品与农业、政府设施、医疗保健、信息技术、核运行、交通运输和供排水系统。

让我们回到电网的话题。据报道，2019 年，一个黑客组织正在积极监视美国电网，希望发现漏洞，而该组织因其

2017 年攻击了沙特阿拉伯一家炼油厂的安全设备而闻名。

简而言之，显然，在网络战中，普通组织和提供关键基础设施支撑公众生活的组织都是可能遭到攻击的目标。这些攻击可以采取多种形式，包括锁死系统并阻止访问重要数据的勒索软件攻击。

可悲的是，那些用来攻击政府和军事资产的工具也同样可以用来扰乱企业甚至家庭。我们每个人都必须保持警惕，确保自己不会成为下一次攻击的受害者——这不是假设，因为攻击很可能会来。此外，我们需要采取必要的预防措施，以便当攻击来临时，我们能够明智而迅速地做出反应。

1. 假如你付了赎金，你认为犯罪分子真的会解密你的数据吗？
2. 如果你百分之百确定，在付了赎金后，你的数据会被解密，你应该这样做吗？解释一下原因。
3. 文章提到，对关键基础设施的监视和攻击越来越普遍。花几分钟时间搜索一下对关键基础设施企业发动攻击的最新案例。（可以参考文章中 CISA 列出的相关行业，这样有助于你的搜索。）
4. 你能想到任何已知的国际网络攻击成功破坏目标的例子吗？

问题

就业指南

姓名：安德鲁·延奇克

公司：嘉信理财（Charles Schwab）

职位：总经理（Managing Director）

教育：卡内基梅隆大学（Carnegie Mellon University）

1. 您是如何获得这份工作的？

我一直在寻找能拓展我知识和能力的工作岗位。本科期间的我曾在一家软件开发公司实习，我当时没有任何技术技能。在那里我学到了所有我能学的东西——互联网、系统管理、软件开发和数据中心操作。然后我读了研并进入美国汽车协会联合服务银行。在那里，我先在银行技术部门担任技术经理，然后在金融科技与运营部门担任技术总监。在之前的所有岗位上，我都专注于建立人际网络、培养技术技能，并带领团队。这些经历和机会使我任职于嘉信理财的总经理岗位，我负责监督跨企业服务团队的软件开发和运营工作。

2. 是什么把您吸引到这个领域的？

我想找到一个领域，它能把商业和技术技能结合起来，并且需要解决问题的思维模式。我不想做个只拥有技术，却不懂业务原理及其运作方式的人。信息系统领域把技术技能和商业头脑融合在了一起。我花时间通过工作见习、午餐会议、电话以及单独会面等方式去和我感兴趣领域内的各种专业人士交流。他们提供的宝贵建议促使我选择了信息系统领域。

3. 您典型的一个工作日是怎样的（在职责、决策、问题方面）？

我每天都和我的管理团队一起工作，通常会参加或主持很多会议。我和我的团队分布在全球各地，通过会议、敏捷仪式（agile ceremonies）和一对一沟通等方式分享信息、提供更新、解决问题，朝着战略优先目标开展工作。我的工作需要协同、合作和协商。我的产出与成就就是我团队的产出与成就，我最核心的作用是帮助我的团队取得成功。有时，我也会和我的团队成员一起去到他们的工作地点。作为总经理，我会提供技术和战略上的指导，并负责我管理的所有项目与应用的交付和运营。

4. 对于您的工作，您最喜欢的是哪一点？

我喜欢通过不断的学习来迎接挑战。我在做出一个决定或执行一个项目时，常常会感到自己在信息或技能方面的储备不够充分。为了成功，我需要快速学习和成长，我感觉乐在其中。

5. 要做好您的工作，需要具备哪些技能？

解决问题是一项关键技能。我每天都要面对一些复杂的问题，比如解决技术故障或招募合适的人加入团队。无论做什么工作，评估问题、收集正确的信息和工具、有能力解决问题都是关键。团队精神和领导能力也是至关重要的技能，没有哪个人知道所有问题的答案。以协作的方式与他人一起工作，以及帮助、指导和激励他人的能力是很重要的。

6. 在您的工作领域，学历和证书重要吗？为什么？

是的，学历和证书很重要，它们为你提供了职业资本。你拥有的技能和能力越多，你就越有价值。它们为能够成为一名成功的 IT 专业人士奠定了基础。它们证明了你的学习能力和获取知识的能力。名校的学位在一定程度上证明了你的智力和技能水平。

7. 您对那些想在您的领域工作的人有什么建议？

在学校和职业生涯的早期积累尽可能多的技能和经验。在你的舒适区以外选一门较难的课，即一门不容易取得好成绩的课，一门需要努力学习、做出牺牲才能通过的课。要多问问题，保持好奇心。如果你没有成长或你的

能力没有得到拓展，甚至你考试没及格，那你就找错方向了。

8. 您认为未来十年热门的科技工作是什么？

一是网络工程，随着联网设备数量的不断增加和物联网革命，网络工程技能相关工作将有很大的需求。二是信息安全，联网设备的类型和数量迅速增加，再加上技术在企业和个人生活中的普及，会使信息安全成为热门工作领域。

道德指南

现在机器人将对你进行面试

"感谢诸位能出席我们这次关于自动招聘平台的研讨会。"布赖恩（Brian）把会议室的灯光调暗，在笔记本电脑上打开幻灯片文件，开始了他的推销。"各位即将看到的演示内容是我们十余年来的工作结晶。我们的技术是由一些顶尖科学家从零开始开发的，他们来自不同领域，包括通信、工程、信息系统、数据科学，等等。"

他点击"下一页"按钮，画面上出现了一张详细的图表，图表显示的是一次虚拟的招聘流程。"应聘者提交简历后，系统做的第一件事就是自动对他们的证书进行完整分析。该系统使用先进的算

法来解析他们简历中的每一个单词，从而筛选出最合适的候选人。我们甚至可以收集贵公司中表现最好的员工的简历，然后让系统尝试找出与这些员工相似的应聘者——系统会找出最佳候选人，但您可以根据贵公司的具体需求来帮助我们定义'最佳'的实际含义。"

布赖恩继续说道："排名靠前的简历一经选出，系统将自动使用简历中的联系方式给应聘者发送电子邮件邀请，安排应聘者进行在线面试。您不需要动一根手指头，只需要每个候选人在合适的时间访问我们公司的网站，就可以开始在线面试。一位数字面试官会提出各种

问题，当他们回答问题时，我们将捕捉有关他们行为的多个数据流，包括语言、发声行为、肢体动作、眼动等。我们的系统会分析每个数据流的特征，以确定哪些人足够自信、回答足够真实。换句话来讲，我们不仅关注他们说了什么，还关注他们是如何说的！更酷的是，我们已经进行了数千次这样的面试。我们的老客户也愿意告诉我们，在他们通过我们平台聘用的人中，哪些人最终成了明星员工。现在，我们可以利用明星员工的特征，帮您从贵公司的应聘者中发现未来的超级明星。”

会议室里的每个人都在点头，布赖恩觉得事情进展得非常顺利。他继续播放下一张幻灯片，展示了可以对数字面试官进行调整的多种方式。

更适配你的行事风格的专属机器人

他接着说：“我们的软件中最有趣的部分之一是您可以用多种方式对数字面试官进行调整，使用最适合您所在行业的语调。您的公司是国防承包商吗？我们可以让面试官看起来更正式，问一些甚至类似于审问风格的问题。您的公司是一家有趣的、富有创新精神的创业公司吗？我们可以让面试官看起来更友好、更愉快，并充满好奇。简而言之，您可以选择一个最适合您的面试官，我们甚至可以改变数字面试官的面部特征，使其与应聘者的长相相似，因为研究表明，人们更喜欢与长相酷似自己的人交流。”

布赖恩能感觉到他刚刚这番话使房间里的气氛发生了变化。有些人觉得这种面部变形功能挺令人毛骨悚然的，而且在某种程度上就像心理操纵一样。于

是他试图救场。

“然而，这个系统最重要的部分之一是它终究靠的是科学，根据资历来优先选人。我们平台的妙处在于，它消除了真人面试官的主观性和偏见。您委托一个人筛选求职申请并对候选人进行面试，最终雇用的往往是那个您愿意在下班后和他一起去喝一杯的人，而不一定是最合适的人，是不是这样？我们的系统消除了这种真人面试的缺陷，而这些缺陷可能会导致公司错失人才。”

布赖恩又放了几张幻灯片，是关于该系统的细致书面记录，这些记录记下了与每个应聘者的每一次交流。该平台的客户可以随时登录并查看任何应聘文件，也可以查看在线调查结果，还可以观看面试录像的任何部分。

他进一步解释道，该软件最终将利用所有这些数据生成一份基于系统严格分析的推荐排名。布赖恩播放完最后一张幻灯片，转身面向会议室里的每一个人。他心想，这才是最有趣的部分，然后他问：“大家有什么问题要问吗？”

固有的偏见

起初，整个房间的人都一声不吭，但随后一位经理开口说道：“谢谢你说了这么久，布赖恩，但我想问你一些问题。你说人类在做决定时往往是主观的、有偏见的，招聘人员也不例外。这一点我们都同意。

“然而，你声称你们的技术消除了这些偏见，但你们的系统不是由人类科学家、工程师和软件开发人员开发的吗？难道这些人就没有偏见吗？他们的偏见会不会在无意中，或者，更糟糕的是，

被故意嵌入你们的系统中呢？此外，你谈到了'训练该系统'以帮助我们根据现有的最佳员工来寻找行业新星。这种方法难道不会使企业文化固化下来，变得更单一，从而缺乏多样性吗？最后，你有没有看过客户采用你们的技术以后的招聘数据，看看你们的系统是促进了还是抑制了企业文化的多样性？"

布赖恩转向屏幕，开始点击幻灯片，用颤抖的声音回答说："我回办公室后会去查看这些数据，但我还有几张幻灯片想展示一下，至少在一定程度上有助于解决您提出的问题。"他的大脑在快速运转，试图想出一个答案来挽回这笔生意——他已经知道他的幻灯片中没有任何东西可以做到这一点，而且情况有些不妙。

功利主义

第 1 章的道德指南中介绍了康德的绝对命令，绝对命令是评估道德行为的一种方式。本章的道德指南将介绍第二种方式，即功利主义。根据功利主义，行为的道德性是由其结果决定的。如果行为能给最多的人带来最大的好处，或者说能最大限度地增加幸福并减少痛苦，这种行为就被认为是道德的。

在功利主义指导下，如果杀戮能给最多的人带来最大的好处，它就是道德的。如果杀死阿道夫·希特勒（Adolf Hitler）能阻止大屠杀，这种行为就是道德的。同样地，如果说谎或其他形式的欺骗能给最多的人带来最大的好处，功利主义就可以把这种行为评价为合乎道德的。对患有绝症的人撒谎说你确定他会康复——如果这么说能增加他的快乐、减少他的痛苦——这种谎言就是道德的。

1. 请思考布赖恩在推销过程中描述的招聘平台。

　　a. 根据绝对命令（第 1 章）的观点，你认为使用这样的系统是道德的吗？

　　b. 根据功利主义（第 2 章）的观点，你认为使用这样的系统是道德的吗？

2. 如果你正在申请一份工作，你是想体验传统的招聘流程，还是更愿意使用布赖恩描述的招聘平台呢？请解释原因。

3. 请思考那位经理问布赖恩的问题。如果你是一名经理，你愿意购买并使用这项技术吗？为什么愿意或者不愿意？你对这个问题的回答和你对问题 2 的回答一致吗？为什么一致或者为什么不一致？

4. 大众汽车的尾气排放丑闻与本文描述的场景有何关联？（如果你不熟悉这个丑闻，可以上网搜索一下。）从技术角度讲，大众汽车的丑闻和这篇文章指向了什么问题？

问题

第 2 章要点回顾

请使用本部分验证你是否理解了回答本章学习目标中的问题所需的想法和概念。

1. 组织战略如何决定信息系统结构?

- 用图表说明行业结构、竞争战略、价值链、业务流程和信息系统之间的关系。从下至上,解释一下你在前两章中学到的知识与这张图表的关系。

2. 哪五种力量决定了行业结构?

- 请说明五力模型的最初目的以及在本章中使用它的不同目的。说出两种类型的力量,并描述每种力量的强度因子。说出三种竞争力量,并描述每种力量的强度因子。说出两种议价的力量。总结这五种力量在 eHermes 公司的情况。

3. 行业结构分析如何决定竞争战略?

- 请描述波特定义的四种不同战略。对于每一种战略,举一个使用该战略的组织的例子。描述 eHermes 公司的竞争战略并证明其合理性。

4. 竞争战略如何决定价值链结构?

- 请定义价值、利润和价值链。解释采用差异化战略的组织为什么可以用价值来确定该组织能为差异化付出的额外成本上限。说出价值链中的基本活动和辅助活动,并解释每一项活动的目的。解释联系这个概念。

5. 业务流程如何产生价值?

- 请总结 Best Bikes 的经营活动。请定义业务流程并举出三个例子。定义 BPMN、泳道图格式、活动、角色、行动者、储存库、数据流、顺序流和子流程。描述它们的 BPMN 符号。查看图 2-6,确保你能够解释该业务流程是如何工作的。解释图 2-6 和图 2-8 中的两个流程之间的差异,并将这些差异与 3D 打印技术联系起来。

6. 竞争战略如何决定业务流程和信息系统的结构?

- 用你自己的话解释竞争战略是如何决定业务流程的结构的。请以服装店为例,一家服装店面向学生,另一家服装店是为高端社区的专业商务人士服务的。列出两家公司在业务流程中的活动，并创建一张类似于表 2-3 的表格。解释两家店对信息系统的需求有何不同。

7. 信息系统如何提供竞争优势？

- 请列出并简要描述竞争优势的八条原则。考虑一下你的大学里的书店，为每条原则的应用举出一个例子，在例子中尽量包括信息系统。

8. 业务流程和信息系统的未来是什么？

- 请解释为什么低代码系统将帮助组织降低成本并提高适应能力。机器人流程自动化将如何改进现有的业务流程？描述智能自动化的好处。是什么力量推动着创新，这将如何改变未来的技术？请解释由于这些创新，组织战略可能会发生怎样的变化。

本章的知识对你有什么帮助

　　用你自己的话解释一下 eHermes 公司的竞争战略是如何因为依赖几个大公司客户而受到威胁的。描述 eHermes 公司计划采取的应对措施并总结卡玛拉从该应对措施中察觉到的问题。为 eHermes 公司推荐一个行动方案，用卡玛拉关于公司服务多样化的想法来解释你的答案。

第 3 章

商业智能系统

● **本章学习目标**

» 组织如何使用商业智能系统？

» 商业智能流程中的三个主要活动是什么？

» 组织如何使用数据仓库和数据集市来获取数据？

» 处理商业智能数据的三种技术是什么？

» 发布商业智能时，有哪些途径可供选择？

● **预期学习成果**

» 能够讨论商业智能的使用，以及获取、处理和发布商业智能的技术。

"企业客户方面有什么新的进展吗？他们对 eHermes 感兴趣吗？"eHermes 公司的 IT 服务总监塞斯·威尔逊（Seth Wilson）放下手中的汽水问道。

"还不错。"销售副总监苔丝回答，她一边打开三明治的外包装，一边微微点了点头。"我决定把重点放在食品杂货店上。这些杂货店的老板担心沃尔玛和亚马逊的在线销售服务会抢走他们的生意，所以劝他们尝试新业务并不难。"

"还有吗？"

"一家大型地区性食品杂货连锁店有兴趣与我们合作。相关负责人对这个想法很感兴趣：顾客可以走出家门，直接在 eHermes 的移动店铺挑选自己想要的商品。他们说，一些顾客在网上选购食品杂货这类商品时会担心产品质量不好。不易腐烂的产品不存在这个问题，但食品杂货容易出现这个问题。eHermes 的移动店铺可能会消除顾客的忧虑，从而增加他们的在线销售额。"

塞斯面露惊讶。"嗯……有意思。这一点我倒是没想到。他们愿意和我们合作吗？他们会不会担心我们将他们排挤出去，直接与批发商合作呢？"

"并不会。实际上，他们视这次合作为与沃尔玛和亚马逊在线销售的一次战略竞争。他们把自己看作肉贩、面包师、药剂师和新鲜农产品的收购者，视我们的业务为一种新型递送服务和在线销售渠道。他们认为我们不会威胁到他们的核心业务。"

"他们可能是对的。好吧，至少对他们的大部分产品来说是这样。"

"是的，这对双方来说是双赢的。"苔丝边点头边说。"他们无须开发任何底层技术，就能增加在线销售额并实现自动化递送。我们也扩大了产品线，可以更频繁地接触到我们的客户。双方都在做自己最擅长的事，而且我们能够与那些体量最大的在线零售商竞争。"

"嗯……他们的客户数据呢？他们愿意和我们分享多少？"

"遗憾的是，他们不太愿意分享很多。"苔丝脸上带着愁容说。

"为什么不愿意呢？难道他们不明白与我们共享数据的好处吗？"

"不，他们知道其中的好处。但是他们也知道，这样我们就能够准确地为他们的客户提供最常买的产品，并在客户需要该产品时及时提供。这样非常方便，可能会大幅增加销量。"

"那他们为什么觉得为难呢？"塞斯摇着头问道。

"是因为他们现在的隐私政策。该政策规定，他们不能与我们这样的合作公司分享客户的个人身份信息。他们不想修改政策。这是一种新型的合作关系，他们还并不了解、并不信任我们。"

"真麻烦。那你打算怎么办？"

"我有个主意，"苔丝笑着说，"但我需要你的帮助。"

"好，我尽力。你需要什么？"

苔丝拿起一支马克笔，开始在白板上画图。"这家连锁杂货店愿意与我们分享隐去客户姓名和地址的'匿名'客户数据。这种数据本身并不具备什么价值。我们需要的是个性化的客户数据。但如果能把杂货店的数据和我们的数据以及一些公开的选民数据结合起来，就有可能识别出某些顾客的身份。通过把三个数据源关联起来进行对比，应该就能够识别出每个客户的身份。这样我们就能知道他们的个人购买习惯了。"

"太棒了！那么，你需要我做什么？"

"我认为，通过邮政编码、性别和出生日期能识别出大多数客户的记录。但说实话，我不太确定我想要做什么。"

"这是 BI 的典型特征。"

"BI 是什么？"

"商业智能（business intelligence）。在数据分析中，在得到第一个问题的答案之前，你不知道你要问的第二个问题是什么。"

"是的，正是如此！我现在就属于这种情况。"

"好的，让我从我们现有的系统中采集一些数据，存到电子表格里。然后你把这些数据与你的其他数据集结合起来，看看效果怎么样。"

"应该能行。"苔丝说着，靠在了椅背上。

"是的，如果能起作用，而且你想建立一个数据集市（data mart），你还需要加点预算。"

苔丝笑了。"如果我能把你的数据变成美元，那就都不是问题。"

塞斯拿起汽水笑着说："那一直都是个棘手的问题。"

3.1 组织如何使用商业智能系统

商业智能系统（business intelligence system，简称 BI 系统）是一种信息系统，它通过处理操作数据、社交数据和其他数据以识别模式、关系和趋势，供商务专业人士和其他知识型员工使用。这些模式、关系、趋势以及预测被称为商业智能（business intelligence，BI）。作为信息系统，BI 系统具有信息系统的五个标准要素：硬件、软件、数据、规程和人员。BI 系统的软件要素称为 BI 应用程序（BI application）。

在日常操作中，组织会产生大量的数据。例如，美国电话电报公司（AT&T）的数据库中存有 1.9 万亿条通话记录，谷歌公司的数据库中存储的记录超过 33 万亿条。BI 就隐藏在这些数据中，BI 系统的功能是将其提取出来以供需要的人使用。

如图 3-1 所示，BI 系统的源数据可以是组织自己的操作数据库，可以是社交媒体 IS 生成的社交数据，可以是组织购买的数据，也可以是员工的知识储备。BI 应用程序会处理这些源数据，以生成供知识型员工使用的 BI。你将了解到，BI 这个定义包括报表应用程序、数据挖掘应用程序、大数据应用程序和知识管理应用程序。

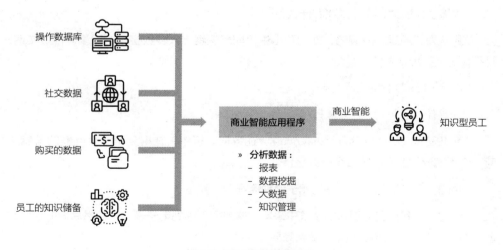

图 3-1　商业智能系统结构

● 组织如何使用商业智能

先看表 3-1 的第一行内容，这一行指的是 BI 可以只用于报表。例如，食品杂货店经理可以使用 BI 系统查看哪些产品卖得快。在进行分析时，他们可能没有任何特定目的，只是在出于某些不确定的目的浏览 BI 结果。他们可能没有什么特别的用意，只是想知道"我们做得怎么样"。

表 3-1　商业智能应用实例

任务	食品杂货店的例子
报表	哪些产品卖得快？哪些产品最赚钱？
决策	每个地方是哪些顾客在购物？为每个店制订专属营销计划
问题解决	怎样才能增加销售量？如何减少食物浪费？
项目管理	开设店内咖啡馆；开设分店

表 3-1 中的第二行指的是一些经理会使用 BI 系统进行决策。管理人员可以使用基于用户数据的 BI 系统来确定距离每个用户最近的零售店在哪里。然后，该系统可以针对特定客户最常购买的产品为每个店制订专属营销计划。例如，一家连锁食品杂货店可以在一个地方（城镇中较富裕的地方）销售昂贵的龙虾尾，而在城镇的另一个地方销售较便宜的汉堡。这样，利润可能会上升，而浪费可能会减少。

（顺便说一下，有些作者仅将 BI 系统定义为支持决策的系统，因此，他们将"决策支持系统"视为 BI 系统的同义词。在此，我们扩展了概念的范围，以包括表 3-1 中的四个任务，并避免使用"决策支持系统"这个术语。）

BI 的另一种应用方式是问题解决。强调一下，问题就是人们感知到的现有状态与应有状态的差距。BI 可以被应用于这个定义的两个方面：确定现有状态和应有状态。如果收益低于预期，一家食品杂货店的经理就可以使用 BI 来了解，需要改变哪些因素才能增加销售额并减少食品浪费。该杂货店可以采购数量正确、种类正确的食品。

最后，BI 可以在项目管理中使用。一个食品杂货店经理可以使用 BI 来支持一个开设店内咖啡馆的项目。如果咖啡馆开设成功了，还可以用 BI 确定未来可以在哪些地方开设分店。

在学习表 3-1 时，请思考一下这些任务的层级性：决策需要报表；问题解决需要决策（和报表）；项目管理需要问题解决（以及决策和报表）。

● 商业智能的典型应用是什么

本节将概述 BI 的三种应用方式，便于你了解 BI 的不同可能性。由于 BI 及相关术语"大数据"（Big Data）是当今的热门话题，所以，你在互联网上搜索一下就可以找到数十个类似的例子。在读完本章之后，你可以搜索更多自己感兴趣的应用案例。

识别购买模式的变化

大多数学生都知道 BI 是用来预测购买模式的。亚马逊网站上的那句"下单客户还买了……"就广为人知。现在在买东西时，我们都能预料到电子商务应用程序会推荐一些我们有可能想买的东西。在本章后面的部分，你将学到一些用于生成此类推荐的技术。

不过，更有趣的是识别购买模式的变化。零售商知道，人生大事会导致消费者改变他们购买的商品并在短时间内忠于新的品牌。因此，人们什么时候踏入职场、结婚、生孩子或退休，零售商都想知道。在 BI 出现之前，零售商会关注当地报纸上关于毕业、结婚和生子的消息，并有针对性地发送广告。不得不说，这是一个耗时的、劳动密集型的、花费颇高的过程。

塔吉特（Target）百货公司想比报纸更早地得到这些信息，于是在 2002 年开启了一个通过购买模式判断某人是否怀孕的项目。通过将 BI 技术应用于该公司的销售数据，塔吉特百货公司能够识别出一种涵盖护肤霜、维生素及其他产品的购买模式，该模式能准确地预测某位顾客怀孕与否。当塔吉特百货公司观察到某些客户呈现出该购买模式时，它会向这些客户发送尿布和其他婴儿用品的广告。

这个项目的效果很好——对一个怀了孕却没有告诉任何人的少女来说，甚至好得有些过分了。当这个少女收到婴儿用品的广告时，她的父亲向当地塔吉特门店的经理进行了投诉，经理道了歉。而当这位父亲得知女儿真的怀了孕时，就轮到他道歉了。

娱乐商业智能

亚马逊、奈飞、潘多拉（Pandora）、Spotify 和其他流媒体分销公司生成了数十亿字节的关于消费者媒体偏好的数据。利用这些数据，亚马逊已经开始制作自己的视频和电视节目，这些节目的情节、人物、演员选择都以 BI 分析结果为基础。

Spotify 公司通过处理客户收听习惯的相关数据来确定不同地方的人们最喜欢收

听哪些特定乐队的歌曲。利用这些数据，它会为流行乐队和其他音乐团体推荐最适合他们演出的城市。奈飞公司通过分析客户观看数据来确定哪些节目可以从其 150 亿美元的年度制作预算中分得一杯羹。例如，奈飞公司发现：在《怪奇物语》（*Stranger Things*）第三季上映的最初四天内，有 1800 万人（占该系列 4000 万流媒体观众的 45%）完整观看了第三季。了解客户的这种需求水平有助于奈飞公司决定继续投资哪些节目。

在市场营销专业人士中，有一句流行的格言——"买家都是骗子"，意思是买家嘴上说想要某样东西，而他们买的却是另一样东西。这一特点削弱了市场调研的效果。然而，根据客户观看、收听和租赁习惯方面的数据生成的 BI 会判断出人们真正想要的是什么，而不是他们嘴上说想要什么。这会让亚马逊这样的数据挖掘公司成为新的好莱坞吗？当然有可能。目前，奈飞公司制作的电影数量比好莱坞的六大电影公司加起来制作的电影数量还要多。

实时医疗报告

Practice Fusion 公司是一家医疗记录公司，在患者接受检查期间为医生提供注射通知服务。当医生输入数据时，该公司的软件会分析患者的病历。在对患者进行检查的过程中，如果软件发现患者需要接受注射，便会向医生建议开具注射处方。这样做似乎很有效。在为期四个月的研究期间，使用建议服务的医生为患者开具的疫苗接种处方数量比未使用该服务的对照组多 73%。

Practice Fusion 公司提供了一个很好的挖掘数据并实时报告的例子。在你的职业生涯中，你可能会遇到很多在推销电话中使用 BI 协助销售的例子。如今，惊人的数据生成速度和接近于零的数据处理成本让我们可以断定：市面上会出现许多更新颖的 BI 应用。记得关注它们，因为它们会为你提供别样的就业机会。

学习完以上这些例子，接下来我们将探讨用于创建 BI 的流程。

3.2　商业智能流程中的三个主要活动是什么

图 3-2 展示了 BI 流程中的三个主要活动：获取数据、执行分析和发布结果。这

些活动直接对应图 3-2 中的 BI 元素。获取数据（data acquisition）涉及获取、清洗、整理和关联，以及编目源数据。从不同来源获得的数据经过一个称为主数据管理（master data management）的过程，就会变得统一且一致。主数据管理是必要的，因为一个来源的数据可能与另一个来源的数据格式不一致。例如，从外部数据聚合商（data aggregator，从多个来源采集和销售信息的公司）那里购买的潜在客户数据可能与来自内部操作数据库的数据不兼容。主数据管理可以使所有数据保持一致，以便日后进行数据分析。

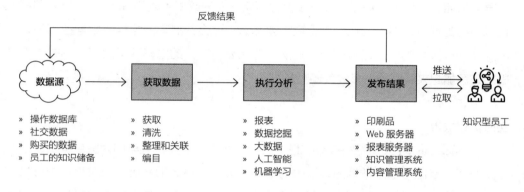

图 3-2　商业智能流程中的三个主要活动

在本节后面的部分，我们会对一个简单的数据采集示例进行解释，并在本章第 3.3 节中更详细地讨论数据采集的相关内容。

BI 分析（BI analysis）是创建 BI 的过程。BI 分析的三个基本类别是报表、数据挖掘和大数据。在本节后面的部分，我们会对一个关于报表系统的简单示例进行解读，并在本章第 3.4 节中更详细地描述三个类别的 BI 分析。

发布结果（publish results）是将 BI 提供给需要它的知识型员工的过程。推送发布（push publishing）无须用户提出任何要求，便可向用户供应 BI；它根据计划或作为某个事件或特定数据条件的结果，向用户提供 BI 结果。拉取发布（pull publishing）要求用户请求 BI 结果。发布媒介包括印刷品和在线内容。在线内容是通过 Web 服务器、报表服务器（专用 Web 服务器）、自动化应用程序、知识管理系统和内容管理系统来提供的。我们将在本章第 3.5 节中进一步讨论这些发布选项。

为了更好地理解 BI 分析的三个阶段，下面我们来看一个使用 BI 的例子。

使用商业智能寻找候选零件

3D 打印提供了一种可能性，让客户自己打印所需零件而不用从零售商或分销商那里订购。有一家大型自行车零件经销商想了解这种潜在的需求变化，它决定就是否有可能只出售零件的 3D 打印文件，而不是出售零件本身进行调研。因此，该公司成立了一个团队来检查过往的销售数据，以确定可能出售的零件设计文件。为此，该公司需要确定符合条件的零件并计算这些零件的潜在收益有多少。

为了解决这个问题，该团队从公司的 IS 部门获取了销售数据，并将其存储在 Microsoft Access 数据库中。然后，该团队为零件设立了一些标准。具体来说，该团队寻找的零件要符合以下五个标准：

1. 由特定供应商提供（从少数几个已经同意出售其零件设计文件的供应商开始）；
2. 由大客户购买（个人和小公司不太可能拥有 3D 打印机或具备使用 3D 打印机所需的专业知识）；
3. 会被频繁订购（热卖产品）；
4. 会被少量订购（3D 打印不适合进行大规模生产）；
5. 设计简单（更容易进行 3D 打印）。

该团队知道，很难对第五项标准进行评估，因为公司本身并没有存储关于零件复杂程度的数据。经过讨论，为简单起见，该团队决定使用零件重量和价格作为替代数据，这种做法基于一个假设："如果零件不是很重也不是很贵，那么它可能并不复杂。"该团队认为，至少可以从这种方式开始寻找答案。因此，该团队要求 IS 部门在提取的数据中加入零件重量数据。

获取数据

如图 3-2 所示，获取数据是 BI 流程的第一步。根据该团队的数据要求，IS 部门提取了操作数据并生成了如图 3-3[①] 所示的表格，此表格涉及一部分同意提供 3D 零件设计文件的供应商。它结合了以下两个表格的数据：

[①] 本书中出现了许多张数据表格、计算机软件、英文网站等内容的截图。为保证本书与英文原版书的一致性、使书中内容保持原汁原味，我们在本书中直接使用英文原版书中的相关图片，未作改动。——编者注

1. 销售表格（客户名、联系人、头衔、账单年份、订单数量、订购数量、收益、来源、零件编号）；
2. 零件表格（零件编号、装运重量、供应商）。

当团队成员检查这些数据时，他们得出的结论是：他们已经获得了所需数据，而且实际上表中的某些数据列是不需要的。注意，表中有些值是缺失的、有问题的。许多行中的联系人（Contact）和头衔（Title）项是空白的，有些行中订购数量（Units）项的值为零。缺少联系人和头衔方面的数据倒不是问题，但订购数量值为零可能有问题。在某个时间点，该团队可能需要调查这些值的含义并更正数据或从分析中剔除这些行。然而，在短期内，该团队决定继续使用这些错误值。这种有问题的数据在数据提取中很常见。

分析数据

图 3-3 中的数据已经按照该团队的第一个标准进行了过滤，只剩下来自特定供应商的部分。对于他们的下一个标准，团队成员需要决定如何识别大客户。为此，他们创建了一个查询系统，得到了来自每个客户的收入总额（Sum Of Revenue）、订购数量和平均价格（Average Price）的概况，如图 3-4 所示。看到该图所示的查询结果后，团队成员决定只考虑收入总额超过 20 万美元的客户；他们创建了一个只包括这

Orders and Parts View

CustomerName	Contact	Title	Bill Year	Number Orders	Units	Revenue	Source	PartNumber	Shipping Weight	Vendor
Gordos Dirt Bikes	Sergio Gutiérrez	Sales Represe	2021	43	107	$26,234.12	Internet	100-108	3.32	Riley Manufacturing
Island Biking			2022	59	135	$25,890.62	Phone	500-2035	9.66	ExtremeGear
Big Bikes			2020	29	77	$25,696.00	AWS	700-1680	6.06	HyperTech Manufacturing
Lazy B Bikes			2019	19	30	$25,576.50	Internet	700-2280	2.70	HyperTech Manufacturing
Lone Pine Crafters	Carlos Hernández	Sales Represe	2022	1	0	$25,171.56	Internet	500-2030	4.71	ExtremeGear
Seven Lakes Riding	Peter Franken	Marketing Ma	2019	15	50	$25,075.00	Internet	500-2020	10.07	ExtremeGear
Big Bikes			2022	10	40	$24,888.00	Internet	500-2025	10.49	ExtremeGear
B' Bikes	Georg Pipps	Sales Manage	2022	14	23	$24,328.02	Internet	700-1680	6.06	HyperTech Manufacturing
Eastern Connection	Isabel de Castro	Sales Represe	2022	48	173	$24,296.17	AWS	100-105	10.73	Riley Manufacturing
Big Bikes	Carine Schmitt	Marketing Ma	2019	22	71	$23,877.48	AWS	500-2035	9.66	ExtremeGear
Island Biking	Manuel Pereira	Owner	2021	26	45	$23,588.86	Internet	500-2045	3.22	ExtremeGear
Mississippi Delta Riding	Rene Phillips	Sales Represe	2022	9	33	$23,550.25	Internet	700-2180	4.45	HyperTech Manufacturing
Uncle's Upgrades			2022	9	21	$22,212.54	Internet	700-1680	6.06	HyperTech Manufacturing
Big Bikes			2020	73	80	$22,063.92	Phone	700-1680	6.06	HyperTech Manufacturing
Island Biking			2022	18	59	$22,025.88	Internet	100-108	3.32	Riley Manufacturing
Uncle's Upgrades			2021	16	38	$21,802.50	Internet	500-2035	9.66	ExtremeGear
Hard Rock Machines			2022	42	57	$21,279.24	Internet	100-108	3.32	Riley Manufacturing
Kona Riders			2022	11	20	$21,154.80	Internet	700-1880	2.28	HyperTech Manufacturing
Moab Mauraders			2022	6	20	$21,154.80	Internet	700-2180	4.45	HyperTech Manufacturing
Lone Pine Crafters			2022	35	58	$21,016.59	Internet	100-106	6.23	Riley Manufacturing
Big Bikes	Carine Schmitt	Marketing Ma	2020	9	36	$20,655.00	Internet	500-2035	9.66	ExtremeGear
East/West Enterprises			2021	14	60	$20,349.00	Internet	100-104	5.80	Riley Manufacturing
Jeeps 'n More	Yvonne Moncada	Sales Agent	2022	47	50	$20,230.00	AWS	500-2030	4.71	ExtremeGear
East/West Enterprises			2019	14	60	$20,178.15	AWS	500-2035	9.66	ExtremeGear
Lone Pine Crafters			2022	20	54	$20,159.28	Internet	100-106	6.23	Riley Manufacturing
Lone Pine Crafters	Carlos Hernández	Sales Represe	2022	1	0	$20,137.27	Internet	500-2030	4.71	ExtremeGear
Lazy B Bikes			2022	21	29	$19,946.78	AWS	700-1580	7.50	HyperTech Manufacturing

图 3-3 提取数据样本：订单提取表和零件数据表

资料来源：微软公司。

些客户的查询系统，并将其命名为"大客户"。

CustomerName	SumOfRevenue	SumOfUnits	Average Price
Great Lakes Machines	$1,760.47	142	12.3976535211268
Seven Lakes Riding	$288,570.71	5848	49.3451963919289
Around the Horn	$16,669.48	273	61.0603611721612
Dewey Riding	$36,467.90	424	86.0092018867925
Moab Mauraders	$143,409.27	1344	106.7033234375
Gordos Dirt Bikes	$113,526.88	653	173.854335068913
Mountain Traders	$687,710.99	3332	206.395855432173
Hungry Rider Off-road	$108,602.32	492	220.736416056911
Eastern Connection	$275,092.28	1241	221.669848186946
Mississippi Delta Riding	$469,932.11	1898	247.593315542676
Island Biking	$612,072.64	2341	261.457770098249
Big Bikes	$1,385,867.98	4876	284.222310233798
Hard Rock Machines	$74,853.22	241	310.594267219917
Lone Pine Crafters	$732,990.33	1816	403.629038215859
Sedona Mountain Trails	$481,073.82	1104	435.755269474638
Flat Iron Riders	$85,469.20	183	467.044808743169
Bottom-Dollar Bikes	$72,460.85	154	470.52502012987
Uncle's Upgrades	$947,477.61	1999	473.975794047023
Ernst Handel Mechanics	$740,951.15	1427	519.236962438683
Kona Riders	$511,108.05	982	520.476624439919
Lazy B Bikes	$860,950.72	1594	540.119648619824
Jeeps 'n More	$404,540.62	678	596.667583185841
French Riding Masters	$1,037,386.76	1657	626.063224984912
B' Bikes	$113,427.06	159	713.377735849057
East/West Enterprises	$2,023,402.09	2457	823.525474074074
Bon App Riding	$65,848.90	60	1097.48160833333

图 3-4　客户概况

资料来源：微软公司。

接下来，团队成员讨论了频繁订购的含义，并决定包含那些平均每周被订购一次或每年被订购大约 50 次的零件。他们在查询系统中给订单数量（Number Orders）设置了查询条件。为了筛选出被少量订购的零件，他们首先创建了一个列来计算平均订单大小（订购数量/订单数量），然后在该表达式上附加了一个标准，即平均值必须小于 2.5。他们的最后两个标准是该零件要相对便宜而且重量轻。他们决定筛选出单价（以收入/订购数量来计算）小于 100 美元且运输重量小于 5 磅①的零件。

查询结果如图 3-5 所示。在公司销售的所有零件中，有 12 个零件符合该团队创建的标准。接下来的问题是，这些零件有多大的收益潜力。因此，该团队创建了一个查询系统，将所选零件与其过去的销售数据联系起来。结果如图 3-6 所示。

---

① 1 磅 ≈ 0.454 千克。——编者注

Number Orders	Average Order Size	Unit Price	Shipping Weight	PartNumber
275	1	9.14173854545455	4.14	300-1016
258	1.87596899224806	7.41284524793388	4.14	300-1016
110	1.18181818181818	6.46796923076923	4.11	200-205
176	1.66477272727273	12.5887211604096	4.14	300-1016
139	1.0431654676259	6.28248965517241	1.98	200-217
56	1.83928571428571	6.71141553398058	1.98	200-217
99	1.02020202020202	7.7775	3.20	200-203
76	2.17105263157895	12.0252206060606	2.66	300-1013
56	1.07142857142857	5.0575	4.57	200-211
73	1.15068493150685	5.0575	4.57	200-211
107	2.02803738317757	6.01096405529954	2.77	300-1007
111	2.07207207207207	6.01096434782609	2.77	300-1007

图 3-5　符合标准的零件的查询结果

资料来源：微软公司。

Total Orders	Total Revenue	PartNumber
3987	$84,672.73	300-1016
2158	$30,912.19	200-211
1074	$23,773.53	200-217
548	$7,271.31	300-1007
375	$5,051.62	200-203
111	$3,160.86	300-1013
139	$1,204.50	200-205

图 3-6　部分零件的销售历史

资料来源：微软公司。

发布结果

如图 3-2 所示，发布结果是 BI 流程中的最后一个活动。在某些情况下，这意味着将 BI 结果放在服务器上，以便通过因特网或其他网络发布给知识型员工。在另一些情况下，这意味着通过 Web 服务将 BI 结果提供给其他应用程序。在别的一些情况下，这意味着创建 PDF 或 PowerPoint 演示文件，用于与同事或管理层进行交流。

在本案例中，该团队在一次会议上向管理层汇报了这些结果。仅从图 3-6 的结果来看，出售这些零件的设计文件似乎没有什么收益潜力。该公司从零件本身中获得的收益是微乎其微的，这些设计文件的价格将不得不降得很低，而这将意味着几乎没有收益。

尽管潜在收益很低，但该公司仍有可能决定向客户出售 3D 打印设计文件。该公司可能会决定将这些设计文件送给客户，以表达对客户的善意。从该分析结果看，这样做不会损失多少收益。或者说，该公司这样做是一种公关行为，旨在显示公司处于使用最新制造技术的前沿。再或者，该公司可能会决定推迟使用 3D 打印技术，因为它没有看到很多客户订购这些符合条件的零件。当然，也有可能是团队成员选择了错误的标准。如果他们有时间，也许有必要改变标准并重新进行分析。然而，这种做法是一种滑坡谬误。他们可能会发现自己在不断更改标准，直到得到他们想要的结果，而这样就产生了一份非常有偏见的研究。

这种可能性再次表明了 IS 中人员这个要素的重要性。如果团队在设置和修改标准时所做的决策不够客观，硬件、软件、数据和查询生成程序就都没有什么价值了。BI 的聪明程度取决于创造它的人！

了解了这个例子以后，接下来我们将更详细地探讨图 3-2 中的每个活动。

3.3　组织如何使用数据仓库和数据集市来获取数据

虽然有可能根据操作数据创建出基本的报表并进行简单的分析，但我们通常不推荐这样做。出于安全和控制方面的考虑，IS 专业人员不希望数据分析师去操作数据。如果分析师犯了一个错误，这个错误可能会导致公司运营发生严重中断。此外，操作数据的结构适合快速而可靠地处理业务，很少以适合 BI 分析的方式构建。最后，BI 分析可能需要大量运算，而在操作服务器上放置 BI 应用程序会极大地降低系统性能。

由于这些原因，大多数组织都会将操作数据提取出来再用于 BI 处理。对小型组织来说，提取过程可能像操作 Access 数据库一样简单。然而，较大型的组织通常会配备一组管理和运行数据仓库（data warehouse）的人员，数据仓库是用于管理一个组织的 BI 数据的设施。数据仓库的功能是：

» 获取数据；
» 清洗数据；
» 整理和关联数据；
» 编目数据。

数据仓库的组件如图 3-7 所示。应用程序读取操作数据和其他数据，然后提取、清洗和准备这些数据以供 BI 处理。准备好的数据存储在数据仓库数据库中。数据

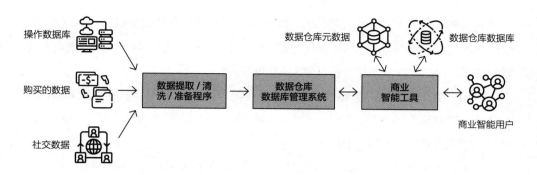

图 3-7　数据仓库的组件

仓库也存储从外部来源购买的数据。从隐私的角度看，购买关于组织的数据并不罕见，也并不特别令人担忧。然而，一些公司选择从安客诚公司（Acxiom Corporation）等数据供应商处购买关于个人消费者的数据（例如婚姻状况）。图 3-8 列出了一些可以轻易购买的消费者数据。可购买数据的量是惊人的（从隐私的角度讲，也是可怕的）。

» 姓名、地址、电话	» 收入	» 杂志订阅情况	» 配偶姓名和出生日期
» 年龄	» 学历	» 兴趣爱好	» 孩子姓名和出生日期
» 性别	» 选民登记情况	» 订单目录	
» 民族	» 住房拥有情况	» 婚姻状况、人生阶段	
» 宗教信仰	» 车辆拥有情况	» 身高、体重、头发和眼睛颜色	

图 3-8　可购买的消费者数据示例

与数据有关的元数据——数据的来源、格式、获取、限制，以及关于数据的其他事实——保存在数据仓库元数据库中。数据库管理系统提取数据并向 BI 应用程序提供数据。

"BI 用户"这个词与图 3-1 中的知识型员工不同。BI 用户一般是数据分析专家，而知识型员工通常是 BI 结果的非专业使用者。银行的贷款审批人员是知识型员工，但不是 BI 用户。

● **操作数据的问题**

大多数操作数据和购买的数据都会有一些问题，这些问题阻碍了这些源数据在

BI 方面的使用。图 3-9 列出了其中的几大问题。首先，对于操作成功至关重要的数据必须是完整和准确的，但非必要数据则不必如此。例如，一些系统会在订购流程中采集人口统计数据。但是，由于这些数据不是填写订单、发货和付款所必需的，因此它们的质量受到了影响。

- » 脏数据
- » 缺失一些值
- » 数据不一致
- » 数据未整合
- » 错误的粒度
  - 太细
  - 不够细
- » 数据过多
  - 属性过多
  - 数据点过多

图 3-9　源数据可能存在的问题

有问题的数据被称为脏数据。比如，客户性别有人填的是 B，客户年龄有人填的是 213。再比如，美国手机号码有人填了 999-999-9999，零件颜色有人填的是“gren”，电子邮件地址填的是 WhyMe@ GuessWhoIAM.org。图 3-3 中“订购数量”为零的数据，也是脏数据。所有这些值对 BI 来说都是有问题的。

购买的数据经常会缺失一些元素。图 3-3 中的联系人数据就是典型的例子；订单可以在没有联系人数据的情况下发货，因此该项数据质量参差不齐，并且有许多缺失的值。大多数数据供应商都会说明它们出售的数据中每个属性的缺失值占比。一个组织之所以会购买此类数据，是因为对某些应用而言，有（数据）总比没有要好。对于某些难以获取的数据项尤其如此，比如每户家庭的成年人口数、家庭收入、住宅类型、主要收入者的教育程度等。然而，这里需要小心一点儿，因为对一些 BI 应用程序来说，一些缺失或错误的数据点可能会造成严重的分析偏差。

数据不一致的问题（图 3-9 中的第三个问题）在历时很久采集到的数据中尤其常见。例如，当电话区号更改时，区号更改前的客户电话号码将无法匹配到区号更改后的客户电话号码。同样地，零件代码可能会改变，销售区域代码也可能会改变。在使用这些数据之前，必须重新编码，以确保研究期间的数据一致。

一些数据不一致是由业务活动的性质导致的。例如，想象出一个全球客户使用的基于 Web 的订单输入系统。Web 服务器在记录订单时间时参考的是哪个时区？服务器的系统时钟时间与客户行为分析不相关。协调世界时（过去叫格林尼治时间）也没有意义。Web 服务器时间必须以某种方法调整到客户所在的时区。

另一个问题是数据未整合。某个特定的 BI 分析所需的数据可能来自内部系统、电子商务系统和社交网络应用程序。分析人员可能希望将该组织的数据与购买的消费者数据整合在一起。以某种方式整合这些数据是数据仓库工作人员的职责。

数据的粒度（granularity）也可能是错误的。粒度这一术语指的是数据呈现细节的程度。粒度可能太细，也可能太粗。例如，一个关于区域销售总额的文件不能用于调查该区域内特定商店的销售情况，而一个商店的销售总额不能用于确定该商店内特定商品的销售情况。我们需要获得足够精细的数据以生成我们想要生成的最低级别的报表。一般来说，粒度过细比过粗要好。如果粒度过细，可以通过求和及组合的方式来扩展数据的范围。但若是粒度太粗，则无法将数据分解为其组成部分。

图 3-9 中的最后一个问题是数据过多。如图所示，我们可能列出了过多的属性，或者列出了过多的数据点。我们也可能列出了过多的列或过多的行。

想想第一个问题：过多的属性。假设我们想了解那些影响顾客对促销活动做出反应的因素。如果把内部客户数据与购买的客户数据结合起来，我们将有超过 100 个不同的属性需要考虑。该如何从中选择呢？在某些情况下，分析人员可以忽略他们不需要的列。但在更复杂的数据挖掘分析中，过多的属性可能会产生问题。由于一种被称为维数灾难的现象，属性越多就越可能建立一个适合样本数据但对于预测却毫无价值的模型。

数据过多的第二种情况是拥有过多的数据点——太多行数据。假设我们想要分析某新闻网站上的点击流数据或该网站访问者的点击行为。这个网站每月有多少点击量？数以亿计！为了达到我们的目的，在分析这些数据时，我们需要减少数据量。对于这个问题，一个很好的解决方案就是统计抽样。在这种情况下，组织应该同意对数据进行抽样。

数据仓库与数据集市

为了理解数据仓库与数据集市之间的区别，可以把数据仓库想象成供应链中的分销商。数据仓库从数据制造商（操作系统和其他来源）那里获取数据，再清洗和处理数据，然后将数据放到数据仓库的货架上。使用数据仓库的数据分析师是数据管理、数据清洗、数据转换、数据关系等方面的专家。然而，他们通常不是特定业务功能方面的专家。

数据集市（data mart）是比数据仓库小的数据集合，它能满足组织的特定部门或特定功能领域的需求。如果数据仓库是供应链中的分销商，那么数据集市就是供应链中的零售商店。数据集市中的用户从数据仓库中获取与特定业务功能相关的数据。这样的用户虽然不具备数据仓库工作人员所具备的数据管理专业知识，但对特定业务功能来说，他们是知识丰富的分析师。

这种关系如图 3-10 所示。在这个例子中，数据仓库从数据生产者那里获取数据，并将数据分发到三个数据集市中。第一个数据集市用于分析点击流数据，以设计 Web 页面。第二个数据集市用于分析商店销售数据并确定顾客倾向于一起购买哪些产品。这些信息用来培训销售人员学习如何以最好的方式向顾客追加销售。第三个数据集市用于分析客户订单数据，以减少从仓库中拣选货物的人力。例如，像亚马逊这样的公司会不遗余力地整理其仓库，以减少拣选货物的费用。

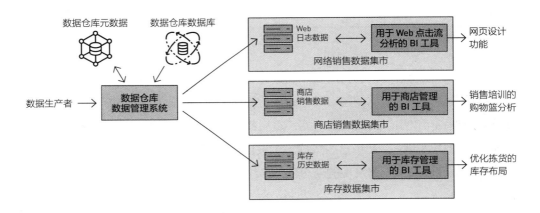

图 3-10　数据集市示例

可想而知，创建和运行数据仓库和数据集市并为其配备工作人员的成本是很高的。只有财力雄厚的大型组织才能负担得起如图 3-7 所示的系统。较小的组织会运营这个系统的子集，但它们必须找到一些（非正式的）方法来解决数据仓库会出现的基本问题。

● 数据湖

管理一个组织的 BI 数据还有另一种方法，就是创建数据湖（data lake）。数据湖汇集了大量原始的非结构化数据，是一个中央储存库。数据湖类似于数据仓库，但应用目标不同。组织可以根据自己的需要维护和使用数据仓库和数据湖。表 3-2 展示了一些数据湖与数据仓库的区别。

表 3-2　数据仓库与数据湖的区别

	数据仓库	数据湖
数据结构	结构化数据	结构化和非结构化数据
数据格式	清洗和过滤后的数据	原始数据
数据时限	历史数据	历史和实时数据
数据来源	操作系统和购买的数据	操作系统、购买的数据、智能设备、单击流、社交媒体上的帖子、图片等
用户	供业务分析师使用	供数据科学家使用

数据湖可以包含比数据仓库更多的数据类型，并且可以以原始的、非结构化的形式存储这些数据。数据湖还可以存储来自智能设备、网站和移动应用程序的实时数据。数据湖可以用于存储大量数据，之后数据科学家可以在机器学习和深度学习方面（本章稍后讨论）使用这些数据。对来自数据湖的数据进行分析，可能会发现在传统的数据仓库中无法发现的新思路。传统的数据仓库通常关注报表、趋势和回答操作问题。

数据湖也有一些自身特有的问题。如果数据湖中的数据没有得到正确的管理和编目，随着时间的推移，数据可能会在无意中被隐藏起来。一个组织的数据湖可能会变成一个数据沼泽（data swamp），其中存储了大量可能永远不会被使用的数据。

3.4　处理商业智能数据的三种技术是什么

表 3-3 总结了三种基础的 BI 分析类型的目标和特征。一般来说，报表分析主要用于创建关于过往业绩的信息，而数据挖掘分析主要用于分类和预测。虽然也有例外，但这些都属于言之有理的经验法则。大数据分析的目标是在来源于社交媒体网

站或 Web 服务器日志等的大量数据中发现其中的模式和关系。如前文所述,大数据技术也可以包括报表和数据挖掘。在选择时,需要考虑每种 BI 分析类型的特点。

表 3-3 三种类型的 BI 分析

BI 分析类型	目标	特点
报表分析	创建关于过往业绩的信息	通过排序、分组、求和、过滤和格式化的方式处理结构化数据
数据挖掘分析	分类和预测	使用复杂的统计技术来发现模式和关系
大数据分析	在大数据中发现模式和关系	大量、高速、多样,迫使组织使用 MapReduce 技术;一些应用还使用报表和数据挖掘技术

报表分析

报表分析(reporting analysis)是对结构化数据进行排序、分组、求和、过滤和格式化的过程。结构化数据(structured data)是以行和列的形式存在的数据。在大多数情况下,结构化数据指的是关系数据库中的表格,但也可以指电子表格数据。

本章第 3.2 节中关于零件分析的例子便是一个报表分析的例子。另外一种类型的报表称为异常报表(exception report),是在出现超出预定义界限的情况时生成的报表。本章第 3.1 节中提到的实时注射建议就是异常报表的一个例子。

在过去,报表是打印出来的,因此是静态的。然而,随着移动系统应用的普及,许多报表都可以是动态的。

● **数据挖掘分析**

数据挖掘(data mining)应用统计技术来发现数据之间的模式和关系,以进行分类和预测。如图 3-11 所示,数据挖掘是多个学科融合的结果,包括人工智能和机器学习。

大多数数据挖掘技术都很复杂,而且许多技术都很难被用好。然而,这些技术对组织来说是有价值的。一些商务专业人士,尤其是金融和市场营销领域的专业人士,已经成了该技术领域的专家。事实上,对精通数据挖掘技术的商务专业人士来说,现在有许多有趣且高薪的职位。

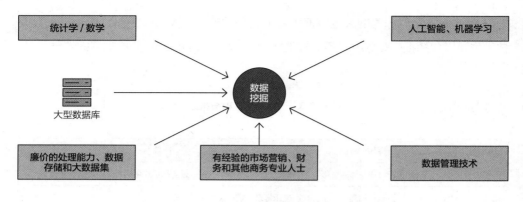

图 3-11 数据挖掘涉及的学科

为了更容易发现数据中的模式和关系，允许用户进行可视化分析并探索数据的流程应运而生。这个流程被称为数据发现（data discovery）。数据可视化（data visualization），即数据的图形化展示，让用户得以快速理解复杂的数据。数据发现工具因其实用性正日益受到欢迎。然而，数据发现工具可能无法发现数据挖掘技术有可能发现的有意义的模式或相关性。

数据挖掘技术分为两大类：无监督型和有监督型。接下来我们将分别讨论这两种类型。

无监督型数据挖掘

使用无监督型数据挖掘（unsupervised data mining）时，分析人员在开始分析之前不会创建模型或假设。相反，他们将数据挖掘技术应用于相关数据并观察其结果。运用这种方法，分析人员会在分析后提出假设来解释所发现的模式。

一种常见的无监督型数据挖掘技术是聚类分析（cluster analysis）。有了它，统计技术便可以识别出具有相似特征的实体组。聚类分析的一个常见应用是从客户订单和人口统计数据中找到相似的客户群体。

例如，假设一个聚类分析发现了两个非常不同的客户群体：第一个群体成员的平均年龄为 33 岁；拥有一台笔记本电脑、四部安卓手机、一部 iPad 和一部 Kindle 阅读器；开一辆昂贵的 SUV；倾向于购买昂贵的儿童游戏设备。第二个群体成员的平均年龄为 64 岁，拥有度假房产，打高尔夫球，买昂贵的葡萄酒。另外，假设聚类分析还发现，这两个群体的成员都会购买名牌童装。

这些发现完全是通过数据分析得到的。此前并没有关于这些模式和关系的先验模型。此后，要由分析师提出假设，解释为什么两个如此不同的群体都会购买名牌童装。

有监督型数据挖掘

　　使用有监督型数据挖掘（supervised data mining）时，分析人员会在分析前开发一个模型，用统计技术处理数据以估算模型的参数。例如，假设一家通信公司的营销专家认为周末的手机使用情况是由用户的年龄和用户对该手机号码的使用月数决定的。然后，分析人员将对其进行分析，以评估用户年龄及号码使用月数的影响。

　　测量一组变量对另一个变量的影响，这种方法被称为回归分析（regression analysis）。手机使用情况的一个示例结果如下：

周末使用手机的分钟数 = 12 +（17.5 × 用户年龄）+（23.7 × 号码使用月数）

　　利用这个公式，分析人员可以预测出用户在周末使用手机的分钟数。

　　正如你将在统计学课上学到的那样，想要了解这种模型的质量，需要掌握不少技巧。回归分析工具将创建如上所示的一个公式。这个公式是否能很好地预测用户的手机使用情况，取决于 t 值、置信区间和相关统计技术等统计因素。

● 大数据分析

　　"大数据"这个术语描述的是以大量、高速、多样为特征的数据采集活动。从大量的角度看，大数据所指的数据集至少要达到 1 PB 大，通常还会更大。一个包含某一天美国的所有谷歌搜索情况的数据集从规模上讲就属于大数据。此外，大数据还具有高速的特点，意思是生成速度极快。谷歌搜索在一天之内就会产生非常多数据。在过去，产生这些数据需要几个月或几年的时间。

　　最后，大数据是多样的。大数据可能有结构化的数据，也可能有自由格式的文本、数十种不同格式的 Web 服务器和数据库日志文件、用户响应页面内容的数据流，可能还有图形、音频和视频文件。

MAPREDUCE

　　由于大数据是大量、高速、多样的，因此我们无法使用传统技术对它进行处理。

MapReduce 是一种利用数千台计算机并行工作的能力的技术。它的理念是把大数据的数据集合分解成小块，用成百上千个独立的处理器在这些小块中搜索人们感兴趣的东西。这个过程被称为"Map 阶段"。在如图 3-12 所示的例子中，MapReduce 将一个包含谷歌搜索日志的数据集分解成了许多个小块，并指示每个独立的处理器搜索和统计相关的搜索关键词。当然，这张图只展示了一小部分数据，在这里你可以看到部分以字母 H 开头的关键词。

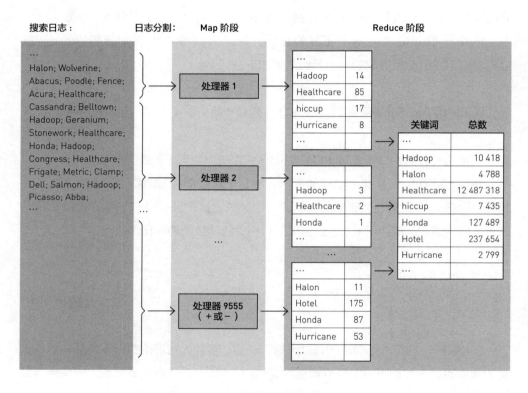

图 3-12   MapReduce 的处理过程示意图

这些处理器完成搜索和统计后，得到的结果会被汇总起来，这个阶段被称为"Reduce 阶段"。搜索结果是某一天的所有搜索词形式的列表以及每个词的数量。实际过程比这里描述的要复杂得多，但大致如此。

HADOOP

Hadoop 是一个由 Apache 基金会支持的开源程序，它可以在数千台计算机上执

行 MapReduce 操作。Hadoop 可以驱动查找和统计谷歌搜索词的过程（见图 3-13），
但谷歌公司使用其独家的 MapReduce 来做这项工作。一些组织在自己管理的服务器
群组上运行 Hadoop，而另一些组织则在云中运行 Hadoop。微软在其 Azure 平台上以
HDInsight 服务的形式提供 Hadoop。Hadoop 包含一种名为 Pig 的查询语言。

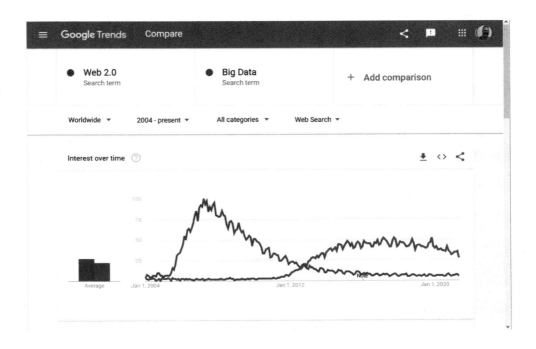

图 3-13   词汇"Web 2.0"和"Big Data"的谷歌趋势图

资料来源：谷歌官方页面（使用经过许可）。

目前，运行和使用 Hadoop 都需要深厚的技术技能。从近年来其他技术的发展来
看，更高级、更易于使用的查询产品很可能将在 Hadoop 上实现。但就目前而言，只
有专业人士才能运行和使用 Hadoop。然而，你在参与一项大数据研究的计划工作或
解释其结果时，有机会接触到 Hadoop。

大数据分析可能会涉及报表和数据挖掘技术。二者的主要区别在于，大数据拥
有大量、高速和多样的特征，在这些特征方面，其能力远远超过传统的报表和数据
挖掘技术。

无论数据分析是通过报表、数据挖掘还是通过大数据技术实现的，在其结果被
交付给适当的用户之前，它们都不具有价值。

3.5　发布商业智能时，有哪些途径可供选择

为了让 BI 结果有价值，它们必须在正确的时间被推送给正确的用户。接下来，我们将讨论主要的 BI 结果发布途径，并讨论 BI 服务器（一种特殊类型的 Web 服务器）的功能。

● **商业智能发布途径的特点**

表 3-4 列出了发布 BI 结果的四种服务器方案。静态报表（static report）是指创建时的状态为固定的、不会更改的 BI 文档。打印出来的销售分析就是静态报表的一个例子。在 BI 环境下，大多数静态报表都以 PDF 文档的形式发布。

表 3-4　主要的 BI 结果发布途径

服务器	报表类型	推送选项	所需技术水平
电子邮件或协作工具	静态	手动	低
Web 服务器	静态 / 动态	警报、RSS	静态低 / 动态高
SharePoint	静态 / 动态	警报、RSS、工作流	静态低 / 动态高
BI 服务器	动态	警报、RSS、订阅	高

动态报表（dynamic report）是指在需要时可以随时更新的 BI 文档。用户在 Web 服务器上访问时看到的销售报表就是动态报表。几乎在所有案例中，发布动态报表都要求 BI 应用程序在将报表提供给用户时访问数据库或其他数据源。

表 3-4 中的每个服务器的拉取发布选项都是相同的。用户访问站点，点击链接（或打开电子邮件），然后获得报表。因为对四种服务器类型来说，选项都是相同的，所以表 3-4 中没有展示拉取发布选项。

推送发布的选项因服务器的类型而异。对于电子邮件或协作工具，推送是人工的：某个人——比如经理、专家或管理员——将报表作为附件（或者指向协作工具的链接）创建电子邮件，并将其发送给已知的、对该报表感兴趣的用户。对于 Web 服务器和 Sharepoint（你将在第 7 章中学习相关内容），用户可以创建警报和 RSS，

以便在创建或更改内容时，在给定的时间或特定的时间间隔内，通过服务器将内容推送给他们。SharePoint 工作流也可以推送内容。

BI 服务器扩展了警报和 RSS 功能以支持用户订阅。订阅（subscription）是指用户按特定的时间表或就特定事件对特定 BI 结果的请求。例如，用户可以订阅每日销售报表，并将接收时间设定为每天早上。再比如，用户可以要求当服务器上有新结果发布时向自己提供该报表，或者销售经理可以将订阅设定为，当他所在区域的销售额在一周内超过 100 万美元时，向他提供销售报表。

创建发布应用程序的难度不尽相同。对于静态报表，几乎不需要什么技能。BI 作者创建内容，发布者（通常是同一个人）将其附到电子邮件中，或将其放在互联网上或 SharePoint 站点上即可。发布动态报表则有些难度；它要求发布者在使用文档时设置数据库访问权限。在使用 Web 服务器的情况下，发布者将需要为此目的开发程序或者让程序员编写代码。在使用 SharePoint 和 BI 服务器的情况下，不一定需要程序代码，但需要创建动态数据连接，而这个任务不适合对技术一无所知的人。开发动态 BI 解决方案需要掌握本课程之外的知识。然而，如果你多学几门 IS 课程或主修 IS 专业，你就应该能够做到这一点。

● 商业智能服务器的两大功能是什么

BI 服务器是专为发布商业智能而构建的 Web 服务器应用。Microsoft SQL Server Report Manager（Microsoft SQL Server Reporting Services 的一部分）是目前最流行的产品，但还有其他产品。

BI 服务器提供了两大功能：管理和交付。管理功能会对授权分配 BI 结果给用户的元数据进行维护。BI 服务器会跟踪哪些结果可用、哪些用户被授权查看这些结果，以及将结果提供给被授权用户的时间表。BI 服务器会根据可用结果的变化和用户的增减来调整分配方式。

如图 3-14 所示，所有 BI 服务器需要的管理数据都存储在元数据中。当然，这类数据的数量和复杂性都取决于该 BI 服务器的功能。

BI 服务器使用元数据来确定将哪些结果发送给哪些用户，并且也可能会确定按照什么时间表来发送。今天，人们期望 BI 结果可以传输到"任何"设备中——包括计算机、智能手机、平板电脑、办公应用程序（如 Microsoft Office）和标准化的 Web 应用程序。

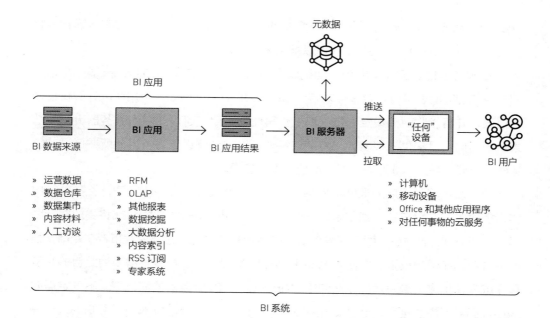

图 3-14   通用商业智能系统的构成

本章的知识对你有什么帮助

对未来的商务专业人士而言，学会使用 BI 是一项至关重要的技能。2019 年，高德纳（Gartner）公司时任研究副总裁吉姆·黑尔（Jim Hare）表示："由于智能是所有数字商务的核心，因此 IT 和商业领袖会继续把分析和 BI 作为创新投资的重点。"预计到 2025 年，商业智能市场的规模将增长到 1470 亿美元。德雷斯纳咨询服务公司（Dresner Advisory Services）2020 年的年度 BI 报表指出：54% 的组织认为 BI 对其当前或未来的战略至关重要或非常重要。正如你将了解到的那样，BI 是支持组织数字战略的关键技术。本章介绍了这门愈发重要的商业学科的基础知识。你了解了 BI 分析的三个阶段，并学习了获取、处理和发布 BI 的常用技术技能。这些知识将使你能创新地使用你所在的组织产生的数据，并了解一些使用限制。本章的知识将帮助你理解 eHermes 公司的数据可能的应用方式。如果 eHermes 公司成功了，并拥有了数百万用户，你就会明白，大数据技术可以用来实时分析数据。然而，如何利用 BI 从而使其产生价值，这就要靠你了！

要持续智能吗

曾经，许多美国人一上车就会打开位智（Waze）导航应用程序，让它引导自己到达下一个目的地。驾驶员们在查询所在地区最新、最准确的行车条件时，位智这样的应用程序已经成为其主流选择。该应用程序会跟踪一个地区的所有用户，并根据车流量和拥堵情况估算行车时间，而且用户还可以通过报告危险情况，更新关于车辆、警察检查站、临时绕行和天气变化等信息的方式帮助预测行车时间。

作为该程序的基础，还有成千上万名志愿者（是的，他们工作时分文不取！）维护着位智地图的准确性，以确保长期绕行区域、新道路和停用的道路都能以最快的速度在系统中得到更新。

简而言之，位智服务的价值在于实时整合多种来源的信息（地图编辑、驾驶员主动报告以及该应用程序对驾驶员驾驶行为的跟踪），并以导航的形式为每个特定的驾驶员提供需要的信息。

这项服务的价值显而易见。位智的报告称，大约有 1.15 亿名驾驶员和乘客在使用其应用程序。你也许想知道是否有可能实时编译多个数据流，生成可操作的建议，从而以最合适的方式助力组织获得长期成功。

答案是，这个想法实际上是一个正在受到关注的新的商务解决方案：持续智能（continuous intelligence，CI）。

商业智能或持续智能

首先，持续智能听起来很像本章中讨论过的另一个术语商业智能（BI）。然而，二者之间有一个明显的区别：BI 系统远没有 CI 系统那么先进，因为 BI 系统通常需要用户广泛干预，需要用户配置、导入和格式化数据流，启动分析，并且需要定义相关的参数。此外，可以导入 BI 系统的数据类型通常是有限的。

由于组织已经认识到编译和分析各种数据流以产生可操作的信息这件事有着巨大的价值（在竞争激烈的全球经济中，这类信息的重要性和广泛性愈发显著），它们开始收集和存储有可能获得的每一个数据集。

随着时间的推移，这种数据囤积方法产生了以不同格式存储的大量数据，在将其加载到 BI 平台上之前，对这些数据进行清理和标准化非常耗时。

最近，许多组织开始认识到，人工智能和机器学习可以用于筛选这些海量数据集，它们能够在很少或没有人为干预的情况下动态识别模式、关系和有意义的见解。于是，突然之间，过多数据的负担变成了一种不可思议的资产，因为持续智能系统可以在很少或没有指导的情况下"推断和协调"这些庞大的数据集。

物联网设备和传感器的广泛使用加速了使用 CI 系统的潮流，这些物联网设备和传感器有助于获取数据。此外，基于云的解决方案，如亚马逊 Web 服务，可以被用作动态储存库，根据数据编译工作的波动情况快速扩展数据存储量。这让一些组织不必被迫投资建设自己的IT基础设施，而这些组织可能无法从数据存储能力中受益，因为这种数据存储能力并不总是会被充分使用的。所有这些因素都表明：自2022年起，大多数新的商务平台都将运用持续智能服务。

现在的组织比以往任何时候都要更受数据驱动。普通的存储和分析数据用以辅助决策的做法既烦琐又不精细。物联网、云计算、机器学习和人工智能，这一切使得组织有可能快速、动态、高效地编译大量不同的数据，进而从中获取有意义的见解。这些新的持续智能平台提供了一个令人兴奋的阶梯，帮助组织参与日益激烈的全球经济竞争。

1. 本文中提到了志愿者群体，他们无偿工作了无数小时，以确保位智地图系统呈现的信息是最新的。这是一个众包（crowdsourcing）的例子。你还能举出其他让你受益的众包例子吗？
2. 请描述组织可以编译并提交给持续智能平台进行分析的数据流的所有类型。
3. 如何在信息安全的背景下使用持续智能？
4. 你能想到组织在使用持续智能平台时面临的潜在风险有哪些吗？

问题

安全指南

资本数据泄露

你最喜欢哪种类型的电影——剧情片、喜剧片、爱情片还是动作片？有些人特别喜欢以盗窃、抢劫为题材的电影。在这些电影中，一群拥有各种专业知识的恶棍聚集在一起，偷走贵重的艺术品、珠宝或大量现金。你在电影中看到的大多数东西与现实相去甚远。如今，许多

大型盗抢案件并不是从戒备森严的金库中盗抢有形财富，作案的人也并非庞大的团伙。

今天的盗抢案件大多由一个人单独作案，或者这个人仅有几个同谋。而且，他们的目标不是钻石或珠宝，这些罪犯往往只会在数据库中寻找些什么——说

到底，其实就是"1和0"。许多组织已沦为这些盗抢案件的受害者。2019年7月，美国第一资本金融公司（Capital One Financial Corporation）发现自己成了这类受害者。

第一资本金融公司案

如今，许多组织都面临着这样一个抉择：是将数据存储在自己的IT基础设施中，还是存储在云端。虽然在本地存储数据可以保有更大的控制权且更令人安心（即"我知道我的数据存储在哪里！"），但大型云供应商可以聘用最好的安全专家，并使用前沿的安全技术。而且，将存储和保护数据的责任外包给云供应商，能让云用户有更多的机会去开展其他工作。

第一资本金融公司选择使用亚马逊Web服务（AWS）在云端存储数据，并为此付出了很大代价。该公司的数据被一名前AWS员工破解，他下载了1亿多份信用卡应用程序数据。具体来说，该数据集包括14万个社保账号和8万个银行账号（加拿大也有600万人受到了影响）。

对该漏洞的分析显示，造成第一资本金融公司云中数据泄露的原因是黑客利用了一个配置错误的网络应用防火墙。（这种类型的入侵在技术上被称为"服务器端伪造请求"。）幸运的是，没有信用卡号码或登录凭证被泄露。

攻击结束后，犯罪者在网上留下了一些蛛丝马迹，提及了自己的黑客攻击行为，而他们最终以计算机欺诈和滥用的罪名遭到起诉。据说，尽管犯罪者并没有广泛传播盗取的文件，也没有使用盗取的数据进行欺诈活动，但第一资本金融公司预估，这次数据泄露可能会给公司造成1.5亿美元的损失。

金融机构花费巨资以保护自己的系统和数据免遭这类入侵。例如，摩根大通（JPMorgan Chase）的首席执行官称该公司的安全预算超过6亿美元，而美国银行（Bank of America）则没有给安全支出设置上限。

这些安全资金被用来雇用顶级人才、实施极其复杂的硬件解决方案（例如，设置防火墙和入侵监测系统）、实施和执行组织安全政策，并培训用户如何遵守这些政策。在打击数字犯罪分子的战争中，拥有巨额资金似乎是一件好事，但你是否认为过多的安全措施也有可能是一件坏事呢？

适可而止

第一资本金融公司的故事只是一系列备受瞩目的网络安全事件中的一个。事实上，观看电视新闻或打开报纸就能发现，大型组织被黑客攻击的新闻比比皆是。具有讽刺意味的是，经常听说数据泄露事件的人也可能会导致数据泄露事件的发生。

信息安全研究人员一直在研究"信息安全疲劳"这个概念，他们用它描述一个人在对安全相关举措感到疲惫和绝望时出现的心态。

换句话说，经常听说网络安全事件的人可能会认为网络安全事件太常见了，以至于它们是不可避免的，每个人都无法阻止数据泄露事件的发生。

遗憾的是，这种想法可能会导致人们放弃最安全的做法，从而加剧问题的严重性，而没有缓解它。从一个组织的角度来看，信息安全疲劳可能是一个严重的问题，有着巨大的风险。

组织会采取各种安全措施和控制措施来改善员工的安全行为（例如，规定不能将外部设备插在内部计算机上、账户密码必须符合某些标准、只能访问与自己的职位和项目相关的内部文件，等等）。如果员工对已经实施的这些控制措施感到厌倦或觉得被剥夺了权利，他们就会开始忽视安全措施并绕过控制措施，或者最糟的是，采取恶意行动以对抗组织。

业内人士必须判断并平衡组织采取的安全措施，让这些措施能营造一种安全文化，同时又不会让员工达到不再遵守相关政策及相应控制措施的疲劳临界点。这种疲劳可能会成为严重的漏洞，其危害性与配置不佳的服务器或防火墙一样严重。

问题

1. 你可能看过很多电视节目或电影，其中，黑客在未来主义风格的房间里或光线昏暗的地下室里攻击着安全级别很高的目标。你认为这些镜头是否美化了犯罪活动，从而有可能诱使人们参与这些活动？

2. 金融机构必须获得的最大财富之一是良好的声誉。如果你的银行或信用卡公司成为数据泄露的受害者，继续使用其服务会让你感到不安吗？你会转向其竞争对手吗？哪些因素会影响你的决定？

3. 本文将信息安全疲劳定义为一种现象，即员工对信息安全和控制措施感到非常疲惫或不堪重负，以至于他们会放弃信息安全并做出不安全行为（不管是善意的还是恶意的）。你认为在不同类型的组织中，会有不同的信息安全疲劳阈值吗？

4. 想一想你的大学（或雇主）已经实施的安全控制措施。你还记得其安全政策的内容吗？你是否曾经对一些安全通信政策或控制措施感到压抑或厌倦呢？请解释一下。

就业指南

姓名：科尔顿·莫里特森

公司：霍尼韦尔公司（Honeywell, Inc.）

教育：卡内基梅隆大学

职位：高级商务系统分析师（Senior Business Systems Analyst）

1. 您是如何获得这份工作的？

卡内基梅隆大学为在校生和校友提供了许许多多独特的招聘机会。在一次大型招聘会上，我和每一家有意向的公司都谈过了，正要离开时，突然注意到了霍尼韦尔公司。我想都没想就走到招聘人员面前开始介绍自己。她对我以前的工作经历和目前的教育背景十分感兴趣。她告诉我，霍尼韦尔公司最近设立了一个领导力培养项目，该项目可以让员工在职业生涯早期获得 IT 行业中许多不同领域和方向的经验。我对这个项目很感兴趣。对方问我能否于次日接受面试，第一次面试进行得很顺利。第二次面试我的是可能会在未来与我共事的 IT/ 数据方面的经理们。那次面试也进行得很顺利，过了不到一周我就收到了录用通知。

2. 是什么把您吸引到这个领域的？

我的从业经历与大多数同行不同。我最初是一名会计，我还获得了韦伯州立大学的税务硕士学位。在会计行业工作的五年时间里，我对自己和自己的职业目标有了更多的认识。我不喜欢会计单调乏味的日常工作，但我喜欢自己的工作中能够分析数据的那部分。我很快就意识到，如果我想从事数据分析方面的工作，我就需要进一步深造，培养新的技能。这就是我来卡内基梅隆大学读书的原因。我喜欢建立模型，以统计和编程的方式帮助自己做出决策。商业头脑配上技术技能，可以让真实世界中的知识与统计证据结合起来，在我看来，这极大地提高了决策能力。

3. 您典型的一个工作日是怎样的（在职责、决策、问题方面）？

目前，我在做几个涉及数据科学和可视化的项目。近几年，霍尼韦尔公司的高层希望能够更好地了解员工居家办公时的投入情况。公司让我领导开发这个可视化项目。该项目由公司的首席数字技术官提出，然后报告给公司的首席执行官和其他高管。我每天通常要与各种各样的数据所有者沟通，他们会帮忙验证那些要呈现给高层的可视化数据。我还参与了为公司的一项业务构建机器学习模型的工作，该模型有助于预测某些产品的需求和销售情况。我的团队分布在世界各地，我们的大部分交流都是通过在线视频会议软件进行的。

4. 对于您的工作，您最喜欢的是哪一点？

每天都有复杂的挑战，而我喜欢努力解决这些问题。学习编程改变了我思考问题和解决问题的方式。我喜欢面对问题、思考和设计如何以编程的方式解决问题，然后开发解决方案。我也喜欢在进行可视化相关工作时展现出的创造性。呈现准确易懂且美观的可视化数据是有一定难度的。

5. 要做好您的工作，需要具备哪些技能？

在我的工作中，清楚地表达问题及其解决方案的能力是必不可少的。商业领袖们经常是不懂技术的。向不懂技术术语的人说明简单的技术解决方案有可能会很困难。此外，边工作边学习新技能的意愿也是必需的。我一开始并不是一名使用 Tableau 可视化分析平台的开发者。事实上，我在数据可视化方面所拥有的专业知识充其量只是初学者水平。公司分配给我的第一个项目是开发 Tableau 仪表盘。我必须在工作中学习，同时还得想出解决方案并赶在最后期限前完成任务。这可能会带来精神上的压力，但持续学习的意愿在不断变化的技术领域是极其重要的。

6. 在您的工作领域内，学历和证书重要吗？为什么？

从某些方面来说是重要的。在一流学府获得良好的教育是进入一个优秀企业的敲门砖。与此同时，我注意到，一个人一旦能够证明自己在构建解决方案和开发产品方面的价值，教育背景和证书就不那么重要了。如果一个人能很好地完成工作，并且他之前的成就证明了这一点，那么证书和教育也没有那么重要。在我的职业生涯中，我见过许多自学成才的人，他们几乎没有什么学历或证书，却拥有高薪工作，他们自己也成了公司的宝贵资产。

7. 您对那些想在您的领域工作的人有什么建议？

我相信一句著名的老话："在成长区没有舒适，但在舒适区没有成长。"要愿意走出你的舒适区，挑战自己。即使你失败了，挑战自己极限的经历也只会有助于你个人的成长和事业的发展。不要害怕失败，也不要害怕尝试新事物。

8. 您认为未来十年内热门的科技工作是什么？

所有与数据科学行业相关的工作都将继续增加。世界已经非常紧密地联系在了一起，而且这种联系只会越来越紧密。人工智能正以各种各样的方式影响着几乎所有行业，人们对数据科学家、数据工程师和机器学习工程师的需求将比现在更大。每个公司都需要他们。在我看来，使用数据建立模型来做出决策、开发产品以及使系统/流程自动化，都将不再被认为是一种奢侈品，而是经营任何企业都要采取的必要举措。

道德指南

想贷款，你的手机里有谁

德鲁（Drew）又一次检查了那张电子表格中的所有数字，希望能发现一两个错误，但一切看起来都是正确的。在他的职业生涯中，这是他第一次希望发现自己犯下了一个错误。可惜，输入的一切都是正确的。他所在的银行的经营状况不容乐观。在过去的三到六个月里，贷款违约的情况急剧增加。在与其他金融机构的朋友交谈时，德鲁发现这种趋势似乎并不是各家银行的普遍状况，所以德鲁想知道，为什么只有他们银行出现了这种趋势。

就像任何贷方一样，德鲁所在的银行要求贷款申请人在获得贷款前填写一堆文件。银行会寻找尽可能多的数据来确定该申请人的信誉度并试图计算其风险水平。显然，不管该银行使用了什么流程来剔除高风险的贷款申请人，该流程都没有很好地发挥作用，因为该银行最近已经向本不应获得贷款的人发放了大量贷款，从而引发了贷款违约情况猛增的趋势。

德鲁知道，他必须迅速采取行动以改变这种趋势，否则他就会成为一个要靠贷款支付账单的人。一切都可以归结为需要获得更多数据——如果银行能够更好地了解这些借款人，就可以更准确地预测哪些人在未来更有可能违约。

就在这时，德鲁想起在上次全银行的社交活动中遇到过一位很有趣的同事。德鲁不记得这个人姓什么了，但他很确定后者的名字是凯文（Kevin）。凯文在银行的信息安全团队工作，除了了解数据安全专业知识，他还擅长处理数据。

凯文可以使用分析工具来识别员工的可疑行为，从而帮助银行发现潜在的内部威胁。凯文甚至提到，人力资源部门的人曾找他帮忙为招聘流程提供信息，以确保他们能招募到合适的人才。凯文没有透露太多关于他工作方法的细节。在德鲁的印象中，凯文甚至可能提到过他的工作方法是个秘密。

德鲁想不出好办法来解决银行面临的问题，所以他在员工通讯录中查到了凯文的联系方式，开始起草一封邮件。德鲁解释了当前的形势，并把公司数据库中待审批的贷款申请文件的存储位置告诉了凯文。在邮件的最后，他写道，如果凯文能帮忙筛掉那些高风险申请人，他将非常感激。

收到邮件

几天后，德鲁坐在办公桌前，打开了他的电子邮件客户端。像往常一样，电子邮件蜂拥而至，但在众多邮件中，他注意到了凯文的回信。德鲁马上注意到，这封邮件包含了一个附件，那是一张电子表格，上面列出了所有未决的贷款申请。表格中的每个名字都用绿色或红色做了标记。除了这份名单，该电子表格中没有其他内容。德鲁又回去看那封邮件，读了下面这一小段话。

德鲁：

　　我整理了所有待审批的贷款申请，并做了广泛的分析。除了申请人所提供的数据，我还使用各种方法收集了更多数据。我不想说得太详细，但要注意的是，我对每个申请人的分析都包含了一些非传统的因素，这些因素在世界其他地区正被用来评估信用情况。我很笃定，我的推荐比咱们银行用来识别高风险申请人的传统方法要可靠得多。我想说的就这么多。

　　　　　　　　　　　　凯文

德鲁不知道该如何对凯文提供的信

息做出反应。德鲁非常清楚那些保护借款人的制度，这些制度规定了借款人为了获得贷款而必须提供的信息。然而，德鲁也并不是一个天真的人，虽然是一名银行家，但他也意识到了如今真正的"货币"是数据。世界各地的人们，包括美国的许多人，都在购买、出售和分析数据，以更好地为决策过程提供信息。德鲁还知道，许多这样的公司在获取和使用这些数据时可能侵犯了用户的隐私、违背了道德标准。

德鲁预感到，凯文的方法与一些其他国家正在开发的新的社会信用评价体系类似，这种方法除了会审查常规的财务记录以确定客户的信誉度，还会分析客户的非金融行为，包括社交媒体活动、与家人和朋友的关系、犯罪记录等。

德鲁不能确定凯文的建议是否合法，因为凯文没有提供任何关于他所使用的方法的细节。尽管如此，德鲁还是决定不去质疑，而是采纳凯文的建议。他想：如果银行继续做出错误的投资决策，恐怕有朝一日会关门大吉。作为该地区唯一的一家银行，它一旦倒闭，附近居民都将受到影响，因为需要贷款的人以及应该获得贷款的人可能会无法获得贷款。他开始起草电子邮件，向绿色标记的申请人发送贷款批准通知。此刻，为了自己的工作和整个社区的最大利益，他势必要扭转这种贷款违约趋势。

问题

1. 请思考一下德鲁最后做出的决定。
   a. 根据绝对命令（第1章）的观点，你认为使用凯文的建议是道德的吗？
   b. 根据功利主义（第2章）的观点，你认为使用凯文的建议是道德的吗？

2. 有关组织滥用各种数据集的报道很常见，但为了生存，组织在做事时必须比以往任何时候都更有效率。组织为了生存而"选择从众"——即使这种行为是有问题的，这合理吗？

3. 如果你知道自己国家的主要金融机构即将使用社会信用体系，你会作何反应？你会支持这项计划吗？

4. 如果让你负责识别那些有辍学风险的大学生，为了最准确地识别出有可能辍学的大学生，你希望收集哪些数据流？从另一个方面讲，作为一名大学生，如果你知道你的大学可能会通过收集大量关于你们的数据流的方式保持一定的在校学生人数，你会感到舒服吗？

第 3 章要点回顾

请使用本部分验证你是否理解了回答本章学习目标中的问题所需的想法和概念。

1. **组织如何使用商业智能系统?**

- 请定义商业智能和商业智能系统。解释图 3-1 中的元素。除了本书中的例子，请
再举出一个某组织在表 3-1 所展示的四个协作任务中使用商业智能的例子。

2. **商业智能流程中的三个主要活动是什么?**

- 说出并描述商业智能流程中的三个主要活动。总结零件分销公司的团队该如何使
用这些活动来产生商业智能结果。解释为什么主数据管理很重要。

3. **组织如何使用数据仓库和数据集市来获取数据?**

- 描述数据仓库和数据集市的需求和功能。命名并描述数据仓库的各种组件的作用。
描述数据仓库和数据湖之间的区别。列出并解释被用于数据挖掘和复杂报表的数
据中可能存在的问题。请使用一个供应链的例子来描述数据仓库和数据集市之间
的区别。

4. **处理商业智能数据的三种技术是什么?**

- 请说出并描述这三种技术。陈述每种技术的目标和特点。总结一下报表分析是什
么。定义人工智能并描述其潜在的好处。描述机器学习和数据挖掘的区别。定义
结构化数据。总结一下数据挖掘是什么。解释有监督型数据挖掘和无监督型数据
挖掘的区别。解释报表分析和数据挖掘的区别。解释组织是如何从数据发现和数
据可视化中受益的。说出并解释大数据的三个特征。描述 MapReduce 的工作原理，
并阐述 Hadoop 的应用。

5. **发布商业智能时，有哪些途径可供选择?**

- 请列出用于发布商业智能的四类服务器。解释静态报表和动态报表的区别，并解
释一下"订阅"这个术语。描述一下，为什么创建动态报表的难度更大。

本章的知识对你有什么帮助

　　总结你在本章中所学到的知识，并阐述你将来可能会如何运用这些知识。阐述你获得的知识如何能让 eHermes 公司的项目受益，并描述大数据在 eHermes 公司的一种应用方式。

第二部分

管理信息系统

本部分的三章讨论的是信息系统的基础技术。你可能会认为这些技术对你这种未来的商务专业人士来说并不重要。然而，正如你将看到的那样，今天的管理者和商务专业人士作为信息技术的消费者，总是要与信息技术打交道的，而且打交道的方式甚至会更加深入。

第 4 章讨论了硬件、软件和开源替代方案，并且定义了基本的术语和基本的计算机概念。该章还简要介绍了物联网、增强现实、自动驾驶汽车、3D 打印技术等新进展。

第 5 章通过描述数据库处理，讨论了信息系统的数据要素。你将学习基本的数据库术语并了解处理数据库的技术。我们还将介绍数据建模，因为将来在别人为你开发数据库时，你可能需要评估其数据模型。

第 6 章继续讨论第 4 章未讨论完的计算机设备，并描述数据通信、因特网技术和云。该章还探讨了使用云带来的潜在安全问题。

这三章的目的是让你了解足够多的技术，并让你成为一名优秀的信息技术消费者，就像 eHermes 公司的杰茜卡、维克托、卡玛拉、苔丝和塞斯一样。你将学习一些基本术语、基本概念和有用的框架，有了这些知识，你就能提出好的问题，并向为你服务的信息系统专业人员提出恰当的要求。

要跟上最新的技术变化是很困难的，因为技术变化得太快了。每年都会出现大量的新发明，其中的一些可能会对组织的战略构成真正的威胁，而另一些可能会带来潜在的新增长机会。能够理解这些新技术所代表的战略意义是很重要的。你需要有能力提出正确的问题。

学习这三章中介绍的概念和框架比了解最新的技术趋势要有用得多，因为趋势是不断变化的，你现在使用的技术十年后可能会过时。而知道如何评估创新的商业意义将对你的整个职业生涯大有裨益。

第 4 章

硬件和软件

● **本章学习目标**

» 商务专业人士需要了解计算机硬件的哪些方面？

» 新硬件如何影响竞争战略？

» 商务专业人士需要了解哪些软件知识？

» 开源软件是一个可行的选择吗？

● **预期学习成果**

» 了解硬件和软件的变化将如何影响组织的经营战略。

　　"人工智能项目的进展如何，卡玛拉？"杰茜卡微笑着问卡玛拉，希望能听到好消息。卡玛拉是 eHermes 公司的自动化专家，她邀请首席执行官杰茜卡、首席运营官维克托、IT 服务总监塞斯来大仓库视察人工智能项目的测试情况。杰茜卡曾让卡玛拉试试看她能否将公司的数据输入人工智能，从而提高其运营效率。如果这个项目成功了，就可以为公司节省很多成本。

　　"它运行得……比我们想象中要慢得多，"卡玛拉一边说一边轻轻摇了摇头，她用手指了指一个大显示屏，那是一张城市地图，地图上显示着五颜六色的路线、目的地和移动店铺。"把所有这些东西整合在一起，要做的工作比我们最初想象得要多很多。我的专长是自动驾驶汽车，不是人工智能。我想我有点不自量力了。我们有必要请一位人工智能专家来完成这项工作。"

　　"几个月前我们讨论这个问题时，你说这事行得通。怎么现在又说不行了？"杰茜卡问道，语调中带着失望。

　　"情况是这样的，项目依然行得通，也依然会为我们节省很多成本——至少可以降低 20% 的成本，还可以让我们的运营效率提高一倍。但是，要实现这些，需要的时间和金钱比我们最初想象的要多得多。"卡玛拉回答说。

　　塞斯转过身去，指着一个显示器屏幕说："你看，现在我们在每个移动店铺中都放上了我们认为顾客可能会购买的同类商品。假设一位顾客想买婴儿服装，他可能也会对购买其他婴儿用品感兴趣，所以我们会把一个装满婴儿用品的移动店铺送到他面前，结果

呢，顾客除了婴儿服装，还购买了其他东西。"

"当人们听到 eHermes 移动店铺的铃声在附近响起时，就产生了一种儿童追赶冰激凌车的效果，"卡玛拉补充说，"很多人都会走出家门，从这辆移动店铺车上买东西。同时，他们也会售卖私人物品。每一站的停留时间各不相同，而且销售商品和记录客户要寄卖的新商品需要花费大量时间，所以很难预测一辆移动店铺车会在一个特定地点停留多久。"

杰茜卡看起来有点不解。"但过去几年我们已经看到了这种情况。随着 eHermes 的知名度越来越高，移动店铺在每一站停留的时间也越来越长。为什么这会影响到人工智能项目呢？"

"有几个原因。首先，我们没有足够的数据来训练人工智能，而训练人工智能提出最佳解决方案需要大量数据。我们多变的业务运营方式也是一种不利因素。我们发展得太快了，几年前的数据并不能很好地成为现在的训练数据。其次，我一直依靠研究生院的一个朋友来帮我解决这个问题。此事非常复杂，而我不是人工智能专家。现在需要优化的不仅仅是供应链——我们是一家集运输、在线零售、实体零售于一体的公司。除了供应链，需要优化的还有路线、停靠站、潜在销售机会、客户购买习惯、库存管理……"

维克托满脸关切地打断了卡玛拉的话。"要怎么做才能解决问题？大概要花多少钱？"

"从现在来看，可能我们做得还不够。我们至少需要聘请两名人工智能专家，还要建立一个中层人员团队，这可不便宜。我们还需要在基础设施上花更多的钱，这样才能获得更好的数据处理能力、更大的数据存储量和升级的后台系统。"

杰茜卡看起来有些失望，她说："如果我们多雇几个人让你来管理呢？那样不就够了吗？"

卡玛拉笑了。"不够，差太远了。在这个项目开始之前，我就已经忙不过来了。我一直忽略了自动驾驶汽车的软件升级工作，而且，更重要的是，我现在还要去开发新系统，让店铺数据的收集工作全部自动化。如果从卖家那里收到新物品后就能立即将其记录到我们的库存系统中，然后立即出售，我们就能赚更多的钱。"

杰茜卡看起来更失望了。"嗯，也许你是对的。我真希望有什么办法能把 AI 项目做成。如果没有一个优化过的系统，我们就无法快速发展。站在最前沿做事，真的好难。"

"搞不好要赔钱……对吗？"维克托笑着说。

4.1 商务专业人士需要了解计算机硬件的哪些方面

大多数人认为计算机硬件是指笔记本电脑、台式机、服务器，甚至还有平板电脑。然而，随着时代的变迁，我们看待计算机硬件的方式正在发生变化。以手机为例，25 年前，电话仅用于语音通信，没有人把手机视作一种计算机硬件。

到了今天，智能手机有了强大的处理能力、联网能力，也有了内存和虚拟键盘，并且可以与其他设备联用。现在，"手机"本质上是一种强大的计算机硬件。计算机硬件也会与其他设备集成起来，比如手表、眼镜、电视、汽车，甚至牙刷。

计算机硬件（computer hardware）由电子元件和相关部件组成，它们根据计算机程序或软件中编码的指令输入、处理、输出和存储数据。今天所有的硬件或多或少都有相同的组件，至少对我们来说是这样。我们先来介绍这些组件，然后再来介绍硬件的基本类型及其性能。

● 硬件组件

每台计算机都有一个中央处理器（central processing unit，CPU），它有时被称为计算机的"大脑"。尽管 CPU 的设计与动物的大脑没有任何共同之处，但这种描述有助于人们理解，因为 CPU 确实是这台机器的"智能"之所在。CPU 选择指令、处理指令、进行算术和逻辑比较，并将处理结果存储在存储器中。有些计算机有两个或更多的 CPU。有两个 CPU 的处理器被称为双处理器（dual-processor）计算机；四处理器（quad-processor）计算机有四个 CPU。一些高端计算机有 16 个或更多的 CPU。

不同的 CPU 在速度、功能和价格上有所差异。硬件供应商如英特尔（Intel）公司、AMD（Advanced Micro Devices）公司和美国国家半导体（National Semiconductor）公司在不断提升 CPU 的速度和性能的同时，还降低了 CPU 的成本（符合第 1 章中讨论的摩尔定律）。你或者你所在的部门是否需要最新最好的 CPU，完全取决于你的工作性质。

CPU 与主存储器（main memory）协同工作。CPU 从存储器中读取数据和指令，然后将计算结果存储在主存储器中。主存储器有时被称为 RAM（random access memory），即随机存取存储器。

除了有 RAM 和一个或多个 CPU，所有计算机都有存储硬件（storage hard-ware），用于保存数据和程序。磁盘（也称硬盘）是最常见的存储设备。固态存储器（solid-state storage），即固态硬盘（SSD drive），比传统的磁盘速度快得多，因为它使用了非易失性电子电路（nonvolatile electronic circuits）来存储信息。固态硬盘越来越受欢迎，但要比磁盘贵几倍。USB 闪存驱动器（U 盘）是一种小型便携式固态存储设备，可用于备份数据并将数据从一台计算机传输到另一台计算机。CD 和 DVD 等光盘也是流行的便携式存储媒介。

● 硬件的类型

硬件的基本类型如表 4-1 所示。个人电脑（personal computer，PC）是个人使用的经典计算机设备。过去，个人电脑主要被人们用来开展业务。如今，尽管 PC 仍有很多用户，但它们正逐渐被平板电脑和其他移动设备所取代。苹果公司的 Mac Pro 便是典型的现代个人电脑。苹果公司的 iPad 让平板电脑（tablet）声名鹊起。2012 年，微软公司发布的 Surface 和谷歌公司发布的 Nexus 系列产品，都是平板电脑。

表 4-1　硬件的基本类型

硬件类型	举例
个人电脑（PC），包括台式机和笔记本电脑	苹果 Mac Pro 电脑
平板电脑，包括电子书阅读器	苹果 iPad、微软 Surface、谷歌 Nexus、亚马逊 Kindle Fire
平板手机	三星 Galaxy Note、苹果 iPhone Pro Max
智能手机	三星 Galaxy、苹果 iPhone
服务器	戴尔 PowerEdge 服务器
服务器群组	成排的服务器

在硬件列表中，有一款名为平板手机（phablet）的移动设备，将智能手机的功能与平板电脑的大显示屏结合在了一起。三星的 Galaxy Note 和苹果的 iPhone XS Max 等设备就属于这种机型。智能手机（smartphone）是指具有处理功能的手机。三

星 Galaxy S10 和 iPhone XS 都是很好的例子。科技发展到今天，因为不"智能"的手机已经很少见，所以人们通常就把智能手机称为手机了。

服务器（server）是用来支持处理来自许多远程计算机和用户请求的计算机。它本质上是一台专用的 PC，它与 PC 的主要区别在于二者做的事情不一样。PC 和服务器之间的关系类似于普通饭店中客人和服务员之间的关系：简言之，服务员接受客人的请求，然后为他们拿来东西。在饭店里，这些东西是食物、饮料和餐具。同样地，在计算环境中，服务器可以向 PC 或其他设备发送网页、电子邮件、文件或数据。访问服务器的个人电脑、平板电脑和智能手机被称为客户端（client）。2019 年，戴尔的 PowerEdge 服务器便是一个典型的例子。

最后，服务器群组（server farm）通常是数千台服务器的集合。服务器群组通常被放置在可容纳 5000 或更多台服务器的大型卡车拖车中。通常情况下，拖车会伸出两根巨大的电缆，一根用于供电，另一根用于数据通信。服务器群组的操作者把拖车移到一个预先准备好的底板上（比如仓库里，有时也可能在户外），插上电源和通信电缆，然后，成千上万台服务器就可以启动并运行了！

越来越多的服务器基础设施作为一种服务（通常被称为云），通过因特网交付。等你具备一些数据通信知识之后，我们将在第 6 章讨论云计算。

在后续章节中你将明白，每种计算机硬件的性能都是用数据单位来描述的。

● 物联网

物联网（Internet of Things，IoT）是指将物体连接到因特网上，以便与其他设备、应用程序或服务进行交互。日常用品中被嵌入了能够感知、处理和传输数据的硬件。然后，这些物品就可以连接到网络上并与其他任何应用程序、服务或设备共享数据了。

以你的手机为例。它可能是一部智能手机，但过去的手机并不是"智能"的。它最初是一个只能进行语音通话的简单设备。随着时间的推移，通过提升处理能力、扩大内存、增加因特网访问和 Wi-Fi 连接功能，手机成了一种智能设备（smart device）。手机还有了与其他设备和应用程序互连的能力，即机器对机器（machine to machine，M2M）的连接能力。人们使用手机的方式与以前相比有了很大的不同，手机也改变了商业运作的方式。2018 年 12 月，亚马逊的一份报告称，超过 1.62 亿名用户通过移动浏览器购物，超过 1.22 亿名用户通过应用程序购物。

当其他设备变得智能时会发生什么？如果你拥有一辆智能汽车、一套智能家电或一整栋智能建筑，你的生活会发生怎样的变化？用不了多久，你就有可能通过智能手机与你周围的所有物体进行互动。事实上，你的设备将能够与其他设备对话、预测你的行为、做出更改并重置自己。

这种从"傻瓜"设备到互联智能设备的转变对企业来说是有意义的。消费者喜欢智能设备，并愿意为其支付更高的价格。企业希望将它们现在生产的设备升级为智能设备，然后以两倍的价格出售。如果它们不这样做，其他企业也会这样做。

例如，苹果公司最初是一家计算机硬件和软件制造商，后来推出了 iPhone 智能手机，从而进入了移动设备市场。当时的手机市场已经成熟，行业领导者本可以制造出一款智能手机，但他们没有。苹果在便携式音频播放器（即 iPod）和移动电话（即 iPhone）上的成功给其他硬件制造商敲响了警钟——智能设备的浪潮即将到来。

物联网的影响

未来几年，众多高科技行业将受到物联网的冲击。智能设备需要微处理器、内存、无线网络连接、电源和新的软件。这些设备还需要新的协议、更多的带宽和更严格的安全性，而且它们将消耗更多能源。智能设备使得在数据源（物联网设备）上进行计算成为可能，这将节省带宽并提高应用程序的响应能力。这种计算被称为边缘计算（edge computing）。边缘计算将减少在云中传输、存储和处理的数据量（参见第 6 章）。

谈到在商业中使用智能设备，一个范例是通用电气（General Electric，GE）公司的工业互联网（Industrial Internet）。工业物联网（Industrial Internet of Things，IIoT）通过共享数据的网络将工业智能设备和传感器连接起来。工业物联网分析这些智能设备的数据，然后做出改变，以提高效率、减少浪费、改善决策。通用电气公司认为工业智能设备在医院、电网、铁路和制造工厂中有着最大的潜力。

通用电气公司估计，在喷气式飞机上使用智能设备的航空公司平均可以节省 2% 的燃油消耗。由此节省的燃料和减排的二氧化碳相当于 1 万辆汽车的排放量。

微软公司在使用智能设备方面也取得了巨大的进步。该公司在美国华盛顿州雷德蒙德市（Redmond）建立了一个由 125 栋智能建筑组成的网络，占地 500 英亩[①]。其运营中心每天要处理来自 30 000 个设备的 5 亿个数据业务，其中的设备包括加热器、空调、灯、风扇和门。

① 1 英亩 ≈ 4046.86 平方米。——编者注

微软公司的工程师们通过识别诸如照明资源的浪费、供暖和制冷系统的冲突以及异常运转的风扇等问题，每年能够将能源成本降低 6% ～ 10%。对微软公司来说，这意味着节省了数百万美元。如果每一栋公司大楼都是智能大楼，会发生什么？如果你能考虑到世界上 40% 的能源都消耗在企业建筑上，你可能就理解了使用智能建筑节省的巨额财务成本。这样做也将间接地在世界范围内产生巨大的环境和经济影响。

每种计算机硬件的性能是根据数据单位来确定的，这是我们接下来要讨论的话题。

● 计算机数据

计算机用二进制数字（binary digit，也称比特，bit）表示数据。一个比特要么是 0，要么是 1。用比特来表示计算机数据，是因为它们易于表示实际情况，如图 4-1 所示。一个灯的开关有开和关两种状态。可以设计一台计算机，用开着的开关表示 0，用关着的开关表示 1。磁场的方向也可以被用来表示比特：用一种方向的磁性表示 0，而用其反方向的磁性表示 1。另外，还可以使用光学介质，在磁盘表面上烧出小凹坑，这样它们就会反射光线。在给定的一点上，用有反光表示 1，而没有反光则表示 0。

a）用灯的开关表示 1101   b）用磁场方向表示 1101   c）用有无反光表示 1101

图 4-1   二进制数字易于表示实际情况

计算机数据大小

所有形式的计算机数据都由二进制数字表示。数据可以是数字、字符、货币金额、照片、录音或其他任何东西——所有这些都只是一串二进制数字。另外，8 个比特构成 1 个字节（byte）。对于字符数据，例如人名中的字母，一个字符可以存储为一个字节。因此，如果从计算机设备说明书中读到该设备的存储量是 1 亿字节，你就知道该设备最多可以存储 1 亿个字母。

字节也可用于测量非字符数据的大小。例如，有人可能会说某个图片的大小为 100 000 字节。这句话的意思是该图片的比特串长度为 100 000 字节或 800 000 比特（因为每个字节包含 8 比特）。

主存储器、硬盘和其他计算机设备的数据存储容量规格用字节表示。数据存储容量的缩略词如表 4-2 所示。千字节（kilobyte），缩写为 KB，等于 1024 字节；1 兆字节（megabyte，MB）等于 1024 千字节；1 千兆字节（gigabyte，GB）等于 1024 兆字节；1 太字节（terabyte，TB）等于 1024 千兆字节；1 拍字节（petabyte，PB）等于 1024 太字节；1 艾字节（exabyte，EB）等于 1024 拍字节；1 泽字节（zettabyte，ZB）等于 1024 艾字节。有时你会看到这些定义被简化为 1 KB 等于 1000 字节或 1 MB 等于 1000 KB，等等。这样的简化是不正确的，但它们确实简化了数学运算。

表 4-2　重要的存储容量术语

术语	定义	缩写
字节	表示一个字符的比特数	
千字节	1024 字节	KB
兆字节	1024 KB = 1 048 576 字节	MB
千兆字节	1024 MB = 1 073 741 824 字节	GB
太字节	1024 GB = 1 099 511 627 776 字节	TB
拍字节	1024 TB = 1 125 899 906 842 624 字节	PB
艾字节	1024 PB = 1 152 921 504 606 846 976 字节	EB
泽字节	1024 EB = 1 180 591 620 717 411 303 424 字节	ZB

为了理解这些数据的大小，让我们考虑几个例子。一台联网的汽车在一天内可以产生 4 TB 的数据，脸书（Facebook）可以产生 4 PB 的数据。脸书存储的数据总量约为 44 ZB。位于犹他州的美国国家安全局数据中心存储了约 12 EB 的数据。思科（Cisco）公司曾估计，到 2022 年底，全球互联网年流量将超过 4.8 ZB。

用计算机的数据大小和处理速度描述硬件规格

计算机磁盘容量的规格是根据其所能容纳的数据量来描述的。因此，5 TB 的磁盘最多可以包含 5 TB 的数据和程序。因为有一些误差，所以实际可用的存储容量不是 5 TB，但也已经足够接近了。

在选择设备时，存储容量并不是唯一需要考虑的因素；你购买的计算机的 CPU 可能具有不同的处理速度。CPU 的速度以循环次数表示，单位是赫兹（hertz）。2021 年，一台速度较慢的计算机，其多核处理器的速度可达 4.0 千兆赫兹；而一台速度较快的计算机，其多核处理器的速度可超 5.0 千兆赫兹。只做简单任务（如文字处理）的员工不需要快速的 CPU，用多核 4.0 千兆赫兹的 CPU 就可以了。但是，处理大型复杂电子表格、操作大型数据库文件的员工，或者编辑较大图片、音频、视频文件的员工，则需要一台更快的计算机，这种计算机可以配有 5.0 千兆赫兹或更快的 CPU。同样地，在数据存储方面，如果一名员工的工作需要同时使用许多大型应用程序，该员工的计算机可能就需要 64 GB 或更大的内存（RAM）。其他人则不需要那么大的内存。

最后再说一点：设备的缓存和主存储器具有易失性（volatile），这意味着当电源断开时，它们存储的内容就会丢失。相反，磁盘和光盘具有非易失性（nonvolatile），这意味着它们存储的内容在断电后仍然存在。因此，如果突然断电，未保存的内容（例如，已更改的文档）将丢失。为了更好地保护你的数据，请养成经常（每隔几分钟）保存编辑过的文档或文件的习惯。在你的室友被你的电源线绊倒之前，保存好你的文件！

4.2　新硬件如何影响竞争策略

组织之所以对新硬件感兴趣，是因为新硬件对其盈利能力可能是潜在的机会，也可能是威胁。关注新技术硬件很重要，原因就和关注天气预报一样：你关心的是未来会对你产生什么影响。接下来我们将讨论四种可能颠覆企业现状的新硬件产品：数字现实设备、自动驾驶交通工具、工业机器人和 3D 打印技术。

● 数字现实设备

第一个有能力改变商业格局的颠覆性力量是数字现实设备。数字现实设备是一项新兴科技，具有巨大的潜力，它很可能会彻底改变我们的日常生活。就像 20 世纪 90 年代中期因特网的诞生一样，数字现实设备将创造出全新类型的公司，改变人们的生活、工作、购物和娱乐的方式。据估计，到 2026 年，数字现实市场的价值将达 1200 亿美元。

从完全真实环境到完全虚拟环境或模拟的非物理环境，这个连续体包含了不同层级的数字现实。在开始探讨数字现实设备将如何影响组织之前，你需要了解不同层级的数字现实之间的差异。首先，现实是事物实际存在的状态。如果你用眼睛、隐形眼镜或眼镜阅读这本书的纸质版本，你看到的是没有经过任何数字改变的真实世界。你正在体验现实。

数字现实的下一个层级是增强现实。增强现实（augmented reality，AR）是通过在现实世界的物体上叠加数字信息来改变现实的技术。AR 设备的例子包括爱普生公司的 Moverio 智能眼镜和 ThirdEye Gen 公司的 X2 智能眼镜。从本质上讲，这些设备就像游戏中的状态显示一样，向用户提供他们正在经历的真实世界的信息。例如，AR 设备可以在道路上以虚拟箭头的形式为用户指路。用户还可以阅读显示在空中的虚拟电子邮件，或者在锻炼时看到投影在自己面前的虚拟健康数据。

数字现实的下一个层级是混合现实（见表 4-3）。混合现实（mixed reality，MR）是真实物理世界与交互式虚拟图像或物体的结合。微软公司的 HoloLens 2 眼镜和 Meta 公司的 Meta 2 眼镜于 2019 年初发布，它们都属于 MR 设备。两家公司都在向数字现实应用的开发者推销这些设备。人们通常认为，MR 设备比 AR 设备具有更大的潜力，因为它们能够与虚拟物体实时交互。

表 4-3　数字现实的级别

	现实	增强现实	混合现实	虚拟现实
例子	普通眼镜	爱普生公司的 moverio 眼镜	微软公司的 HoloLens 眼镜	索尼公司的 VR 头戴式显示器
虚拟信息	无	有	有	有
虚拟物体	无	无	有	有
虚拟世界	无	无	无	有

例如，使用 AR，你可以查看投在墙上的 2D 天气预报；而有了 MR，你就能在你的咖啡桌上看到你所在城市的实时 3D 虚拟模型。它会显示一个向城市移动的虚拟龙卷风，你可以与 3D 天气应用程序互动，查看预测中的龙卷风轨迹。这只是一个例子。你也可以想象一下，在房间中央观看高清 3D 直播的体育赛事是一种什么样的体验。

在讨论 AR 和 MR 设备时存在一个问题。目前，"增强现实"（AR）这个术语的使用方式并未得到统一。我们经常听到有人用 AR 这个术语来描述 AR 和 MR 设备，但这种情况对新兴技术来说实属正常。术语是随着技术的发展而产生、被定义并出现在口语中的。所以，当你听到有人用 AR 来描述这两种类型的数字现实时，不要感到惊讶。

最高层级的数字现实是虚拟现实（virtual reality，VR），或者一个完全由计算机生成的、拥有交互式数字物体的虚拟世界。这类设备包括索尼公司的 PlayStation VR和三星公司的 Gear VR 等。这些设备能给人带来身临其境的体验，试图创造一种强烈的临场感（sense of presence），或者说是一种"虚拟体验是真实的"的幻觉。换句话说，如果一款设备能够创造出强烈的临场感，你坐在即将脱轨的虚拟过山车上时就会向后仰并紧紧抓住扶手。

数字现实设备的影响

数字现实设备的发展方式与过去 20 年间手机的发展方式大致相同。事实上，AR 市场完全有可能颠覆智能手机市场。想象一下，如果你不用把智能手机从口袋里拿出来，就能打电话、浏览网页、给朋友发信息、看电影，会是一种什么样的体验。

数字现实设备也不仅限于个人使用。一些组织目前正将数字现实应用于教育、培训、协作、新产品设计、"全息瞬移"（Holoportation）[①]、游戏、体育、广告、旅游和购物等领域。例如，美国劳氏（Lowe）公司的新款 Holoroom 头盔显示器允许客户在进行重大装修之前看到自己的房间设计和理想效果。凯斯西储大学（Case Western Reserve University）与微软公司合作开发的 3D 混合现实应用程序可以在交互式环境中教授解剖学。

数字现实设备的影响究竟有多大，或许还要很多年才能搞清楚——我们根本无法知道它们将如何被应用。即使是该领域的专家也刚刚才开始理解数字现实设备将

---

① 一种新型的 3D 捕捉技术，可以对人的高清 3D 模型进行重构，并在将其压缩后实时传送到全球任何地方。——编者注

如何改变企业形态。从 2D 平面屏幕到 3D 虚拟世界的转变就像从画家到雕塑家的转变，需要新的技能、流程、工具和思维方式。数字现实设备确实是过去 20 年间硬件领域内最具变革性的创新之一。

● 自动驾驶交通工具

　　第二种可能改变企业运营方式的颠覆性力量是自动驾驶交通工具。最具变革性的两种自动驾驶交通工具是自动驾驶汽车和无人机。我们来看看它们对商业的潜在影响。

　　自动驾驶汽车（self-driving vehicle）像传统车辆一样使用各种传感器来导航，但无需人工操作。它将配备先进的硬件和集成的软件，是一种典型的移动系统。事实上，它的机动性非常强，能够在没有任何人员控制方向盘的情况下行驶。是的，自动驾驶汽车在不久的将来就能与我们见面了。

　　麦肯锡咨询公司的一份报告显示：自动驾驶汽车最早可能在 2030 年得到广泛采用，但毕马威公司估计，要到 2050 年才能实现自动驾驶汽车的全面普及。大多数汽车制造商（通用、丰田、宝马、福特等公司）表示，自动驾驶汽车是大势所趋，并且它们已经对其进行了大量投资。截至 2021 年，汽车制造商们仍在对其自动驾驶汽车进行道路测试。Waymo 公司的道路测试里程总长度达到了 2000 万英里，是目前自动驾驶里程最多的公司，这场开发自动驾驶汽车的竞赛似乎正在升温，竞争将会很激烈。

　　自动驾驶汽车将使很多事情变得更容易、更便宜、更安全，但它们也会颠覆很多成熟的产业。

自动驾驶汽车会让事情变得更容易

　　想象一下自动驾驶汽车将如何改变一个普通家庭的生活吧。一辆自动驾驶汽车可以让爸爸在"开车"上班的同时查看销售报告。与开原来的车相比，他上下班的压力小多了，工作效率也高多了。自动驾驶汽车可以在爸爸不在车里的情况下把孩子送到学校，然后回家接妈妈去上班。

　　一家人在下班后去购物，然后在商店门口的路边下车，无须泊车了，也更安全了。购物时，爸爸从上大学的女儿那里收到一条信息，说她需要一辆车去机场接她。爸爸很高兴自己不用长途奔波了。自动驾驶汽车还可以规划路线，给自己加满油，带自己去维修，如果遇到交通事故或交通堵塞，还可以自己改变路线。再也没有开车的压力和攻击性的驾驶行为了。

自动驾驶汽车会降低成本

你已经看到了自动驾驶汽车可以如何让你的生活变得更轻松。但是，它的成本呢？会比你现在的车更贵还是更便宜？随着时间的推移，自动驾驶汽车可能会比你现在的汽车便宜得多。当自动驾驶汽车刚刚进入市场时，早期购买者将支付额外的费用，但大多数新产品都是如此。节约的成本将以几种方式体现出来。在前文的场景中，你可能已经注意到了这个家庭只有一辆车，其自动驾驶汽车的使用率将比现在的汽车更高。现在的大多数汽车在一天中可能有 22 个小时处于闲置状态。多人共享一辆自动驾驶汽车后，就不需要再购入汽车了，这节省了很多成本。

（成本的节省）不止如此，因为自动驾驶汽车的效率更高（更少的刹车、更少的加速、更少的街头飙车）。你将避开昂贵的交通罚单、停车罚单、事故和酒驾罚单。你的汽车保险开支将大幅降低，也许会低到再也无须支付高昂的保险费用的程度。毕马威公司在一份关于自动驾驶汽车对保险业影响的报告中预测：到 2050 年，事故发生率将下降 90%。随后，个人汽车产业的规模将缩减到目前的 22%。这些预测可能是正确的。在每年总额约为 1500 亿美元的汽车保险费中，将来自动驾驶汽车的保险费可能会占很大一部分。

自动驾驶汽车会让许多事情变得更安全

是的，你没看错，许多事情都会更安全。目前，约 90% 的机动车事故是人为失误造成的。车祸是导致 3 至 33 岁的人死亡的主要原因之一。开车可能是你一天中做过的最危险的事情，而你的自动驾驶汽车可以比你看得更清楚、反应更快，并掌握更多的环境信息。它将能够与周围的其他汽车通信，动态分析交通模式，避开施工路段，并在需要时联系紧急服务。

自动驾驶汽车可能意味着更安全的驾驶行为、更少的事故、更少的醉酒司机、更少的路怒事件，以及更少的汽车撞人事故。汽车将能开得更快，事故也会更少。将来，人工驾驶可能反而会变成一种危险而昂贵的爱好。

自动驾驶汽车将改变行业现状

自动驾驶汽车有可能会颠覆现有的行业。自动驾驶汽车可能会让公路上的汽车数量减少。公路上的汽车数量减少可能意味着售出的汽车减少（交通运输业）、汽车贷款减少（金融业）、汽车保单减少（保险业），同时，因事故减少，售出的汽车零部件（制造业）和停车场（房地产业）也会减少。如果消费者不必自己驾驶，他们可能会更多地选择乘汽车旅行，而不再选择坐飞机或火车（交通运输业）。

自动驾驶汽车的生产将为工程师、程序员和系统设计师提供更多的就业机会。汽车中会出现更多的计算机硬件、传感器和摄像头。企业现在可能还没有完全认识到自动驾驶汽车对现有行业的深远影响。自动驾驶汽车甚至可能会从根本上改变我们的社会。如果人们认为"手动"驾驶汽车太麻烦，会发生什么？未来的青少年可能永远都不会去学开车了。问问你自己："我会骑马吗？"——而你的祖先会骑。

无人机

另一种将改变行业现状的自动驾驶交通工具是无人机，即远程控制的无人驾驶飞行器。亚马逊、联邦快递、联合包裹、波音和敦豪速递等公司都在尝试用无人机运送包裹。据估计，到 2030 年，无人机包裹递送市场的价值将达到 910 亿美元。亚马逊原定于 2019 年底开始无人机递送，但直到 2021 年中期仍未实现这一愿景。

表 4-4 展示了无人机送货的一些优缺点。尽管批评人士能轻易指出无人机送货的潜在缺点，但它节省的成本和送货时间却是相当可观的。想想亚马逊在无人机配送方面付诸的努力。据麦肯锡咨询公司估计，现在运送一个包裹的成本为 4 美元，而亚马逊 2020 年的运输成本为 570 亿美元。据估计，无人机送货将使亚马逊的运输成本降低 50%，让亚马逊耗费更少的燃料、购买更少的送货车辆、雇用更少的司机。

无人机还有望加快送货速度。亚马逊的 Prime Air 无人机送货业务可以在不到

表 4-4　无人机送货的优缺点

优点	缺点
更快的包裹递送速度	可能干扰其他飞机飞行
减少了人力劳动量	可能发生事故和人身伤害
降低了运输成本	送货范围有限
可送货至实时变动的地点	包装尺寸和重量受限
对环境的影响较小	可能被黑客攻击和滥用
减少了道路上的送货车辆	可能会受到天气的影响
增加了冲动购买的销售额	

30 分钟的时间内，通过无人机将货物配送至 15 英里以内的一个地方。与一般的货物运输时间相比，这速度快得惊人。但并不是每个人都住在距离配送中心那么近的地方，而且有些包裹可能太重了。这些都是合理的担忧。但是亚马逊可以通过增加配送点的方式扩大配送范围，而且目前亚马逊运送的 86% 的包裹重量都低于 5 磅，而亚马逊无人机可以携带重量不超过 5 磅的物品。这意味着亚马逊通过无人机可以将大多数包裹送到大多数地点。

无人机送货甚至可以把包裹送到你的实时位置。假设你正在公园里野餐，突然发现要下雨了。你可以从亚马逊订购一把伞并让它在第一滴雨落地之前送到你手上。实时无人机送货服务可能会让人们进行更多的冲动购买并改变我们对物流的认知。

● 工业机器人

第三种可能改变企业运营方式的颠覆性力量是机器人（robot），即经过编程后可以感知环境、做出决策并自动执行任务的机器。机器人将改变企业，因为它们将使目前由人类完成的大部分体力劳动变得自动化。机器人已经不仅仅是工业机器人（industrial robot），或者说是人们在生产制造过程中使用的机器人。它们已被广泛应用于医疗保健、航运、农业、军事和食品服务等行业。

机器人拥有自动化劳动的所有好处，可以一天 24 小时连续工作，执行精密、准确、一致的任务。机器人也不需要医疗、休闲、度假、休息、病假或劳动报酬。它们不会加入工会，不会发火，不会起诉雇主，不会骚扰同事，也不会在工作时间喝酒。

没有人能完全搞清楚机器人将对组织或整个社会产生怎样的影响。研究人员估计，到 2030 年，全世界将有近 8 亿工人退出目前的劳动力市场。他们将被各种各样的机器人所取代。图 4-2 展示了全球工业机器人年度供应量的增长情况。国际机器人联合会（International Federation of Robotics）预测，各行业对工业机器人的需求将以每年 12% 的速度增长，直到 2023 年底。

这些机器人将从事哪些类型的工作？当然，他们不能接管所有人的工作。我们仍然是需要的人力。事实上，这些新型机器人将会创造很多就业机会。世界需要人类从事机器人的制造、管理和编程工作。人类擅长的是更高层次的、非常规的认知任务，而机器人可能会接管常规的体力和脑力工作。

组织将需要对现有员工进行技能培训，让他们掌握符合组织当前需求的新技术。

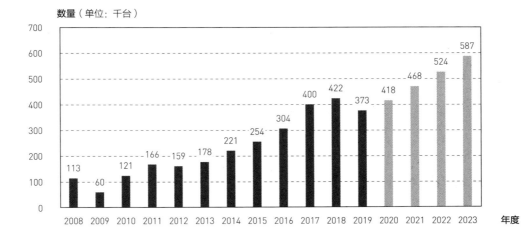

图 4-2 全球工业机器人年度供应量

资料来源：国际机器人联合会。

随着机器人和人工智能不断将人类的工作自动化，提高员工技能的重要性将日益凸显。将来，你可能会在工厂里与机器人一起工作，或者在售货亭、杂货店收银台、医生办公室或手术室与机器人互动。

机器人案例

举个例子，想想机器人会如何改变快餐业吧。针对美国员工要求提高最低薪酬的抗议活动，麦当劳前首席执行官埃德·伦西（Ed Rensi）接受了采访。快餐业工作者要求将全美最低薪酬标准提高到每小时 15 美元。伦西表示，一个售价 3.5 万美元的机器人比一个每小时薪酬 15 美元的人类员工成本更低、效率更高。他还指出，员工要求提高薪酬只会加速企业对自动化劳动力的使用。也许他的想法是对的。

总部位于加州的 Momentum Machines 公司制造了一款机器人来制作汉堡包，每小时可以不间断地制作 400 个汉堡包。与人类相比，这款机器人可以更一致、更精确、更干净地绞肉、烤制并组装定制的汉堡。基本上，这款机器人完全可以取代三个人类员工。

而且，不只是快餐公司在追赶自动化的潮流。2018 年，苹果公司的主要供应商之一富士康（Foxconn）宣布该公司在 2016 年成功用机器人取代了 6 万名工厂工人，公司将继续为此投资 40 亿美元。富士康的做法如此成功，以至于另有 600 家企业也在考虑类似的自动化计划。欧洲飞机制造商空中客车（Airbus）公司于 2019 年收购了总部位于西雅图的 MTM 机器人公司，为的是实现其飞机组装工作的自动化。在美国，亚马逊在 25 个物流中心使用了 20 万个 Kiva 机器人来处理客户订单。

机器人劳动力的战略意义不容低估。请思考一下外观与人类相似并被嵌入人工智能的工业机器人的影响。组织将拥有一支自动化的劳动力队伍，它们可以完成某些类型的体力和认知工作。

● 3D 打印技术

第四种能够改变组织的颠覆性力量是 3D 打印技术。3D 打印技术改变了行业的竞争格局。此外，它还可能改变企业本身的性质。想想耐克（Nike）公司是如何利用 3D 打印技术对鞋款的设计和制作工作进行改进的。该公司使用 3D 打印机制造出了世界上的首款 3D 打印鞋，名为耐克 ZoomX Vaporfly Next%。耐克选择使用 3D 打印机来生产这款鞋，是因为这样可以制造出最佳的几何形状以获得最佳抓地力。使用 3D 打印机，耐克可以比以前更快地设计和生产出更轻便、更结实的鞋子。事实上，该公司为埃鲁德·基普乔格（Eliud Kipchoge）生产跑鞋时就是这样做的，这名马拉松运动员曾打破过世界纪录。对该跑鞋进行的独立测试表明，他的跑步效率提高了 4%。

除了运动器材，3D 打印技术还有可能影响各行各业。当你意识到 3D 打印机可以打印的材料不仅仅是塑料时，你就知道它的影响有多大了。3D 打印机也可以打印金属、木材、陶瓷、食品和生物材料等。

3D 打印技术适用于多种材料，有可能被用于航空航天、国防、汽车、娱乐和医疗卫生等行业。当 3D 打印技术能够生产汽车、飞机、船只、房屋和无人机等超大型物体时，会发生什么呢？

4.3　商务专业人士需要了解哪些软件知识

作为一名未来的经理或商务专业人士，你需要了解一些基本的术语和软件概念，这会让你成为一个智能软件的消费者。首先，让我们来看看表 4-5 展示的基本软件类别。

表 4-5　计算机软件的类别

	操作系统	应用程序
客户端计算机	控制客户端计算机资源的程序	在客户端计算机上得到处理的应用程序
服务器计算机	控制服务器计算机资源的程序	在服务器计算机上得到处理的应用程序

每台计算机都有一个操作系统（operating system，OS），它是一个控制计算机资源的程序。操作系统的功能包括读写数据、分配主存、交换存储、启动和停止程序、对错误情况做出响应、进行备份和恢复等。此外，它还可以创建操作系统并管理用户接口，包括显示器、键盘、鼠标和其他设备等。

虽然操作系统使得计算机可以使用，但操作系统针对特定应用做的工作却很少。例如，如果你想查看天气情况或访问数据库，则需要点开应用程序，例如 iPad 的天气应用程序或甲骨文公司开发的客户关系管理软件。

客户端计算机和服务器计算机都需要一个操作系统，尽管不一定是相同的操作系统。此外，客户端计算机和服务器计算机都可以处理应用程序。应用程序的设计决定了它是由客户计算机处理，还是由服务器处理，也有可能二者都要对它进行处理。

要成为一名受过教育的计算机消费者，你还需要了解两个与软件相关的重要限制条件。第一，要记住特定版本的操作系统是为特定类型的硬件编写的。例如，微软的 Windows 操作系统只适用于英特尔处理器以及其他公司生产的符合英特尔指令集（即 CPU 可以处理的命令）的处理器。针对一些其他的操作系统（如 Linux），有不同版本的操作系统对应不同的指令集。

第二，要注意存在两种类型的应用程序：本机应用程序和 Web 应用程序。本机应用程序（native application）是为特定操作系统编写的程序；例如，Microsoft Access 只能在 Windows 操作系统上运行。有些应用程序有多个版本；例如，Microsoft Word 既有 Windows 版本的也有 Macintosh 版本的。但是，除非另有说明，否则我们应该假定一个本机应用程序只能在一个操作系统上运行。本机应用程序有时被称为"胖客户机"（thick-client）应用程序。

Web 应用程序，也被称为"瘦客户机"（thin-client）应用程序，在 Firefox、Chrome、Opera 或 Edge（即以前的 Internet Explorer）等计算机浏览器中运行。因为 Web 应用程序是在浏览器中运行的，所以它可以在任何类型的计算机上运行。在理想情况下，Web 应用程序也可以在任何浏览器中运行，尽管这样说并不完全正确（将来你会学到这一点）。

● 主要的操作系统有哪些

每个商务专业人士都需要了解表 4-6 展示的三大类操作系统。下面我们将详细讨论其中的每一类。

表 4-6　主要的操作系统示例

类别	操作系统	应用	说明
非移动客户端	Windows	个人电脑客户端	在商业中使用最广泛的操作系统；2021 年之前的版本是 Windows 10；包括一个触摸式界面
	macOS	Macintosh 客户端	最初为平面设计师和艺术界其他人士所用，现在被使用得更广泛了；是第一个提供触摸式界面的桌面操作系统；2021 年的版本是 macOS Big Sur
	Unix	工作站客户端	广泛应用于工程、计算机辅助设计、建筑等领域中强大的客户端计算机上；对非技术用户来说，使用它很困难；在商业客户端上几乎从不使用
	Linux	几乎任何计算机设备	是 Unix 的开源变体；适用于几乎所有类型的计算机设备；在个人电脑上，配合 Libre Office 应用软件使用；在商业客户端上很少使用
移动客户端	iOS	iPhone、iPod Touch、iPad	随着 iPhone 和 iPad 的成功，其安装数量迅速增加；是基于 macOS 的操作系统
	安卓（Android）	三星、谷歌、华为、小米、诺基亚、索尼等公司生产的智能手机和平板电脑	谷歌开发的基于 Linux 的手机 / 平板电脑操作系统；市场份额增长迅猛
	Windows 10	微软 Surface 系列笔记本电脑	为移动设备量身定制的 Windows10 系统；Surface Pro 上安装有完整的 Windows 10 操作系统
服务器	Windows Server	服务器	坚定跟随微软的企业
	Unix	服务器	用户逐渐减少；已被 Linux 取代
	Linux	服务器	很受欢迎；由 IBM 积极推动

非移动客户端操作系统

　　非移动客户端操作系统用于个人计算机，其中最流行的系统之一是微软的 Windows。全球超过 88% 的台式机都安装了 Windows 操作系统，如果我们只统计商务用户数量，这个数字甚至会超过 95%。在我们撰写本书时，最新版系统是 Windows 10。据网络应用（Net Applications）公司曾经的估计，到 2021 年，Windows 系统的市场份额为：Windows 10 占 58%，Windows 7 占 25%，Windows 8.1 占 3%，Windows XP 占 1%。值得注意的是，尽管微软在 2015 年 1 月终止了对 Windows 7 的主流支持，但仍有 25% 的台式计算机上安装的是 Windows 7。

　　Windows 8 对以前版本的 Windows 操作系统进行了大幅度的修改。Windows 8 的特点是它能够运行微软所称的"现代风格"的应用程序。后来这些应用程序被移植到了 Windows 10 中，它们支持触摸屏操作，并提供与上下文相关的弹出式菜单。它们也支持鼠标和键盘的使用。微软声称，现代风格的应用程序在便携式移动设备（如平板电脑）上的运行效果和在台式电脑上一样好。现代风格应用程序的一个关键特性是将菜单栏、状态栏和其他可视化部分最小化。图 4-3 展示了一个在微软 Edge 浏览器中搜索图片的例子。

　　然而，并非所有电脑都使用了 Windows 操作系统。例如，苹果公司为 Macintosh 电脑开发了自己的操作系统 macOS。我们撰写本书时，其最新版本为 macOS Big

图 4-3　现代风格界面示例

资料来源：微软 Edge 浏览器。

Sur。苹果公司宣称 macOS 是世界上最先进的桌面操作系统。当然，Windows 10 也有意争夺这一头衔。

直到近些年，macOS 主要被艺术界的平面设计师和工作人员使用。但由于种种原因，macOS 已经占领了很大一部分传统的 Windows 市场份额。据市场调研机构 NetMarketshare 统计，各桌面操作系统 2019 年的市场份额占比是：各种版本的 Windows 占 87%、macOS（MacOS）占 10%、Linux 占 2%。

macOS 最初是为运行摩托罗拉（Motorola）的 CPU 处理器而设计的，但如今，安装了英特尔处理器的苹果电脑可以同时运行 Windows 和 macOS。

表 4-6 中提到的另外两种非移动客户端操作系统是 Unix 和 Linux。Unix 是贝尔实验室在 20 世纪 70 年代开发的一种操作系统。从那时起，它便一直是科学和工程界的主力。Unix 在商业中很少有人使用。

Linux 是 Unix 的一个版本，是由开源社区开发的。这个社区有一群自愿贡献时间来开发和维护 Linux 的程序员。该开源社区拥有 Linux，成员使用 Linux 不需要付费。Linux 可以在客户端计算机上运行，但通常人们只有在优先考虑预算时才会这样做。目前，Linux 是最流行的服务器操作系统。DistroWatch 网站的数据显示，2021 年，最流行的几个 Linux 版本是：MX Linux、Manjaro、Linux Mint、Pop!_OS、Ubuntu 和 Debian。

移动客户端操作系统

表 4-6 还列出了三种主要的移动客户端操作系统。iOS 是 iPhone、iPod Touch 和 iPad 上使用的操作系统。在 iOS 首次发布时，其凭借易用性和引人注目的显示界面开辟了新天地，这些特色现在正被安卓复制。随着 iPhone 和 iPad 的普及，苹果 iOS 系统的市场份额也在增加。根据市场调研机构 Net Marketshare 的统计数据，截至 2021 年，28% 的移动设备在使用 iOS。我们撰写本书时，最新的 iOS 版本是 iOS 14。

大多数业内人士都认为苹果公司在创造易于使用的界面方面是行业领先的，无论是 macOS 还是 iOS 系统。当然，许多创新的想法首先出现在 Macintosh 电脑或其他苹果设备上，然后在安卓和 Windows 操作系统中得到了扩展和运用。

说到这些操作系统，安卓是谷歌授权的移动客户端操作系统。安卓设备拥有非常忠实的拥趸，尤其在技术用户群体中。据 Net Marketshare 估计，安卓的市场份额接近 71%。

希望在移动设备上使用 Windows 10 的用户可以选择在智能手机上使用 Windows 10（移动版），或者在 Surface Pro 设备上使用完整版的 Windows 10。Windows 在移动客户端操作系统市场中获得的份额还不到 1%。

智能手机市场一直是巨大的，但近些年，电子书阅读器和平板电脑进一步扩大了移动客户端操作系统的市场。截至 2021 年，85% 的美国人拥有智能手机，53% 的美国人除了智能手机还拥有平板电脑。

服务器操作系统

表 4-6 的最后三行展示了三种流行的服务器操作系统。Windows Server 是专门为服务器使用而设计和配置的 Windows 系统版本。与其他版本的 Windows 相比，Windows Server 具有更加严格的、更受限的安全特征。在那些坚定追随微软公司的组织中，其服务器普遍使用的是 Windows Server 操作系统。

Unix 也可以在服务器上使用，但它正逐渐被 Linux 所取代。

Linux 经常被组织用在服务器上，这些组织出于某种原因，都希望能避免使用微软的服务器。IBM 是 Linux 的主要支持者，过去曾将其作为与微软竞争的有力工具。虽然 IBM 并未拥有 Linux，但 IBM 已经开发了许多基于 Linux 的商务系统解决方案。通过使用 Linux，IBM 及其客户都不必向微软支付授权费。

● **虚拟化**

虚拟化（virtualization）是指在一台物理计算机上运行多台不同的虚拟计算机的过程。一个操作系统被称为主机操作系统（host operating system），它将一个或多个操作系统作为应用程序运行。这些被当作应用程序运行的操作系统叫作虚拟机（virtual machine，VM）。每个虚拟机都拥有自己的磁盘空间和其他资源。主机操作系统控制这些虚拟机的活动，以防止它们相互干扰。通过虚拟化，每台虚拟机都能像在独立的、非虚拟的环境中一样运行。

虚拟化有三种类型：

» PC 虚拟化；
» 服务器虚拟化；
» 桌面虚拟化。

通过 PC 虚拟化（PC virtualization），一台个人计算机（如台式机或笔记本电脑）

可以运行几个不同的操作系统。例如，用户为了进行培训或开发项目，需要在计算机上同时运行 Linux 和 Windows 10。在这种情况下，为了创建 Linux 和 Windows 10 虚拟机，用户可以在主机操作系统上加载 Oracle VirtualBox 或 VMWare Workstation 等软件。如果主机操作系统有足够的资源（即内存和 CPU 能力），用户可以在同一硬件上同时运行这两个系统。

通过服务器虚拟化（server virtualization），可以在一台服务器计算机上托管一台或多台其他服务器计算机。例如，在图 4-4 中，一台 Windows Server 计算机上托管了多台虚拟计算机。用户可以登录到这些虚拟机中的任何一台，而且它们看起来就和正常的台式机一样。图 4-5 展示了这台虚拟机是如何呈现在用户眼前的。请注意，该虚拟机的用户正在操作 Web 浏览器，就像在操作一个本地桌面一样。服务器虚拟化对于云供应商有重要作用，你将在第 6 章的学习中了解到这一点。

我们将在第 6 章中学到，PC 虚拟化既有趣又非常有用。另外，桌面虚拟化具有革命性的潜力。通过桌面虚拟化（desktop virtualization），一台服务器可以托管多个

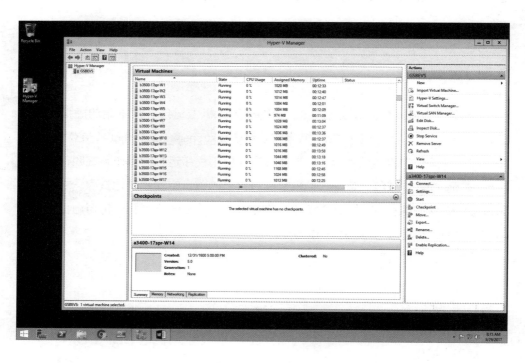

图 4-4　托管多台虚拟机的 Windows Server 计算机

资料来源：微软公司。

主机操作系统　　虚拟机

虚拟机上的浏览器
正在运行谷歌搜索

虚拟机的任务栏

主机的任务栏

图 4-5　虚拟机示例

资料来源：微软公司。

版本的桌面操作系统，其中的每个桌面都有一个完整的用户环境，对用户来说就像是另一台 PC。但是，用户可以通过他能使用的任何计算机访问该桌面。因此，你可以在机场找一台终端计算机并用这台计算机访问你的虚拟桌面。对你来说，机场的电脑就和你自己的个人电脑一样。使用虚拟桌面还意味着你不必担心丢失公司的笔记本电脑或机密内部数据。此外，这意味着许多不同的用户可以共用一个终端去访问他们自己的"个人"计算机，上文例子中那台机场的计算机就是这样的终端。

桌面虚拟化还处于起步阶段，但它可能会对你职业生涯的早期产生重大影响。

● 所有权 vs 使用权

请注意，当你购买一个计算机程序时，你实际上并没有真正购买该程序。你其实只是购买了使用该程序的许可证（license）。例如，当你购买 macOS 许可证时，苹果公司是在向你出售 macOS 的使用权；苹果公司自己则继续拥有 macOS 程序。

与个人不同，大型组织不会为每个计算机用户购买许可证，而是就站点许可证

（site license）进行协商。站点许可证意味着固定费用模式，它授权一个组织在其所有计算机上或特定地点的所有计算机上安装某个产品（操作系统或应用程序）。就Linux 而言，没有公司可以卖给你使用 Linux 的许可证。这是因为 Linux 是由开源社区拥有的，该开源社区已声明使用 Linux 无须支付许可证费用（但有一定的合理限制）。像 IBM 这样的大公司和像 RedHat 这样的小公司可以通过支持 Linux 赚钱，但没有哪个公司可以通过出售 Linux 许可证赚钱。

● 应用程序有哪些类型；组织如何获得它们

如前所述，应用程序软件（application software）实现了一项服务或一个功能。有些应用程序是通用的，如微软公司的 Excel 或 Word，而有些应用程序则提供特定的功能。例如，QuickBooks 是一个提供总账记录和其他会计功能的应用程序。在接下来的内容中，我们先阐述应用程序的类别，然后阐述其来源。

横向应用

横向市场应用软件（horizontal-market application software）提供了所有组织和行业通用的功能。文字处理器、图形程序、电子表格和演示程序都是横向市场应用软件。

著名的横向应用程序包括微软公司的 Word、Excel 和 PowerPoint。来自其他供应商的例子包括 Adobe 公司的 Acrobat、Photoshop、PageMaker 和 Jasc 公司的 Paint Shop Pro。这些应用程序可以应用于所有行业的各种业务。它们是现成的，几乎不需要定制功能（甚至不可能定制）。这些应用程序相当于小轿车：每个人都购买它们，但每个人的使用目的有所不同。

纵向应用

纵向市场应用软件（verizontal-market application software）满足了特定行业的需求。这类程序的例子包括牙科诊所用来安排预约和给病人开账单的程序，汽车修理工用来跟踪客户数据和维修情况的程序，零件仓库用来跟踪库存、采购和销售情况的程序。如果横向市场应用程序是轿车，那么纵向市场应用程序就是工程车辆，比如挖掘机，因为它们专门用于特定领域。

纵向应用程序通常可以更改或定制。销售相关软件的公司一般会提供此类服务或推荐能够提供此类服务的专业顾问。

专用应用

专用应用软件（one-of-a-kind application software）是为具体的、独特的需求开发的软件。例如，美国国防部会开发这类软件，是因为它有其他组织没有的需求。

你可以将专用应用软件想象成汽车领域中的军用坦克。为了满足一种非常具体和独特的需求，坦克得以被开发出来。坦克的制造成本高于小轿车，而且常常会出现成本超支的情况。它们的制造时间更长，并且需要独特的硬件组件。然而，坦克是高度可定制的，并且非常符合人们对重型战车的要求。

选择应用程序类型

如果你要去战场，你肯定不想开一辆四门轿车去。有时候为定制车辆支付的费用虽然昂贵，但都是合理的。一切完全取决于人们要做什么。例如，军方会购买小轿车、工程车辆和坦克，每种车辆都满足了不同的需求。你购买计算机软件的方式如出一辙：现成的软件（off-the-shelf software）、可修改的现成软件（off-the-shelf with alterations software）、定制开发的软件（custom-developed software）。

组织可以自己开发定制化的应用软件，也可以雇用一个开发供应商来做这件事。就像购买坦克一样，这种开发是在组织的需求非常独特，没有横向或纵向应用程序可用的情况下才会进行的。通过开发定制软件，该组织可以量身定制应用软件以适应其需求。

定制开发工作既困难又有风险。如何为软件开发团队配置人员、如何进行管理，都是很有挑战性的。管理软件开发项目的任务可能会十分艰巨。许多已经启动应用程序开发项目的组织，常常会发现完成项目所需的时间是计划时间的两倍甚至更长。成本超支 200% 或 300% 也并不罕见。我们将在第 12 章进一步讨论这些风险。

此外，每个应用程序都需要定期修改，以适应不断变化的需求和不断变化的技术。横向和纵向软件的修改成本可分摊至该软件的所有用户身上——可能是数千或数百万个用户。然而，使用定制开发软件的组织必须自己支付所有的修改成本。随着时间的推移，这种成本负担可能会让组织不堪重负。

由于各种风险和费用，定制开发往往是一个组织最后的选择，只有在别无选择时才会被采用。表 4-7 概述了软件的来源和类型。

表 4-7　软件的来源和类型

软件类型	软件来源		
	现成的软件	可修改的现成软件	定制开发的软件
横向应用程序	✓		
纵向应用程序	✓	✓	
专用应用程序			✓

● 什么是固件

固件（firmware）是安装在打印机、打印服务器和各种通信设备上的计算机软件。该软件的编码方式与其他软件是一样的，但它被安装在打印机或其他设备的专用只读存储器中。通过这种方式，它成了设备存储器的一部分；这就好像它的逻辑被设计到设备的电路中一样。因此，用户不需要将固件加载到设备内存中。固件可以更改或升级，但这通常是 IS 专业人员的任务。

4.4　开源软件是一个可行的选择吗

今天，越来越多的商业领袖会问：购买的或定制的软件都要价不菲，那么开源软件是不是一个合理的、划算的选择呢？要回答这个问题，首先需要了解一下开源运动及其发展过程。大多数计算机历史学家都认为理查德·马修·斯托曼（Richard Matthew Stallman）是该运动之父。1983 年，他开发了一套叫作 GNU 的工具（这是一个自我指涉的缩写，意为"是 GNU，而不是 Unix"），用来创建一个免费的类似 Unix 的操作系统。斯托曼对开源做出了许多贡献，包括 GNU 通用公共许可协议（general public license，GPL），这是开源软件的标准许可协议之一。斯托曼没能吸引足够多的开发人员来完成这个免费的 Unix 系统的建设，但他继续为开源运动做出了其他贡献。

1991 年，在赫尔辛基工作的林纳斯·托瓦兹（Linus Torvalds）开始使用斯托曼的一些工具开发另一个版本的 Unix。这个版本最终变成了 Linux，即前文讨论过的一个质量高且非常流行的操作系统。

　　事实证明，互联网是开源运动及其相关软件的有力推动者。开源软件通常是免费且可修改的，其源代码是公开的。源代码（source code）是由人类编写的、人类可以理解的计算机代码。许多开源项目都获得了成功，包括：

» LibreOffice（Linux 发行版中默认的办公套件）；

» Firefox（浏览器）；

» MySQL（数据库管理系统；见第 5 章）；

» Apache（Web 服务器；见第 6 章）；

» Ubuntu（类似于 Windows 的桌面操作系统）；

» Android，安卓（移动设备操作系统）；

» Cassandra（NoSQL 数据库管理系统；见第 5 章）；

» Hadoop（大数据处理系统；见第 3 章）。

● 为什么程序员会自愿参与开发工作

　　一个从不喜欢编写计算机程序的人可能很难理解为什么有人会为开源项目贡献时间和技能。然而，编程是艺术和逻辑的紧密结合，而且设计和编写一个复杂的计算机程序可以是一件非常令人愉快的事（甚至会让人上瘾）。许多程序员乐此不疲地编写计算机程序，日复一日。如果你认为自己有艺术和逻辑头脑，你也不妨尝试一下。

　　因此，人们为开源项目做贡献的第一个原因就是，这项工作非常有趣！另外，有些人为开源项目做贡献是因为开源给了他们选择项目的自由。他们可能有一份不是特别有趣的编程工作，比如编写程序来管理打印机。这份工作能让他们挣钱养家，却让他们缺乏满足感，所以他们转而投向另一条实现抱负之路。

　　为了更好地理解开源项目的魅力，请思考一个例子。在 20 世纪 50 年代，好莱坞电影公司的乐师们要为一系列无趣的电影录制同一种风格的音乐，他们感到很痛苦。为了平衡心态，这些乐师会在周日聚集在一起演奏爵士乐，因而诞生了许多高品质的爵士乐俱乐部。这就是开源项目对于程序员的意义：提供了一个可以发挥创造力的地方，让他们做有趣的、有满足感的项目。

人们为开源项目做贡献的另一个原因是可以展示自己的技能，这既是为了获得自豪感，也是为了找一份工作或做相关的咨询工作。最后一个原因是为了开展一项业务——出售支持开源产品的服务。

开源是如何工作的

源代码被编译成计算机能够处理的机器码（machine code）。例如，图 4-6 展示了为 iMed Analytics 公司的项目编写的一部分计算机代码（参见第 7 章开头）。一般来说，机器码无法被人类理解，也不能修改。

```
/// <summary>
/// Allows the page to draw itself.
/// </summary>
private void OnDraw(object sender, GameTimerEventArgs e)
{
    SharedGraphicsDeviceManager.Current.GraphicsDevice.Clear(Color.CornflowerBlue);

    SharedGraphicsDeviceManager.Current.GraphicsDevice.Clear(Color.Black);

    // Render the Silverlight controls using the UIElementRenderer.
    elementRenderer.Render();

    // Draw the sprite
    spriteBatch.Begin();

    // Draw the rectangle in its new position
    for (int i = 0; i < 3; i++)
    {
        spriteBatch.Draw(texture[i], bikeSpritePosition[i], Color.White);
    }

    // Using the texture from the UIElementRenderer,
```

图 4-6   源代码示例

例如，当用户访问网站时，该程序的机器码版本会在用户的计算机上运行。我们没有在图中展示机器码，因为它看起来就像：

110100101001011111100111011110010001110000011111101110111110111······

在微软 Office 这样的<mark>闭源（closed source）</mark>项目中，源代码是受到高度保护的，只有受信任的员工和经过仔细审查的承包商才能获取。这些源代码就像金库里的金子一样被保护起来，只有那些受信任的程序员才能对闭源项目进行更改。

但是，开源的情况就不同了，任何人都可以从开源项目的网站获得源代码。然后，程序员可以根据自己的兴趣和目标修改这些代码或添加新代码。在大多数情况下，程序员会将他们找到的代码合并到自己的项目中。之后，他们可能会依据项目的许可协议类型转售这些项目。

开源的成功源于协作。程序员检查源代码并找出自己感兴趣的需求或项目，然后创建一个新功能，或对现有功能进行重新设计或重新编程，或修复一个已知的问题。再然后，这些代码被发送给开源项目中的另一些人，他们负责评估代码的质量和优点，并在合适的情况下将其添加到产品中。

通常情况下，开源要经历很多个迭代和反馈周期。由于这种迭代，经过强有力的同行评审且管理良好的项目可以产生质量非常高的代码，就像 Linux 的代码一样。

● 那么，开源是可行的吗

这个问题的答案取决于"对象是谁"和"为了什么"。开源无疑已变得合法了。《经济学人》的观点是："现在人们普遍认为，未来将是专有软件和开源软件的混合体。"在你的职业生涯中，开源可能会在软件领域扮演越来越重要的角色。然而，开源是否适用于特定情况则取决于该情况的需求和限制。你将在第 12 章中了解更多关于匹配需求与程序的信息。

在某些情况下，一家公司选择开源软件仅仅因为它是"免费的"。事实证明，这个优势可能没有你想象的那么重要，因为在许多情况下，与开源应用程序相关的支持和操作成本超过了满足公司需求的现成的闭源应用程序的许可费。

本章的知识对你有什么帮助

在当今的商业世界，你在业务中会使用技术。你其实没有选择；你唯一的选择就是——要被动参与还是主动参与。本章的知识将帮助你选择后者。学了这些知识后，你对硬件和软件就有了足够多的了解，可以提出好的问题，避免尴尬的错话。你现在还了解了应用软件的来源以及选择一个来源而不选另一个的原因。最后，你知道了开源不仅仅是"一群业余爱好者的游戏"，而是一种创造了许多高质量软件产品的运动，并且在许多情况下是一种可行的选择。然而，所有这些知识都很容易过时，就像农贸市场里的西红柿一样。你需要不断地更新你的知识。

创新指南

CES 上的 2021 年度新产品

你上一次换手机、平板电脑、笔记本电脑、电视或耳机是什么时候？如果你想一想普通人购买新设备的频率，你会感到非常惊讶。在抽屉或壁橱里翻找出多年前的旧设备后，你可能会更震惊。摆弄最早的 iPhone 时，它看起来就像上一代的技术之作。但在某种程度上，每一部躺在盒子里布满灰尘的设备，都曾是尖端技术的巅峰之作。

50 多年来，每年一月份在拉斯维加斯举行的 CES 是展示新技术的大平台。来看看下面这些当时正在开发中的最新、最好的技术吧，它们是在 2021 年 CES 上展出的。它们可能很快就会（或者已经）出现在你附近的商店里，供那些喜欢尝鲜的爱好者们购买。

8K QLED 电视

新型电视是 CES 多年来的最爱。为什么？因为几乎每个人都会看电视，而硬件迷是新型电视的主要买家，他们会花大价钱只为尝试最新奇的功能。三星的新款 Neo QLED 8K 电视显然是这次展会的亮点。这款 65 英寸的 8K 电视是一款超薄、超轻、超高清的电视，几乎没有边框。这样的电视让我们对未来显示器的样子有了一个设想。

折叠屏智能手机

2021 年 CES 上最引人注目的产品之

一是 LG 公司的新款卷轴屏智能手机。在新闻发布会上，LG 公司展示了关于一款卷轴屏智能手机的视频。智能手机的屏幕会随着智能手机的顶部向上延伸而扩大。通常情况下，在 CES 上展示的测试版产品永远不会出现在消费者面前。但内部人士表示，LG 公司计划在 2022 年初发布这款手机。对那些希望在迷你的设备上拥有更大屏幕的用户来说，卷轴屏智能手机可能会投其所好。

自动驾驶凯迪拉克

2020 年，通用汽车公司旗下的凯迪拉克（Cadillac）展示了该公司新款自动驾驶概念车，名叫 Halo。这是一款全自动驾驶汽车，看起来像一辆内置了环绕式沙发的跨界车。这款新车可以通过语音或手势进行控制。虽然我们不太可能很快看到 Halo 上市，但它确实让消费者了解了通用汽车公司对未来汽车的设想。通用汽车公司还展示了载人无人机的概念视频。这架无人机将配备 90 千瓦时的电池，时速可达 56 英里。现代（Hyundai）、阿斯顿·马丁（Aston Martin）、空中客车和优步等其他几家公司也在城市空中出租车这个新市场中角逐。

问题

1. 你认为推动电视创新的潮流是什么？为什么这些潮流对消费者很重要？
2. 为什么消费者会被卷轴屏智能手机所吸引？卷轴屏智能手机可能有哪些缺点？
3. 像凯迪拉克的 Halo 这样的全自动驾驶汽车会对汽车销售产生怎样的影响？
4. 哪些因素可能会加快人们接受全自动驾驶汽车的速度？

安全指南

网络物理攻击

加里（Gary）看了看手表，想知道自己在服务器机房里待了多久。在这炎热的夏日里，机房风扇持续的嗡嗡声和凉爽的温度使这里成了放松和避暑的理想场所。更重要的是，老板不会想到来这里找他。

在过去的几个星期里，加里变得异常忙碌。大约一个月前，加里和他的信息安全团队接到一名高管的报告，该高管遭受了鱼叉式网络钓鱼攻击（鱼叉式网络钓鱼攻击类似于基本的网络钓鱼攻击，但它是针对特定个体设计的）。这位高管在查看电子邮件时，因为打电话分了心，误点了一封邮件中的一个文件附件。当时该文件没有被打开，电脑也没有其他反应，她仔细看了看这封邮件，意识到这封邮件很可疑。于是，这位高管便请加里和他的团队去调查这件事。

信息安全团队检查了这封电子邮件及其附件，但他们没有发现任何可疑的东西。对内部网络活动的监控显示，流量基本没有变化，公司顶级的入侵检测系统也没有发出警报。此外，公司内没有人报告自己的设备上有任何可疑活动，那位最初被攻击的高管也是如此。

坦率地讲，这说不通——谁会不嫌麻烦地发送一封不搞任何破坏的恶意电子邮件呢？加里开始想：也许她弄错了，这根本不是一次攻击。

就在这时，服务器机房的门突然打开了，理查德（Richard）冲了进来，他是加里的团队成员。他说："加里，你在这里吗？"加里示意理查德坐下来，问他发生了什么事。"加里，简直难以置信——我知道我们从来没有发现任何与鱼叉式网络钓鱼攻击有关的东西，但我想我们刚才可能发现了它要攻击什么。我刚刚和公司生产线上的埃里克（Eric）谈过，他说有台机器失控了。"

"在过去的几个月里，我们一直在生产 F-16 战斗机喷气发动机的一个部件，该部件的规格现在发生了变化，出现了瑕疵。它从外观上看一切如常，但是尺寸却出现了细微的偏差，这可能会导致故障。唯一有权改变参数的人是我们的生产主管，但这件事不是他干的。生产主管不确定为什么有人能在不闯入系统的情况下访问配置文件，所以他认为应

该打电话给安全团队。有没有可能，来自鱼叉式网络钓鱼攻击的恶意软件只攻击了某台特定的机器呢？"当加里意识到存在这种可能性时，他惊出了一身冷汗。他看着理查德，缓缓地问道："我们是不是成了震网（Stuxnet）病毒的又一个受害者？"

比特和字节的袭击

虽然前文中的场景似乎令人难以置信，但其实，已经有许多这种网络攻击的实例，它们要么造成了物理损坏，要么让人们看到了其危害性。其中臭名昭著的一种是 2009 年和 2010 年前后爆发的震网病毒。

震网病毒是某个国家开发的一款恶意软件。它不是影响所有电脑的一般恶意软件，而是专门针对伊朗核浓缩设施设计的。该恶意软件以某种方式被引入该设施的内部网络，那是一个无法连接上外部因特网的网络。

该恶意软件在部署完毕后，就会感染可编程逻辑控制器，这些控制器被用于控制铀浓缩离心机的旋转速度。在操作工人不知情的情况下，离心机的速度忽快忽慢，直到完全坏掉，造成了无法弥补的损毁，阻碍了伊朗核计划的实施。

虽然在利用网络攻击造成不利影响的实例中，震网病毒是最著名的例子之一，但这种类型的攻击实际上已经发生过不止一次了。2014 年至 2015 年，有报道称德国的一家钢铁厂成了黑客的攻击目标。这次攻击的目的是破坏钢铁厂的控制系统，最终导致一个高炉无法被关闭。

虽然没有人员伤亡报告，但该设施

遭到了巨大破坏。对这次攻击的分析显示，黑客能够通过鱼叉式网络钓鱼攻击访问该钢铁厂的网络。一旦他们获得了进入办公网络的凭证，他们就破解了控制高炉的系统。

爱德华·斯诺登（Edward Snowden）在接受关于物理基础设施网络风险的采访时强调，任何基础设施组件，只要连接到因特网，都有可能被扰乱、损坏或摧毁。电网通常是人们最先想到的可能被攻击的基础设施。

虽然美国电网的特点决定了整个国家的电力不太可能被中断（据报道，为了实现这一目标，九个关键电力设施将不得不离线），但长时间的区域电力中断是可能的。事实上，专家预测：网络攻击可以造成电力设备损坏或被摧毁，从而导致停电，这种停电可能会持续数月甚至一年之久。

问题

1. 在本文开头假设的场景中，有人报告说是外部黑客和恶意软件对部件规格做出了改动。这件事有没有可能是生产主管干的？
2. 本文提到的震网病毒攻击靠的是破坏可编程逻辑控制器。请在网上查一查，可编程逻辑控制器是否有任何其他应用方式。这会给其他类型的组织带来风险吗？
3. 为什么网络钓鱼攻击有这么高的成功率？你认为你有可能成为鱼叉式网络钓鱼攻击的目标吗？
4. 如果美国东北部某区域连续停电几个月，你认为会发生什么？在不同的季节发生这种规模的停电，会造成什么不同的影响？

就业指南

姓名：马歇尔·佩蒂特
公司：Preparis 公司
职位：高级软件工程师（Senior Software Engineer）
教育：犹他大学

1. **您是如何获得这份工作的?**

   靠人际关系。永远不要低估工作午餐和密友的价值。尽管我的教育背景和早年经历与我现在的工作不算特别匹配,但一位才华横溢的朋友鼓励我去追求我的软件开发梦想,并强烈推荐我去他即将入职的一家公司。后来,我们同时进入了这家公司,而他是我的重要导师之一。

2. **是什么把您吸引到这个领域的?**

   我在本科学习商业管理时曾选修过一门课程,此后便迷上了 Web 软件开发。在文本编辑器中使用命令构建复杂而优雅的业务系统,就像用原材料建造房屋并看着它成形一样令人满足。

3. **您典型的一个工作日是怎样的(在职责、决策、问题方面)?**

   每个工作日,我都需要自我激励并激励我的团队成员。我每天早上都会和我的团队成员进行简短的会面,以回顾我们的工作进展,并确保该进展符合我们在每次迭代开始时确定的目标。一次迭代的时间跨度是两到三周。我在全天内都可以检查他们写出的代码和个人工作情况,因为他们是在我的监督下完成工作的。

4. **对于您的工作,您最喜欢的是哪一点?**

   我的家就是我的办公室,我的时间安排很灵活。这让我有机会为孩子们的运动队当教练、帮助他们完成家庭作业,并陪伴在他们身边。

5. **要做好您的工作,需要具备哪些技能?**

   快速学习的能力!因为编程语言、平台和范式都是不断变化的。紧跟这些变化才能持续做出积极的贡献。

6. **在您的工作领域,学历和证书重要吗?为什么?**

   正规的教育背景在各个领域都很重要。虽然我的教育背景与我目前的岗位不一致,但当我们为客户开发软件时,我的教育背景能让我与相关企业负责人的互动更有深度。证书在我的领域并没有那么重要。相反,持续的学习和编程挑战网站上的实践对我的帮助会更大。

7. **您对那些想在您的领域工作的人有什么建议?**

   想做就做。满怀信心地迈出第一步,迎接未来的挑战。勇敢地去从事你梦想中的工作吧,虽然可能会遇到障碍,但这个过程既富有趣味,又会让你受益匪浅。

8. **您认为未来 10 年内热门的科技工作是什么?**

   人工智能吧。机器学习、数据科学和商业智能领域的工作机会将大幅增加。

大数据 = 大监控

温迪（Wendy）看了一眼表，吃惊地发现时间已经来到了下午两点。她已经连续看了大约四小时的电视新闻，她很确定同样的新闻报道已经重播了三轮。尽管已经看得太多了，但她似乎没勇气关闭电视。疫情期间的生活就像电影一样荒诞。温迪开始怀疑自己是否在潜意识里试图用坏消息包围自己，从而使自己对更糟的可能性变得不那么敏感。

唯一令温迪感到欣慰的是，她还能够到外面去呼吸新鲜空气。她的邻居向她推荐了一条很好的运动环线，每天她都可以出去绕几圈儿。尽管她不能停下来和邻居聊天，但是关在房子里一整天之后，仅仅能看到其他人对她来说也是一种放松。她为自己遵守了所有大家推荐的安全防护措施而感到自豪：勤洗手、保持社交距离、在公共场合戴口罩、只在必要时才去商店，等等。除了这些，她还能做什么呢？她几个星期前丢了工作，至今还没能找到新工作。她只希望一切恢复正常后，自己能顺利找到一份新工作。

小心行事

她眨了眨眼睛，意识到她的眼睛因为看电视太久而有些酸痛，是时候出去走走了。她系好鞋带，抓起手机，走出了家门。天气很好，她有些兴奋，心想：天气这么好，可以走远一点儿，去附近的林间小径。后来，她不知不觉地走了很远很远……毕竟森林的美丽令人着迷，等着她去探索。无数的鸟儿在歌唱，她穿过许多随风起伏的绿色蕨类植物。

这时，口袋里手机的一阵震动引起了她的注意，她想那一定是某些服务提醒。她拿出手机看了看屏幕。是推送的新闻吗？是不是最新的卫生统计数据、股市数据或者失业数据？当她读到屏幕上的文字时，难以置信地张大了嘴巴：

> 本信息来自美国国家大流行防疫工作队。你已经被认定为违反了避难令，因为你已经距离你的注册家庭住址太远。这是对你的第一次也是最后一次警告。再次出现违规行为，你将受到地方、州和（或）联邦政府的惩罚。

温迪赶紧把手机扔进口袋，开始朝自己家的方向走去。

强烈的抵制

这是个安静得令人毛骨悚然的夜晚。通常远处飞机的轰鸣声会打破寂静，但现在大多数商业航班停飞了，漆黑的夜空中没有了闪烁的灯光，周围甚至听不到一丝声响。贝丝（Beth）从柴堆上抓起几根桦木，扔进火堆。新劈开的木头掉落在火红的余烬上，砸出一阵火星飞向天空。火星在空中接连湮灭。易燃的桦树皮迅速燃烧起来，重新燃起的篝火闪着黄色火苗，照亮了院子里的树木。

在篝火的映照下，贝丝可以看到几个人影从院子另一头朝她走来。仅凭轮廓，她就能轻易地认出这些人都是她的老邻居。经过几周自我隔离的折磨，他们都觉得受够了。坐在家里也太无聊了，如果她和她的朋友们能摆脱隔离，他们就可以去旅行，享受历史上价格最低的机票。

贝丝拥抱了每一位朋友，欢迎他们来到篝火旁，并给大家拿来了一些零食和饮料。他们笑着、哭着，分享着自己想方设法抢购卫生纸的故事，还轮流用手机分享他们最喜欢的隔离表情包。他们都认为重聚的感觉很好。他们都认为，在交谈时能看着别人的眼睛而不是看着屏幕，是一件很重要的事。

突然，许多同时出现的白光把他们的注意力从篝火上移开了。他们每个人都拿起振动的手机，然后齐声朗读了屏幕上的提示，就好像他们以前排练过一样：

　　本信息来自美国国家大流行防疫工作队。你已经被认定为违反了避难令，因为你已离你的注册家庭住址太远。这是对你的第一次也是最后一次警告。再有违规行为将受到地方、州和（或）联邦政府的惩罚。

他们同时抬起头说："这是在开玩笑吗？"其中一个朋友问道："我们真的生活在一个自由的国家吗？"他们都关掉了手机，贝丝回到屋子里，又拿来了一些饮料。绝对不能让这个聚会提前结束。

1. 在某危机期间，美国电信公司和美国政府利用手机捕获的 GPS 数据跟踪和分析了公民的活动。虽然本指南中描述的警告信息是虚构的，但请考虑一下在危机期间利用手机跟踪数据来监视公民并与其通信的可能性。

    a. 根据绝对命令（第 1 章）的观点，这种行为是道德的吗？

    b. 根据功利主义（第 2 章）的观点，这种行为是道德的吗？

2. 大多数手机用户没有意识到他们的设备在不断地记录其位置数据，并将这些数据发送给电信公司。电信公司经常将这些数据共享或出售给第三方。根据你对问题 1a 和 1b 的回答，你如何评价该做法？

3. 你和本文中的两位主角中的哪一位最有共鸣？你认为你对这个问题的回答是否表明了你对政府或商业应用跟踪手机用户获得位置数据的道德立场？

4. 处于权力职位上的人经常利用危机来扩大权力，而这在正常情况下是不被允许的。如果你认为在面临危机时跟踪和分析手机位置数据是道德的，那么一旦危机结束，这些类型的跟踪工作会被立即叫停吗？如果被立即叫停，其道德评价会发生改变吗？

第 4 章要点回顾

请使用本部分验证你是否理解了回答本章学习目标中的问题所需的想法和概念。

1. 商务人士需要了解计算机硬件的哪些方面?

- 请列出硬件的分类,并解释每种硬件的应用。定义比特和字节。解释为什么人们用比特来表示计算机数据。定义用于表示存储大小的字节单位。描述工业物联网(IIoT)和机器对机器(M2M)通信对组织的影响。

2. 新硬件如何影响竞争策略?

- 请定义物联网并描述一种智能设备。解释为什么人们需要智能设备。请举例说明组织如何从智能设备中获益。解释一下为什么自动驾驶汽车可以更安全、更便宜并使生活变得更轻松。请解释为什么无人机和机器人会迫使组织员工提升技能水平。解释 3D 打印是如何工作的,以及它是如何影响新产品的设计、制造、分销和消费者购买的。

3. 商务人士需要了解哪些软件知识?

- 请查看表 4-6 并解释该表格中每个单元格的含义。描述三种虚拟化的类型,并解释每种类型的用法。解释软件所有权和软件使用权之间的区别。解释横向市场应用软件、纵向市场应用软件和专用应用软件之间的区别。描述组织获取软件的三种方式。

4. 开源软件是一个可行的选择吗?

- 定义 GNU 和 GPL。说出三个成功的开源项目。描述程序员为开源项目做贡献的四个原因。定义开源、闭源、源代码和机器码。用你自己的话解释一下,为什么开源是一种合理的替代方案,但它可能适合也可能不适合特定的应用程序。

本章的知识对你有什么帮助

请陈述在商业技术方面，你有哪些选择。列出你了解的有关硬件和软件的话题。解释一下你会如何运用应用软件来源方面的知识。简要描述一下开源软件，并解释为什么有时它是一个可行的选择，但情况并非总是如此。解释一下为什么这些知识容易过时，并说明你能做些什么。

第 5 章

数据库处理

● **本章学习目标**

» 为什么你需要了解数据库？

» 什么是数据库？

» 什么是数据库管理系统？

» 数据库应用软件如何能够使数据库变得更有用？

» eHermes 公司如何能够从数据库系统中获益？

» 什么是非传统数据库管理系统产品？

● **预期学习成果**

» 能够讨论数据库的用途，以及高效利用数据库以使组织受益的方法。

从本书的第一部分中我们已经了解到，eHermes 是一家利用自动驾驶汽车为顾客提供移动购物服务的公司。从本质上讲，该公司相当于汽车领域的亿贝公司，它把一个移动店铺带到顾客家门口，作为一家本地分类代理商，出售新货和二手物品。eHermes 公司的移动店铺收购客户想要出售的物品，并留下客户想要购买的物品。eHermes 公司的IT 服务总监塞斯一直在做一个机器学习项目，该项目可对卖家想在 eHermes 平台上出售的物品进行自动拍照、识别，并提供其功能描述，使商品销售变得更加轻松、快捷。

"最难的是让电脑正确识别库存物品。"塞斯说。"虽然我们已经测试了数百种库存物品，发现电脑自动识别物品的准确率约为 85%。如果物品摆放得当、光照充足，该系统便能很好地识别物品。但对于比较独特的物品或太旧的物品，识别效果则会大打折扣。"

"在我听来，这个准确率已经相当高了。"eHermes 公司的首席运营官维克托说。

"是的，它确实可以帮助我们更快、更准确地将商品录入库存系统。目前，委托我们销售物品的客户必须手动上传图片并提供每个物品的简短说明，但有时他们提供的说明并不理想。这就让买家很难找到自己想要的物品。如果我们能提供关于每件物品的更多信息，比如颜色、年份、品牌或型号，顾客就会更容易找到他们真正想要的物品。"

塞斯伸手拿起一个小的玩具拖拉机，把它放进了便携式摄影灯箱，然后他单击了一下鼠标。玩具拖拉机的图像出现在了他的显示器上，图像下面开始自动出现相关数据。他指着屏幕说："一旦我们正确识别了物品，我们就可以获取客户评论、产品评论、产品评测视频和制造商的网站链接，我们还可以对比先前出售的物品的价格。"

维克托开心地笑了。"哇，这太棒了！买家和卖家都会喜欢的。这将大幅度加快编目过程。我们还要多久才能正式启用这个功能呢？"

　　塞斯微微后仰了一下身体说："我们还在解决一些细节问题。我们使用谷歌的图像分类器应用程序编程接口（Application Programming Interface，API）来识别图像。按照我们想要的功能，每搜索 1000 张图片可能要花费几美元。但我们需要更大的数据存储量、重新设计的数据库、新的应用程序前端，可能还需要新的数据库管理系统。"

　　"嗯，图片搜索的收费听起来不贵，但是重新设计的数据库和新的应用程序前端应该很贵。"维克托关切地说。

　　"并不贵。我们可以自己重新设计数据库。数据库是我们自己创建的，所以重新设计并不会花很多钱。我认识一家优秀的本地应用程序开发公司，所以可以极大地控制成本。增大存储量也不会花什么钱，因为我们的数据中心有一个相当大的网络存储器（Network-Attached Storage，NAS）。现在令人担心的只是弄清楚所有的数据流、API、存储需求和安全保护措施。我们正在从多个不同的数据源发送和接收数据。"

　　维克托理解地点点头。"我明白了。看来将来还得解决数据源这个问题。"

　　"对的。我们所有的图像识别手段都依赖于谷歌的技术。如果他们提高价格，我们就只能听凭他们的摆布了。我们还可以通过链接跳转到视频网站和制造商网站上的产品页面，从其他网站中提取产品评论。在公司内部，我们会把过去的销售数据利用起来。但这将增加我们的数据处理需求。我只希望这一切都能够顺利进行。"

　　"可以理解。但你不觉得回报会大于风险吗？"维克托扭头问道。

　　"当然。"塞斯微笑着说。"它太棒了！我们可以在每个带有内置数码摄像头的移动店铺中安装这些灯箱。卖家将物品放入灯箱，灯箱就会自动识别该物品。在几秒内，系统将填写所有相关的数据字段，给卖家一个大致的定价，并开始向潜在的买家推销该物品。这样一来，物品会卖得更快，因为卖家会根据过去类似物品的售价，为物品合理定价。卖家也不必再写冗长的物品描述了。"

　　"听起来不错啊。那下一步要做什么？"

　　"我们要做一些数据库重新设计和应用程序开发的工作。然后，我们将在移动店铺中安装灯箱并测试数据传输功能和新系统。有很多工作要做。"

5.1 为什么你需要了解数据库

本章及相关章节延伸将向你介绍数据库技术。作为一名未来的商务专业人士，这些知识对你很重要。首先，数据库无处不在。尽管你现在可能还没有意识到这一点，但你每天都要访问数十个（甚至数百个）数据库。每当你打电话、上网或用信用卡在线购物时，手机后台的应用程序都在访问大量的数据库。使用领英等社交软件时，这些应用程序也会以你的名义访问相关的数据库。在谷歌上搜点东西，获得的搜索结果便是几十个数据库的处理结果。

● 学习数据库技术的原因

作为一名普通用户，你不需要了解底层技术。在用户看来，就如已故的史蒂夫·乔布斯所言："它就是好用。"（It just works.）然而，作为一名 21 世纪的商务专业人士，你面临的情况就不同了。你需要学习本章及相关章节延伸的知识，原因包括以下四点：

1. 当你制订新的业务计划时，你需要知道数据库技术能否促进你们的项目目标。如果能，你就需要拥有足够多的知识才能决定是把数据库构建成一个小棚子还是一幢摩天大楼。在本章开头的小故事中，维克托需要具备一些专业知识，才能评估构建新数据库的难度（以及成本）。

2. 数据库在商业中无处不在，每天都有数十亿字节的数据需要存储。你需要知道如何将这些数据转换为你可以从中获取有用信息的格式。为此，你可以选择众多图形工具中的一种来查询这些数据。或者，为了能成为这一领域的专家，你可以学习结构化查询语言（structured query language，SQL），它是一种用于查询数据库的国际标准语言。

3. 商业是动态的，信息系统则必须经过修改。通常，这种修改意味着需要更改数据库的结构。有时，它还意味着必须创建全新的数据库。你将在本章中了解到，只有用户（比如你自己）才知道哪些详细信息需要存储以及如何存储。你可能会被要求评估类似于章节延伸 6 中描述的数据模型。

4. 最后，有一天你可能会发现你自己或你的部门陷入了物料混乱之中。也许你不知道谁持有哪些设备、某些工具被放在哪里了，或者你的储物柜里到底有什么。在这种情况下，你可以选择创建自己的数据库。除非你是信息系统方面的专业人士，否则该数据库将很小且相对简单，但它对你和你的同事会非常有用。

那么，接下来就让我们从讨论数据库的应用开始本章的学习吧！

数据库的作用是什么

数据库的作用是帮助人们记录事务。大多数学生在了解到这一点后就会问：“为什么我们需要一种特殊的技术来完成这么简单的任务？为什么不直接列个表呢？如果列表很长，也可以用电子表格呀。”

事实上，许多专业人士确实在使用电子表格记录事务。如果列表的结构足够简单，就不需要使用数据库技术。例如，图 5-1 中的学生成绩列表，用电子表格就足够了。

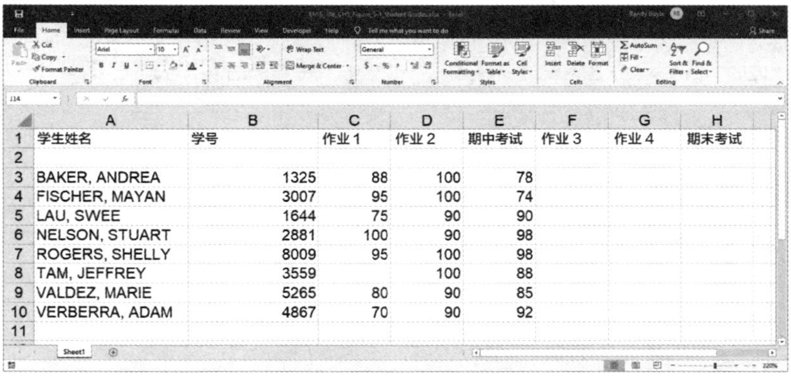

	A	B	C	D	E	F	G	H
1	学生姓名	学号	作业 1	作业 2	期中考试	作业 3	作业 4	期末考试
2								
3	BAKER, ANDREA	1325	88	100	78			
4	FISCHER, MAYAN	3007	95	100	74			
5	LAU, SWEE	1644	75	90	90			
6	NELSON, STUART	2881	100	90	98			
7	ROGERS, SHELLY	8009	95	100	98			
8	TAM, JEFFREY	3559		100	88			
9	VALDEZ, MARIE	5265	80	90	85			
10	VERBERRA, ADAM	4867	70	90	92			
11								

图 5-1　用电子表格呈现的学生成绩列表

资料来源： Microsoft Excel 2019。

然而，让我们假设教师想要记录的不仅仅是成绩。比如教师还想记录电子邮件内容，或者教师想要记录电子邮件内容和办公室访问情况。图 5-1 展示的电子表格中没有空间可以记录这些额外的数据。当然，教师可以为电子邮件信息设置一张单独的电子表格，再为办公室访问情况设置一张电子表格，但这种解决方法比较麻烦、笨拙，因为它无法把所有数据都放在一个页面上。

　　相比之下，教师更想要一张如图 5-2 所示的窗体（ form ）。有了它，教师就可以把学生的成绩、电子邮件内容和办公室访问情况记录在同一个地方。用电子表格生成类似图 5-2 的窗体是很困难的，甚至是不可能的。然而，这种窗体却很容易用数据库生成。

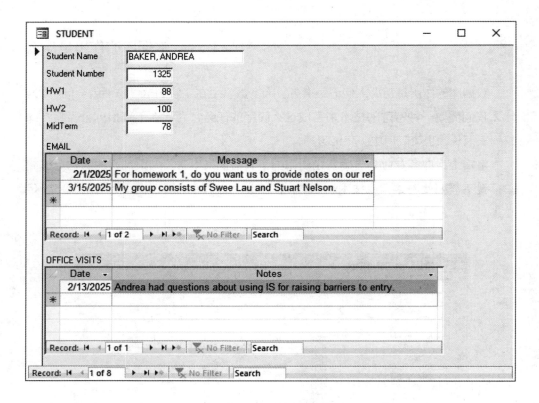

图 5-2　数据库的窗体中显示的学生数据

资料来源：Microsoft Access 2019。

　　图 5-1 和图 5-2 的主要区别在于：图 5-1 中的数据是关于单一主题或概念的，该表只涉及学生的成绩；图 5-2 中的数据则有多个主题，显示了学生的成绩（见"HW1""HW2""MidTerm"三项方框中的数字 ）、电子邮件内容（见"EMAIL"下方的部分 ）和办公室访问情况（见"OFFICE VISITS"下方的部分 ）。我们可以从这些例子中得出一条普遍规律：涉及单一主题的数据列表可以存储在电子表格中；涉及多个主题的数据列表则需要用到数据库。

5.2　什么是数据库

数据库（database）是一个集成记录的自描述集合。要理解本定义中的术语，首先需要理解图 5-3 中的术语。如前文所述，一个字节是一个数据字符。在数据库中，字节被分组成列（column），如学号（Student Number）和学生姓名（Student Name）。列也被称为字段（field）。列或字段又被分组成行（row），行也被称为记录（record）。在图 5-3 中，所有列的数据集合称为一行或一条记录。最后，一组相似的行或记录被称为一张表（table）或一个文件（file）。从这些定义中，你会发现数据元素有其层次结构，如图 5-4 所示。

列，也被称为字段

Student Number	Student Name	HW1	HW2	MidTerm
1325	BAKER, ANDREA	88	100	78
1644	LAU, SWEE	75	90	90
2881	NELSON, STUART	100	90	98
3007	FISCHER, MAYAN	95	100	74
3559	TAM, JEFFREY		100	88
4867	VERBERRA, ADAM	70	90	92
5265	VALDEZ, MARIE	80	90	85
8009	ROGERS, SHELLY	95	100	98

行，也被称为记录

字符，也被称为字节

图 5-3　学生表（也被称为文件）

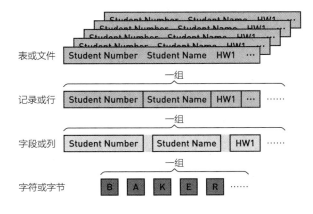

图 5-4　数据元素的层次结构

按照这一分组过程，可以说数据库是一组表或文件。这种说法虽然正确，但还概括得不够全面。如图 5-5 所示，数据库是表、表中行间关系、描述数据库结构的特殊数据［也被称为元数据（metadata）］的集合。顺便说一下，在图 5-5 中，标签为"数据库"的符号表示计算机磁盘驱动器。之所以用这个符号表示数据库，是因为数据库通常存储在磁盘上。

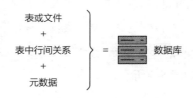

图 5-5   数据库的构成

● 行间关系

思考一下图 5-5 左侧的术语。你已经了解了什么是表，而要理解何为表中行间关系，请查看图 5-6。该图显示了来自三个表——电子邮件表（Email Table）、学生表（Student Table）、办公室访问表（Office Visit Table）——的示例数据。注意电子邮件表中名为"学号"（Student Number）的一列。该列指明了学生表中的某一行与电子邮件表中的哪一行相关联。在电子邮件表的第一行中，学号的值是 1325。这表明这封电子邮件是从学号为 1325 的学生那里发来的。如果你查看学生表，你会看到"BAKER，ANDREA"这一行也有这个值。因此，电子邮件表的第一行与"BAKER，ANDREA"这一行相关联。

现在来看图 5-6 中的办公室访问表的最后一行。该行学号的值为 4867。该值表示办公室访问表中的最后一行属于 VERBERRA，ADAM。

从这些示例中，你会发现一张表中的值将该表中的行与另一张表中的行关联了起来。我们用几个专门的术语来描述这些情况。键［（key），也称为主键（primary key）］是标识表中每行的一列或多列的组合。学号列是学生表的主键。给定学号的值后，你就可以在学生表中确定，且只能确定一行。例如，只有一个学生的学号是 1325。

每张表都必须有一个主键。电子邮件表的主键为邮件编号（Email Number），办

Email Table

Email Number	Date	Message	Student Number
1	2/1/2020	For homework 1, do you want us to provide notes on our references?	1325
2	3/15/2020	My group consists of Swee Lau and Stuart Nelson.	1325
3	3/15/2020	Could you please assign me to a group?	1644

Student Table

Student Number	Student Name	HW1	HW2	MidTerm
1325	BAKER, ANDREA	88	100	78
1644	LAU, SWEE	75	90	90
2881	NELSON, STUART	100	90	98
3007	FISCHER, MAYAN	95	100	74
3559	TAM, JEFFREY		100	88
4867	VERBERRA, ADAM	70	90	92
5265	VALDEZ, MARIE	80	90	85
8009	ROGERS, SHELLY	95	100	98

Office Visit Table

Visit ID	Date	Notes	Student Number
2	2/13/2020	Andrea had questions about using IS for raising barriers to entry.	1325
3	2/17/2020	Jeffrey is considering an IS major. Wanted to talk about career opportunities.	3559
4	2/17/2020	Adam will miss class Friday due to job conflict.	4867

图 5-6 行间关系示例

公室访问表的主键为访问 ID（Visit ID）。有时需要多个列来构成唯一的标识。例如，在名为"城市"的表中，主键可能会由两列（州和城市）组合而成，因为某个城市名称可以同时出现在多个州。

学号不是电子邮件表或办公室访问表的主键——从电子邮件表中可以看出：有两行的学号值都是 1325。1325 这个值不能标识唯一的某行；因此，学号不能作为电子邮件表的主键。

学号也不是办公室访问表的主键，尽管从图 5-6 的数据中无法看出这一点。然而，如果你仔细想想，似乎没有什么可以阻止学生多次访问教师的办公室。如果发生这种情况，办公室访问表中将有两行的学号值相同。只是图 5-6 显示的数据有限，恰巧没有学生访问过两次。

在电子邮件表和办公室访问表中，学号是主键，它同时也是另一个表，即学生表的主键。因此，类似电子邮件表和办公室访问表中学号那一列被称为外键（foreign key）。使用这个术语是因为这样的列是主键，但它们不是所在表的主键，而是其他表的主键。

在继续探讨新内容之前，你需要知道的是：以表的形式存储数据并使用外键表示关系的数据库被称为关系型数据库（relational database）。［之所以用关系一词，是因为我们正在讨论的这些表还有一个更正式的名称叫作关系（relation）。］你将在本章第 5.5 节中了解另一种数据库。

● 元数据

回想一下数据库的定义：数据库是一个集成记录的自描述集合。这些记录是集成的，因为正如你在前文中所了解的一样，不同的行可以通过主键或外键的关系关联起来。于是，行间关系在数据库中得以呈现。但是，自描述是什么意思呢？

自描述的意思是数据库本身包含对其内容的描述。以图书馆为例，图书馆是书籍和其他材料的自描述的集合。它之所以是自描述的，是因为图书馆包含一个描述图书馆内容的目录。同样的道理也适用于数据库，数据库是自描述的，因为它不仅包含数据，还包含关于数据库中数据的数据。

元数据（metadata）是描述数据的数据。电子邮件表的元数据如图 5-7 所示。元数据的格式取决于正在处理数据库的软件产品。图 5-7 展示了 Microsoft Access 的元数据。此窗体上部的每一行都是对电子邮件表中的一列的描述。描述包括字段名（Field Name）、数据类型（Data Type）和说明（Description）。字段名包含列的名称，数据类型展示该列可能包含的数据类型，说明是解释该列的来源或应用的注释。如你所见，对于电子邮件表的四列：邮件编号（EmailNum）、日期（Date）、信息（Message）和学号（Student Number），每列都有一行元数据。

此窗体底部为每列提供了更多元数据，Access 将其称为字段属性。在图 5-7 中，我们关注的是日期列。（请注意，"日期"那一行被圈了出来。）由于窗体上部窗格中被选中的是日期列，因此底部窗格中显示的字段属性就是关于日期列的。字段属性（Field Properties）描述的是格式、创建新行时 Access 提供的默认值以及对该字段所需值的约束条件。你无须记住这些细节，只需要理解，元数据是关于数据的数据，而且这些数据始终是数据库中的一部分。

元数据的存在使得数据库更加有用。有了元数据，人们无须猜测、记住甚至记录数据库的内容。想要了解数据库中存储了什么，我们只需要查看数据库的元数据即可。

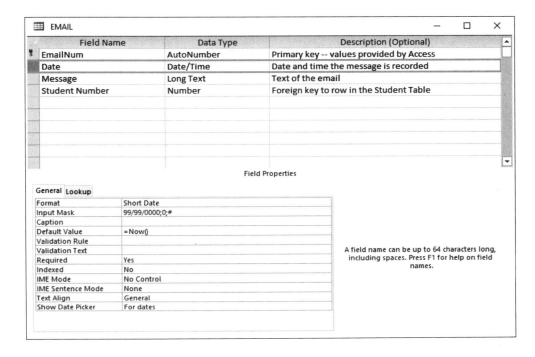

图 5-7　元数据示例（在 Microsoft Access 中）

资料来源：Microsoft Access 2019。

5.3　什么是数据库管理系统

数据库管理系统（database management system，DBMS）是用于创建、处理和管理数据库的程序。与操作系统一样，几乎没有企业会开发自己的 DBMS。相反，企业会从 IBM、微软、甲骨文等供应商那里获得 DBMS 产品的使用许可。目前流行的 DBMS 产品有 IBM 公司的 DB2、微软公司的 Access 和 SQL Server，以及甲骨文公司的 Oracle Database。另一个流行的 DBMS 是 MySQL，它是一个开源的 DBMS 产品，对大多数应用程序来说是免费的。其他的 DBMS 产品也可以使用，但当今大部分数据库使用的都是上述五种产品。

值得注意的是，DBMS 和数据库是两个东西。由于某种原因，行业刊物甚至一些书籍会将二者混为一谈。DBMS 是一个软件程序；数据库是表、关系和元数据的集合。它们是完全不同的概念。

创建数据库及其结构

数据库开发人员用 DBMS 在数据库中创建表、关系和其他结构。图 5-8 中的窗体可用于定义新表或修改现有的表。要创建新表，开发人员只需要将新表的元数据填充到该窗体中即可。

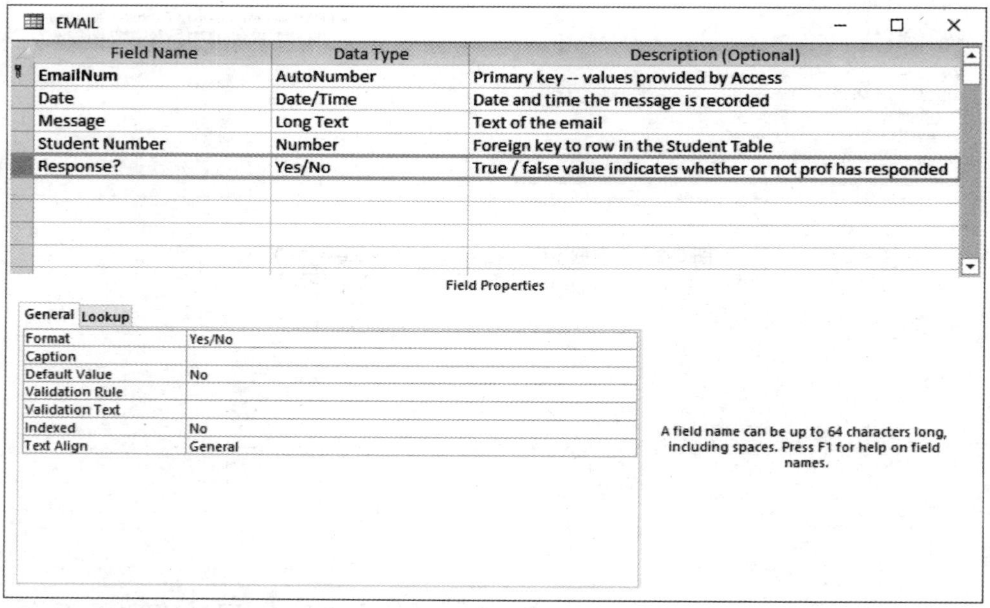

图 5-8　向表中添加新列（在 Microsoft Access 中）

资料来源：Microsoft Access 2019。

要修改现有的表，比如新添加一列，开发人员只需要打开该表的元数据窗体并添加一行元数据。例如，在图 5-8 中，开发人员添加了一列，名为"是否回复？"（Response?）。这个新列的数据类型为"Yes ／ No"，这意味着该列只能包含一个值：是（Yes）或否（No）。教师可以使用这一列来标记自己是否回复了学生的电子邮件。可以通过删除元数据窗体中的行来删除其一列，不过这样做会导致现有数据丢失。

处理数据库

　　DBMS 的第二个功能是处理数据库。这种处理有可能相当复杂，但从根本上来说，DBMS 为四种处理操作提供了应用程序：读取、插入、修改或删除数据。这些操作在应用程序调用 DBMS 时被请求执行。当用户在窗体中输入新数据或更改数据时，窗体背后的计算机程序会调用 DBMS 进行必要的数据库更改。在 Web 应用程序中，客户机或服务器上的应用程序会调用 DBMS 进行更改。

　　结构化查询语言（structured query language，SQL）是处理数据库的国际标准语言。前文提到的所有五种 DBMS 产品都接受并处理 SQL（发音为 "see-quell"）语句。例如，下文中的 SQL 语句要在学生表中插入新的一行：

```
INSERT INTO Student
([Student Number], [Student Name], HW1, HW2, MidTerm)
VALUES (1000, 'Franklin, Benjamin', 90, 95, 100);
```

　　如前所述，这样的语句是由处理窗体的程序在"幕后"发出的。或者，应用程序也可以直接把这种语句发给 DBMS。

　　你不需要理解或记住 SQL 的语法。你只需要理解，SQL 是处理数据库的国际标准语言。SQL 还可以用于创建数据库和数据库结构。如果你选修了数据库管理课程，你会学到更多关于 SQL 的知识。

　　管理数据库 DBMS 的第三个功能是提供工具来协助管理数据库。数据库管理（database administration，DBA）涉及各种各样的活动。例如，DBMS 也被可用于建立一个涉及用户账户、密码、权限和数据库处理限制的安全系统。为了保障数据库的安全，用户必须使用有效的账号登录，然后才能处理数据库。

　　可以通过非常具体的方式来限制用户的权限。在学生数据库的例子中，可以限制某个特定用户只能从学生表中读取学生姓名。另一个用户可以被授权读取整个学生表，但只能更新作业 1（HW1）、作业 2（HW2）和期中考试（MidTerm）列。其他用户还可以被授予其他权限。

　　除了安全功能，DBMS 的管理功能还包括备份数据库数据、添加结构以提升数据库应用软件的性能、删除不再需要的数据，以及类似的其他任务。

　　对于重要的数据库，大多数组织都会指派一名或多名员工负责数据库的管理工作。该岗位的主要职责如表 5-1 所示。如果你选修了数据库管理课程，你会了解更多关于这个主题的知识。

表 5-1   数据库管理任务概要

类别	数据库管理任务	说明
开发	创建 DBA 功能并配置人员	DBA 小组的大小取决于数据库的大小和复杂程度。DBA 小组可以由兼职人员构成，也可以是一个小团队
	组建指导委员会	委员会由所有用户组的代表组成；是进行讨论和决策的社区论坛
	确定需求	确保所有的用户输入都是恰当的
	检验数据模型	检查数据模型的准确性和完整性
	评估应用程序设计情况	检验是否开发了所有必要的窗体、报表、查询功能和应用程序；检验应用程序组件的设计情况和可用性
操作	管理处理权限和相关责任	确定每个表和列的处理权限与限制
	保障安全性	根据需要添加和删除用户和用户组；确保安全系统正常运行
	跟踪问题并管理解决方案	开发系统来记录和管理问题的解决方案
	监控数据库性能	提供改进性能的专业知识和解决方案
	管理 DBMS	评估新的特点和功能
备份与恢复	监控备份过程	验证是否遵循了数据库备份规程
	进行培训	确保用户和操作人员知道并理解恢复流程
	管理数据恢复相关事宜	管理数据恢复流程
修改	建立请求跟踪系统	开发系统来记录变更请求并确定优先级别
	管理配置变更情况	管理数据库结构更改对应用软件和用户的影响

5.4   数据库应用软件如何能够使数据库变得更有用

一组数据库表格本身并不是很有用。图 5-6 中的表格包含了教师想要的数据，但是格式显得很笨拙。如果将该表格中的数据放入图 5-2 那种格式的表格中，从信息的角度来讲，表格中的数据会变得更有用或更可用。

数据库应用软件（database application）是窗体（form）、报表（report）、查询（query）功能和应用程序（application program）的集合，充当着用户和数据库数据之间的中介。数据库应用软件将数据库表的数据重新格式化，使其信息更丰富、更容易更新。数据库应用程序还具有保障安全性、保持数据一致性和处理特殊情况的功能。

在数据库应用软件中，四个元素的具体用途如下。

» **窗体：** 查看数据；插入新数据，更新和删除现有数据；
» **报表：** 使用排序、分组、过滤和其他操作对数据进行结构化呈现；
» **查询功能：** 根据用户提供的数据值进行搜索；
» **应用程序：** 提供安全性、保持数据一致性并处理特殊情况，例如处理缺货问题。

20 世纪 90 年代，基于当时可用的技术，数据库应用软件开始崭露头角。许多我们今天还在用的系统都是对那些应用软件的长期扩展；ERP 系统 SAP（我们在第 8 章中讨论）就是这种理念的一个很好的例证。在你职业生涯的早期，你应该会接触到这些应用软件。

然而，如今的许多数据库应用软件都基于使用浏览器、Web 和相关标准的新技术。这些基于浏览器的应用软件可以完美地替代旧的应用软件，而且它们更动态、更适合当今世界。要想知道其中的原因，让我们先来探索一下不同类型的应用软件。

● 传统的窗体、查询功能、报表和应用程序

在大多数情况下，传统数据库是由许多用户共享的。在这种情况下，如图 5-9 所示的应用软件被安装在用户的计算机上，而 DBMS 和数据库则被安装在服务器的计算机上。一种网络（在大多数情况下不是因特网）在用户计算机和 DBMS 服务器计

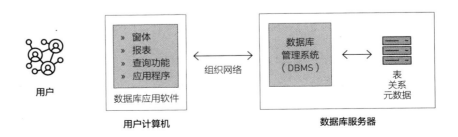

图 5-9　传统数据库应用软件的处理环境

算机之间来回传输数据。

像微软的 Access 数据库这种单用户数据库是个例外。对于这种数据库，应用程序、DBMS 和数据库都在用户的计算机上。

传统的窗体会在与图 5-2 类似的窗口上显示。这些窗体的作用在于：让用户查看、插入、修改和删除数据，但按照今天的标准，这种窗体则显得有些笨拙。它们显然与第 4 章中谈到的现代风格界面相去甚远。

图 5-10 展示了一份传统的报表，它属于静态的数据展示，采用了一种简单易懂的格式。在此报表中，每个特定学生的电子邮件都显示在学生姓名（Student Name）和成绩数据（见"HW1""HW2"下方的数字）之后。图 5-11 展示了一次传统的查询操作——向数据库请求数据。用户在一个类似窗口的方框中指定查询条件（图 5-11a），应用程序会找出符合这些条件的数据并给出反馈（图 5-11b）。

传统的数据库应用程序是用面向对象的语言编写的，比如 C++ 和 VisualBasic（有些应用程序甚至用了更早期的语言，比如 COBOL）。这些数据库应用程序是胖

Student Homework Progress with Emails			
Student Name	Student Number	HW1	HW2
BAKER, ANDREA	1325	88	100
Email Date	Message		
3/15/2025	My group consists of Swee Lau and Stuart Nelson.		
2/1/2025	For homework 1, do you want us to provide notes on our references?		
LAU, SWEE	1644	75	90
Email Date	Message		
3/15/2025	Could you please assign me to a group?		

图 5-10　学生报表示例

图 5-11a　短语搜索的查询窗体示例

资料来源：微软公司。

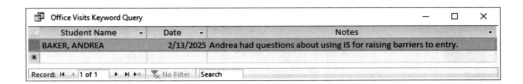

图 5-11b　查询结果示例

资料来源：Microsoft Access 2019。

客户机应用程序，需要安装在用户的计算机上。在一些情况下，所有的应用程序逻辑都包含在用户计算机上的一个程序中，服务器在运行 DBMS 和提供数据之外什么也不用做。在另一些情况下，一些应用程序代码同时被放在用户计算机和数据库服务器计算机上。

如前文所述，在你职业生涯的早期，你仍然会接触到传统的数据库应用软件，特别是企业级应用软件，如 ERP 和 CRM（将在第 8 章讨论）。最有可能的情况是，作为一名用户，你会关注如何从这些传统的数据库应用软件过渡到基于浏览器的数据库应用软件。

● 基于浏览器的窗体、报表、查询功能和应用程序

在基于浏览器的数据库应用软件中，数据库几乎总是在许多用户之间共享的。如图 5-12 所示，用户的浏览器通过因特网连接到 Web 服务器计算机，Web 服务器计算机再连接到数据库服务器计算机。（正如你将在第 6 章学到的那样，互联网的服务器端经常会涉及很多计算机。）

基于浏览器的应用软件是瘦客户机应用程序，不需要预先安装在用户的计算机上。在大多数情况下，用于生成和处理这些应用软件元素的所有代码都是在用户的计算机和服务器之间共享的。JavaScript 是用户端处理使用的标准语言。C# 和 Java 这样的语言则用于服务器端代码，而 JavaScript 通过一个名为 Node.js 的开源产品应用于服务器端。

基于浏览器的数据库应用软件的窗体、报表和查询会使用 html 来进行展示和处理，如今也会使用 html5、css3 和 JavaScript。图 5-13 展示的是在 Microsoft 365 中创建新用户账户的浏览器窗体。将它与图 5-2 中的窗体进行比较，你会发现它更简洁。

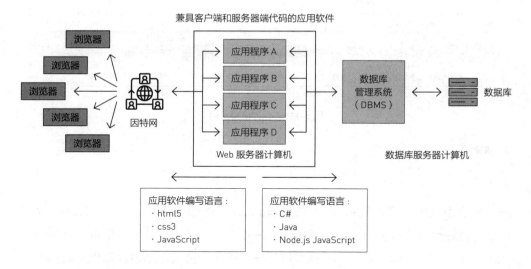

图 5-12　基于浏览器的数据库应用软件的处理环境

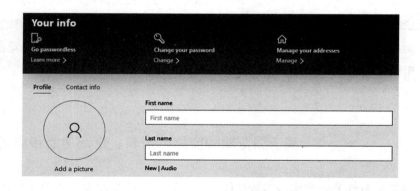

图 5-13　创建新用户账户的浏览器窗体

资料来源：微软公司。

图 5-14 是一张浏览器报表，展示了 SharePoint 站点的动态内容，几乎所有内容在单击后都可以生成其他报表或进行其他操作。用户可以在上方的搜索框中搜索特定的内容。基于浏览器的应用软件支持传统查询功能，但更令人兴奋的功能则是图形化查询（graphical query），让用户可以单击图形创建查询条件。

与传统应用软件相比，基于浏览器的应用软件的安全要求会更为严格。大多数传统应用软件在组织网络中运行，该网络会受到保护，免受来自因特网的常见威胁。基于浏览器的应用软件是通过互联网向公众开放的，相比之下它要脆弱得多。因此，维护安全是基于浏览器的应用软件的一个主要功能。与传统的数据库应用软件一样，

图 5-14　SharePoint 站点的浏览器报表

资料来源：微软公司。

它们也需要保持数据一致性并处理特殊情况。关于对数据一致性有需求的例子，可以参考多用户处理所带来的问题。

● 多用户处理

大多数传统应用和基于浏览器的应用都涉及多个用户处理同一个数据库的情况。虽然这种情况很常见，但它确实带来了一些特殊的问题，而你作为未来的管理人员应该了解这些问题。为了理解这些问题的本质，请考虑以下场景，这样的场景可能发生在任何类型的应用上。

在一个售票网站上，名叫安德烈娅（Andrea）和杰弗里（Jeffrey）的两位顾客都在试图购买一个热门赛事的最后两张票。安德烈娅用她的浏览器访问了这个网站，发现还剩两张票，于是她把两张票都放进了购物车。当她打开订票窗体时，她调用了售票网站服务器上的一个应用程序，该应用程序读取数据库并发现还剩两张票可售，但安德烈娅并不知道这些。在付款前，她花了一些时间和她的朋友确认了一下对方是否仍然想去。

杰弗里使用他的浏览器也发现还有两张票，因为他的浏览器调用了同一个应用程序，该应用程序也读取了数据库并发现还剩两张票可售（因为安德烈娅还没有付款）。他把这两张票放进购物车里，然后去付款了。

与此同时，安德烈娅和她的朋友也决定了要去，所以她也去付款了。显然，这就出现了麻烦。安德烈娅和杰弗里都要买这两张票。他们中的一个注定会空手而归。

这个问题被称为丢失更新问题（lost-update problem），它体现了多用户数据库处理的一个特殊特征。为了预防这个问题，必须使用某种类型的锁定功能来协调用户的活动，因为用户对彼此一无所知。然而，锁定功能也会带来一系列问题，这些问题也必须得到解决。不过，我们不会在此深入探讨这个问题。

在管理涉及多用户处理的业务活动时，要当心可能出现的数据冲突问题。如果你发现错误结果的原因不明，你可能就遇到了多用户数据冲突问题。请联系你所在组织的 IS 部门寻求帮助。

5.5 eHermes 公司如何能够从数据库系统中获益

eHermes 公司希望加快从卖家那里收取新物品的盘点过程。目前，销售人员必须等待客户输入冗长的产品描述，这些描述通常是不完整或不正确的。如果可以给新物品拍照，并使用谷歌的图像分类器自动识别出物品，eHermes 公司将能够自动填充其数据库。这些信息可能会比 eHermes 公司目前获得的信息更详细、更准确，商品的销售速度也会快得多。

这个过程需要大量的数据存储和多个数据流。图像将从移动店铺发出并被存储在本地或云上。然后，这些图像将被发送到云服务平台并得到处理。一旦识别出物品，eHermes 公司就会从其他网站查询产品信息、用户评论和过去的销售数据。整个过程需要快，且能够随着 eHermes 公司的发展而扩展。

eHermes 公司可以从两种数据库架构中选择一种。如果选择第一种架构，它可以将图像存储在一个文件服务器上，并将每个图像的元数据保存在一个关系型数据库中，使其便于查询。这些元数据将包括该图像在文件服务器上的地址。或者，eHermes 公司还可以选择使用一种新的 NoSQL DBMS 产品，比如 MongoDB（一种面向文档的开源 DBMS），将图像存储在与元数据相同的数据库中（参见本章第5.6 节）。

IT 服务总监塞斯调研了这两种选择，并与自动化专家卡玛拉讨论了他的调研结果。他们都对 MongoDB 的潜在应用很感兴趣——换言之，他们对学习新知有某种渴望。他们并不了解这类产品有多好用，也不知道 MongoDB 的查询功能有多么强大。

另外，他们可以轻松地修改现有的微软 SQL Server 数据库来存储元数据。在该元数据中，他们也可以存储该图像在该文件服务器上位置的 URL 地址（例如，https://abc.ehermes.com/image1）。这样，他们就可以使用微软 SQL Server 来存储数据，然后再使用图形查询设计工具进行查询。因为微软 SQL Server 也可以处理本地 SQL，所以，如有必要，他们可以使用 SQL 进行较为复杂的查询操作。

塞斯和卡玛拉讨论了这些备选方案，并决定使用微软 SQL Server 来存储元数据。他们知道这个选择风险较小，因为他们使用的是熟知的技术。此外，他们都能熟练使用微软 SQL Server，能够以较低的风险快速开发数据库和应用程序。塞斯和卡玛拉为此制作了一个简短的文档，并将其呈交给 eHermes 公司首席执行官杰茜卡，然后杰茜卡赞同这一方案。

方案获得批准后，塞斯绘制了一张像图 5-15 那样的实体关系图，并与卡玛拉交换了意见。卡玛拉认为，他们或许可以在分析（Analysis）实体中添加一个雇员（Employee）实体，而不仅仅是员工姓名，这样他们就可以存储员工姓名以外的其他数据。然而，公司目前还没有那么多员工，而且添加额外的实体可能会使该应用程序变得难以使用，至少目前情况是这样。于是，达成共识后，他们开始继续创建数据库和相关的应用程序。

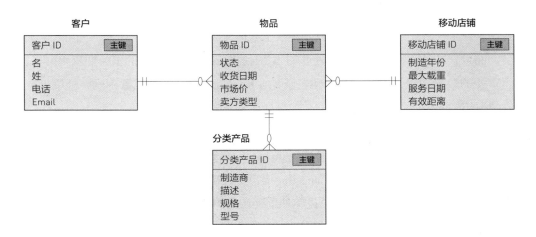

图 5-15　eHermes 公司数据库的实体关系图

5.6　什么是非传统数据库管理系统产品

关系模型在过去的 30 多年中一直是处理数据库的标准方式，也是唯一的方式。然而，最近的情况发生了变化。部分原因在于关系模型的主要原则（固定大小的表、用外键呈现关系、规范化理论）是在 20 世纪 60 年代和 70 年代初因存储空间和处理速度有限才形成的。在某个时间点，可能是 20 世纪 90 年代中期，随着存储和处理技术的提升，这些限制已荡然无存。换句话说，现在已经不需要关系模型了。

此外，关系模型原本就不适合存储商务文档。例如：用户希望存储销售订单；他们不希望通过规范化的方式把订单分解并将数据存储在单独的表中。这就像把你的车开到停车场，让管理员把车拆成碎片，再把碎片存放在不同的堆里，然后，当你回来取车时，你再把碎片重新拼装起来。为什么要这样？为了停车场管理的高效和便利。所以，关系模型存在的主要理由就不复存在了，通过规范化的方式来拆解文档也就不再必要了。

● 新的数据类型需要不同的存储方式

还有其他原因可以解释为何会出现新的数据库处理方式。首先，许多组织希望存储新类型的数据，比如图像、音频和视频。这些文件是大的比特集合，它们不适用于关系结构。正如你在本章第 5.5 节中学到的那样，这些文件的集合仍然需要元数据；我们需要这些数据来记录文件存在的时间、地点、方式和目的，但是我们不需要仅仅为了获得元数据而将它们放入关系型数据库。

而且，许多因特网应用程序处理的事务比传统应用程序处理的事务要简单得多，但事务的数量却也大得多。与一辆肯沃斯（Kenworth）卡车的配置相比，一篇推文的数据结构简直微不足道，但是推文的数量比卡车的配置要多得多。

更重要的是，传统的关系型 DBMS 产品用大量的代码和强大的处理能力来支持所谓的事物的 ACID 特性，即原子性（atomic）、一致性（consistent）、隔离性（isolated）、持久性（durable）。从本质上讲，这个缩略词的意思是：要么处理所有事务，要么不处理事务（原子性）；无论是单独处理还是与数百万个其他事务一起处理（隔离性），事务都将以相同的方式被处理（一致性）；一旦存储了一个事务，它就永远不会消失，即使存在故障（持久性）。

　　事务的 ACID 对传统商业应用程序至关重要。即使在机器出现故障的情况下，先锋领航公司（Vanguard）也必须处理一次交易的卖出和买入：它不能只处理交易的一部分。而且，今天存储的数据，明天还得留存。但是，许多新的互联网应用程序并不需要 ACID。你的推文只存储了一半，或者今天存储的数据明天就不见了——这件事有百分之一的可能性会发生，但谁会在意？

● 需要使用多台服务器进行更快的处理

　　开发非关系型数据库的另一个原因是需要使用多台服务器来获得更快的性能。几年前，亚马逊认为关系型数据库技术无法满足其处理需求，于是开发了名为 Dynamo 的非关系型数据库。与此同时，出于相同的原因，谷歌开发了名为 Bigtable 的非关系型数据库。脸书从这两个系统中获得了灵感，开发了名为 Cassandra 的非关系型数据库。到了 2008 年，脸书将 Cassandra 移交给开源社区，现在 Apache 将其列为顶级项目，将开源项目提升到了前所未有的高度。

● 非传统 DBMS 的类型

　　上述新型的需求导致 DBMS 出现了三个新类型：

1. **NoSQL DBMS**。这个首字母缩略词具有误导性，其实它应该叫作非关系型（nourelational）DBMS，指的是新型 DBMS 产品，这些产品支持快速的事务处理速度，可以处理相对简单的数据结构，能在云中的许多服务器上被复制，不支持 ACID 事务处理。MongoDB、Cassandra、Bigtable 和 Dynamo 都属于 NoSQL 产品。

2. **NewSQL DBMS**。这些 DBMS 产品就像 NoSQL DBMS 一样，有非常高的事务处理速度，但其支持 ACID 事务处理。它们可以支持也可以不支持关系模型。这类产品是开发的温床，几乎每天都有新的供应商涌现。目前尚不确定有哪些旗舰产品。

3. **内存（In-memory）DBMS**。这类 DBMS 产品在内存中处理数据库。这项技术之所以成为可能，是因为今天的计算机内存非常大，一次可以容纳整个数据库，或者至少可以容纳其大部分数据。通常，这些产品支持或扩展了关系模型。SAP HANA 是一种配备内存 DBMS 的计算机，它同时支持大规模的 ACID 事务处理和复杂的关系查询处理。Tableau 软件公司的报表产品是由一个专有的内存 DBMS 支持的，使用的是 SQL 扩展版。

● 这些新产品会取代关系模型吗

这些新产品的出现是否意味着关系型数据库的消亡呢？似乎不太可能，因为众多组织已经创建了成千上万个传统的关系型数据库，其中包含数百万行应用程序代码，这些代码依靠关系数据结构处理 SQL 语句。没有组织愿意花费这么多资金和精力去转换这些数据库和代码，在资深技术人员中也存在一种坚持使用关系模型的趋势。然而，这些新产品正在削弱关系型数据库技术几十年来保持的优势地位，而且未来也很可能会有许多 NoSQL、NewSQL 和内存数据库出现在商业领域中。

此外，甲骨文、微软和 IBM 等 DBMS 供应商也不会坐以待毙。它们有大量的资金和高水平的开发人员，可能会将这些新型 DBMS 的特征纳入其现有的或新的产品中。它们收购一些 NewSQL 初创公司的可能性尤其巨大。

用第 2 章的术语来说，数据库软件市场 20 多年来第一次出现了有望成功的新进者。那么，微软、甲骨文和其他 DBMS 供应商是否会因为非传统产品及其供应商而失去一部分市场呢？它们会效仿 IBM 的做法吗？不做软件供应商，转而去做支持开源软件服务的销售商？或者，我们很快会看到甲骨文等现金充裕的公司收购这种新公司？事实上，当你读到这本书时，这种情况可能已经发生了。

● 非关系型 DBMS 对你来说意味着什么

在你职业生涯的早期，你将看到许多非传统数据库被诸如亚马逊、谷歌等大公司开发出来。那么，作为一名商务专业人士，这对你来说意味着什么呢？首先，这类知识是有用的，你要关注这个领域的发展。当你遇到问题时，你可能会选择使用这些新型数据库中的一种。然而，除非你是 IT 专业人士，否则你不会直接与这些数据库打交道。但是，了解这些数据库并向支持你的需求的 IS 人员提出使用建议，将会使你受益颇多。

此外，要从投资者的角度观察非关系型 DBMS 产品的发展。并非所有的产品都是开源的；即使它们是开源的，也会有公司将它们整合到自己的产品或服务中，而这些公司很可能是很好的投资对象。

如果你有兴趣把 IS 作为自己的主修专业或第二专业，请关注这些产品。你仍然需要学习关系模型和关系型数据库的处理；它们将在很长一段时间内成为这个行业的支柱。但是，围绕着非关系型数据库，也会出现令人兴奋的新机会和职业道路。你可以了解它们，并利用这些知识使自己从竞争中脱颖而出。

许多有趣又有前途的发展方向即将出现！

本章的知识对你有什么帮助

现在你了解了数据库的功能和数据库的处理方式。你还了解了非传统 DBMS 的新类别。当你所在的组织有像 eHermes 公司这样的需求时，这些知识将让你成为团队中的核心成员。你还可以通过学习章节延伸 6、章节延伸 7 和章节延伸 8 来让这些知识大幅增值。

创新指南

高效分析

为小型组织设计的电子表格软件经常被滥用。例如，如果你使用电子表格软件来管理一个包含数十万行数据的数据集，你就会发现，对数据进行排序和

保存更新等简单操作都需要几分钟时间。如果把时间浪费在基本操作上，你就很难高效地工作。随着组织不断地收集越来越大的数据集，它们需要更强大的、

可扩展的数据管理解决方案。该解决方案必须能提升（而非阻碍）重要数据的快速收集和分析工作的质量。

如今，大量的数据收集、存储和分析工作都已经转移到了云端。你可能并没有意识到这一点，但是现在的你可能正在使用某种基于云的存储解决方案。如果你使用多宝箱（Dropbox）、OneDrive 或谷歌云盘等应用程序，你就是在使用云。你不再需要使用 U 盘或其他物理存储介质将文件从一个设备传输到另一个设备上了。你可以在任何联网的设备上访问你的文件。

作为一名学生，你可能会发现云存储极其便利（比如，与同学共享小组项目的大文件）。组织也同样正在利用云端的这种能力和便利，但规模要大得多。不过，组织想要的并不只是文件访问的便利；首席信息官（chief information officer，CIO）们正在试图将数据存储和分析合并成一个协同操作。

探寻答案

组织已经认识到了云分析会带来好处，拉雷多石油（Laredo Petroleum）公司就是一个例子。在一次采访中，其 CIO 描述了该公司为改善钻井作业而一直在使用的烦琐的数据分析过程。这种旧方法需要使用大量的电子表格并进行大量人工计算，需要耗费很长时间才能完成。等到从数据中提取出可操作的结论时，该结论的价值已经因为过时而大打折扣了。

拉雷多石油公司必须解决的一个重要问题是：应该何时清理油井中的化学沉积物。清理这些沉积物可以提高油井的工作效率，但派遣维修团队清理油井的成本很高。后来，拉雷多石油公司将过时的基于电子表格的问题分析方法转变为使用基于云的分析平台。这种新方法使数据管理更灵活、数据分析更充分、数据可达性更好。现在，该公司员工可以在任何时间、任何地点用传统的个人电脑或移动设备访问数据了。

云分析提供了更加灵活的信息系统架构。它可以更轻松地对市场条件变化做出反应（例如，2008 年和 2015 年，油价急剧下跌，这一情况曾影响拉雷多石油公司的业务开展）。在受大数据驱动的世界里，为了使组织得以生存和发展，云分析是一种可行的办法，而拉雷多石油公司并不是唯一一家认识到这一点的公司。最近的一份研究报告称，到 2026 年，全球的云分析使用量将增长 24%。对云分析的广泛兴趣可能是由数据存储和分析功能的进步驱动的，这些进步包括增强的可伸缩性、跨设备并行性、资源池和敏捷虚拟化技术。

暴风雨来袭

说出云服务的好处很简单，但你可能想知道它是否有缺点。想想你自己使用云服务的体验吧。在云端存储文件有什么隐患吗？有些人对于在云端存储照片和财务数据（例如纳税申报表）感到不安。他们的数据会被安全地存储吗？把你的个人数据放在一个你无法控制的地方安全吗？

还有一些其他的风险。你的数据是否会因系统故障或云服务供应商内部的恶意人员而永久丢失？针对云服务供应商的拒绝服务（denial-of-service，DoS）

攻击是否会导致你在较长时间内无法访问自己的数据？与任何其他系统一样，安全往往是以牺牲便利性为代价的。作为领导者，你必须考虑云服务的好处是否大于其潜在的风险，因为在某些情况下，潜在的风险可能会演变成切实的巨大损失。

1. 你是否已经将你的个人数据存储在了云端？如果是，你是存储了所有数据还是仅存储了某些类型的数据？如果否，是什么因素阻碍了你将数据交给云供应商？如果你不使用基于云的存储功能，你是如何备份数据的呢？
2. 本文讨论了一家石油公司使用基于云的数据分析功能来改进决策的案例。基于云的数据分析功能让组织有能力实时捕获大量数据并分析数据，然后利用分析结果做出更好的决策。想想看，还有哪些行业可以从中受益呢？
3. 本文提到，一些用户可能会决定在本地管理自己的数据，而不使用基于云的服务，因为他们害怕在发生 DoS 攻击时无法访问自己的数据。花几分钟研究一下什么是 DoS 攻击，以及它如何能阻止用户访问自己的数据。请准备好向其他同学解释这个概念。
4. 在商业环境中，什么类型的组织更重视安全性而不是便利性？什么类型的组织会优先考虑便利性而不是安全性？

不要使用相同的密码

设想一下以下场景：你正在网上寻找一双新鞋。后来你发现了一个网站，其中有一款鞋有你喜欢的颜色和适合你的鞋码。接下来你要去付款，这时网站提示你，可以作为访客付款，也可以先在该网站创建一个账户，这样就可以获得 10% 的折扣。

这个折扣足以让你愿意花时间创建一个账户，你需要提供你的电子邮件地址作为你的用户名，并创建一个密码。你本没有预料到要花时间创建这个账户，所以为了尽快结账，你决定使用电子邮件账户的密码。（你是不是疏忽了一件事？）你用礼品卡完成了交易，然后热切盼望着能在几天后收到新鞋。

几周后，当你和朋友一起出去时，

他们向你介绍了他们很喜欢的一款新软件。这是一个分享短视频的平台，上面的很多视频都非常有趣。虽然任何人都可以下载该软件并立即观看视频内容，但只有创建个人账户才能去除广告、使用该软件的投票功能、与其他用户分享视频、根据你喜欢的视频定制为你推送视频内容，并发表评论。

交互性和自定义订阅功能似乎是该软件最吸引人的部分，于是你决定创建一个账户，并使用你购买鞋子时使用的电子邮件地址和密码。你再一次为了节省时间和图一时方便而将多个账户使用相同密码的风险抛之脑后。不幸的是，你在社交媒体网站、大学校园网、金融机构官网等网站上一次又一次地使用相同的密码，你已经养成了这个坏习惯。

使用相同凭证的多米诺骨牌效应

几周后，你看到一篇新闻报道，一个受欢迎的电子商务网站刚刚报告了一个安全漏洞——正出现在你买鞋的那个网站。你并不担心，因为你没有用信用卡买鞋，而用了礼品卡——你觉得没什么可担心的……

然而，黑客能够进入该公司的一个数据库，该数据库以明文形式存储了用户的基本个人数据和账户凭证（即未加密的用户名和密码）。黑客将所有这些数据发布在暗网上，其他不法分子现在已经开始在不同的网站上用自动化工具测试这些用户名和密码了［这就是所谓的"撞库"（credential stuffing）］。

过了不到 48 小时，你突然开始在社交媒体上收到朋友的通知，说他们收到了你的借钱请求。你登录自己的银行账户，看到了一笔 850 美元的不明转账。你发现你的账户为几部苹果公司的电子产品付了款，而这些产品已经被发往未知地址。你的电子邮件账户被标记为发送了大量网络钓鱼攻击邮件的账户。

你成了使用相同密码造成的多米诺骨牌效应的受害者。如果你在不同的账户中都使用相同的密码和电子邮件地址，就会产生多米诺骨牌效应——当一个账户被盗用时，你的所有账户都很容易被盗。虽然这种情况听起来令人难以置信，但这样的"恐怖"故事其实经常上演。

悲惨的现实

组织在信息安全行为方面面临着许多难题，包括培训员工抵御社会工程学攻击、帮助管理人员避免鱼叉式钓鱼攻击，以及培训用户识别可疑电子邮件的特征。相对来说，说服人们为不同的账户使用不同的密码本应该是件很容易的事情，但这对个人和组织来说却是一个令人苦恼的问题。

有一项研究调查了大约 2800 万组凭证，发现大约有 50% 的用户重复使用同一个密码或只是对其稍作修改。此外，对这些凭证的分析发现，在那些被修改过的密码和所有被重复使用的密码中，有三分之一都可以很快地被破解。最近，微软公司收集了数十亿已被泄露的密码，发现超过 4000 万个微软用户重复使用了自己的密码。

显然，使用相同密码的问题非常普遍。除了教育人们了解使用相同密码的风险，许多其他的技术解决方案也应运而生。例如，双因素认证要求访问账户不仅仅需要密码（例如，你还必须输入发送到手机的验证码,然后才能登录)。

此外,密码管理软件可以更容易地存储和设置独特的密码(你不用试图记住这些密码)。一些 Web 浏览器能发出网站遭到入侵和用户应该更改密码的警报。甚至有人建议,可以通过击键分析来识别重复使用的密码。虽然有了这些技术保障措施,但只有当用户真正愿意使用这些解决方案来帮助自己时,这些措施才能真正对他们有所帮助。

问题

1. 想一想你自己使用相同密码的行为。你有没有在自己的个人账户中重复使用相同的密码?如果有,本文描述的场景是否改变了你对使用相同密码的认识,并让你决定将来不再这样做?

2. 同理,你是否曾经为一个雇主创建过账户,并为该账户使用了相同的密码?如果你没有使用相同的密码,是因为你意识到,一旦你的个人账户被盗,会给你的雇主带来潜在风险吗?此事对你的自我保护是否有借鉴意义?

3. 本文提到击键分析是一种检测并防范使用相同密码的方法。为什么通过对某人的键盘输入行为的评估可以识别其使用相同密码的行为?

4. 在不同的账户中使用相同的密码与用同一把钥匙打开不同的门相比,情况如何?想一想,如果你弄丢了那把能打开你家所有的实体门的钥匙,会带来什么后果。

就业指南

姓名:凯莉·史密斯
公司:Extend 公司
职位:高级数据平台工程师
教育:犹他大学

1. 您是如何获得这份工作的?

直到毕业后,我还在想我对信息系统的哪一部分感兴趣。我找到了一份数据分析师的工作,然后我发现自己真的很喜欢和数据打交道。在过去的几年里做过的工作提升了我在数据和云技术方面的技能,现在我是一名数据平台工程师,负责数据和数据基础设施方面的工作。

2. **是什么把您吸引到这个领域的?**

我一直喜欢与计算机打交道并用计算机来解决问题,在犹他大学上了第一门信息系统课以后,我的内心深受触动。这是一个不断发展壮大的领域,有着许多令人兴奋的新机遇。有那么多不同的东西可以探索,肯定会让你受益匪浅!

3. **您典型的一个工作日是怎样的(在职责、决策、问题方面)?**

我在不同的时间忙于不同类型的数据项目。我可能正在从外部 sftp 或内部 Dynamo 数据库中提取新的数据源,或者在我们的数据仓库中创建新表,或者在我们现有的表中排除数据错误。这些只是几个例子,我会和同事一起决定哪些是最好的方法,以及哪些任务是需要优先处理的。

4. **对于您的工作,您最喜欢的是哪一点?**

我喜欢在任何给定的时间里都有不同的事情可做,而且还可以接触到不同的技术,所以我一直在学习。

5. **要做好您的工作,需要具备哪些技能?**

处理数据确实需要一个人善于分析并注重细节;耐心也很重要。你可能会把一整天的时间都花费在错误的方法上,以至于第二天还得从头再来,在一个小时内找到答案。就技术技能而言,你需要了解数据建模、SQL、数据分析等内容,大多数工作都需要用到 Python 语言。

6. **在您的工作领域,学历和证书重要吗?为什么?**

对任何想在信息系统领域工作的人来说,不断学习新技术都是很重要的。如果你能表现出你愿意在工作中学习,也愿意自学的态度,雇主会更愿意雇用你。

7. **您对那些想在您的领域工作的人有什么建议?**

保持开放的心态,尝试新事物。我在学校读书的时候,专攻安全方面的研究,因为我觉得它听起来更有趣,但最终我更多地是在做数据方面的工作。搞清楚自己真正感兴趣的是什么,你学得越多,机会也就越多。

8. **您认为未来十年热门的科技工作是什么?**

在过去的几年里,我看到数据科学和机器学习方面的岗位在增多,未来这些岗位还会继续增多,它们也增加了数据工程方面的岗位需求!

线索查找和人脸搜索

警探米利特（Millett）开着他那辆警用巡逻车沿着蜿蜒的乡路慢慢驶向犯罪现场，轮胎嘎吱嘎吱地碾过路面上的砾石。今天早上两个慢跑者在防洪区附近发现了一具尸体。这个地方离最近的房子或公司有好几英里远，米利特虽然受过专业的特殊训练，但他也不愿意到这里来跑步。（他转念一想，也许只是因为他讨厌跑步吧。）随风飘动的黄色隔离带和警用无线电里突然发出的声音让他的思绪回到了犯罪现场。他把巡逻车缓缓驶离公路，停在几棵大松树之间。

犯罪现场很阴森，死者身负重伤。现场的一些痕迹和死者的伤口与过去6～8个月以来该地区报道的其他谋杀案相似。到目前为止，这些案件的调查人员都没有找到任何可疑的证据。在现场能否找到一些线索还是个未知数，也许法医会发现些什么，也许警察能成为英雄，就像人们在电视上看到的那样。

经过对犯罪现场的勘察，警探们发现受害者和行凶者来自两个不同的方向。就在这时，一个新警察跑过来，他戴着手套的手里拿着一部沾满尘土的手机。他解释说，他在大约20码①外的灌木丛附近发现了这部手机，手机旁边有一块草皮，看起来手机是以相当快的速度扔到那里去的。

手机是开着的，还可以使用，而且

最幸运的是，手机似乎没有密码锁。他们开始对手机进行初步搜索，想看看是否有最近的照片或短信可以显示受害者的身份和具体的犯罪时间，更重要的是，犯罪嫌疑人的身份。

他们打开照片应用程序，并在图库中调出了第一张照片。当照片占满整个屏幕时，他们不禁倒吸一口冷气。那是一张在这片树林里拍摄的照片，上面的人身份不明，拍摄时间正是警察们断定的案发时间。这张照片似乎是偷拍的，照片里的人似乎并不知道有人在拍照。也许死者觉察到了此人的可疑之处，于是悄悄拍了张照片。

照片中的人脸有一部分是相对清晰的，但兜帽挡住了脸的上部和下部。由于有遮挡，米利特认为从照片中获知此人身份的可能性很小。最初看似关键的证据也许到后来就没什么用了。其他人员处理完犯罪现场后，米利特回到了他的巡逻车上。在开车回家的途中，他觉得侦破这个案件的希望有些渺茫。

可用的应用程序

从米利特警探去防洪区的犯罪现场到现在，已经过去了好几个星期。尽管有无数次法医检测，警察在媒体上也发布了那张嫌疑人的照片，但此案仍无可靠线索。除了"一名警察"，如果还有

---

① 1 码 ≈ 0.9144 米。——编者注

别的词可以形容米利特，那就是"勒德分子"（Luddite），即不惜一切代价回避或反对使用新技术的人。他所在的小镇警局没有很多闲钱，所以负担不起大警局用的那些仪器、设备和技术。虽然这对他来说是件好事，但为了这个案子，他决定试试那些新事物。也许那些闻所未闻的科技可以为调查带来一线希望。

米利特打电话给读警官学院时的一位老朋友，后者恰巧在一个大城市的警局工作。他告诉米利特，有一家名为 PureSite 的公司创建了一个庞大的数据库，该数据库中包含了互联网上的公开图片。执法机构可以购买权限去数据库中进行搜索，以匹配受害者或嫌疑人的图像，从而进行身份识别。这听起来是个令人信服的信息，于是米利特打开笔记本电脑，想找到那家公司的网站，看看这是不是个可行的办法。

虽然在网上搜索到的第一个结果是

PureSite 的页面，但米利特也注意到，还有一些新闻出现在了搜索结果中。只是快速浏览了一下新闻标题，他就有些犹豫了。显然，这家公司已经引起了很多争议。

该公司收集的人脸图像被认为侵犯了人们的隐私，特别是其中包含的儿童图像。在一篇报道中，米利特读到，一位州检察长甚至对该公司提起了诉讼，因为他认为该公司的行为不道德。PureSite 辩护称，其数据库中的所有图片都是从互联网上获取的，其员工并没有在社交媒体上收集私人图片。然而，PureSite 的说法似乎并没有平息批评的声音。

米利特向后靠在椅子上，摇了摇头。他非常想破案，但他绝不想在一堆案件未破的情况下再坠入一个公关噩梦。他不知道该怎么办了。假设你是米利特，请回答以下问题。

1. 请评估米利特面临的困境，并假设他选择了购买 PureSite 的服务来协助破案。

a. 根据绝对命令（第 1 章）的观点，这种行为是道德的吗？

b. 根据功利主义（第 2 章）的观点，这种行为是道德的吗？

2. 你的照片或其他关于你的数据很有可能已经被存储在了诸如 PureSite 这种公司的数据库中，你个人是如何看待这种做法的？

3. 如果 PureSite 使用了你和其他无数人的数据来牟利，而你却没有从中得到任何好处，你对问题 2 的回答会发生改变吗？

4. 如果你认识罪案的受害者，而执法部门正在考虑是否要使用 PureSite 平台来协助破案，你会希望它这样做吗？

问题

第 5 章要点回顾

请使用本部分验证你是否理解了回答本章学习目标中的问题所需的想法和概念。

1. 为什么需要了解数据库?

- 请列举出你每天与数据库打交道的三种方式,尽管数据库并不直接可见。总结商务专业人士应该学习数据库技术的四个原因。

2. 什么是数据库?

- 请给数据库下定义。解释数据的等级结构并说出数据库的三个元素。定义元数据。使用学生表和办公室访问表的示例,说明如何在数据库中表示行间关系。给主键、外键和关系型数据库这几个术语下定义。

3. 什么是数据库管理系统?

- 请解释 DBMS 这一首字母缩略词并说明其功能。列出五个流行的 DBMS 产品。解释 DBMS 和数据库之间的区别。总结 DBMS 的功能。定义 SQL。描述数据库管理的主要功能。

4. 数据库应用软件如何能够使数据库变得更有用?

- 请解释为什么数据库表本身对商务用户来说不是很有用。列出数据库应用软件的四个元素,并描述每个元素的作用。解释数据库应用软件和数据库应用程序之间的区别。描述传统数据库应用软件的性质。解释为什么基于浏览器的应用软件比传统的更好。列出支持基于浏览器的应用软件的主要技术。

5. eHermes 公司如何能够从数据库系统中获益?

- 请描述 eHermes 公司可用的两种系统架构。解释每种方案的优缺点。陈述该公司相关负责人的选择并解释其理由。

6. 什么是非传统数据库管理系统产品?

- 请定义 NoSQL 数据库并给出三个例子。解释 NoSQL 在组织中可能会被如何使用,并说明为什么学习 Microsoft Access 对你来说仍然很重要。解释这些系统开发的不寻常之处。描述 NoSQL 对 DBMS 产品市场可能产生的影响。

本章的知识对你有什么帮助

在学习了本章介绍的概念和一些基本的 Access 知识之后，你将能够查询和提取数据来帮助解决组织面临的问题，或者至少能找出问题所在。你还知道了 DBMS 产品的新类别正在涌现，对你所在组织的数据库需求而言，它们可能是至关重要的。

第 6 章

云

"那么，你认为云能解决我们的问题吗？"eHermes 公司首席执行官杰茜卡问道。她正在与 IT 服务总监塞斯和首席运营官维克托开会讨论 eHermes 公司的数据存储成本。

"完全可以。如果我们把数据存储外包到云端，就能大大降低成本。"塞斯自信地说。

"你说什么？"维克托有些生气了。

"我说云端。我们把所有的数据都转移到云端。"塞斯回答。

杰茜卡好奇地问："哦，塞斯，我正想问，云是怎么起效的呢？"

塞斯回答："我们从第三方租用存储容量，并通过互联网访问数据。"

维克托不解地问道："你是说我们宁可租硬盘也不买硬盘吗？"

"嗯，但不完全是这样。我的意思是，我们不会在数据中心安装更多硬盘。云将允许我们以非常灵活的、即用即付的方式租用在线存储空间。随着业务的增长，我们可以获得更多的存储空间，并不断扩容以满足我们的需求。"

"你的意思是我们每天都可以更改租赁条款吗？"维克托对此表示怀疑。"好吧，那要花多少钱？肯定不便宜吧。"

"每 TB 10 美元怎么样？"塞斯说。

杰茜卡对此感到困惑，她问："你说的每 TB 10 美元是什么意思？"

"我们可以每月花大约 10 美元来获得 1 TB 的在线存储空间。"塞斯说这话时咧嘴一笑。

"这怎么可能？他们只收这么点儿钱吗？"维克托惊讶不已。

"是的，他们只收这么点儿钱。我们想要多少存储空间就能得到多少，我们的系统会自动上传来自移动店铺的所有数据。我们平均每月的存储成本将比现在低至少 50%。这还不包括节省的电力成本、备份时间成本，而且我们也不必再购置新硬件。"塞斯认为实际的存储成本可能会更低，但他不太确定。

"塞斯，你一定是在开玩笑吧！我们每月可以节省数万美元的数据存储费用——这可是一大笔钱啊。在过去的一年里，我们在存储上花的钱增加了 350%。公司发展得如此之快，我们更需要精打细算。另外，你正在推进自动化库存识别系统开发的新项目，这个项目的数据存储成本将相当之大。"维克托说这话的时候，他内心深处在想："但愿塞斯的话是真的。"

"嗯，项目进展得很顺利，但我并不知道会需要多大的存储空间。打造这个系统需要投入额外的资金，还需要一些时间。我也担心受到供应商的牵制，而且我还有一些安全方面的担忧。"

"塞斯，拟定一个计划发给我。我需要看到一个计划。"杰茜卡在想，在接下来的两个季度……甚至是更远的将来，他们将节省多少存储成本。

"下周我把计划发给你。"

"塞斯，周五之前就发给我吧。"

6.1 为什么云是大多数组织的未来

我们将云（cloud）定义为通过因特网对计算机资源池进行的弹性租赁。之所以使用"云"这个术语，是因为大多数早期的三层架构图和其他基于因特网的系统会使用云这个符号来表示因特网，而且组织逐渐认为其基础设施位于"云中的某个地方"。要理解云的重要性，首先需要知道"云"这个术语的来源。

从 20 世纪 60 年代初到 80 年代末，组织主要使用大型机或者说大型高速集中式计算机来满足其内部的数据处理需求（如图 6-1 所示）。大型机架构（mainframe architecture）支持中央大型机和许多瘦客户机（thin client）[后者有时也被称为计算机终端（computer terminal）] 之间的连接。瘦客户机本质上是一个屏幕、一个键盘和一个网络连接的集合。所有的应用程序、数据和处理能力都在大型机上。那时还没有我们现在所说的云，因为因特网还未出现。

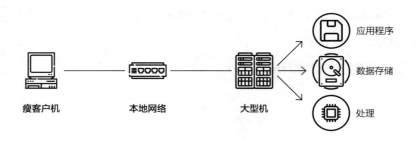

图 6-1 大型机时代（20 世纪 60 年代至 80 年代）

到 20 世纪 90 年代初，因特网开始普及。用户将他们的个人计算机（独立客户机）连接至因特网，组织购买服务器来托管它们的网站和数据（内部托管）。正如你在第 4 章中所读到的，客户机 – 服务器架构（client-server architecture）允许客户（用户）通过因特网向服务器发送请求。服务器通过将数据发回给客户来响应请求。例如，在家里的用户可以通过单击链接来向 Web 服务器发送网络请求。然后，Web 服务器将网页的副本发回给用户。如图 6-2 所示，应用程序和数据存储可以在客户机或服务器上，也可以既在服务器上也在客户机上。数据处理的负荷也可以由客户机和服务器共同分担。

客户机 – 服务器架构比大型机架构对组织更有吸引力，因为服务器要便宜得多。

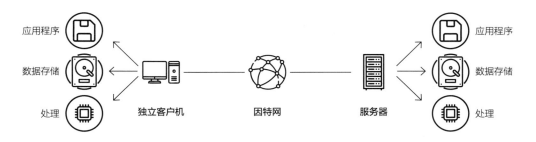

图 6-2　客户机 – 服务器时代（20 世纪 90 年代至 21 世纪初）

大型机的价格是几百万美元，而服务器的价格只有几千美元。与大型机相比，服务器的可扩展性（scalability）更强，或者说更容易满足增长的需求，因为它们的增量成本更低。客户机 – 服务器架构还允许世界各地的用户访问系统，只要联网即可。在这个时期，我们如今称之为云的东西已经出现，但现代的云计算还要等上几年才会出现。大型机并没有随着客户机 – 服务器架构的出现而完全消失。事实上，仍然有一些大型组织（如大型银行）在使用大型机处理日常事务。

云计算

直到 2008 年前后，大多数组织都还在构建和维护自己的计算基础设施。组织购买或租用硬件，然后配置硬件并使用这些硬件来支持其电子邮件、官网、电子商务网站和组织内部的应用程序（如会计和运营系统）。然而，2008 年后，组织开始将其计算基础设施向云端迁移。

云计算架构（cloud computing architecture）允许员工和客户访问云端的组织数据和应用程序。如图 6-3 所示，人们可以通过个人计算机、瘦客户机、移动设备、物联网设备等多种设备远程使用应用程序、数据和处理能力。组织不再需要购买、配置和维护昂贵的计算基础设施。组织现在转向云计算架构的原因与过去转向客户机 – 服务器架构的原因相同，即降低成本和提高弹性。

使用云还有其他益处。在本章的开头，我们将云定义为通过因特网对计算机资源池的弹性租赁。下面我们来探索使用云的其他益处。

弹性

弹性（elastic）这个术语最初是亚马逊使用的，它的意思是组织可以在短时间

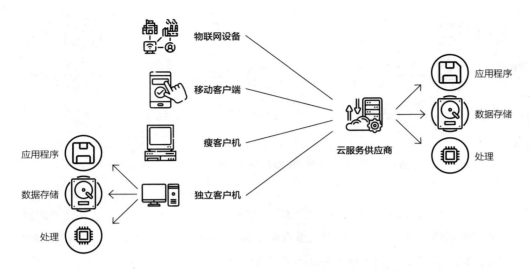

图 6-3　云计算时代（2008 年至今）

内动态地、程序化地增加或减少租用的计算资源，并且组织只会为它们使用的资源付费。

弹性与可扩展性不同，可扩展性是对缓慢增长的需求的响应能力。系统具有在未来十年内每年增加 1000 个新客户的能力（即响应需求的增长），这便是可扩展性的一个例子。一个本地的小型新闻网站有能力处理全球各地的每个人对一条新闻的网页请求（大量增减），这就是弹性的一个例子。

云托管提供了相当大的弹性，这是传统的客户机 – 服务器环境无法提供的。一个组织可以购买足够强大的服务器处理能力来响应任何需求增长，但这样做一定非常昂贵。同样是这个组织，它也可以按需从云服务供应商那里以低廉的价格租用处理能力。

池化

在云的定义中，第二个关键词是池化（pooled）。云资源是池化的，因为许多不同的组织使用的是同一个物理硬件，这些组织通过虚拟化技术共享硬件。虚拟化技术支持快速创建许多台新的虚拟机。客户提供（或在云中创建）拟配置机器的数据和程序的磁盘映像，然后虚拟化软件接收该映像。

虚拟化提高了组织系统的可扩展性，因为虚拟化可以快速响应需求的增长。新的虚拟机可以在几分钟内创建完成，但订购、运送、安装和配置物理服务器可能需要几天时间。虚拟化还可以降低成本——数百个虚拟机（即虚拟服务器）可以部署在单个物理服务器上。因此，该物理服务器的成本会由这些虚拟机共同承担。

通过因特网节约成本

最后，对云而言，资源是通过因特网访问的。"这没什么了不起的。"你可能会说。"我一直在使用因特网。"嗯，你不妨再仔细想想。通过因特网访问资源意味着资源不会存储在本地。从组织的角度看，组织不再需要在其场地内存放任何服务器。组织不需要为服务器的运行支付电费，不需要购买备用发电机以防止停电，不需要租用额外的空间来存放服务器，不需要为服务器机房供暖和制冷，不需要为预防机房失火而安装专门的消防系统。组织也不需要花钱雇人维护服务器，比如更换损坏的零件或升级组件。在本地管理自己的计算基础设施是非常昂贵的。对许多组织来说，这样做的成本太高了。

● 为什么组织更喜欢云

一项调查表明，现在近 94% 的组织都在以某种形式使用云。大多数组织（92%）使用多云策略，即使用多个不同的云。三大最受欢迎的公共云供应商声称其市场份额超过了 60%，其中，亚马逊 Web 服务（Amazon Web Services，AWS）占 32%，微软智能云（Azure）占 20%，谷歌云占 9%。几乎所有知名组织，包括奈飞、威瑞森（Verizon）、迪士尼、通用电气和康卡斯特（Comcast）等公司，都转向了云。组织在云上的支出也在增加。2020 年，组织的云支出增长了 24%。

事实上，大多数人都没有意识到组织转向云的速度有多快。亚马逊在 2006 年测试性地推出了 AWS，当时大多数产业分析师预测它在多年内都不会产生收益，甚至永远不会有收益。如图 6-4 所示，2021 年第一季度，AWS 的收益为 135 亿美元，年收益预计为 560 亿美元。这可是短时间内的巨额增长。AWS 的收益占整个亚马逊营业收入的一半以上，其增长速度是电子商务收益的两倍。

更令人惊讶的是，亚马逊声称在云计算市场上拥有 34% 的市场份额，活跃客户超过 100 万。100 万个客户听起来可能不多，但这些客户并不是指在亚马逊网站上购物的个人消费者，而是 Adobe Systems（市值 2320 亿美元）、奈飞（市值 2180 亿美元）和辉瑞（Pfizer，市值 2230 亿美元）这样的大公司。拥有 100 万个这样的客户是十分难得的。

收益（单位：10 亿美元）

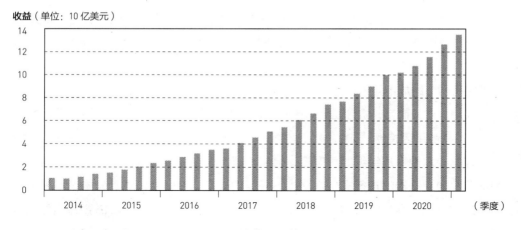

图 6-4　亚马逊 Web 服务的收益

　　有几个因素促使组织转向了云托管，包括更低的成本、随时随地的访问、更好的可扩展性和弹性。但组织转向云还有其他原因。表 6-1 对云托管与内部（客户端－服务器）托管进行了对比。正如你所看到的那样，云托管的优势很大。云服务供应商 Rackspace 能够以每小时不到一美分的价格租给你一台中型服务器。你现在就可以获得并访问这台服务器，实际上只需要几分钟时间就能完成设置。将来如果你需要数千台服务器，你也可以轻松获得它们。而且，在了解成本结构后，你可能会对有多少客户想要访问你的网站感到惊讶，但你不会对其成本感到惊讶。

　　另一个优势是，只要你与大型的、信誉好的组织打交道，你将获得最佳的安全性保障和灾难恢复功能（在第 10 章中讨论）。此外，你不必担心你投资的技术很快就会过时，这种风险由云服务供应商承担。这一切之所以成为可能，是因为云服务供应商通过向整个行业（而不仅仅是向你）销售产品来获得规模效益。最后，云计算使你能专注于业务，而不必花时间来维护基础设施。你可以把那些并非你核心竞争力的功能外包出去，并专注于那些给你带来竞争优势的功能。

　　云计算的缺点是容易失去控制。你对云服务供应商有了依赖；供应商的管理、政策和价格是你不能控制的。而且，你不知道你的数据储存在何处，而这些数据可能构成了你的组织资产的一大部分；你也不知道你的数据有多少份副本，甚至不知道这些数据副本是否储存在你的国家。此外，你看不到安全保障和灾难预防措施的落实情况。你的竞争对手可能正在窃取你的数据，而你却不知道。

　　内部托管的优缺点如表 6-1 的第二列所示。在大多数情况下，其优缺点与云托管正好相反。但是，请注意人员和管理需求的增加。使用内部托管，你不仅需要构建

表 6-1　云托管与内部托管对比

云托管	内部托管
优点	
对资本的需求低	可以控制数据的储存位置
发展速度快	安全和灾难预防措施的落实情况高度可见
对需求的增长或波动具有极好的可扩展性	
可获知成本结构	
可能是最好的安全保障和灾难预防措施	
不会过时	
全行业的规模效益，因此更便宜	
可以让企业专注于核心业务而非基础设施	
缺点	
对云服务供应商的依赖	需要大量资金
失去对数据储存位置的控制	需要大量的开发工作
几乎看不到安全保障和灾难预防措施的落实情况	难以（几乎无法）适应波动的需求
	持续的支持费用
	需要配备并培训人员
	管理需求增加
	年度维护费用
	成本不确定
	过时

自己的数据中心，而且需要招聘并培训人员来运行该数据中心，你还需要管理这些人员。

● 云计算什么时候没有意义

云托管对大多数组织来说都是有意义的。它可能只对一类组织没有意义，就是那些法律或行业标准要求其对数据进行物理控制的组织。这样的组织可能不得不创建和维护自己的托管基础设施。例如，法律可能会要求金融机构对其数据进行物理控制。然而，即使在这种情况下，使用私有云和虚拟私有云也有可能让组织获得云计算的许多好处，我们将在第 6.4 节中探讨这种可能性。

6.2   组织如何使用云

你已经了解了什么是云，接下来让我们一起看看组织使用云的具体示例。我们将了解汽车制造商如何从云的资源弹性、池化功能和独特的因特网连接中获益。

● 资源弹性

假设一家汽车制造商制作了一则在奥斯卡颁奖典礼期间播放的广告。其员工相信，一则优秀的广告会给其网站带来数百万的点击量。然而，他们无法预知网站的访问量是 1000 次、100 万次、1000 万次，还是更多。此外，该广告可能会更吸引来自某个国家的人。会不会有70%的点击量都来自美国，剩下的30%来自欧洲？还是，来自日本的人点击了数百万次？或者来自澳大利亚的人？考虑到这种不确定性，该汽车制造商应该如何准备其计算基础设施呢？该汽车制造商知道：如果网站没有非常短的响应时间（如几分之一秒），这则极其昂贵的广告就会损失很多收益。另外，如果广告是失败的，预先部署数千台服务器就会加重资金浪费的问题。

图 6-5 展示了一个受亚马逊 CloudFront 服务支持的真实案例。假设图 6-5 展示的是奥斯卡颁奖典礼期间该汽车制造商的网站情况。在这一天中，该汽车制造商向用户传输的内容不到 10 Gbps。然而，广告一播出（夏威夷 – 阿留申时间下午 2 点），用户的需求就增加了 7 倍，并持续了半小时。在最佳影片宣布后，该广告再次播放，用户的需求再次增加到 30 ~ 40 Gbps，并在持续了一小时后回落到基础水平。

如果不增加服务器，响应时间将是 3 ~ 5 秒甚至更久，对奥斯卡颁奖典礼的观众来说，这个时间太长了。然而，这家汽车制造商已经与云服务供应商签订了协议，在全球任何需要的地方添加服务器，从而将响应时间保持在 0.5 秒以内。通过使用云

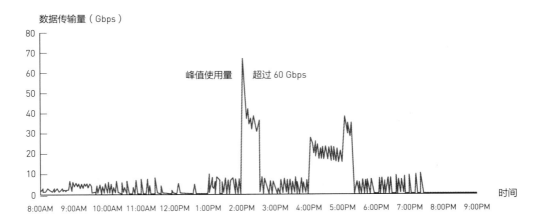

图 6-5　视频广告客户的网站情况示例

技术，云供应商将以程序化的方式增加服务器，以将响应时间控制在 0.5 秒以内。随着第二次播放广告后用户需求的下降，云服务供应商将释放多余的服务器并在颁奖典礼结束时对其进行重新分配。

　　这样一来，该汽车制造商就不需要建造或长期租用计算基础设施以满足用户的最大需求。如果它那样做了，它的绝大多数服务器将在晚上的大部分时间内处于闲置状态。而且，正如你将了解到的那样，云服务供应商可以使用云在全球范围内提供服务器。例如，如果新加坡有大量超额需求，云服务供应商就可以在亚洲提供更多的服务器，并缩短因全球传输延迟而造成的等待时间。

● 池化资源

　　该汽车制造商在用户需求增加的几小时内租用服务器的费用要便宜得多，因为使用时间很短。用于奥斯卡颁奖典礼的服务器可以重新分配给在当天晚些时候需要它们的会计师事务所，或者给下周一需要用它们进行在线学生活动的教科书出版商，或者给下周晚些时候需要它们的酒店。

　　要理解这种池化的本质，一个简单的方法是用发电进行类比。在发电行业的发展初期，组织自己用发电机发电，供本组织使用。随着时间的推移，电网扩大、集中发电成为可能，这样一来，组织就可以从电力公司购买其需要的电力了。

　　云服务供应商和电力公司都是从规模经济中受益的例子。根据这一原理，平均

生产成本随着运营规模的增大而降低。主要的云服务供应商都运行着庞大的网络场
（Web farm）。苹果公司在 2011 年为支持其 iCloud 服务建造了一个网络场，这个耗资
10 亿美元的设施占地 526 000 平方英尺[①]，主要由邻近的太阳能电池阵列供电。苹果
公司在美国亚利桑那州、内华达州、俄勒冈州、艾奥瓦州、加利福尼亚州，以及丹
麦和中国香港都有类似的数据中心。亚马逊、IBM、谷歌、微软、甲骨文和其他一
些大公司都在世界各地经营着几个类似的网络场。

● 因特网连接

　　上一个例子中的汽车制造商已经与云服务供应商签订了最大响应时间的协议，
云服务供应商要按照协议要求根据实际需要添加服务器。如前所述，云服务供应商
几乎能在一瞬间内向世界各地提供服务器。它是怎么做到的呢？而且，你要知道，
它服务的不只是该汽车制造商这一个客户，而是成千上万个客户。

　　在过去，要完成这种跨组织处理工作，汽车制造商的开发人员必须与云服务供
应商的开发人员会面并设计一个接口。"我们的程序会这样做，并提供这些数据，而
我们希望你们的程序能那样响应，把另一部分数据发回给我们。"这样的会议耗时数
天、成本高昂，而且容易出错。设计方案确定后，开发人员回到家中编写代码以满
足双方商定的接口设计需求，而大家对该接口的理解可能并不一致。

　　这是一个冗长、缓慢、昂贵且容易失败的过程。如果组织现在必须这样做，云
服务供应就会变得不再可行且成本高昂。

　　取而代之的是，计算机行业订立了一套通过互联网请求和接收服务的标准方法。
你将在本章第 6.5 节中了解其中的一些标准。就目前而言，你只需要知道，这些标
准使以前从未"相遇过"的多台计算机能够在十分之一秒或更短的时间内协同工作，
在世界各地向使用个人电脑、iPad、手机、Xbox 游戏机，甚至一些运动设备的用户
传递并处理内容。这绝对是一项令人惊叹的技术。不过，在第 6.3 节和第 6.4 节中，
你只能学到几个基本术语。

---

① 1 平方英尺 ≈ 0.0929 平方米。——编者注

● 从云服务供应商那里获取云服务

　　组织可以用几种不同的方式使用云。第一种也是最流行的方式是从云服务供应商那里获取云服务。但并非所有组织使用云服务的程度都一样。你用得多还是少，这取决于你自己。作为商务专业人士，你需要了解不同云服务水平的差异。

　　为了帮助你理解这些差异，我们将使用一个有关交通的比喻，然后将其与云服务产品进行类比。

交通即服务

　　假设你每天上下班都要通勤。你有四种选择可以满足自己的通勤需求。你可以造一辆车、买一辆车、租一辆车，或者打一辆车。每一种选择都有自己的优缺点。如图 6-6 所示，一个极端是，你的通勤情况完全由自己管理（造一辆车）。另一个极端是，你的通勤情况完全由别人管理（出租车公司）。

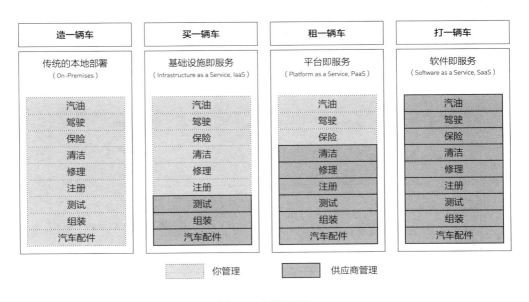

图 6-6　交通即服务

　　例如，如果你决定买一辆车而不是自己造一辆车，你实际上是把你的一些交通工作外包给了汽车制造商。你不必购买汽车零件、不必组装汽车，也不必测试汽车以确保它能正常工作。起初，自己造一辆车似乎更便宜。但实际上，你可能不具备制造一辆可靠的汽车所需的时间、知识、技能或耐心。买车可能比造车更便宜。

同样地，如果你决定租一辆车，你实际上是把更多的交通工作外包给了别人。租一辆车，你就不需要支付车辆登记费并缴税了，你也不需要做任何修理或清洁汽车的工作。你做的工作少了，但可能就要多花一些钱。租车和打车的区别也是如此。如果你乘坐出租车，你就不需要购买汽车保险、不需要进行驾驶，也不需要给车加油。事实上，你甚至不需要驾照。你可以完成同样的事情——上下班通勤。你只是减少了对自己的通勤方式的管控。

云服务产品的类型

"交通即服务"的类比有助于解释组织如何使用云服务来摆脱必须在内部提供所有服务的传统本地部署模式。本地部署的系统（即在本地安装和配置信息的系统）可能很难安装和配置，需要花费大量时间进行管理，而且其获取成本很高。选择云服务，需要组织自己管理的基础设施、平台、软件功能会更少。一般来说，一种类型的云服务并不一定比另一种好。对一个组织来说，什么是最好的选择，取决于该组织的管理层想要以何种方式使用云。云服务产品可以分为如表 6-2 所示的三种基本类型。

表 6-2   云服务的三种基本类型

云服务	用户	示例
软件即服务（SaaS）	雇员 顾客	赛富时（Salesforce）公司网站 iCloud Office 365
平台即服务（PaaS）	应用程序开发人员 应用程序测试人员	谷歌 App Engine 微软 Azure 亚马逊 AWS Elastic Beanstalk
基础设施即服务（IaaS）	网络架构师 系统管理员	亚马逊 EC2（弹性计算云） 亚马逊 S3（简单存储服务）

如图 6-7 所示，最基本的云服务产品是基础设施即服务（IaaS），它是由裸机服务器计算机、数据存储、网络和虚拟化构成的云托管服务。Rackspace 公司为客户提供硬件来加载客户想要的任何操作系统。亚马逊授权的 S3（简单存储服务）可在云端提供无限量的、可靠的数据存储服务。与传统的本地托管相比，IaaS 可以节省大量成本。

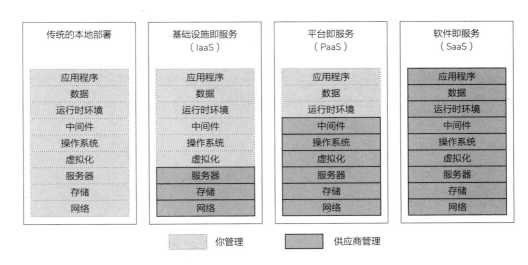

图 6-7　云服务产品

云托管的第二种方式是平台即服务（PaaS），通过这种方式，云服务供应商为托管的计算机提供操作系统、运行环境和中间件（如 Web 服务器或 DBMS）。例如，微软公司的 Windows Azure 可提供安装有 Windows Server 的服务器，Windows Azure 的客户随后可在托管平台上添加自己的应用程序。微软的 SQL Azure 为主机提供了 Windows Server 和 SQL Server。甲骨文公司的 On Demand 提供了一个带有 Oracle Database 的托管服务器。强调一下，在 PaaS 模式下，组织是将自己的应用程序添加到了主机上。亚马逊的 EC2 就提供了安装有 Windows Server 或 Linux 的服务器。

提供软件即服务（SaaS）的供应商不仅提供硬件基础设施和操作系统，还提供应用程序和数据库。例如，赛富时公司网站为客户提供硬件和应用程序以及销售跟踪服务。类似地，作为一项服务，谷歌公司提供谷歌云盘，微软公司提供 OneDrive。Microsoft Office 365、Exchange、Skype 商业版、SharePoint 应用程序都是"云端"提供的服务。

对于这些应用程序，你只需要注册并学习如何使用它们。你不必为购买硬件、加载操作系统、设置数据库或安装软件而操心。所有这些都是由云服务供应商管理的。这个过程很像打车，上车即走。

作为一名商务专业人士，你需要了解本地托管、IaaS、PaaS 和 SaaS 的优缺点。你对云服务产品的选择将取决于你的竞争环境、组织战略和技术资源。就像前文提到的"交通即服务"一样，不是每个人都需要制造、拥有甚至租用汽车。

如果你是住在大城市的职场人士，也许打车是你最好的交通选择（SaaS）；如果你总是出差在外，在每个城市租车可能是优选（PaaS）；如果你拥有一家大型包裹快递公司，你可能想要购买一队卡车（IaaS）；如果你是一名高级赛车手，你可能需要打造自己的专用赛车（本地）。在不同类型的云服务之间做出正确选择的过程，实际上就是找到与自己的需求相匹配的云服务的过程。

● 内容分发网络

云的另一个主要应用是从位于世界各地的服务器中分发内容。内容分发网络（content delivery network，CDN）是一个由硬件和软件构成的系统，该系统将用户数据存储在不同的地理位置上，并根据需要提供相关数据。CDN 提供的是一种特殊的PaaS 服务，但人们通常和本书使用的方式一样，将其视为一个单独的类别。为了理解 CDN 是如何分发内容的，让我们将其与传统服务器如何分发内容进行比较。

假设一家总部位于加利福尼亚州的在线媒体公司向全美数百万个家庭分发高清电影。这家公司占用的带宽将是十分巨大的。看看下面这些数字，你就能理解它占用的带宽可能有多大了。有报告表明，奈飞公司的流量消耗占全球全部因特网流量的 12% 和北美全部因特网流量的 19%，到了晚上，其峰值流量更是高达 26%。这种水平的带宽消耗对内容分发来说是很昂贵的，并且会减慢其他公司的内容分发速度。

这家在线媒体公司使用 CDN 来存储电影副本。为了加快响应时间，CDN 服务供应商将电影复制到多台服务器上，这些服务器有可能位于全球各地。当用户在家里发送观看某个电影的请求时，该请求将被传输到一个路由服务器上，由该路由服务器决定哪个 CDN 服务器能以最快的速度把该电影分发给用户。因为流量变化很快，所以这些决定是实时做出的。例如，在某一时刻，用户请求的内容可以由圣迭戈市（San Diego）的一台服务器分发，而几分钟后，来自同一用户的相同请求可能是由西雅图市（Seattle）的一台服务器提供的。

除了电影，CDN 还经常用于存储和分发变动较小的内容。例如，公司网页上的横幅可以存储在许多 CDN 服务器上。网页的各部分内容都可以从不同 CDN 服务器上获取；所有这些决定都是实时做出的，为的是保证最快的内容分发速度。

图 6-8 总结了 CDN 的优点。前两点是不言自明的。由于数据存储在许多服务器上，因此这提高了可靠性。如果一台服务器出现故障，那么其他服务器中的任何一台都可以分发内容。你将在第 10 章了解拒绝服务（denial-of-service，DOS）攻击。现在，你只需要明白，这种安全威胁的原理就是向某个特定的服务器发送大量数据，

从而导致该服务器的性能超出合法通信的范畴。因为 CDN 有多个服务器，所以它有助于防范此类攻击。

» 缩短甚至可以保证加载时间
» 减少原始服务器的负载
» 增加可靠性
» 防止拒绝服务（DOS）攻击
» 降低移动用户的访问成本
» 即用即付

图 6-8　内容分发网络的优点

在某些情况下，CDN 可以降低移动用户（流量有限的用户）的访问成本。由于它传输数据更快，站点连接费用可能会减少。此外，许多（但不是全部）CDN 服务是以灵活的、即用即付的方式提供给用户的。用户不需要签订固定的服务和付款协议，只需要支付实际使用产生的费用。一些主要的 CDN 服务供应商包括亚马逊旗下的 CloudFront、阿卡迈（Akamai）、CloudFlare CDN 和 MaxCDN 等。

● 在内部使用 Web 服务

组织使用云技术的最后一种方式是使用 Web 服务构建内部信息系统。严格来说，这不是在使用云，因为这种方式不提供弹性，也没有池化资源的优势。但是，它确实有效地使用了云标准，因此我们在这里也将其考虑在内。

图 6-9 展示了 Best Bikes 公司（一家虚构的在线自行车零件零售商）使用 Web 服务的库存应用程序。在这个例子中，Best Bikes 公司在自己的计算基础设施上部署了自己的服务器。为了做到这一点，Best Bikes 公司在内部建立了一个私有网络，这个网络通常是无法从公司外部访问的。Best Bikes 公司使用 Web 服务标准编写处理库存的应用程序；应用程序发布 Wed 服务描述语言；公司内的其他应用程序使用简单对象访问协议访问该 Web 服务；然后用 JavaScript 对象表示法分发数据。应用程序用户使用发送到用户浏览器的 JavaScript 访问库存 Web 服务。

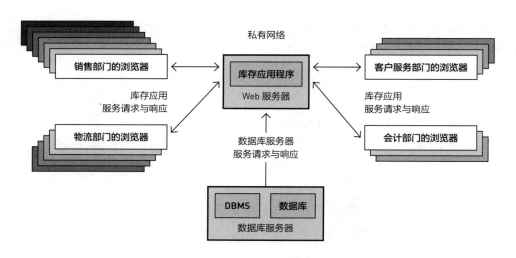

图 6-9　库存应用程序的 Web 服务原理

　　库存 Web 服务的用户包括销售、运输、客服、会计等部门；内部应用程序可以像搭积木一样使用库存 Web 服务，它们能使用其所需的各种服务——但也仅限于此。由于 Web 服务是仅限于内部使用的，因此可以在不影响其他应用程序的情况下更改库存系统。这样，系统开发会更加灵活，并且速度会更快，因此成本也更低。

　　然而，如前所述，这不是云。在这个例子中，Best Bikes 公司拥有固定数量的服务器，也并未打算让它们具有弹性。此外，这些服务器专用于管理库存，在空闲期间，它们不能被动态地用于其他目的。一些组织会通过创建私有云来解除这一限制，这一点将在第 6.5 节中讨论。

6.3　eHermes 公司可以怎样使用云

　　eHermes 是一家创新型创业公司，其 IT 部门的规模相对较小。因此，它不太可能拥有建立大型服务器基础设施所需的资源。相反，该公司更有可能使用云服务供应商的云服务。

● eHermes 公司的 SaaS 服务

SaaS 服务对硬件和软件系统方面的投资要求并不高。SaaS 服务供应商负责管理云服务器，通常会通过瘦客户机使软件变得可用。然而，eHermes 公司需要迁移现有数据并创建新数据。该公司需要制定一些规程，还要培训用户。

一些 eHermes 公司可用的 SaaS 产品包括：

» 谷歌邮箱

» 谷歌云盘

» Microsoft 365

» 赛富时公司网站

» Microsoft CRM OnLine

……

前三个 SaaS 产品你已经了解过了，赛富时公司网站和 Microsoft CRM OnLine 是客户关系管理系统，你将在第 8 章中学习。

● eHermes 公司的 PaaS 服务

如果使用 PaaS 服务，eHermes 公司就可以从云服务供应商那里租用云端的硬件和操作系统。例如，该公司可以租用 EC2（Elastic Cloud 2，亚马逊提供的 PaaS 产品），亚马逊将在云端硬件上预装 Linux 或 Windows Server 操作系统。有了这种基础能力，eHermes 公司就可以安装自己的软件。例如，它可以安装自己内部开发的应用程序，也可以安装软件供应商许可的其他应用程序。它也可以获取 DBMS（如微软的 SQL Server）许可，并把该 DBMS 部署到一个 EC2 Windows Server 实例上。如果要从软件供应商那里获得软件许可，eHermes 公司就必须购买允许复制的软件许可，因为亚马逊在增加服务器时会复制软件。

一些云服务供应商在其 PaaS 服务中包含了 DBMS 产品。因此，eHermes 可以从微软的 Azure 云产品中获得已经安装了 SQL Server 的 Windows Server 服务器。每月每 TB 10 美元的价格足以令塞斯心动。

DBMS 也包含在其他供应商的云产品中。截至 2021 年 5 月，表 6-3 展示的亚马逊 DBMS 产品是与 EC2 一起提供的。

表 6-3　与 EC2 一起提供的亚马逊 DBMS 产品

产品名	产品描述
Amazon Aurora	一个响应速度非常快的 MySQL 关系型数据库
Amazon DynamoDB	一种快速的、可扩展的 NoSQL 数据库服务
Amazon DocumentDB	一个文档数据库
Amazon ElastiCache	一种响应速度非常快的内存缓存数据库服务
Amazon Neptune	一个有复杂层次结构的快速全托管型图形数据库
Amazon Quantum Leger Database	一个分类账目数据库
Amazon Relational Database Service（RDS）	一种支持 MySQL、甲骨文、SQL Server 或 PostgreSQL 的关系型数据库服务
Amazon Redshift	一个 PB 级的数据仓库
Amazon Timestream	一个时间序列数据库

最后，随着 eHermes 公司的成长和它向新市场的扩张，它可能会使用 CDN 在全球范围内分发内容。

● eHermes 公司的 IaaS 服务

如前所述，IaaS 在云端提供基本硬件。一些公司通过这种方式获取服务器，然后在服务器上安装操作系统。这样做需要较强的技术能力和大量的管理工作。像 eHermes 这样的公司更有可能会把宝贵的资源花在开发自己的移动店铺和内部系统上，而不是去配置服务器。

然而，eHermes 公司可能会获取云端数据存储服务。例如，亚马逊通过其 S3 产品提供了数据存储功能。通过使用该产品，组织可以将数据存放在云端，甚至可以让数据具有弹性。然而，eHermes 这样的公司更有可能使用 SaaS 和 PaaS，因为它们提供了增值服务。

6.4   组织如何才能安全地使用云服务

因特网和基于因特网基础设施的云服务提供了强大的处理和存储功能，其成本与私有数据中心相比却微乎其微。然而，正如第 10 章讨论的那样，因特网为数据和计算基础设施带来了重重威胁。组织如何在避开这些威胁的情况下享受云技术的好处呢？

对于这个问题的回答涉及多种技术的组合，我们将在非常高的层面上讨论这些技术。我们要意识到，安全问题永远不会消失；攻击者一直在寻找绕过安全防护措施的方法，有时他们会获得成功。因此，在你的整个职业生涯中，云安全会不断发展并超出本书中所描述的内容。接下来，我们首先讨论虚拟专用网络，这是一种在因特网上提供安全通信的技术。

● 虚拟专用网络

虚拟专用网络（virtual private network，VPN）使用因特网来创建仿真的私有安全连接。在 IT 界，"虚拟"一词指的是看似存在但实际上并不存在的东西。VPN 用公共的因特网创建了一个仿真安全网络上的专用连接。

典型的 VPN

图 6-10 展示了一个创建 VPN 来连接远程计算机的例子，在该例中，迈阿密一家酒店里的一名员工可能正要连接到一个位于芝加哥的局域网（local area network，LAN）。作为一名远程用户，该员工就是 VPN 的用户。该用户首先建立了一个连接

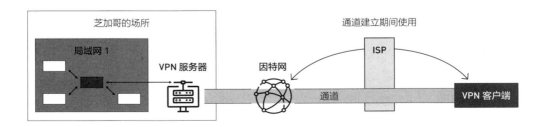

图 6-10   通过 VPN 远程接入：实际上的连接

到因特网的公共连接，这种公共连接可以通过本地互联网服务供应商（internet service provider，ISP）获得（如图 6-10 所示），或者在某些情况下，酒店可以直接建立因特网连接。

无论是哪种情况，一旦建立了因特网连接，远程用户计算机上的 VPN 软件就会与芝加哥的 VPN 服务器建立连接。然后，VPN 客户端和 VPN 服务器之间就建立了安全连接。这种连接称作通道（tunnel），即通过公共或共享网络从 VPN 客户端到 VPN 服务器的虚拟专用路径。图 6-11 展示了远程用户表面上看起来的连接情况。

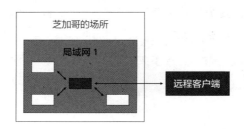

图 6-11　通过 VPN 远程接入：表面上的连接

为了确保公共互联网上的 VPN 通信安全，VPN 客户端软件对报文进行了加密，也称编码，以免报文内容被窥探。然后，VPN 客户端在报文上附加了 VPN 服务器的因特网地址，并通过因特网将报文发送给 VPN 服务器。当 VPN 服务器接收到报文时，它会除去报文前面的地址，并对加密的报文进行解密，然后将纯文本报文发送到局域网内的原始地址。通过这种方式，私人报文得以在公共的因特网上安全传递。

● 公共云与私有云

组织可以通过设置 VPN 来访问敏感数据。用户可以通过 VPN 安全地访问公共云，如图 6-12 所示。亚马逊、谷歌、微软和甲骨文这样的云服务供应商都提供公共云（public cloud），即任何人都可以使用的、基于因特网的云服务。

然而，有时组织需要存储非常敏感的、机密的甚至受法律管制的数据。而且，它们可能需要在组织的基础设施内部提供安全性保障，以防止来自内部人员的恶意威胁。为了防范这类威胁并保护敏感数据，组织可能会选择利用内部私有云而不是外部公共云。

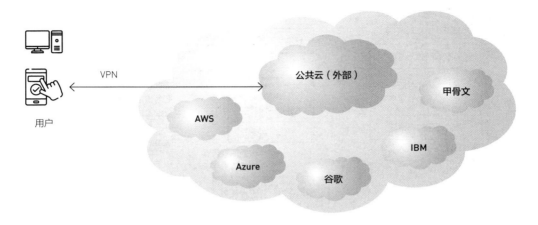

图 6-12　通过 VPN 访问公共云

　　私有云（private cloud）是组织为了自身利益而拥有和运营的云，它位于组织的私有计算基础设施中（如图 6-13 所示）。为了创建私有云，组织需要创建一个私有的内部互联网，并使用如图 6-12 所示的 Web 服务标准设计应用程序。然后，组织要创建一个服务器群组，并像云服务供应商那样使用弹性负载均衡来管理这些服务器。由于维护多个数据库服务器的工作十分复杂，大多数组织会选择不复制数据库服务器。图 6-14 则指明了这种可能性。

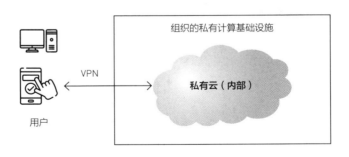

图 6-13　访问私有云

　　私有云提供了弹性优势，但它带来的好处值得商榷。组织如何利用它们的空闲服务器？它们可以通过关闭空闲服务器的方式节省一些成本。但与云服务供应商不同的是，它们不能将这些服务器分配给其他组织使用。大型企业集团或国际大组织有可能需要平衡下属业务单位之间和不同地区之间的处理负载。例如，3M 公司可能

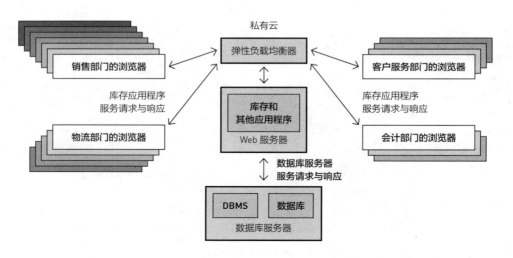

图 6-14   库存和其他应用程序的私有云

会平衡不同产品类别和不同大洲之间的处理负载，但这种做法不一定会节省资金或时间。像 eHermes 这样的公司几乎不可能开发私有云。

亚马逊、微软、甲骨文、IBM 和其他主要的云服务供应商雇用了成千上万名训练有素、技术娴熟的员工来创建、管理和改进它们的云服务。除了云服务供应商，即使是 3M 这样的大公司也无法建立和运营一个有竞争力的云服务设施。私有云唯一有意义的使用场景是法律或商业习惯要求组织对其存储的数据进行物理控制。

然而，即使在这种情况下，组织也不太可能被要求对所有数据进行物理控制，因此组织可以将极度敏感的数据保留在其内部，并将其余数据和相关应用程序放置在公共云供应商的设施中。组织也可以使用虚拟私有云，这是我们接下来要讨论的话题。

● 使用混合云

为了解决公共云固有的安全问题，一个流行的选择是使用混合云（hybrid cloud），即结合了公共云和私有云环境的计算环境。如图 6-15 所示，混合云允许数据和应用程序由多个云服务分担。

组织可以将最敏感的数据存储在自己的内部基础设施（私有云）上，并将不太敏感的数据存储在外部公共云上。通过这种方式，被要求对某些数据进行物理控制

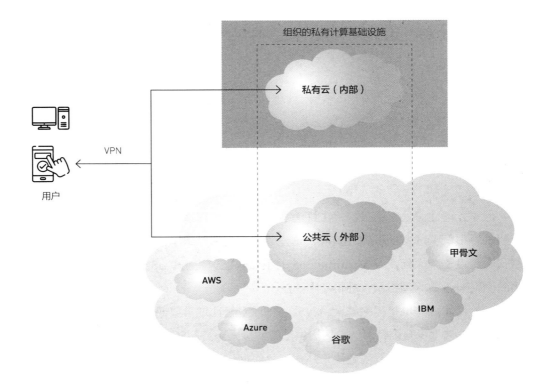

图 6-15 混合云环境

的组织就可以将这些数据放在自己的服务器上,并将其余数据放在公共云上。

　　混合云可以帮助组织在享受公共云提供的成本节约和可扩展性的同时也享受内部私有云带来的安全性、可靠性和法规遵从性。一项调查发现,92% 的组织采用了多云策略(multicloud strategy)。这些组织使用了多个云计算环境,其中包括使用多个公共云的组织(10%)和使用混合云的组织(82%)。最流行的混合云环境(43%)指的是利用多个公共云和多个私有云。

　　实现混合云的挑战之一是云互操作性(cloud interoperability),即一个云与另一个云之间交换数据和迁移应用程序的能力。为了解决这个问题,组织可能会创建一个数据经纬(data fabric),即一个在内部私有云和外部公共云之间提供一致性数据服务的统一架构。数据经纬可以防止数据因被孤立而无法被其他云访问的情况出现。数据经纬还可以使云和云之间获取和传输数据变得更加容易。

6.5   云对你的未来而言意味着什么

那么，在你职业生涯的早期，云计算会走向何方呢？如果没有一些未知因素（比如美国联邦政府对因特网流量征税，或者消费者反对政府对因特网流量进行数据挖掘），云服务将变得更快速、更安全、更易用、更便宜。自建计算基础设施的组织会越来越少；相反，它们将受益于跨组织的服务器池化和云服务供应商带来的规模经济。

但是，再往深处看，云带来了好消息，也带来了坏消息。好消息是组织可以很容易地以很低的成本获得弹性资源，这一趋势将使每个人从中受益。从使用 iCloud 或谷歌云盘的个人到使用 Microsoft 365 的小团队，到使用 PaaS 的 eHermes 等公司，再到使用 IaaS 的大型组织，都将从中获益。

云的整体规模也将越来越大。谷歌的气球网络计划希望通过在大气层中放置高空气球为地球上没有因特网的地区提供因特网接入服务。5G 的推出会使更多设备连接到因特网，设备会运行得更快，并把大量数据传输到云端。这些数据随后由人工智能系统进行处理。我们能够利用这些数据发现新知识，而这些数据在几年前是无法获得的。

那么，坏消息是什么呢？随着计算基础设施的成本越来越低，一定会有新的工作机会出现。它们会出现在哪里呢？首先，将会有更多的科技创业公司出现。廉价而有弹性的云服务使得像 Hudl（一家足球运动员评估公司）这样的小型初创公司仅花极低的费用就能使用 CDN 和其他云服务，而在过去，这需要耗费数年的时间，并花掉大笔资金。

除了 IaaS、PaaS 和 SaaS，可能还会有其他新的云服务。云服务供应商可能会提供分析即服务（analytics as a service，AaaS）来帮助企业分析它们收集的海量数据，它们甚至还能更进一步，提供业务流程即服务（business process as a service，BPaaS）。这样的话，企业就可以将运输和采购等普通业务流程外包出去。事实上，云可能演变成一切皆服务（everything as a service，EaaS），也就是说，除了那些让你赚钱的核心业务，其余业务都可以外包给服务供应商。

还有什么呢？云计算将催生新的工作类型。在你的职业生涯中，一切事物都将与其他事物互联。试想一下远程活动系统（remote action system），即提供基于计算机的远程活动或行动的信息系统。通过远程活动，该系统节省了时间和旅费，并可使专家的知识和能力得到充分发挥。该系统还给了专家们拓展他们专业知识的机会。

下面就是几个例子。

远程医疗（telemedicine）是医疗保健专业人员使用的远程活动系统，用于诊断和治疗农村或偏远地区的患者。医生与身在地方药店的患者进行视频会议，而患者可以与医生共享血压和体温等诊断数据。据估计，到 2027 年，远程医疗市场的价值将超过 1550 亿美元。

在加拿大，迈赫兰·安瓦里（Mehran Anvari）医生会定期进行远程手术，利用电信技术将外科医生与远程机器人设备连接起来，给 400 多千米之外的病人动手术。这样的例子目前仍然有些罕见，因为还有一些必须克服的困难，但到 2031 年，远程医疗将变得更加普遍。事实上，美国最大的医疗保险供应商联合健康保险（United Healthcare）公司最近宣布，所有视频诊疗都将像常规问诊一样涵盖在其承保范围内。

远程系统的其他应用还包括远程执法（telelaw enforcement），比如 RedFlex 系统。该系统使用摄像头和动作感应装置对闯红灯和超速行为开罚单。RedFlex 集团总部位于澳大利亚维多利亚州南墨尔本（South Melbourne，Victoria），其 87% 的收入来自美国民众的交通违章行为。该集团为美国相关部门提供了一个完整的交通罚单信息系统，包括全部五个系统要素。

许多远程系统是人们为了在危险地点提供服务而设计的，例如清洁核反应堆或生物污染场所的机器人。无人机和其他无人军事装备是美国战区使用远程系统的例子，美国的私人安保公司和执法部门也将越来越多地利用远程控制的无人机和机器人。十年后，美国民众可能会看到骑士视界（Knightscope）公司的升级版轮式机器人 K7 在自己家附近巡逻。

但是，这些新技术的出现未必都是好事。纽约大都会歌剧院（Metropolitan Opera）可以说是世界上最好的歌剧院之一。如果想看现场表演，你可以开车到曼哈顿，把车停好，然后打车到林肯中心（Lincoln Center，纽约市最大的表演艺术中心），花 300 美元买个座位。或者，你也可以在本地电影院里观看大都会歌剧院的远程直播，停车是免费的，只须支付 12 美元就可以坐在第四排。借助神奇的数字广播，歌唱家服装上的一针一线你都能看得清清楚楚，而这些细节是你在大都会歌剧院 300 美元的座位上看不到的。而且，后者的音质也会更好。听起来简直完美极了，但是，有了这种直播，谁还会去看本地歌剧演员的表演呢？

远程活动系统的使用降低了本地平庸人才的价值。"好吧，我不是最好的，但至少我在这里"的说法在一个互联的世界里失去了价值。1990 年，美国前劳工部长罗伯特·赖克（Robert Reich）在撰写《国家的工作》（The Work of Nations）这本书时曾宣称：那些日常的面对面工作没有被离岸外包的风险。但是，他的断言在远程活动的世界里失效了。

在这个时代，顶级表演者的价值可能会呈指数级增长。观看大都会歌剧院直播的平均人数是 400 万人；对于在该场地演出的艺术家，其经纪人将会就 1.2 亿美元的门票收入的分配进行谈判。一位著名外科医生或滑冰教练可以更快地开拓更大的市场，而且报酬也更高。所以，如果你有能力在某方面成为世界级的顶尖人才，那就去努力吧！

但其他人该怎么办呢？如果你无法成为某方面的专家，你可以想办法成为顶级专家身边不可或缺的人，比如：你可以成为远程直播剧院的所有者；你也可以拥有一个滑冰场，以供远程花样滑冰教练使用；你还可以成为某个远程活动的食品供应商。

这些新机会都需要信息系统的支持，你可以成为信息系统的开发、使用和管理环节的核心成员。商务背景与 IT 专业知识的结合，将会对你大有帮助。接下来的六章将讨论信息系统的多种应用。请继续读下去吧！

本章的知识对你有什么帮助

云是计算的未来。了解什么是云、组织如何从中受益，以及使用云计算的安全问题，将是所有商务专业人士在职业生涯早期必备的关键知识。对云计算的了解还将帮助你预测能在未来赚钱的新工作。此外，与云相关的知识还可以帮助你为自己所在的组织节省大量资金。

居家办公

罗宾（Robin）的手机闹钟发出一阵嗡嗡声，把她吓了一跳——真的到了该起床的时候了吗？她看了看床头柜上的数字时钟，8:30 这组数字似乎正无情地瞪眼看着她。她叹了口气，坐起来，下了床。"希望今早别太堵车。"她一边走进厨房准备吃点东西，一边和自己打趣。

她坐在厨房的桌子旁，吃着一碗麦片粥，这张桌子轻轻一碰就会摇晃。她用一只手拿着手机，一边吃东西，一边坐在那里浏览她关注的各种社交媒体动态。内容都很平常，比如朋友和家人们分享的早餐照、孩子（或猫）的照片，等等。

她突然从滑动屏幕的恍惚状态中清醒过来，发现时间已经到了早上的8:57——该上班了！她走到沙发前，打开笔记本电脑，登录她的工作账户。严格来说，她已经开始"上班了"。她走回自己的房间，为这一天的工作做好准备——穿上运动裤、拖鞋和连帽衫。下午她必须换一套更正式的衣服，因为她和她的项目团队在下午 3:00 有一场视频会议——但现在，这样穿就行。

回到客厅，她打开了前一天晚上没有看完的最新电视节目，瘫坐在沙发上，开始一天的工作。她常常凝望窗外的公园，仿佛进入了一种恍惚状态，直到听到一声熟悉的提示音，她才回过神来，那是一位同事发来的新信息。她经常在想：自己的职业生涯真的就这样了吗？

日渐盛行的趋势

居家办公在美国正变得越来越普遍。2016 年的一项研究发现，43% 的员工至少可以有一部分时间在家工作，比2012 年增加了 4%。许多员工，尤其是年轻一代，看重远程办公所带来的灵活性和对日程的掌控感。

事实上，一项针对全球 3521 名远程工作者的调查显示，远程办公的主要好处包括：灵活的时间表（32%）；可以在任何地方工作的灵活性（2%）；能够避免通勤（21%）；以及有更多时间与家人在一起（11%）。此外，组织和员工一样看到了远程办公的价值，因为组织可以减小办公空间，使效率最大化，创造更好的文化氛围，还可以招募到技能水平高的员工。

在通常情况下，当地的劳动力市场可能缺乏足够多技能水平高的员工，或者他们身处异地，不愿意或无法搬家（例如，他们的配偶得待在另一个城市工作）。

由于协作软件和信息技术基础设施的进步，对远程办公的偏好（雇员和雇主都有这种偏好）可以得到满足。远程办公需要同步和异步通信平台、文件共享平台、虚拟会议空间等条件，由于云计算的进步，其中的许多条件都能得到满足。

远程工作人员还必须有稳定的互联网连接和硬件设施，以满足在线协作工具软件的要求。要达到这两个条件并不难，费用也越来越低廉。这些都是远程工作数量得以增长的催化剂。远程办公似乎是一件双赢的事，但对许多人来说，居家办公仍然是一件新鲜事，远程办公也面临着特有的挑战。

没有了饮水机旁的闲聊，让人备感孤独

对许多人来说，传统的工作日通常由会议、工作午餐、与同事的玩笑以及来自电子邮件和电话的干扰组成。这类互动会影响工作效率，所以有些人可能会更倾向于居家办公，因为它避免了许多这样的干扰，提供了一个更专注的环境。

然而，连续数小时的伏案工作是单调的，可能会导致倦怠，而与同事的互动是一种打破单调感的方式。令远程工作者最头疼的问题（基于对上文提及的全球 3521 名远程工作者的调查）包括：缺乏与同事的协作和沟通（20%）、孤独感（20%）、无法休息（18%）、在家容易分心（12%），以及和同事身处不同的时区（10%）。

远程办公面临的其他挑战包括：在线会议期间因家庭成员而分心、育儿导致的不可预测的需求、难以建立同事关系、难以保持活跃和健康的状态，以及缺乏社交互动的机会。

对许多人来说，远程办公可能正日益成为一种新常态，但远程办公并非没有缺点。远程工作者必须积极克服居家办公带来的困难。

1. 随着越来越多的人开始居家办公，越来越多的远程工作者有可能对互联网的稳定性和速度产生负面影响吗？
2. 基于本文介绍的与远程办公相关的好处和挑战，你更喜欢标准的办公室模式还是居家办公？请解释一下你的理由。
3. 你上过在线课程吗？如果上过，它与标准的课堂环境有什么不同？关于在线学习，你喜欢什么，不喜欢什么？你认为这些优缺点在远程办公和传统办公中是如何体现的？

问题

安全指南

云面临的各种威胁

你上次使用 U 盘或外置硬盘是什么时候？随着我们将数据从一个物理设备传输到另一个物理设备的频率急剧下降，我们对 U 盘等有形存储介质的需求已经不比以前了。

今天，如果我们想要共享数据文件，我们可以给别人发送链接，让对方从我们的个人云存储空间中下载大文件，或者，我们也可以简单地通过电子邮件将小文件发送给对方。随身携带 U 盘的日子已一去不复返了。

为了进一步说明我们现在对云的依赖，可以想一想你每天都在用的应用程序是如何向你的移动设备传输数据的。你可以：

* 随时查看几年或几十年前的照片；
* 以流媒体的形式播放完整的高分辨率电影和电视节目；
* 在几秒内找到租赁协议或健康记录等个人文件；
* 用流媒体一键播放世界上的几乎所有歌曲；
* 查阅自 19 世纪末有记录以来任何时间点的天气资料档案。

上述示例中的数据都不需要被存储在本地。使用云后，数据可以在几秒钟内被下载完毕并投入使用（对于较大的文件，可能需要几分钟时间）。不仅个人会使用云，组织也越来越依赖云计算。

根据 IBM 公司的说法，云计算服务之所以被广泛采用，是因为其具有灵活性（例如，它提供了许多不同的存储选项）、能带来效益（例如，节省了设备）和战略价值（例如，资源的全球访问可能性有助于促进协作）。然而，尽管云计算有许多优点，但人们对它的依赖也带来了风险，这是组织必须考虑的。

云的风险

在考虑向云端迁移时，组织经常面临的一个安全风险是失去控制。现在，你无法指着公司总部的数据中心或服务器机房说，"这是存储所有交易信息和客户数据的地方"——因为数据资产被存储在云端。这一点或许是令人担忧的。

还有一件事进一步加剧了这种担忧，那就是组织无法了解或控制云服务供应商雇来管理基础设施和数据的信息技术人员。许多安全威胁都是由内部人员造成的——不管是恶意的还是无意的。据统计，内部安全威胁事件的平均成本约为 900 万美元，因此，拥有值得信赖和具有安全意识的工作人员对云服务的客户来说至关重要。

如果你不相信内部威胁或将带来风险，就去查查第一资本金融公司及其近 1 亿条客户记录泄露的事件吧。该事件是由一个前 AWS 的承包商（即第一资本金融公司的云服务供应商）造成的。

除了由内部或外部人员造成的云端数据泄露，针对云资源不可用的风险，我们又该如何应对呢？领先的云服务供应商通常装备精良，并配有适当的措施来处理常见攻击（如拒绝服务攻击），以及可能会暂时中断云访问的系统故障或崩溃（容错性）。但是，如果因特网的某个区域长时间处于崩溃状态呢？

许多人没有意识到，因特网是由无数英里长的光纤和电缆组成的，其中一部分电缆被部署在海底，连接着岛屿和大陆。在过去的几年里，有报道称，几艘潜艇和间谍船在部署着关键光缆的区域附近活动。

美国情报机构担心，这些潜艇和间

谍船可能计划在一次协同攻击中切断大量光缆，从而在一个大的地理区域内造成因特网故障。在光缆修复之前，攻击区域内运营的任何公司显然都无法访问存储在云端的任何数据。

云计算的风险还包括组织用不安全的软件访问云资源、对云服务供应商员工的培训不足，以及用于访问云资源的账户被盗等。

1. 如果现在你已经放弃了物理存储驱动器并使用云存储功能，那么，你认为你有必要用一块外置硬盘对云端文件进行备份吗？
2. 在互联网上找到一张海底光缆分布图。根据你所在地区的线路数量，你认为因特网连接长期中断的可能性有多大？
3. 基于本文中提及的各种云计算风险，对于把数据存储在云端，你现在是否有了不同的想法呢？请解释原因。
4. 你认为除了军事行动破坏，海底光缆还会面临其他风险吗？

就业指南

姓名：瑞安·费希尔
公司：赛富时公司
职位：云工程师（Cloud Engineer）
教育：犹他大学

1. 您是如何获得这份工作的？

赛富时公司的IT部门正在积极使用云，主动从使用现有的数据中心迁移为使用 AWS。本次迁移是公司的重点项目之一，我很开心也很荣幸能参与公司的云计算之旅。起初我向该项目的负责人表达了我的兴趣，并经常与我的上司谈论我的职业愿景。接下来，我花了几个月的时间备考 AWS 助理证书，并获得了全部三个证书。我的上司看到了我为学习使用 AWS 平台所付出的努力，经过选拔，我离开了系统运营团队，成了这个迁移项目组的一员，项目团队成员中像我这样的人其实并不多。

2. 是什么把您吸引到这个领域的?

在赛富时公司担任 Windows 系统管理员期间,我萌生了一个愿望——探索其他技术并向工程技术迈进,而不仅仅做些辅助工作。成为一名全栈云基础架构工程师对我而言颇具诱惑力,因为这意味着我将处理网络、数据处理、存储、安全以及其他问题。

3. 您典型的一个工作日是怎样的(在职责、决策、问题方面)?

每两周为一个工作周期。我们要解决的问题包括:满足客户要求、改进业务功能和运营工作[我们称之为"KLO",即维持系统正常运行(keeping the lights on)]。我们每天都会开一场站立会议,回顾前一天完成的工作,并讨论在工作中遇到的问题。在开始实施选定的解决方案和构建基础架构之前,我们要做一些计划和需求收集方面的工作。解决方案的设计一经批准,我们就会开始以基础设施即代码(infrastruchure as code, IaC)的模式编写代码,并将其部署到非生产 AWS 账户中,然后测试应用环境并进行必要的调整。一旦一切都测试成功,我们就会将其投入生产。

4. 对于您的工作,您最喜欢的是哪一点?

解决方案很少只有一种。确定如何满足终端用户需求并设计出最佳解决方案,这个过程既令人沮丧又充满成就感。探索多种方案并非我的天性,我的第一反应通常是以让自己舒服的方式做事——我往往会想找到一个万能的解决方案。然而,我的工作要求我走出自己的舒适区,锻炼创造性和批判性思维。我不断地应对挑战,我很享受这种努力工作带来的成长。

5. 要做好您的工作,需要具备哪些技能?

云工程师需要随时了解顶级云服务供应商不断发布的更新和新服务。这份工作涉及广泛的技术领域,你需要良好的知识储备,例如网络、计算、存储、数据库和安全等方面的知识。你可能会惊讶地发现,你必须学习如何编写代码。我们不会通过单击图形用户界面的方式将资源部署到云端。一切都以 IaC 的模式编写,并通过自动化来布置。云技术提供了许多效益更好、效率更高的方案。你应该努力提高自己的能力,去选择正确的解决方案,所选方案要能够满足运营、安全性、可靠性、性能和成本方面的需求。除了技术技能,具备较强的软技能对你也有好处。你将与许多不同的团队交流,良好的沟通能力(高效、有礼貌)对你的长期成功至关重要。

6. 在您的工作领域,学历和证书重要吗?为什么?

技术瞬息万变,因此持续的教育对你的成功也至关重要。技术正在颠覆每一个行业,我们很难跟上创新的步伐。伟大的公司会在员工身上投资,持续为他们提供接受培训和教育的机会。A Cloud Guru、Linux Academy 和 Pluralsight 都是价格合理的在线学习平台,我本人也会使用这些平台来学习和准备认证考试。我强烈建议你在自己感兴趣的领域内考取资格证。获得认证可以增强你的信心，也可以向雇主展示你在特定领域中的能力。

7. 您对那些想在您的领域工作的人有什么建议？

去做个项目吧！每个大的云服务供应商都提供免费积分，好好利用这一点！你可以做的示例项目之一就是构建基础设施来托管一个小型 WordPress 博客，并自行安装应用程序。一切都要在 Web 控制台上手动创建。一旦你对如何相互连接有了充分的理解，你就可以再次部署同样的东西，但这次你要使用 IaC 工具，如 Terraform 或 CloudFormation。你要把这些代码存放在一个免费的 GitHub 账户中，以保存工作记录。有文件记录的项目对工作面试很有帮助，你可以向面试官展示你的代码并讲述做该项目的感受。

8. 您认为未来十年热门的科技工作是什么？

在世界各地，每天都有数十亿设备连接到因特网并产生大量的数据。这些数据需要经过分析并提取信息，以帮助组织更好地服务客户，因此，与数据分析和提取相关的工作将继续处于高需求状态。数据科学、人工智能、机器学习、软件工程和云计算是帮助领导者做出明智决策的几个领域。联网设备的快速增加也意味着受攻击对象的增加，网络安全对当今世界和未来世界都至关重要。组织需要尽其所能地保护客户数据，辜负客户的信任对任何组织的存续而言都是灾难性的。

道德指南

云端谋利的机会

拉尔夫（Ralph）觉得自己好像进入了一种恍惚状态——手指会不由自主地在屏幕上划来划去。在新闻网站上浏览当天最热的帖子是他午休时最喜欢的消遣方式，他会时不时地刷到一些非常有趣的帖子，然后哈哈大笑。如果旁边有人看见，他们可能会对拉尔夫翻个白眼——还好，他习惯于在车里单独午休。作为公司 IT 团队的经理之一，他一旦走进办公室，似乎就没有多少个人隐私可言了。

拉尔夫在这家公司已经工作了近五年。在波士顿充满活力的医疗圈子中，这家公司的业务是开发和销售医疗设备。因此，拉尔夫为自己能就职于一家受人尊敬的公司而感到自豪，而且他还因为自己公司的产品可以帮助拯救生命而备感光荣。

他过去的一些雇主出售的产品或服务缺乏社会价值，所以他那时经常怀疑自己是否真的给世界带来了积极影响。幸运的是，现在他不会再思考这个问题了。

现在，他唯一的问题是，还能忍受一个叫迈克（Mike）的同事多久。拉尔夫常常自嘲道：他俩的唯一相同之处就是拥有相同的姓氏。

查看迈克的邮件

迈克来公司的时间比拉尔夫早得多。拉尔夫负责管理公司总部的本地技术设施，而迈克则管理着一个团队，该团队提议将公司的大部分数据和流程转移到基于云的平台上，而该提议已经得到了公司管理层的支持。

拉尔夫认为，开发尖端医疗设备的公司应该对其知识产权保持绝对的控制，避免利用第三方来存储关键信息。不幸的是，迈克一直在鼓吹，使用云解决方案将大大降低成本，而他的话赢得了高管们的心，他的项目也因此被大开绿灯。

好在拉尔夫说服了公司高管，使他们相信最关键的数据应该被存储在本地，而不是被传输到云端——在与迈克的持续冲突中，这算是一个小小的胜利，而且拉尔夫或许也因此保住了自己的工作。

远处警车发出的警笛声引起了拉尔夫的注意——他看了看表，意识到下午有个视频会议，而他已经迟到五分钟了。他下了车，穿过停车场，回到他的办公桌前。他登录了自己的电子邮件账户，这样他就可以调出视频会议的接入信息，

但登录后，他注意到他收到了另一位与会者新发来的电子邮件，内容是一则通知——由于他的迟到，会议已经取消（这时他已经迟到了大约十分钟。）拉尔夫想，他应该用多出的这段时间来处理一下其他的电子邮件。

他今天收到的电子邮件和往常差不多，有些是高管通知他该提交下一轮报告和预算了，有些是供应商联系人问他是否需要升级公司的硬件，还有些是来自员工的技术支持请求，说他们在访问系统时遇到了问题。

然而，在众多邮件中，有一封邮件特别引人注目，它来自公司的云服务供应商。这封邮件是写给迈克的，但收件人信息似乎是拉尔夫的——发件人一定是把他们两个人搞混了，只输入了姓氏，没有意识到这封邮件竟然被意外地发给了拉尔夫。更麻烦的是邮件的内容，那是一则提醒——迈克应该为公司购买更大的云存储容量了。

这不对劲。拉尔夫一直在参加云迁移计划会议，他知道迈克的团队预留了足够大的存储容量，因为公司正处于增长期。拉尔夫不禁心生疑问：协议才签订几个月，怎么就需要升级了？

谋取私利

拉尔夫天性好奇，他无法不去想这件事。幸运的是，尽管他主要负责物理基础设施方面的工作，但由于他担任了经理一职，所以他是在迈克之外唯一可以广泛访问云平台的人。

他登上云平台，开始检查起来，想弄明白存储空间到底出了什么问题。只检查了大约十分钟，拉尔夫就震惊得目

瞪口呆。真令人难以置信！他下意识地推了一下桌子。

从现状来看，迈克已经设置了一个为自己谋利的应用程序，利用公司云账户上的剩余空间赚钱——这就是云服务供应商代表认为公司的云存储容量几乎已达上限的原因（供应商代表还试图让公司购买更高级别的存储容量）。

从账户的历史数据来看，迈克将程序设置为每天多次计算公司的实际云存储用量，然后调整应用程序的脚本以占用剩余空间，但同时也会留出一些缓冲空间，以免在下次可用存储检查完成之前达到容量上限。这是一个确保他不会被抓住的巧妙方法，因为只有两个人（拉尔夫和迈克）可以访问这些日志数据。

拉尔夫不知道该如何是好。这是一个举报的好机会吗——让自己平日里最讨厌的同事走人？他要举报些什么呢？说迈克使用了公司根本用不到的云存储空间吗？举报会不会遭到嘲讽，甚至导致自己被解雇呢？或者，如果他什么也不说，他是不是也会惹上麻烦？

他也无法忍受在自己举报迈克后却没人在乎这件事——只有自己像个傻瓜一样，一直在抱怨不如意的工作环境。他慢慢地把椅子往前挪了挪，把胳膊肘支撑在桌子上，用手托着头。也许，他应该回去工作，假装一开始就没发现这件事吧。

1. 请考虑一下迈克使用公司多余的云存储空间为自己谋利这件事。

   a. 根据绝对命令（第 1 章）的观点，这种行为是道德的吗？

   b. 根据功利主义（第 2 章）的观点，这种行为是道德的吗？

2. 如果高管们发现一名 IT 员工在利用公司的系统谋取私利，你认为他们会作何反应？

3. 有没有一种方法可以让更多人从迈克设置的应用程序中获益呢？

4. 如果你发现自己正面临与拉尔夫一样的困境，你会怎么做？

第 6 章要点回顾

请使用本部分验证你是否理解了回答本章学习目标中的问题所需的想法和概念。

1. 为什么云是大多数组织的未来？

- 请给云下定义并解释定义中的三个关键术语。描述大型机架构、客户机 – 服务器架构和云计算架构之间的差异。解释可扩展性和弹性之间的区别。参照表 6-1，对比云托管和内部托管。哪些因素会促使组织转向云？什么时候使用基于云的基础设施是没有意义的？

2. 组织如何使用云？

- 请描述组织如何从云的资源弹性、池化和独特的因特网连接中获益。定义三种云服务——SaaS、PaaS 和 IaaS，并分别举出一个例子。描述最适用于每种云服务的商业模式。定义 CDN，解释 CDN 的功能和优势。解释组织如何在内部使用 Web 服务。

3. eHermes 公司可以怎样使用云？

- 首先，请说明为什么 eHermes 公司有可能会使用云。说出并描述 eHermes 公司可以使用的 SaaS 产品。解释 eHermes 公司使用 PaaS 产品的几种方式。总结一下为什么 eHermes 公司不太可能使用 IaaS 产品。

4. 组织如何才能安全地使用云服务？

- 请解释人们使用 VPN 的目的，并概括 VPN 是如何工作的。定义虚拟这个术语并解释它与 VPN 的关系。定义私有云和公共云，并总结私有云和公共云的优点。什么样的组织可能会从私有云中受益？解释一下，为什么即使是非常大的组织也无法创建能与公共云相媲美的私有云。在什么情况下，私有云对组织来说是有意义的？定义混合云并解释组织为什么会使用以及如何使用混合云。解释一下，为什么数据经纬有助于提高云互操作性。

5. 云对你的未来而言意味着什么？

- 未来的云可能是什么样的？总结一下云带来的好消息和坏消息。描述远程活动系统的三种类型。解释一下，为什么远程系统能增加顶级专家的价值，同时却让本地平庸人才的价值更低了。那些不是顶级专家的人该做些什么？

本章的知识对你有什么帮助

　　云从根本上转变了组织获取计算基础设施的方式。它使组织能够享受数据处理、存储和通信成本越来越低所带来的效益。正如本章开头小故事中 eHermes 公司的情况一样，云可以对组织的盈利能力产生巨大影响。

　　因此，通过阅读本章内容，作为商务专业人士的你可以对相关情况有更深入的了解，这有助于你预见一些未来可能出现的、令人兴奋的职位，并且有可能帮助你为你所在的组织节省大量资金。一些具有根本性的转变正在发生，要充分利用它们！

第三部分

利用信息系统获得竞争优势

在前面的几章中,你已经学习了 IS 的基础知识。在接下来的第 7 章至第 12 章,你将运用这些基础知识来学习组织如何利用信息系统实现其战略。本书第三部分(第 7 章至第 9 章)的重点是 IS 的应用;第四部分(第 10 章至第 12 章)的重点是 IS 的管理。

接下来各章的开头部分都涉及一家叫作 iMed Analytics 的医疗信息公司,该公司使用人工智能和机器学习来分析医疗数据并希望以此改进患者的诊疗效果。据我们所知,该公司使用的"iMed 系统"这种应用程序目前还不存在。不过,医疗分析是一个快速增长的行业。像麦克森(McKesson)、塞纳(Cerner)、飞利浦医疗保健(Philips Healthcare)和高知特(Cognizant)这样的公司都在开发用于管理医疗信息的创新型应用程序。

iMed 系统允许患者从各种经过批准的物联网医疗设备中上传医疗数据,这类设备包括智能手表、智能秤、血氧仪、血压计、血糖监测仪、心电图监测仪、智能吸入器、空气质量传感器等。然后,iMed 系统为患者数据定制的 AI 和机器学习算法将会分析这些数据。患者可以看到自己定制的医疗保健控制面板,并与他们的医生分享这些数据。医生可以持续监测患者的情况,观察患者对新药物的反应,判断患者有没有遇到问题或危及生命的事件。

iMed 系统甚至可以使用预测分析来警示患者可能存在的医疗问题。例如，它可以使用患者的智能手表、血氧仪、血压计和空气质量传感器数据，计算患者在雾霾天心脏病发作的概率。再如，它可以通知患者的医生，让其了解该患者最近出现了与上呼吸道感染有关的严重呼吸问题。所有这些都可以提前被预测到，所以患者根本不必去医院。

iMed 系统收集并整合患者数据，数据来源包括物联网智能设备、医生、患者、医院的医疗记录、医学实验室等。iMed 系统使用云服务来存储和处理所有的患者数据。甚至该应用程序本身也被托管到云端。

在坦帕综合医院工作的著名肿瘤学家格雷格·所罗门看到了开发 iMed 这类系统的必要性。由于种种原因，一些癌症患者无法前来问诊，所以格雷格无法定期见到他的患者们。他试图找到一种即使不能亲眼看到患者，也能为患者提供医疗服务的方法，而 iMed 系统在某种程度上让这种想法成为可能。在某些方面，它的效果甚至比预期中还要好。

格雷格在游艇俱乐部认识的一个朋友向他介绍了埃米丽·刘易斯。埃米丽获得了加州理工学院的管理信息系统硕士学位，曾在坦帕地区一家成功的互联网初创公司担任首席技术官。她帮助这家初出茅庐的科技公司开发出了适用于酒店业的 SaaS 平台。

在与格雷格共进午餐时，埃米丽解释说，大多数医疗设备制造商现在都在生产可以连接到互联网的智能设备。若能解决从设备中获取数据的问题，对患者的身体情况进行监测就会变得相当简单。她的建议是，格雷格可以考虑从患者、医院（电子医疗记录）和医学实验室中收集更多数据，然后将其存储到云端。他们可以为患者制作一些漂亮又简单的控制面板，并为医生制作更详细的控制面板。然后，他们可以利用机器学习或人工智能来自动分析数据。

他们可以同时对格雷格的所有患者进行远程监测。该系统甚至可以在患者病情加重之前预见相关问题。

格雷格看到了该系统能够大幅改进医疗保健服务的潜力。如果他能把该系统卖给其他医院和医疗机构，那将是一笔有利可图的生意。这可能是病患照护服务未来的发展方向。

于是，格雷格创办了 iMed Analytics 公司，并聘请埃米丽担任信息系统经理。通过埃米丽，他认识并聘用了总经理贾丝明·穆尔以及客户服务经理费利克斯·拉莫斯。他还从麻省理工学院计算机科学与人工智能实验室聘请了机器学习专家乔斯·纳瓦罗。

第 7 章

用于决策、解决问题和管理项目的协作信息系统

● **本章学习目标**

» 协作的两个关键特征是什么?

» 成功协作的三个标准是什么?

» 协作的四大目的是什么?

» 协作信息系统的要素和功能是什么?

● **预期学习成果**

» 能够讨论合作与协作之间的区别,并分享有效协作所需的条件。

一个星期六的早晨，在坦帕市的一家海边餐厅，iMed Analytics 公司的老板格雷格·所罗门正在与总经理贾丝明·穆尔、信息系统经理埃米丽·刘易斯和机器学习专家乔斯·纳瓦罗开会。

"那么……要怎么做才能成功呢？"格雷格问道。他的目光迅速环视与会的其他人，试图寻找答案。格雷格很少预设问题的答案，他问这个问题是有理由的。他需要一个用心工作的团队和一个强有力的领导者。

埃米丽直截了当地回答："我认为一切都一目了然。我们只需要弄清楚如何从医疗设备中获取数据。将数据存储在云端很简单，雇用开发人员制作 Web 应用程序也不是问题。总的来说，这个主意很好。我们可以切实改变人们的生活。"

总经理贾丝明看了看格雷格，她看得出格雷格在思索一些更具实质性的东西。格雷格也看了看他新聘用的这位总经理，想听听她怎么说。贾丝明说："我同意，这个项目潜力很大。它可能是医疗保健行业未来的发展方向。但项目必须能赚钱。我们现有的资源是有限的，而且这不是一个人道主义的项目。我们需要知道如何才能获得收益。正如有人说过的一句话，有销量才有一切。"

"好，那么我们要把这个产品卖给谁呢？"格雷格问道。

"嗯……现在可能没人愿意买。"贾丝明干脆地回答。"我们需要先开发一个可运行的测试版系统，然后才能谈购买问题。我们需要向人们证明 iMed 系统的价值，然后才能要求他们为之付费。只有外观好看的控制面板还不够，医生已经可以从他们的医疗记录中获得此类数据了。"

埃米丽紧张地看着贾丝明。格雷格靠在椅背上，脸上带着一丝微笑。

贾丝明继续说道："但是，考虑到您所雇用的人，您想做的可不只是这些。"

"你这话是什么意思？"格雷格问道。

"嗯……乔斯是麻省理工学院的机器学习专家，埃米丽知道如何开发成功的 Web 应用程序，而我有管理硬件公司的背景。看起来您是想创建一家由人工智能驱动，并由物联网硬件提供大量数据的医疗保健信息公司。"

格雷格微微点了点头，说："不错。那我们怎样才能赚到钱呢？"

埃米丽插话说："我认为像您这样的医生会对 iMed 系统感兴趣，也许医院也会对它感兴趣，它们可以把 iMed 系统作为患者护理计划的一个创新手段来推广。患者可能会为客户端软件付费，不过我对此持怀疑态度，因为人们已经习惯了使用免费的应用程序。物联网医疗设备制造商将会很愿意与我们合作，因为这样或许能提高其产品的销量。但我认为，我们最大的收入来源应该是诊所和医院。"

乔斯也插话说："我们也有可能把这个系统卖给各类公司。大多数大公司现在都有奖励员工健康行为的'健康计划'，因为健康员工的工作效率更高，医疗索赔也更少。如果我们收集其健身手环数据和年度体检数据，公司可能就会对'智能健康计划'感兴趣。该计划可以让公司增加利润并降低成本。"他停顿了一下，显然是在思考着什么，然后他又继续说："我们也许能够将该系统与公司的其他数据结合起来，为它们提供员工生产力方面的指标。这个功能很酷，但公司可能会有隐私方面的担忧——我不确定，不过这是个需要考虑的问题。"

"贾丝明，你怎么看？"格雷格问道。

贾丝明说："或许也可以考虑一下与保险公司接洽，它们可能有兴趣为健康人群提供低价保险。车险就是一个先例。"

埃米丽认真地听着，然后说："您知道，我们也可以通过 iMed 系统获得广告收入。所有智能医疗设备制造商都会对它感兴趣的。健身房、私人教练、理疗师、补剂制造商等也可能会成为我们的客户。"

"听起来不错。"格雷格赞许地说。"埃米丽，你去调查一下 iMed 系统在广告收入方面的潜力。乔斯，你调查一下坦帕有哪些公司没有'健康计划'，并且有可能会对 iMed 系统这样的应用程序感兴趣。贾丝明，你去调查一下医生、诊所和医院的情况。我在游艇俱乐部认识一个保险公司主管。我会问问他对'健康人群优惠'的想法。还有其他问题吗？"

大家互相看了看，没有人说话。

"好，那我们就下周见吧！"

7.1 协作的两个关键特征是什么

要回答这个问题，我们必须先区分合作和协作这两个词。合作（cooperation）是指一群人为了完成一项任务而一起工作，每个人做的工作都基本相同。对一个由四名油漆工组成的团队而言，在同一个房间里，每个人负责粉刷不同的墙面，这就属于合作。同样地，杂货店的一组收银员或一组邮局职员也是在通过合作为顾客提供服务。与个人相比，一个合作的团队可以更快地完成一项任务，但其工作成果通常不一定比个人的工作成果更好。

在本书中，我们将协作（collaboration）定义为一群人通过反馈和迭代的过程来实现一个共同的目标。在进行反馈和迭代的情况下，如果一个人拟定了一份文件草稿，第二个人将审查该草稿并提出建设性批评意见。收到反馈后，原作者或其他人会修改初稿并生成第二稿。工作以一系列阶段（或称迭代）的形式开展，人们在每个阶段都会产出一些东西，其他成员会对其提出批评，然后产出另一个版本。"哦，这一点我从未想到过"是协作成功的典型信号。

许多（也许是大多数）学生团队使用的是合作而非协作。在接到任务后，一个由五名学生构成的团队往往会把任务分成五份，然后每名学生独立完成自己的那份任务，再把各自的成果汇总起来，提交给教师进行评分。这个过程能够让大家更快地完成项目，每名学生的工作量都减少了，但最后的效果往往不会比每名学生单独完成任务的效果好。

相比之下，如果学生进行协作，他们会先提出初步的想法或产出初步的工作成果，再就这些想法或成果相互给出反馈，然后根据反馈进行修改。这个过程产生的结果远远好于任何学生单独完成任务的结果。

● 建设性批评的重要性

根据协作的定义，想要成功协作，成员就必须提出和接受建设性批评。建设性批评（constructive criticism）是为改善结果而提出的肯定和否定的建议。大多数成员都能毫无顾虑地给出肯定性的反馈，这样也不至于冒犯其他人。不过，提出和接受批评性反馈就困难多了。如果一个团队中的每个成员都太有"礼貌"以至于不说任何批评的话，这个团队就无法真正协作。事实上，只给出肯定性反馈的团队很容易产生群体盲思（groupthink），这是一种人们对群体凝聚力的渴望导致其决策能力差的现象。

另外，如果一个团队的成员倾向于过度相互批评和相互否定，以至于成员之间相互不信任甚至相互仇恨，团队也无法有效地协作。批评性反馈需要以友好的、有理有据的方式提出。学习如何有效地提出批评性反馈是需要练习的。对大多数团队来说，当其成员既能够提出肯定性反馈又能够提出批评性反馈时，团队协作就会成功。

为了更好地理解这一点，可以参考迪特科夫（Ditkoff）、艾伦（Allen）、穆尔（Moore）和波拉德（Pollard）的研究。为了确定一个好的协作者应该具备的素质、态度和技能，他们对 108 名商务专业人士进行了调查。该调查得出的最重要和最不重要的特征如图 7-1 所示（重要程度由第 1 条至第 39 条逐步递减）。大多数受访者都会惊讶地发现，12 个最重要的特征中竟有 5 个涉及分歧（图 7-1 中加粗显示的内

1.	喜欢大家的协作主题
2.	思想开放，好奇心强
3.	**即使自己的观点不受欢迎，也要把它说出来**
4.	及时给我和其他人回复
5.	**愿意加入高难度的对话**
6.	是一个敏锐的倾听者
7.	**能够熟练地提出和接受负面反馈**
8.	**愿意提出不受欢迎的想法**
9.	自律，不需要别人为之操心
10.	被公认为一个信守承诺的人
11.	愿意充满激情地深入研究协作主题
12.	**思考方式与我不同 / 能够带来不同的观点**
…	……
31.	做事很有条理
32.	是我第一眼见到就喜欢的人，让我感觉很好
33.	已经赢得了我的信任
34.	有过协作经验
35.	说话很有技巧、有说服力
36.	爱交际，充满活力
37.	是我以前认识的人
38.	在该领域已有良好的声誉
39.	是一位经验丰富的商务人士

图 7-1　协作者的重要特征

容）。大多数受访者认为"每个人都应该和其他人好好相处"，对团队事务或多或少应该有相同的想法和意见。虽然合群对团队来说很重要，但该研究表明，团队成员有不同的想法和意见并向彼此表达出来也很重要。

当我们把协作看作一个团队的成员之间相互提出和接受反馈的迭代过程时，上述研究结果并不令人惊讶。在协作过程中，团队成员会相互学习，而如果没有人愿意表达不同的甚至是不受欢迎的想法，他们就很难相互学习。受访者似乎也认为："只要你真正关心我们在做的事，你就可以持否定态度。"这些协作技能对那些被教导要"与他人搞好关系"的人来说有些难以接受，但这可能正是这些技能在调查中会受到推崇的原因。

被认为不太重要的那些特征也很能说明问题。协作经验或者业务经验似乎并不重要，人缘好也并不重要。然而，令人惊讶的是，做事有条理在 39 个特征中竟然排到了第 31 位。也许这是在告诉我们，协作本身并不是一个条理非常清晰的过程。

● 提出和接受建设性批评的准则

提出和接受建设性批评是最重要的协作技能之一。你需要知道如何以积极的方式提出批评性反馈。因此，在讨论信息系统在优化协作方面的作用之前，请先学习提出和接受批评性反馈的准则（见表 7-1）。

许多学生发现，在首次组建协作团队时，先讨论表 7-1 中这样的建设性批评准则是很有用的。你们可以从这个列表开始，然后利用反馈和迭代机制，制定自己的准则列表。当然，如果某个团队成员没有遵循商定的准则，也必须有人对其提出建设性批评。

● 警告！

如果你是一名商科专业的本科生（尤其是大一新生或大二学生），你的人生阅历可能还不足以让你理解协作的必要性。到目前为止，你周围的人和你的经历可能都差不多，思想也和你基本类似。你的朋友和同学有着相似的教育背景，在标准化考试中的分数也都差不多，而且你们有着相同的目标。那么，你们为什么要协作呢？你和周围的大多数人可能都会这样想："这是老师要求的任务，我们要不要用最

表 7-1　提出和接受建设性批评的准则

指导方针	举例	
提出建设性批评		
要具体	非建设性批评	"整篇文档真是一团糟"
	建设性批评	"一直读到第二节，我才读懂了一些"
提出建议	非建设性批评	"我不知道该如何解决这个问题"
	建设性批评	"可以考虑把第二节移到文件的开头"
避免 人身攻击	非建设性批评	"只有白痴才会把分析部分放在最后"
	建设性批评	"分析部分可能需要往前放一放"
设定积极的 目标	非建设性批评	"可别再错过最后期限了"
	建设性批评	"今后尽量做好进度安排，以便能在最后期限前完成"
接受建设性批评		
质疑自己的 情绪	非建设性批评	"真的，他凭什么对我的工作说三道四？"
	建设性批评	"为什么我对他刚才的评论感到如此愤怒？"
不要霸占 谈话时间	非建设性批评	"你的话比其他人多，你用掉了一半的时间"
	建设性批评	"如果有四个组员，你的发言时间就应该占总时间的四分之一"
展示对 群体的贡献	非建设性批评	"我已经做了我应该做的。我是不会重新写的。我已经写得足够好了"
	建设性批评	"唉，我真的不想重写那一节，但如果你们都认为有必要重写，那我也可以试试"

简单、最快速的方法把它完成，然后提交给老师？"

　　请看看下面的思想实验。假设你创办的公司正计划建造一处新场地，该场地对于新生产线至关重要，并将创造出 300 个新的就业岗位。相关部门不愿颁发建筑许可证，因为这个地方容易发生山体滑坡。你的工程师认为你们的设计已经克服了这一危险，但你的首席财务官（chief financial officer，CFO）担心，一旦出现问题，公司可能会被起诉。公司的法律顾问正在研究既能免遭相关部门反对又能免责的最佳方法。同时，当地的一个环保组织正在反对你的新场地建造计划，因为该组织的成员认为新场地离鹰巢太近了。你的公关总监每周都要与这类当地组织会面。

　　你是否会继续推进这个项目？

　　为了做出决策，你成立了一个由首席工程师、首席财务官、法律顾问和公关总监组成的工作团队。该团队中的每个成员都有不同的教育背景和专业知识、不同的人生经历，以及不同的价值观。事实上，他们唯一的共同点就是他们都是由你的公司支付薪水的。该团队将以协作的方式工作，这种工作方式是迄今为止你尚未经历过的。在继续阅读本章时，请记住这个思想实验。

总之，协作的两个关键特征是迭代和反馈。

7.2 成功协作的三个标准是什么

J. 理查德·哈克曼（J. Richard Hackman）多年来一直在研究团队工作，他在《高效团队》（*Leading Teams*）一书中提出了许多对未来管理者有用的概念和技巧。哈克曼认为，团队成功的主要评判标准有三个：

» 成功的结果；
» 团队能力的提升；
» 有意义的、令人满足的经历。

● 成功的结果

大多数学生主要关注的是第一条标准。他们想取得一个好的结果——取得好成绩，或者以最少的努力拿到可以接受的分数。对商务专业人士来说，团队需要实现其目标：做出一个决策、解决一个问题，或者管理一个项目。无论团队目标是什么，判断团队是否取得了成功的第一个标准都是："我们完成工作了吗？"

还有一个学生团队不太关注但大多数商业团队都会问的问题："我们是否在规定的时间和预算内完成了工作？"如果完成得太晚或远远超出预算，即使该团队确实实现了目标，它也不算是成功的。

● 团队能力的提升

或许是因为大多数学生都是临时组队的，所以他们会对判断团队是否成功的另外两条标准感到意外。但是，在商业领域，团队往往会存续数月或数年，因此，问"团队变得更好了吗？"这个问题很有意义。如果你是一个足球迷，你肯定听大学的教练说过："随着赛季的进展，我们的确在进步。"（当然，面对 2 胜 12 负的球队，教练不会这么说。）一个足球队往往只存续一个赛季。如果团队是永久性的（例如，一个由客户支持人员组成的团队），团队成长带来的益处甚至会更大。随着时间的推移，团队的过程质量（process quality）会有所提高。团队会变得更有效率，因为它可以在固定成本的基础上提供更多的服务，或者以更少的成本提供同样的服务。

随着经验的积累，团队也可以变得更加高效。某些活动可以被合并或取消。通过建立联系，"左手"知道"右手"在做什么、需要什么，或自己能提供什么。团队也会随着成员个人在完成任务过程中的进步而变得更好，这种进步在一定程度上反映了学习曲线——一个人反复地做一件事，就会把这件事做得更好。此外，团队成员也会相互传授技能和知识，并为其他团队成员提供其所需要的判断力。

● 有意义的、令人满足的经历

哈克曼提出的第三个团队成功标准是团队成员能够获得有意义的、令人满足的经历。当然，工作是否有意义主要取决于团队目标的性质。可是，我们很少有人有机会开发出拯救生命的癌症疫苗，或者培育出可以让世界上的人们都不再饿肚子的新型小麦。大多数人做的都是生产、物流、会计、销售等方面的工作。

那么，对大多数商务专业人士而言，在自己看似平凡的生活中，是什么让工作变得有意义？哈克曼在他的书中引用了许多研究，其中的一个共同结论是，一份工作之所以有意义，是因为团队认为它有意义。在产品数据库中更新价格的工作可能是乏味的，但如果这项任务被团队认为是重要的，那么它就很有意义。

此外，如果一个人的工作不仅得到了重视，而且从事这项工作的人也得到了嘉奖，那么这种经历也会被认为是有意义的。因此，有意义的工作体验主要取决于团队对工作的认可。

影响团队满足感的另一个因素是同事情谊。就像学生一样，当商务专业人士感觉自己是团队的一部分、大家正在齐心协力地实现一些有价值的东西，而且协作的结果比任何一个人单独完成的结果都要好时，他们就会备受鼓舞。

7.3　协作的四大目的是什么

团队协作的四大目的是：

» 了解情况；
» 做出决策；
» 解决问题；
» 管理项目。

这四个目的是相互联系的。例如，为了做出决策，团队成员必须了解情况。然后，为了解决问题，团队成员必须有能力做出决策（并了解情况）。最后，为了开展和管理一个项目，团队成员必须有能力解决问题（并了解情况和做出决策）。

在继续学习之前，你要知道的是，你可以利用这四个目的之间的层次关系来建立你自己的专业技能结构。如果无法了解情况，你就无法做出好的决策；如果无法做出好的决策，你就无法解决问题；而如果你不知道该如何解决问题，你就无法管理项目。

在本节中，我们将探讨这四个目的的协作性质，并描述对支持这些目的的信息系统的要求。接下来，让我们从最基本的目的——了解情况——开始。

● 了解情况

协作的第一个也是最基本的目的在于了解情况。第 1 章中提到：收到相同数据的两个人获得的信息可能不同。了解情况的目的在于尽可能地确保团队成员理解信息的方式相同。

例如，正如你在本章的开头小故事中读到的那样，格雷格·所罗门给 iMed Analytics 公司的团队分配了几项任务，最终目标是增加收益。团队的重要任务之一是确保每个人都了解这个目标，而且还要了解他们实现这个目标的不同方式。

对协作的所有其他目的而言，了解情况是基础，它也对协作信息系统提出了几点要求。你可能已经想到了：团队成员需要分享数据，并且能够相互沟通，以促进彼此之间的理解。此外，由于记忆是不可靠的，而且团队成员可能会发生变动，因此也有必要把团队成员对信息的理解记录下来。为了避免一遍又一遍地重复一个话题的情况出现，还需要建立一个类似于在线百科的信息库。

● 做出决策

协作可以在做出某些类型的决策时发挥作用，但不是所有类型的决策。因此，为了理解协作的作用，我们必须从分析决策开始。决策是在三个层面上做出的：经营层面、管理层面和战略层面。

经营决策

经营决策（operational decision）是指那些为支持经营性的日常活动而做出的决策。典型的经营决策包括：我们应该从供应商 A 处订购多少零件？我们是否应该向供应商 B 提供信贷？我们今天应该支付哪些费用？

管理决策

管理决策（managerial decision）是指关于资源分配和利用的决策。典型的管理决策包括：明年我们应该为 A 部门的计算机硬件和程序编制多少预算？我们应该为 B 项目指派多少工程师？

一般来说，需要考虑不同观点的管理决策会从协作中受益。例如，未来一年是否要给员工涨工资，这不是一个人能做出的决策。高管、会计、人力资源经理、劳资关系经理以及其他相关人员都会对此有不同的看法和观点。他们将为该决策提供工作产品、评估该产品，并以迭代的方式对它进行修改。这就是协作的精髓。

战略决策

战略决策（strategic decision）是指那些涉及多个部门的组织性问题的决策。典型的战略决策包括：我们是否应该建立一条新的产品线？我们是否应该在田纳西州设立一个中心仓库？我们是否应该收购 A 公司？

战略决策几乎总是协作性的，比如是否要将制造业务从某国迁出的决策。这个决策会影响组织中的每一个员工，也会影响企业的供应商、客户和股东。在做出决策前，必须考虑很多因素和基于这些因素的各种观点。

决策过程

决策过程分为结构化过程和非结构化过程，信息系统可以根据决策过程进行分类。这些术语指的是做出决策的方法或过程，而不是指问题本身的性质。结构化决策（structured decision）过程是指依据可理解、可接受的方法来做出决策。例如，一个计算库存中的某个物品的追加订购数量的公式就是为结构化决策服务的，一个为员工分配办公家具和设备的标准方法也是为结构化决策服务的。结构化决策几乎不需要协作。

非结构化决策（unstructured decision）是指没有经过商定的决策方法。例如，预测经济或股票市场的未来走向就是典型的非结构化决策过程。预测方法因人而异，既没有标准化的方法，也没有被广泛采用的方法。另一个非结构化决策过程的例子是评估一个员工是否适合从事某项工作——经理们都有自己的评估方式。非结构化决策往往是协作性的。

决策类型与决策过程之间的关系

决策类型和决策过程之间的关系是松散的。经营层面的决策往往是结构化的，而战略层面的决策往往是非结构化的。管理决策往往既是结构化的，又是非结构化的。

我们使用"往往"这个词是因为这种关系是存在例外的。某些经营决策可以是非结构化的（例如："在比赛前夜，我们需要多少个出租车司机？"），而某些战略决策也可以是结构化的（例如："我们应该如何分配新产品的销售配额？"）。不过，总的来说，这种关系是成立的。

决策与协作系统

如前文所述，很少有结构化决策涉及协作。例如，从供应商 B 处订购多少产品 A 的决策并不需要团队成员之间的反馈和迭代，而反馈和迭代是协作的典型特征。尽管生成订单的过程可能需要采购、会计和制造等部门的人员协同工作，但很少需要一个人对其他人的工作进行评论。实际上，在常规的结构化决策中使用协作的方式既昂贵又奢侈，结果还往往不尽如人意。"任何事都需要我们开个会吗？"是一种常见的感叹。

对非结构化决策来说，情况就不同了，因为反馈和迭代是至关重要的。对于要做出什么决策、如何达成共识、哪些标准是重要的、如何根据这些标准给备选决策方案评分，团队成员会有不同的想法和观点。团队可能会得出初步结论并讨论这些结论的潜在结果，而团队成员可能会经常改变立场。图 7-2 展示了随着决策过程的结构化程度发生变化，团队对协作的需求也会发生变化。

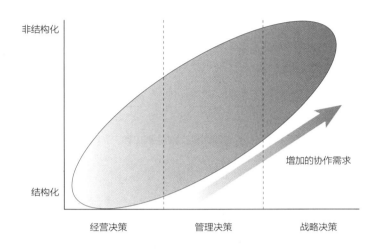

图 7-2　不同决策对协作的需求

● 解决问题

解决问题是协作的第三个主要目的。问题（problem）是指现实状况与期望状况之间可以被人们感知到的差异。由于问题是一种感知，因此不同的人对问题的定义可以不同。

因此，团队的首要任务，也可以说是最重要的任务，就是定义问题。例如，iMed Analytics 公司的团队要解决的问题是寻找增加收益的方法。如前文所述，为了让成员了解情况，该团队首先要确保团队成员都理解了这个目标，并对增加收益的不同方法有共同的理解。

然而，由于问题是现实状况与期望状况之间的差异，"增加收益"这种说法还不够具体。增加 1 美元的收益是否足够？增加 10 万美元的收益是否足够？或者，增加 100 万美元的收益才算足够？一个更好的问题定义应该是"收益增加 10%""收益增加 10 万美元"，或者其他更具体的期望值。

解决问题的主要工作如图 7-3 所示。由于本书的主题是信息系统，而不是解决问题，所以我们不会在此对其进行深入探讨。你只需要关注那些需要完成的工作，并考虑反馈和迭代对于这些工作的作用。

» 定义问题
» 确定备选解决方案
» 确定评估标准
» 评估备选解决方案
» 选定解决方案
» 实施解决方案

图 7-3　解决问题的主要工作

● 管理项目

　　管理项目是一个复杂的主题，涉及许多理论、方法和技术。在这里，我们只从协作角度探讨四个主要的项目阶段。

　　人们创建项目是为了创造或产出某种东西。最终目标可能是一个营销计划、一个新工厂的设计方案、一个新产品，也可能是完成年度审计。由于项目的性质和规模差异很大，我们在这里总结的是一般项目的阶段。表 7-2 展示的是项目管理的四个阶段、每个阶段的主要任务，以及协作团队需要共享的数据。

启动阶段

　　启动阶段的主要作用是为项目和团队制定基本规则。在行业中，团队需要确定或了解自己有什么权力。团队是否已经收到了项目描述，还是说确定项目内容也是团队的任务之一？团队是否可以选定成员，还是说成员是指定的？团队是否可以设计自己的方法来完成项目，还是说必须使用某种特定的方法？学生团队与行业团队不同，因为学生团队的权力和成员都是由教师设定的。不过，尽管学生团队没有定义项目的权力，但他们确实有权力决定如何完成项目。

　　启动阶段的其他任务包括确定项目的范围和设置一个初步的预算。这个预算通常只是初步的，在项目规划完成后还需要进行修订。这个阶段会出现一个初始团队，因为团队的成员可能会随着项目的进展而发生变化。在一开始就设定团队成员的预期是很重要的。每个团队成员将扮演什么角色，该成员的职责和权力是什么？团队

表 7-2　项目管理的任务和数据

阶段	任务	共享的数据
启动	设定团队权限 设定项目范围和初始预算 组建团队 确定团队角色、职责和权限 制定团队规则	团队成员的个人数据 启动文件
规划	确定任务及依赖关系 分配任务 制定时间表 修改预算	项目计划、预算和其他文件
执行	执行项目任务 管理任务和预算 解决问题 在必要时重新制定任务时间表 记录和报告进展情况	正在进行的工作 更新后的任务 更新后的项目时间表 更新后的项目预算 项目状况文件
收尾	确定项目完成 准备存档文件 解散团队	存档文件

规则也是通过决策过程建立起来的。

规划阶段

　　规划阶段的目的是确定"由谁来做什么、什么时间截止"。这个阶段要明确工作活动并为其配备人员、预算和设备。任务之间通常是相互依赖的。例如，在创建备选方案清单之前，你无法评估备选方案。在这种情况下，我们就会说，评估备选方案的任务和创建备选方案清单的任务之间存在着任务依赖关系。

　　一旦任务和资源分配完毕，团队就有可能确定项目时间表。如果时间表无法被接受，可以给该项目分配更多资源，或者缩小项目范围。在进度、成本和范围之间进行权衡是最重要的任务之一，不仅在规划阶段，在整个项目中也都是如此。

执行阶段

　　项目的任务是在执行阶段完成的。在这个阶段，主要的管理挑战是确保任务按时完成。如果不能按时完成，要尽早发现进度问题。随着工作的进展，团队经常需要增加或删减任务、改变任务的分配情况、增加或减少任务的劳动力或其他资源等。另一个重要的任务是记录和报告项目的进度。

收尾阶段

"我们完成工作了吗？"这个问题很重要，有时也很难回答。如果工作没有完成，团队就需要定义更多的任务并再次进入执行阶段。如果工作完成了，团队就需要记录其结果、为未来的团队记录有用的信息、结束项目，并解散团队。

请回顾一下表 7-2 的第三栏。所有这些项目数据都需要被存储在一个团队成员都可以访问的地方。此外，所有的数据都要经过反馈和迭代，这意味着团队需要管理数百个甚至数千个版本的数据。我们将在章节延伸 10 中探讨利用协作信息系统帮助进行数据管理的方法。

7.4   协作信息系统的要素和功能是什么

顾名思义，协作信息系统（collaboration information system，简称协作系统）是一个支持协作的信息系统。根据我们在本章第 7.1 节讨论的内容，这意味着该系统需要支持团队成员之间的迭代和反馈。我们将在章节延伸 10 中探讨协作系统的具体功能，在这里我们只探讨协作系统的要素及其基本功能。

● 协作系统的五个要素

协作系统也具备信息系统的五大要素：硬件、软件、数据、规程和人员。在硬件方面，每个团队成员都需要一台设备来加入团队的工作，它可以是个人电脑，也可以是 iPad 之类的移动设备。此外，因为团队需要共享数据，所以大多数协作系统将文档和文件存储在谷歌云盘或 Microsoft OneDrive 等服务器上。

协作程序是指电子邮件、短信、谷歌文档、Microsoft 365 等支持协作的应用程序。我们将在章节延伸 10 中学习这类工具。

协作涉及两种类型的数据。项目数据（project data）是协作工作产品的一部分。例如，对一个正在设计新产品的团队而言，设计文档属于项目数据。对一个解决问题的项目而言，描述可用的解决方案的文档也属于项目数据。项目元数据（project metadata）是用于管理项目的数据。进度、任务、预算和其他管理数据都属于项目元数据。顺便说一下，这两种类型的数据都要经过迭代和反馈。

协作信息系统的规程中规定了团队工作的相关标准、政策和技术。以审查文档或其他工作产品的规程为例，为了减少混乱并加强控制，团队可能会建立一个规程，该规程规定了由哪些人以什么顺序来审查文档。

协作系统的最后一个要素当然是人员。我们在本章第 7.1 节中讨论了提出和接受建设性批评的重要性。此外，团队成员还要知道如何使用以及何时使用协作程序。

⬤ 主要功能：交流和内容共享

表 7-3 列出了本章第 7.1 节和第 7.2 节讨论的五大协作活动，并总结了这些活动对协作系统的要求。注意，这些要求分为两类：交流和内容共享。在这些活动中，第二个、第四个和最后一个活动与交流有关，而第一个和第三个活动与追踪有关，并且需要内容存储和内容共享。

表 7-3　协作活动对协作系统的要求

协作活动	要求
迭代	追踪不同文档和其他工作产品的多个版本
反馈	提供简单易用且随时可用的多方通信手段
在规定的时间和预算内完成任务	追踪任务、时间表、预算和其他项目元数据；说明并报告进展和状态
促进团队成长	进行团队内部教学
增强团队的满足感	认可团队和成员的工作

表 7-4 列出了本章第 7.3 节提到的协作活动的四大目的，并总结了每个目的对协作系统的 IS 要求。注意：这些要求同样可分以为交流和内容共享两类。当你思考自己在学校开展的协作项目时，可以参照表 7-3 和表 7-4 来决定你的协作系统需要的工具。

请注意协作系统（collaboration system）和协作工具（collaboration tool）这两个术语之间的区别。协作工具属于协作系统的软件要素；协作工具要想发挥作用，就必须依赖信息系统的其他四个要素。

表 7-4　不同协作目的对 IS 的要求

目的	要求
了解情况	» 共享数据 » 支持团队沟通 » 管理项目任务 » 存储历史记录
做出决策	» 对决策标准、备选决策说明、评估工具、评估结果、实施计划进行共享 » 支持团队沟通 » 管理项目任务 » 根据需要发布决策 » 存储分析内容和结果
解决问题	» 对问题定义、备选解决方案、成本及收益、备选方案评估情况、解决方案实施计划进行共享 » 支持团队沟通 » 管理项目任务 » 根据需要发布问题和解决方案 » 存储问题定义、备选方案、分析内容和计划
管理项目	» 支持项目的启动、规划、实施和收尾阶段的工作 » 支持团队沟通 » 管理项目任务

本章的知识对你有什么帮助

　　现在你对有效协作需要的条件有了一定的了解。仅仅与你的团队成员协作是无法让你收获足够多的成功和团队成长的，也不可能让你获得很多令人满足的体验。你需要能够提出和接受建设性批评。在本章中学到的知识将帮助你有效地管理你未来的项目，甚至现在就有可能帮助你完成其他课程作业中的团队项目。

Zoom 爆破

今天，很多创新成果已经被我们当成了理所当然的东西，而在 10 年或 20 年前，它们还很难在技术层面上实现。视频会议就是这种创新成果之一。在视频会议出现之前，企业只能通过电话或出差的方式与合作方开会。普通电话无法像视频会议那样传递丰富的非语言信息，如表情、手势、姿态等；出差则比视频会议昂贵得多。

近几年来，视频通话平台不仅更普及了，而且在稳定性、视频质量、多人通话处理、移动设备支持以及其他功能上均有大幅改善。这些功能包括屏幕共享、为参会者提供互动工具（如举手提问等实时反馈提示）、大型会议中的团队会议，以及为回看者或缺席者录制会议。

Zoom 是一家上市公司，它正日渐成为行业内领先的通信与协作平台供应商。该公司成立于 2011 年，之后其客户量不断增加，它开始与其他企业建立伙伴关系，并与其他产品进行整合，然后于 2019 年上市，IPO 估值为 160 亿美元。虽然 Zoom 的成功无可置疑，但没有人能够预料到 2020 年后该公司的快速发展。

2020 年以来，许多类型的组织，包括公司和大学，开始争相寻找能够维系商业和教育活动的在线平台。它们过去依赖的那种传统的面对面互动模式受到了冲击。

2020 年初，Zoom 的客户群体急剧扩大。2020 年 3 月，Zoom 应用程序的下载量提高了 1126%。数以亿计的新用户突然要开始管理虚拟会议室、虚拟教室和虚拟董事会，但其中的许多人并不精通此项技术。

虽然一些人可能预料到了人们会逐渐转向视频会议的趋势，但可能没有人预料到，这种视频通话平台会频频被当作匿名破坏、扰乱会议和传播攻击性及仇恨性信息的工具。

生产力难以为继

随着各类组织自 2020 年起开始转向 Zoom，人们开始警惕一种新的行为：Zoom 爆破（Zoom bombing，也被称为 Zoom 袭击）。Zoom 爆破是指加入 Zoom 会议室并向其他与会者分享令人震惊或令人反感的内容的行为。

类似的行为包括对着麦克风大喊大叫、使用屏幕共享功能展示作恶者电脑桌面上的图片或一些令人反感的内容等，作恶者甚至可以将其虚拟背景改为冒犯性的内容。对不能熟练使用视频会议软件的主持人来说，把作恶者静音或将其踢出会议是很困难的（尤其是在慌乱的状态下）。

颇具讽刺意味的是，Zoom 的设计有意让与会者能够轻松加入会议，因此只需要几个简单的步骤就可以加入会议（Zoom 称之为"无障碍"）。正是这个功能最终导致作恶者不受邀请即可入会并对会议进行破坏。

这并不是少数人的随机行为；相反，一项调查发现，许多社交媒体账户、聊天室和留言板中都汇聚了大量对 Zoom 爆破感兴趣的人。

Zoom 恢复秩序

为了应对这一新威胁，Zoom 减少了对平台新功能的开发，集中精力加强安全和隐私控制。2020 年 4 月，Zoom 为所有会议启用了虚拟等候室功能（包括在该功能启用前就已经被创建和预定的会议），并启用了密码功能。

等候室功能允许会议主持人先查看准备入会的人，再决定是否让其进入虚拟会议空间。等候室功能以前就是可用的，但 Zoom 没有强制要求所有会议都使用。Zoom 设置的其他保护策略包括让每个会议使用新会议 ID、禁止与会者在主持人之前加入会议等，以及在所有受邀与会者加入后锁定会议室。

除了使 Zoom 爆破作恶者更难获得加入会议的机会，执法机构（如美国联邦调查局）还警告潜在的作恶者：其行为可能会产生法律后果。正如网络世界中的许多其他活动一样，不道德行为往往没有现有的法律惩罚措施，或者目前缺少惩罚这种行为的先例。只有时间才能证明，这些来自当局的新措施和威慑手段是否能真正阻止作恶者对视频会议的入侵。

---

1. 你认为坏人为什么会瞄准 Zoom？你认为 Zoom 和 Windows 之间有什么相似之处吗？
2. 你是否还知道在现实生活中发生的其他类型的恶意网络活动？
3. 你或者你认识的人有没有受到过网络犯罪或恶意网络活动的影响？当时发生了什么事？
4. 为什么人们难以对网络犯罪活动进行起诉？

问题

安全指南

恶意行为

伪造域名

如果你想创建一个网站，你可以用一个下午的时间完成这件事。通过一些服务，你可以轻松快速地注册一个域名，然后通过用户友好型图形用户界面把自己的内容上传到这个网站上。虽然许多黑客很老练，已经不需要使用这类工具来创建网站，但我们想说的是，注册一个域名并创建一个网站是一件非常容易的事。

据报道，许多欺诈网站的域名与部分机构的官网极为相似，它们会利用合法网站的知名度。经过精心设计，这些网站可以获取储存在访问者浏览器中的用户名、密码和信用卡号码。

网络钓鱼攻击

你可能已经熟知了网络钓鱼攻击的基本模式：攻击者将攻击伪装成合法信息，其中包含了一个行动呼吁，通常是鼓励接收人单击链接或下载文件附件。

网络钓鱼攻击的一个关键因素是制造一种紧迫感（例如："您的工作电子邮箱存储空间已满，请单击以下链接释放额外的空间，否则您将无法收到新邮件！！！"）。黑客喜欢利用高知名度和高风险的时事，因为这样能增加信息的紧迫感。

2020 年以来，攻击者开始向特定群体发起非常有针对性的网络钓鱼攻击。

恶意商品

和网络钓鱼攻击试图利用紧急情况来增加目标的紧迫感一样，在网上销售攻击工具包和犯罪服务的黑客也会利用相关时事来提升自己所售商品的销量。

我们要时刻保持警惕，保护好自己，免受网络犯罪的侵害。

问题

1. 你或你认识的人曾是网络钓鱼攻击的受害者吗？攻击者利用了什么机制使得受害者听从自己的话？那次攻击的结果如何？
2. 居家办公这种新的工作模式会给各类组织带来什么样的安全风险？
3. 怎样做有助于降低你在回答上一个问题时提到的风险？

就业指南

姓名：克里斯蒂·弗鲁克
公司：Instructure 公司
职位：软件产品经理
教育：犹他大学

1. 您是如何获得这份工作的?

我雇用了一名当时在 Instructure 公司工作的朋友来为我工作。几个月后,我的这位朋友决定回到 Instructure 公司。我请求公司也聘用我,然后公司确实这样做了。

2. 是什么把您吸引到这个领域的?

我之前不是干这一行的,但总被视为常驻技术员。我曾为雇用我的非营利组织建立网站和数据库,并设置网络和系统——工作完成得很出色,我也乐在其中,所以决定转行。

3. 您典型的一个工作日是怎样的(在职责、决策、问题方面)?

我会花很多时间定义并记录用户的问题。为了做到这一点,我会致电用户、访问现场,并加入用户论坛。我也会从经常与客户打交道的员工那里收集反馈。一旦问题记录完毕,我就会与设计团队协作,尝试以创新的方式去解决这些问题。然后我们与用户一起进行测试并迭代,直到找到最佳的解决方案。

4. 对于您的工作,您最喜欢的是哪一点?

我工作中最有意义的部分是进行现场访问。了解用户每天经历的痛点是非常有价值的。有些见解是无法通过电子邮件、论坛或电话获得的。事实证明,观察用户是我的工作中最鼓舞人心的部分。

5. 要做好您的工作,需要具备哪些技能?

换位思考能力、社交技巧和好奇心。你必须能自如地与陌生人交谈,而且要让他们信任你,相信你能解决他们的问题。如果你有好奇心并且从心底里想为用户解决问题,你就会问出正确的问题,从而获得你需要的洞察,以创新的方法解决问题。

6. 在您的工作领域,学历和证书重要吗?为什么?

我们的产品团队中有一半的人拥有硕士学位。我从来没有见过一个没有学士学位的产品经理。所以我想,这个问题的答案是肯定的。我认为了解业务如何运营以及软件工程的原理对一个软件产品经理来说是极其重要的。

7. 您对那些想在您的领域工作的人有什么建议?

要学习敏捷开发、UX/UI 设计、项目管理和 SCRUM,并学会写一点儿代码。

8. 您认为未来十年热门的科技工作是什么?

软件工程,尤其是在美国。世界上一些其他地方的人在这个领域已经超越了我们。很多美国人对代码略知一二,但我们需要更多的人成为这个领域的专家和先驱。

停车与第 22 条军规

索菲（Sophie）出了电梯，充满激情地走进办公室的公共工作区。她的同事们总是开玩笑说她是完美的暑期实习生——充满活力、热情、纯真。

但大家的玩笑并没有让她感到困扰，自从在上一学年学习了几门与信息系统相关的课程后，她终于知道了她应该把技术作为自己职业生涯的核心。

幸运的是，她找到了一个在当地一家创业公司进行暑期实习的机会。这家公司的业务重点是开发新型传感器融合技术，大型汽车制造商可以在大规模生产自动驾驶汽车时使用该技术。虽然汽车制造商掌握着车辆的核心技术（如生产发动机、动力传动系统等），但自动驾驶汽车"看路"所需要的系统和传感器不在它们的业务范围之内。

今天，索菲的脚步格外轻快，因为她将首次试驾一辆自动驾驶汽车。公司刚刚完成其新型传感器测试版本的制作工作，所有模拟工作都已完成，并取得了可喜的成果。在开发周期的下一阶段需要进行实际道路测试，以了解传感器在真实环境中的表现。

索菲和一名开发人员拿起一串钥匙向车库走去。虽然停车区停放的主要是员工的车辆，但专门有一个区域用来停放公司的测试车。索菲总是喜欢开玩笑地把这些汽车称为"捉鬼车"（Ecto-1），因为车顶上布满车灯和传感器，让这些车看起来就像科幻电影《捉鬼敢死队》中的捉鬼车一样。

梅里尔（Meryl）是一名开发人员，她坐进驾驶位，把传感器固定在引擎盖上，并插上了电源。她向索菲解释说，她们今天要测试的传感器旨在帮助车辆更智能地"看出"道路上物体的密度和危险程度，让汽车能够区分道路上的大石头（"停车，停车！"）和纸袋（"全速前进！"）造成的风险。汽车启动，车辆自检完毕，她们已经准备好上路了！

看，驾车不用手！

汽车在公路上疾驰，却没有人手握方向盘，索菲不得不承认这种感觉很怪。梅里尔一直盯着车上的各种屏幕，检查传感器的表现。每当有汽车在她们前面并道时，索菲就紧握扶手。她一直担心汽车不能及时看到危险并调整速度。

当她们转入州府大道时，索菲看了看，问道："这家伙的音响系统怎么样？"还没等梅里尔回答这个问题，一辆带拖车的园林绿化车就并入了她们的车道。拖车离得很近，看起来就要碰到自动驾驶汽车的前保险杠了。正在这时，自动驾驶汽车突然右转，以火箭般的速度越过人行道冲进了一栋现代住宅的前院。当索菲解开安全带、打开车门准备下车时，她注意到绿化车上的几名园艺师把车停在了路边，房主也循声而来。

双方对车辆进行了一番快速检查，发现自动驾驶汽车和园林绿化车、拖车都没有受到任何损伤。然而，院子里的情况则不同。一些珍贵的日本枫树已经被碾压成了一堆树枝。由于自动驾驶汽车的急刹车，有十几平方米的草坪也遭到了破坏。

索菲和梅里尔看着园艺师们，希望他们能认识到自己突然变道的错误行为并为此承担责任。一位园艺师开口了，说的话却不是索菲她们想听的。"我想，谁该负责已经很清楚了——就是那辆新式蝙蝠战车，它就停在院子里面！没人制造烤面包机就不会烤煳面包，他们不制造自动驾驶汽车也就不会有这场事故！我不想支付这笔绿化修复费用。根据我的经验，树木、草坪的修复费和人工费大概是 2500 美元。"看到园艺师试图推卸责任，梅里尔决定报警并提交事故报告，这是最好的办法——回到车里，静静地等待警察的到来。索菲和梅里尔在车里坐了下来，她们仍然惊魂未定。

索菲带着关切的表情看着梅里尔说："我们最好不要吃罚单。我的意思是，我们怎么会吃罚单呢？严格意义上说，我们两个人都没有开车。警察怎么能因为我们坐在车里就给我们开罚单呢？仔细想想，如果这是我们的错，那到底该怪谁呢？这辆车是多家企业大规模协作的成果：软件开发商、硬件开发商、分析和人工智能专家，等等。是传感器故障还是解析数据的算法错误导致我们的车做出了错误的选择呢？"

梅里尔看着侧窗外，摇了摇头。她最后说："我不知道。我们还是和警察谈谈吧，也许他们知道谁该负责。如果他们不知道，也许他们可以和我们一起回办公室，帮我们理出头绪来。"

1. 思考一下本文描述的事故，假设结果是梅丽尔被开了罚单并被判定对该起交通事故负责（尽管她实际上并没有驾驶汽车）。

   a. 根据绝对命令（第 1 章）的观点，这一结果是道德的吗？

   b. 根据功利主义（第 2 章）的观点，这一结果是道德的吗？

2. 自动驾驶汽车的开发和测试将持续进行，专家认为，自动驾驶将是大势所趋。在涉及自动驾驶汽车的事故中，谁应该承担责任呢？

3. 你认为赶到现场的警察能够找出责任方吗？为什么能或为什么不能？现在政府和执法机构被要求对技术创新成果进行管理，本次事故的处理结果对于类似事件有何参考意义？

4. 花几分钟在网上搜索一下"电车难题"。假设为了避免撞上绿化车和拖车，自动驾驶汽车驶出了道路，而驶出的路线上正好有一个行人。同时，假设自动驾驶汽车确定用急刹的方法已无法避免追尾，且发生追尾会造成严重车损甚至人员伤亡。请讨论这种假设与电车难题的关系。

问题

第 7 章要点回顾

请使用本部分验证你是否理解了回答本章学习目标中的问题所需的想法和概念。

1. **协作的两个关键特征是什么？**
- 请用你自己的话解释合作与协作的区别。说出协作的两个关键特征，并解释它们是如何优化团队工作的。总结协作者的重要技能，并列出你心目中提出和接受建设性批评的最佳方式。

2. **成功协作的三个标准是什么？**
- 请说出并描述成功协作的三个标准，并总结这些标准对于学生团队和行业团队有什么不同。

3. **协作的四大目的是什么？**
- 请说出并描述协作的四大目的，解释它们之间的关系，并分别描述协作系统的作用方式。

4. **协作信息系统的要素和功能是什么？**
- 请说出并描述协作信息系统的五个要素。说出并描述协作信息系统的两个关键功能。

本章的知识对你有什么帮助

你未来的大部分工作可能都是在团队中完成的。你需要了解协作的目的，以及协作信息系统可以如何帮助你在团队中更高效地工作。通过本章的学习，你了解了如何通过反馈和迭代与你未来的同事进行有效协作。你还了解了给出关键反馈的重要性以及如何避免群体盲思并努力实现成功协作。

第 8 章

流程、组织和信息系统

● **本章学习目标**

» 流程有哪些基本类型？

» 信息系统如何提高流程质量？

» 企业系统如何解决部门竖井问题？

» CRM、ERP 和 EAI 如何支持组织流程？

» 操作和升级企业信息系统有什么挑战？

» 企业间信息系统如何解决企业竖井问题？

● **预期学习成果**

» 能够对企业信息系统如何改变组织流程展开讨论。

"不要这样，费利克斯！你怎么又来啦！每次都是这样！我们在一次会议上决定一件事，下次开会还要再讨论一遍，下下次又重复一遍。这就是在浪费时间！"

"乔斯，你这话是什么意思？我认为最重要的就是要把事情做好。"

"好吧，费利克斯，如果是这样，你为什么不来开会呢？"

"我只有几次没来。"

"好吧，上周我们在这儿开了两小时的会，也可能是三个小时，我们决定去见格雷格认识的一位医生。她经营着一家大型私人肿瘤诊所，也很看好 iMed 系统。"

"但是，乔斯，我们甚至还不知道应用程序什么时候才能做好。它可能还需要几个月的时间才能正式上线。如果我们已经注册了用户，但应用程序却没有准备好，那可怎么办？"

"费利克斯！这个问题我们上周讨论过了。埃米丽已经搞定了智能手表的应用程序接口，并且已经在收集数据了。开发人员说他们将在两周内准备好测试版本，所以演示工作不成问题。这位肿瘤科医生是格雷格的朋友，她知道这个测试版本还需要打磨，也愿意和我们一起工作。"

"你看，乔斯，贾丝明只是想要个理由，能给格雷格一个交代。如果我们告诉他应用程序还没有准备就绪，我们就可以回去继续整合更多的智能医疗设备了。我们要致力于制造更好的产品，而不是销售一个测试版本！"

"费利克斯，你真是快要把我逼疯了，我们上星期就讨论过这个令人讨厌的问题了。能别再纠结这个了吗？埃米丽，你说呢？"

"费利克斯，乔斯说得对。我们确实就如何开展这项工作讨论了太久太久——我们都同意先把重点放在准备一个测试版 iMed 系统上，用来向客户展示。这个测试版系统还需迭代，随着它的完善，我们会改变内部的一些流程。但它可能会成为一个重要的收入来源。我们需要以此来证明公司的生存能力。"

"可是，埃米丽，我觉得咱们都弄错了。为什么没人告诉我这些？我花了很多时间去预约医疗设备制造商。"

"你读电子邮件了吗？"埃米丽试探着问。

"什么电子邮件？"

"我每周都发的会议纪要邮件。"

"我收到邮件了，但是不能下载附件。很奇怪，病毒检查程序拦截了这类内容……"

乔斯完全接受不了这个借口。"来，费利克斯，看看划线强调的地方。我们的结论就是要全力开发出测试版本。"

"乔斯，没必要为这件事生气。我有个好主意。"

"好吧，这周咱们都同意，我们要专注于开发一个可用的测试版本，用来向肿瘤诊所进行演示。我们已经在这个问题上浪费了太多的时间，现在，让我们换个思路想想该怎么做。"

费利克斯靠在椅子上，低头看着手机。

"哦，糟了，我错过了梅普尔索普（Mapplethorpe）的电话。哎呀！"

"费利克斯，你在说什么呢？"

"梅普尔索普，他是我在医疗设备制造商欧姆龙（Omron）公司的工程联系人。他想知道我们使用的数据安全标准。抱歉，我得给他回个电话，要耽搁几分钟。"

费利克斯离开了房间。

乔斯看向埃米丽。

"现在怎么办？"他问，"如果我们继续讨论，等费利克斯回来，我们还要把所有事情都重新讨论一遍。或许现在我们应该休息一下？"

埃米丽摇了摇头。"不，乔斯，我来一次也不容易。我本来今天晚上才上班，开车过来就是为了开这个会。我还得去日托所接西蒙娜（Simone），可我们现在还什么都没讨论出来。咱们还是别管费利克斯了。"

"好吧，埃米丽，可是不管费利克斯也不行，一定得有更好的办法来解决这件事。"

门开了，贾丝明走了进来。

"嗨，大家好！最近怎么样？我可以旁听你们的会议吗？"

8.1   流程有哪些基本类型

正如你在第 2 章中学到的那样，业务流程是一个活动网络，通过将输入转换为输出来产生价值。活动是流程的一个子部分，可以接收输入并产生输出。活动只能由非常熟悉计算机系统的人来执行，而且必须有计算机系统的参与。

图 8-1 是一个简化视图，展示了批准客户订单的三个活动流程。每个活动本身都是整个流程中的一个子流程。你可以看到每个步骤——检查库存、检查客户信用和审查特殊条款——接收输入并将其转换为输出。图 8-1 展示了一个典型业务流程的要点；在第 2 章中，你已经学习了如何完整地用图像表示这些流程。

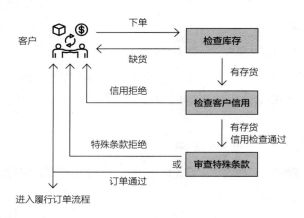

图 8-1   包含三个活动的业务流程

● 结构化流程和动态流程有什么不同

不同的业务有数十个、数百个，甚至数千个不同的流程。有些流程是稳定的，其活动和数据流的序列几乎都是固定的。例如，在诺德斯特龙（Nordstrom）或其他知名零售商店，售货员接受退货的流程都是固定的。如果顾客有收据，就按某些步骤执行；如果客户没有收据，则按另一些步骤执行。这个过程需要标准化，只有这样顾客才能受到一致且恰当的对待，退回的货物才能得到准确的核算，销售人员的佣金才能以公平的方式削减。

其他流程则不那么结构化，也不那么严格，而且往往具有创造性。例如，诺德斯特龙的管理层如何决定明年春天销售哪些女装？经理们可以查看过去的销售情况，考虑当前的经济状况，并评估女性对最近时装展上新款服装的接受程度。但是，结合所有这些因素，进而形成特定数量和特定颜色的服装订单这一流程，就远不如处理退货的流程那样结构化。

在这里，我们将流程分为两大类。结构化流程（structured process）是正式定义的标准化流程，涉及日常操作：接受退货、下订单、购买原材料，等等，它们具有表 8-1 左栏中总结出的特征。

动态流程（dynamic process）是灵活、非正式和适应性的流程，通常涉及战略性的和结构化程度较低的管理决策和活动。例如，决定是否开设新店面，如何更好地解决过多的产品退货问题，以及利用社交媒体为下一季度的生产线宣传。动态流程通常需要人的判断。表 8-1 的右栏展示了动态流程的特征。

表 8-1　结构化流程与动态流程对照

结构化流程	动态流程
支持经营相关的和结构化的管理决策和活动	支持战略性的和非结构化的管理决策和活动
是标准化的	比较不精确、易变
通常有正式定义和文件记录	通常是非正式的
很少有例外且无法（很好地）适应例外	时而出现意料之中的例外情况
流程结构变化缓慢并伴有组织困难	是能轻松、快速改变结构的适应性流程
示例：客户退货、订单录入、采购、工资单等	示例：协作、建立关系网、处理定义不清晰或模棱两可的情况

在本章中，我们会讨论结构化流程以及支持这些流程的信息系统。我们已经在第 7 章中讨论过一个动态流程——协作，并将在第 9 章讨论另一个动态流程——社交媒体。

为了在本章中保持一致，这里提到的流程指结构化流程。

● 流程如何因组织范围变化而变化

我们会在组织范围内的三个层级上用到流程：工作组层级、企业内层级和企业间层级。一般来说，流程的范围越广，流程管理的挑战性就越大。比如，支持单一工作组功能的流程，例如应付账款，就比那些支持独立企业网络（如供应链）的流程更简单，也更容易管理。请思考这三个层级的组织范围分别涉及的流程。

工作组流程

工作组流程（workgroup process）的存在是为了使工作组能够实现特定小组或部门的章程、目的和目标。医生的合作伙伴就是一个工作组，它要遵循管理病人记录、发布和更新处方、提供标准化术后护理服务等流程。

表 8-2 列出了常见的通用工作组流程。需要注意的是，这些流程中的每一个部分都对应着一个特定的部门。这些流程可能会接受其他部门的输入，也可能会通过其他部门产生输出，但所有或至少大部分流程的活动都在一个部门内进行。

表 8-2　通用工作组流程

工作组	工作组示例流程
市场营销	» 潜在客户开发 » 潜在客户追踪 » 客户管理 » 销售预测 » 产品及品牌管理
运营	» 订单录入 » 订单管理 » 成品库存管理
生产	» 库存（原材料、半成品） » 规划 » 日程安排 » 运作
客户服务	» 订单追踪 » 账款追踪 » 客户支持
人力资源	» 招聘 » 薪酬管理 » 评定 » 人力资源规划
会计	» 总账 » 财务报表 » 成本会计 » 应收账款 » 应付账款 » 现金管理 » 预算编制 » 财资管理

工作组信息系统（workgroup information system）的存在是为了支持工作组内的一个或多个流程。例如，运营部门可以使用一个信息系统来支持表 8-2 中的全部三个操作流程。会计部门可能会使用两个或三个不同的信息系统来支持表 8-2 展示的会计流程。有时，工作组信息系统被称为功能信息系统（functional information system）。因此，一个运营管理系统是一个功能信息系统，总账系统和成本会计系统也是。功能信息系统的程序组件被称为功能应用程序（functional application）。

表 8-3 的第一行内容总结了工作组信息系统的一般特征。典型的工作组信息系统可以支持 10～100 个用户。因为组内所有成员必须了解其使用规程，所以相关文档通常会对这些规程做出规定。在这些规程的使用方面，用户一般也需要接受正式培训。

表 8-3 信息系统的特征

范围	示例	特征
工作组	医生办公室 / 诊所	支持一个或多个工作组流程：10～100 个用户；通常为规范规程；在组内解决问题；工作组可以复制数据；有些难以改变
企业内	医院	支持一个或多个企业流程：100～1000 个以上用户；规范的规程；能够影响企业的问题解决方案；消除工作组的数据重复问题；难以改变
企业间	医疗交易所	支持一个或多个企业间流程：1000 个以上用户；规范的系统规程；影响多个企业的问题解决方案；能够解决企业数据重复的问题；很难改变

如果出现问题，它们几乎总是可以在组内得到解决。如果应付账款与特定供应商的记录重复，应付账款组可以对其进行修复。如果互联网店面在库存数据库中弄错了物品数量，则可以在店面组中进行修正。

（顺便说一下，需要注意的是，某个问题的后果并不会独立于工作组之外。因为工作组信息系统的存在是为了向组织的其他部分提供服务，所以它的问题会对整个组织产生影响。但是，通常可以在组内找到问题的解决方法。）

一个组织中的两个或多个部门可以复制数据，这种复制对组织来说危害极大，我们将在第 8.3 节中讨论这一点。最后，因为工作组信息系统涉及多个用户，所以更改它们可能会带来问题。但是同样地，如果问题发生了，它们可以在工作组内得到解决。

企业流程

企业流程（enterprise process）贯穿于整个企业之中并支持多个部门的活动。在医院里，病人出院这一流程支持了病房、药房、厨房、护士站和医院其他部门的活动。

企业信息系统（enterprise information system）支持一个或多个企业流程。如表8-3 第二行所示，它们通常拥有数百到数千个用户。规程是规范的，而且会被全面记录下来，用户必须接受正式的规程培训。有时企业系统会包括规程类别，根据用户的系统专业知识级别和权限级别来定义用户。

企业系统中问题的解决方案涉及不止一个工作组或部门。正如你将在本章中学到的那样，企业系统的一个主要优势是企业内部的数据复制情况会被完全消除，但若它被允许存在，企业就会对更改复制数据的操作进行认真管理，以使其保持一致。

因为企业系统跨越许多个部门，可能涉及几千名用户，所以它们很难改变。改变必须有着仔细的计划并被谨慎地实施，用户也必须接受大量的培训。有时，用户会得到现金奖励和其他激励措施，以促使他们做出改变。

CRM、ERP 和 EAI 是我们将在第 8.4 节中定义并讨论的三种企业信息系统。

企业间流程

企业间流程（inter-enterprise process）会跨越两个或两个以上的独立组织。例如，通过医疗交易所购买医疗保险的流程涉及许多保险公司和政府机构。这些组织中的每一个都要完成活动，而所有这些活动都会受到法律、政府政策和保险公司竞争问题的影响。

企业间信息系统（inter-enterprise information system）支持一个或多个企业间流程。这种系统通常涉及数千名用户，解决问题时需要不同机构彼此展开合作，而且这些机构通常是自主经营的。一般需要通过会议、协议，有时还需要通过诉讼来解决问题。

数据经常在组织之间被复制，这些复制的数据要么被清除掉了，要么得到了妥善管理。由于企业间信息系统跨度广、复杂性高，并被许多企业使用，这样的系统可能非常难改变。供应链管理就是企业间信息系统的典型例子。在接下来的各章中，我们将以 iMed Analytics 公司的企业间信息系统为例继续学习。

8.2　信息系统如何提高流程质量

流程是组织的基本结构，是人们组织活动以实现组织目标的手段。因此，流程质量是组织成功的一个重要（也可能是最重要的）决定因素。

效率和效力是流程质量的两个维度。流程效率（process efficiency）是衡量流程产出与投入比的指标。如果图 8-1 所示流程的替代方案能够以更低的成本完成同样的订单批准 / 拒绝工作（输出），或者以相同的成本完成更多的批准 / 拒绝工作，就说明它的效率更高。

流程效力（process effectiveness）可以用来衡量流程实现组织战略的程度。如果一个组织标榜自己的客户服务质量，并且如果它使用图 8-1 中的流程需要五天时间来响应订单请求，则该流程无效。为用户提供个性化产品生产服务的公司可以使用 3D 打印技术来提高其效力。

● 如何改进流程

组织可以通过以下三种方式之一来提高流程的质量（效率和效力）：

» 改变流程结构；
» 改变流程资源；
» 同时改变流程结构和资源。

改变流程结构

在某些情况下，仅仅是重新安排流程就能改变流程质量。如果先检查客户信用，然后再检查库存，图 8-1 中的订单审批流程可能就会更有效率。这种变化可能会使效率更高，因为它不必为未通过信用检查的客户检查库存，这样一来就节约了成本。但是，这种改变也意味着即使没有合适的库存，该组织也要支付检查客户信用的费用。我们在第 2 章对这些改变进行了研究，并发现流程结构对流程效率有很大的影响。

改变流程结构还可以提高流程效力。如果一个组织选择执行成本领先的策略，该策略可能意味着不应该批准任何特殊条款。如果图 8-1 中的流程导致了具有特殊条款的订单被授权，那么取消第三个活动将使其更有效力（很可能还将节省运营成本）。

改变流程资源

业务流程活动由人员和信息系统共同完成。提高流程质量的一种方法是改变这些资源的分配。例如，如果图 8-1 中的流程因为花费太长时间而无效，使其更有效的一种方法就是确定时间变长的根源，然后有针对性地添加更多的资源。如果时间变长是由核实客户信用引起的，提高流程效力的一种方法就是为其安排更多的人员。增加人员可以使流程时间缩短，但也会增加成本，因此，需要在效力和效率之间找到平衡。

另一种缩短流程时间的方法是使用信息系统检查客户信用。如果控制好新系统的开发和运营成本，这种改变也可能会使成本变得更低，因此效率会更高。

同时改变流程结构和流程资源

当然，通过改变流程的结构和资源的方式提升流程质量是可能的。事实上，除非改变结构只是简单地对任务进行重新排序，否则改变流程结构几乎总是会涉及资源的更改。

● 信息系统如何提高流程质量

信息系统可以通过以下方法来提高流程质量：

» 执行活动；
» 提高活动执行人的能力；
» 控制数据质量和流程流。

执行活动

信息系统可以执行一个完整的流程活动。例如，在图 8-1 中，信用检查活动可以完全实现自动化。当你在亚马逊官网或其他大型线上零售商官网购买商品时，信息系统会在交易处理过程中检查你的信用。在航空公司预订座位的工作是自动完成的，所有预订活动都由一个信息系统完成。（当然，乘客的活动除外：订票时，你必须从空位中选择座位，但航空公司不必为你花费的时间承担成本。）

提高活动执行人的能力

信息系统提高流程质量的第二种方法是提高活动执行人的能力。思考一下管理病人预约的流程。为了进行预约，病人要打电话到医生办公室，并与使用预约信息系统的前台交谈。该信息系统加强了预约功能。

控制数据质量和流程流

信息系统提高流程质量的第三种方法是控制数据质量和流程流。

信息系统的一个主要好处是可以控制数据质量。信息系统不仅可以确保输入的是正确的数据值，还可以确保在继续流程活动之前的数据是完整的。谈到纠正数据错误，最经济可行的方法就是找到其源头，而且这种方式避免了流程活动由于数据不完整而出现的问题。

信息系统在业务流控制方面也在发挥作用。想一想图 8-1 中的订单审批流程。如果这个流程是手动控制的，那么某人（比如销售人员）将从客户那里获得订单数据，并采取需要采取的任何行动来推动该流程完成预先设定的三个步骤。如果销售人员很忙，心不在焉地工作或离开工作岗位几天，或者某项活动出现了延迟，组织就有可能会失去这笔订单，或面临不必要的审批拖延。

但是，如果由信息系统控制订单审批流程，它就可以确保按照既定的时间表来执行每一个步骤。对于比图 8-1 更复杂的流程，我们也可以依赖信息系统做出正确的流程路线决策。在章节延伸 10 所讨论的协作背景下，SharePoint 工作流可以用于自动匹配结构化流程。

8.3 企业系统如何解决部门竖井问题

信息竖井（information silo）是指数据被隔离在孤立的信息系统中的情况。例如，想一想表 8-2 中的六个工作组及其信息系统。仔细思考一下这些信息系统，你会发现每个系统都要处理客户、销售、产品和其他方面的数据，但这些数据仅为各自的系统所用,而且不同系统存储的数据只是略有不同。例如,销售部门会存储客户采购代理的联系数据,而会计部门会存储客户应付账款人员的联系数据。

对工作组来说,只为自己的需求开发信息系统是很自然的事情,但是,随着时间的推移,这些孤立系统的存在将导致信息竖井的出现,从而引发许多问题。

● 信息竖井有哪些问题

图 8-2 列出了在工作组这一层级(在本例中,是在市场营销部门和会计部门之间)由信息竖井引发的主要问题。首先,数据是重复的。市场营销部门和会计部门的应用程序分别维护着各自的数据库,而这些数据库却存储着一些相同的客户数据。如你所知,数据存储很便宜,因此数据重复不会浪费磁盘的存储空间,但真正的问题在于数据不一致。如果市场营销部门的应用程序对客户数据进行了更改,会计部门的应用程序可能需要数天或数周才能对数据库进行更改。在此期间,货物将被准时送给客户,而发票却会被送到错误的地址。如果一个组织存在复制数据不一致的

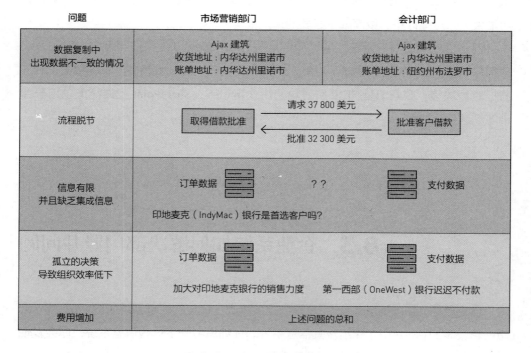

图 8-2　信息竖井引发的问题

情况，它就存在数据完整性（data integrity）方面的问题。

　　此外，当应用程序各自独立时，业务流程也是脱节的。假设某企业有规定，超过 15 000 美元的信贷订单必须由应收账款部门预先批准。如果不同部门的支持性应用程序是分开的，那么这两个活动的数据将很难被整合起来，批准速度也会很慢，而且有可能出错。

　　在图 8-2 中，市场营销部门想批准 Ajax 建筑公司 20 000 美元的订单。根据市场营销部门的数据库信息，Ajax 公司的当前余额为 17 800 美元，因此市场营销部门请求的信贷总额为 37 800 美元。但是，在会计部门的数据库中，Ajax 公司的余额只有 12 300 美元，因为应收账款应用程序已将 5500 美元记入 Ajax 公司的贷方。根据会计部门的记录，为了批准 20 000 美元的订单，总共只需要 32 300 美元的信贷授权，所以，这是所有的部门拨款。

　　市场营销部门不知道如何处理 32 300 美元的信贷批准工作。根据其数据库，Ajax 公司已经欠了 17 800 美元，那么，如果信贷授权总额只有 32 300 美元，会计部门是否只批准了 14 500 美元的新订单？为什么是这个金额？两个部门都想批准订单，然而，为了解决这个问题，需要大量的电子邮件和电话往来。这些相互联系的业务流程是脱节的。

　　这种脱节的后果之一就是缺乏集成的组织信息。举例来说，假设市场营销部门想知道印地麦克银行是不是自家企业的首选客户。如果要确定情况是否如此，就需要比较订单历史和支付历史数据。在存在信息竖井的情况下，这些数据会被存储在两个不同的数据库中，在其中一个数据库里，印地麦克银行以收购它的公司——第一西部银行的名字而为人所知。数据集成工作将会很困难，需要借助人工流程和数天时间才能做出判断，而这本可以在几秒内被轻松解决。

　　这就导致了第四个后果：效率低下。当不同部门使用孤立的功能性应用程序时，其决策也是割裂的。如图 8-2 中的第四行所示，市场营销部门决定加大对印地麦克银行的销售力度。会计部门知道印地麦克银行已经被联邦存款保险公司取消了赎回权，并被卖给了第一西部银行，而且迟迟没有付款。可以说，提高销售关注度才能有更好的前景。没有信息集成，组织的各个部门就不会知道其他部门在做什么。

　　最后，信息竖井会导致组织的成本增加。不一致的复制数据、脱节的系统、有限的信息和低效率都意味着更高的成本。

● 组织如何解决信息竖井问题

按照定义，当数据被存储在孤立的系统中时，就会出现信息竖井的问题。修复这种竖井的明确方法是将数据集成到单个数据库中，并修改应用程序（和业务流程）以使用该数据库。如果这个方法不易操作或不切合实际，另一种补救办法就是允许孤立情况的存在，但要对其进行管理，以免发生问题。

图 8-3 中的箭头展示了在两个组织层级上解决相关问题的办法。第一，通过企业级应用程序，整合由工作组信息系统创建的孤立数据。

第二，如今，由企业级信息系统创建的孤立数据正在被分布式应用程序（如 iMed 系统）整合进企业间系统，这些应用程序在单个云数据库中处理数据，或者连接分散的、独立的数据库，以便让这些数据看起来在一个数据库中。我们将在本章第 8.6 节中进一步讨论企业间系统。

范围	示例	信息竖井示例	赋能技术
工作组	医生办公室 / 诊所	医生和医院分别储存病人数据；不必要的重复试验和规程	功能性应用程序
		⬇	企业网络中的企业应用程序（CRM、ERP、EAI）
企业内	医院	医院和当地药店对同一个病人有不同的处方数据	
		⬇	使用云网络服务技术的分布式系统
企业间	组织间处方应用	无竖井：医生、医院、药房共享医生处方和其他数据	

图 8-3　作为驱动力的信息竖井

现在，为了更好地理解孤立数据问题是如何得到解决的，请试想一家医院的企业系统。

● 病人出院的企业系统

图 8-4 展示了涉及医院部分科室和其他方面的病人出院流程。医生通过签发病人出院单来启动这一流程。出院单会被交给相应的护理人员，他们会在药房、患者家属和厨房开展各项活动，其中一些活动又会被反馈给护理人员。在图 8-4 中，企业信息系统（实线）支持着出院流程（虚线）。

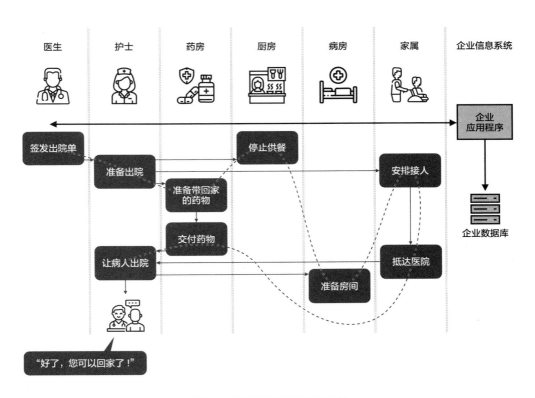

图 8-4　企业流程和信息系统示例

在使用这个企业系统之前，医院已经开发了使用纸质系统并通过电话进行非正式消息收发的规程，每个部门都有自己的记录。当医院开始使用新的企业信息系统时，不仅能将数据集成到数据库中，而且还创建了基于计算机的新表格和新报表。工作人员需要从基于纸张的系统过渡到基于计算机的系统。他们不再需要打电话，而需要让新的信息系统跨部门发出通知。这些措施涉及实质性的变化，大多数组织在经历这种转变时都承受着相当大的痛苦。

8.4　CRM、ERP 和 EAI 如何支持组织流程

直到 20 世纪 80 年代末和 90 年代初，网络、数据通信和数据库技术已足够成熟，像图 8-4 中那样的企业系统才变得可行起来。这时，许多组织都开始开发自己的企业系统。

● 业务流程建造的需求

在开发系统的过程中，组织才意识到它们现有的业务流程需要进行变革。在某种程度上，想要使用共享数据库和基于计算机的新表格和新报表，就需要进行变革。但是，改变业务流程的一个更重要的原因是，集成的数据和企业系统为大幅改善流程质量提供了潜在的可能性，这使得以前不可能完成的事情成为可能。借用波特的话（第 2 章），企业系统能够在价值链之间创建更强、更快、更有效的链接。

例如，当医院使用纸质系统时，厨房会为前一天午夜住在医院的每个病人准备第二天的饭，而直到第二天午夜，它才有可能获知哪些病人已出院。这样，大量的食物和金钱都被浪费了。

而在使用企业系统时，厨房可以在病人出院当天得到通知，从而大幅减少食物的浪费。但是，什么时候通知厨房最好呢？马上通知？可是如果出院手续还没办理就被取消了，该怎么办？再通知厨房该病人取消出院吗？这里就有许多种可能性和替代方案。因此，为了设计新的企业系统，医院需要确定如何以最佳方式改变其流程以使用新功能。这样的项目被称为业务流程再造（business process reengineering），这是一种改变现有业务流程并设计新业务流程以使用新信息系统的活动。

不幸的是，业务流程再造困难大、速度慢且极其昂贵。业务分析师需要访问整个组织的关键人员，以确定如何以最好的方式使用新技术。由于其中的复杂性，此类项目需要技能水平高且要价高昂的技术人员和大量的时间。许多早期的项目都因为项目太过艰巨而停滞不前，给一些组织留下了没有被完全投入使用的系统，如此一来，就造成了灾难性的后果。员工不知道他们使用的是新系统、旧系统，还是二者之间的某个运行版本。

这样的情况为企业应用程序解决方案的出现奠定了基础，接下来我们会对此进行讨论。

企业应用程序解决方案的出现

当企业级系统的流程质量优势变得明显时，大多数组织仍然在内部开发自己的应用程序。当时，许多组织认为它们的需求"太过独特"，无法被现成的或经过改造的应用程序满足。然而，随着应用程序逐渐趋于复杂，内部开发的成本居高不下。正如第 4 章所述，内部开发的系统非常昂贵，不仅是因为它们有着高昂的初始开发成本，还因为组织需要持续调整这些系统以适应不断变化的需求。

20 世纪 90 年代初，由于业务流程再造的成本还要包括内部开发的成本，组织便开始有了授权其他企业使用现有应用程序的想法："也许我们并没有那么独特。"

有些供应商利用了这种态度上的转变，例如，仁科（PeopleSoft）公司授权了薪资管理和人力资源系统，西贝尔（Siebel）公司授权了销售线索追踪和管理系统，而思爱普（SAP）公司授权了一个新的系统，叫作企业资源管理。

这三家公司，以及其他几十家类似的公司，不仅仅提供了软件和数据库设计方案，还提供了标准化的业务流程。这些内在流程（inherent process）是为了能够使用软件产品而预先设计的流程，能够将组织从业务流程再造的费用、延迟和风险中拯救出来。反之，组织可以授权软件，并且可以获得预先构建的流程作为交易的一部分，而且供应商也向它们保证，这些流程是基于"行业最佳实践效果"的。

这笔交易的某些部分完美到令人难以置信，因为，正如你将了解到的那样，内在流程几乎从来都不会完美地契合。但这一提议对许多组织来说实在难以拒绝。随着时间的推移，市面上出现了三类企业应用程序：客户关系管理、企业资源规划和企业应用程序集成。下面我们会逐一进行讨论。

客户关系管理（CRM）

客户关系管理（customer relationship management，CRM）系统是一套应用程序、一个数据库和一组内在流程，用于管理从营销拓展到客户服务的所有与客户的交流情况。与客户的每一次接触和交易都会被记录在 CRM 数据库中。CRM 软件供应商声称，使用其产品能让组织做到以客户为中心。虽然这个说法有点夸张，但这确实表明了 CRM 程序包的性质和意图。

图 8-5 展示了客户生命周期（customer life cycle）的四个阶段：营销、获取客户、关系管理和客户流失。企业通过营销向目标市场发出信息，以吸引潜在客户。当潜

在客户下单时，他们就成了需要得到支持的客户。此外，关系管理流程通过向现有客户销售更多产品来增加客户的价值。随着时间的推移，组织会不可避免地流失客户。当这种情况发生时，赢回流程会按照价值对客户进行分类，并试图赢回高价值的客户。

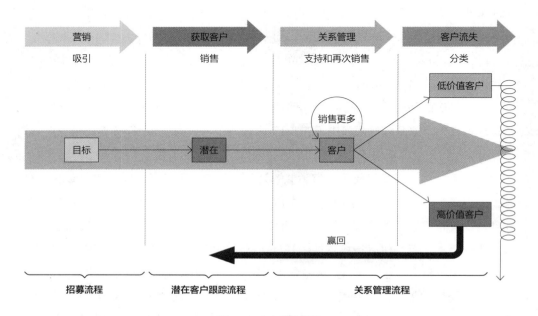

图 8-5　客户生命周期

资料来源：使用获得美国华盛顿大学迈克尔·G. 福斯特商学院道格拉斯·麦克拉克伦（Douglas MacLachlan）教授许可。

图 8-6 展示了 CRM 应用程序的主要组件。请注意，客户生命周期的每个阶段都有相应的组件。如图所示，所有应用程序都要处理一个公共客户数据库。这种设计消除了重复的客户数据，并且消除了数据不一致的可能性。这也意味着每个部门都知道其他部门与客户之间发生了什么。例如：客户支持部门会知道，不要向一个长期以来只贡献了价值 300 美元的业务的客户提供价值 1000 美元的服务支持；该部门还知道，对于那些已经贡献了价值成千上万美元的业务的客户，要竭尽全力地为他们服务。结果，后者会觉得自己正在与一个部门，而不是许多部门打交道。

CRM 系统提供的功能在程度上有所不同。在选择 CRM 程序包时，你的一个主要任务就是要确定自己需要的功能，并找到满足这些需求的程序包。在你的职业生涯中，你很可能会参与这样一个项目。

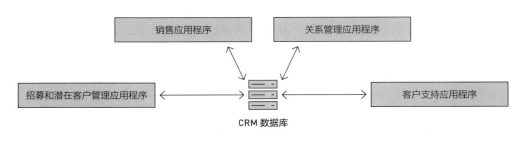

图 8-6　CRM 应用程序

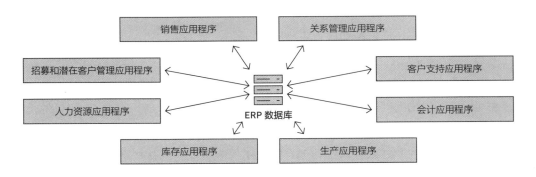

　　企业资源规划（enterprise resource planning，ERP）是一套应用程序、一个数据库和一组内在流程，用于将业务操作整合到一个单一且一致的计算平台中。如图8-7 所示，ERP 包括 CRM 的功能，还融合了会计、生产、库存和人力资源等应用程序。

图 8-7　ERP 应用程序

　　ERP 系统可以用于预测销售情况，也可以创建生产计划和时间表以实现这些预测。生产计划包括材料、设备和人员的使用，因此需要结合库存和人力资源应用程序。因为 ERP 包括会计应用程序，所以这些活动都会被自动发布在总账和其他会计应用程序中。

　　思爱普公司是全球领先的 ERP 供应商。除了基础的 ERP 产品，思爱普公司还提供针对特定行业的程序包，可以针对特定应用定制产品。例如，它有一个针对汽车制造业的程序包，也有许多其他专业行业的程序包。

ERP 起源于制造业，有明确的制造业风格。但是，它目前已被改编，可以用于服务机构，例如医院以及许多其他组织。

● 企业应用程序集成（EAI）

ERP 系统并不适用于每个组织。例如，一些非制造业公司就发现 ERP 在制造方面的功能不适用于它们。有些制造业公司甚至发现，从它们现有的系统转换到 ERP 系统的过程过于艰巨。还有其他公司对它们的制造应用程序系统非常满意，也不愿意做出改变。

然而，不适合使用 ERP 系统的公司仍然存在信息竖井问题，有些公司会选择使用企业应用程序集成（enterprise application integration，EAI）来解决这些问题。EAI 是一套软件应用程序，通过提供将应用程序连接在一起的软件层来集成现有系统。EAI 可以完成以下工作：

» 通过新的软件层或系统来连接系统"岛屿"；
» 使现有的应用程序能够相互沟通并共享数据；
» 提供集成信息；
» 利用现有的系统——保留功能性的应用程序，同时在顶部提供集成层；
» 可逐步转换为 ERP。

图 8-8 所示的 EAI 软件层能让现有的应用程序相互沟通并共享数据。例如，可以将 EAI 软件配置为自动进行所需的转换工作，进而在不同系统之间共享数据。例如，当 CRM 应用程序将数据发送给生产应用程序系统时，CRM 系统会将其数据发送给 EAI 软件程序，数据由 EAI 程序进行转换，它会再将转换后的数据发送给 ERP 系统。而要将数据从 ERP 发送回 CRM 则需要执行相反的操作。

虽然没有集中的 EAI 数据库，但 EAI 软件会保留描述数据位置的元数据文件。用户可以访问 EAI 系统以查找所需数据。在某些情况下，EAI 系统会提供"虚拟集成数据库"服务供用户处理。

EAI 的主要好处是它让组织能够使用现有的应用程序，同时消除独立系统带来的许多重大问题。转换到 EAI 系统远不像转换到 ERP 系统那样具有破坏性，而且前者还能提供 ERP 系统的许多优点。一些组织开发 EAI 应用程序的目的是将其作为完成 ERP 系统的一个手段。现在，许多 EAI 系统使用网络服务标准来定义 EAI 组件之间的交互作用，这些组件的部分或全部流程也可以转移到云上。

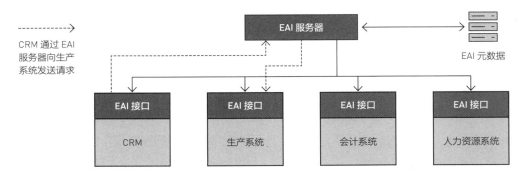

图 8-8　EAI 体系结构

8.5　操作和升级企业信息系统有什么挑战

　　执行新的企业系统既有挑战性，也有困难和风险，而且价格高昂。企业系统项目远远超出预算且延迟交付一年或更长时间的情况都是很常见的。在使用新的 ERP 系统之外，许多组织在 15 或 20 年前其实就已经在使用 ERP 系统了，现在它们需要对 ERP 系统的安装进行升级以满足新的需求。如果你在一个已经在使用企业系统的组织中工作，你可能会发现自己正在进行一项重大的升级工作。不管是使用新的 ERP 系统还是对原有系统进行升级，费用和风险都产生于五个主要因素：

　　» 协同管理
　　» 需求差距
　　» 转型问题
　　» 员工阻力
　　» 新的技术

协同管理

与单一部门经理负责的部门系统不同，企业系统没有明确的管理者。看一看图 8-4 中的出院流程就可以发现，其中并没有出院经理。出院流程是许多部门（和客户）协同的结果。

如果没有专门的经理，该由谁来解决必然会出现的问题和纠纷呢？所有这些部门最终都要向 CEO 报告，因此，需要一个专门的管理者来解决这类问题，但员工无法在遇到问题时直接向 CEO 求助，比如在护士和病房之间协调出院活动。相反，组织需要开发某种协同管理办法来解决流程问题。

通常，这意味着组织要为企业流程管理工作设置一些委员会和指导小组。虽然这可能是一个有效的解决方案，事实上它可能也是唯一的解决方案，但这些小组的工作既速度缓慢，又花费颇多。

需求差距

现在很少有组织从零开始创建自己的企业系统。相反，它们会授权一个能够提供特定功能和特性的其他组织的产品，而且包含相关的内在程序。但是，这种授权的产品从来都不能和组织的需求完美地契合。组织的需求和授权应用程序的功能之间几乎总是存在着差距。

第一个挑战就是识别这些差距。想要明确差距，组织必须既知道自己需要什么，又知道新产品能做什么。然而，对一个组织来说，确定自己需要什么是非常困难的，这个困难也是组织选择授权使用其他产品而不是自己创建系统的原因之一。此外，像 CRM 或 ERP 这种复杂产品的特性和功能不容易被识别出来，因此，识别差距是使用企业系统时的一项主要任务。

第二个挑战是，一旦发现了差距，接下来就要决定该怎么做。组织要么改变其做事方式以适应新的应用程序，要么修改应用程序以匹配自己的工作。两种选择都存在问题。员工会抗拒改变，但修改应用程序的费用也非常高，而且，正如第 4 章指出的那样，随着时间的推移，应用程序会得到修改，组织同时也要维护这些修改工作。在这里，组织会选择不太容易让自己遗憾的方式来填补差距。

转型问题

转换到新的企业系统也很困难。组织必须以某种方式转变，要从使用孤立的部门系统转变为使用新的企业系统，同时还要继续运行业务。这就像是做了心脏手术后要去百米冲刺一样。

这种转型需要周全的计划和大量的培训，但问题仍然会出现。高级管理层知道这种情况将会发生，因此需要向员工传达改变的必要性，然后在解决问题的过程中支持新系统的使用。对所有相关员工来说，这段时间都是压力极大的。我们将在第12 章中进一步讨论开发技术和实施策略。

员工阻力

人们抗拒改变。改变需要努力，同时也会产生恐惧。大量文献都谈到了人们抗拒改变的原因以及组织该如何应对改变。在这里，我们将对主要原则进行总结。

首先，高级管理层需要向组织传达改变的需求，而且，在整个过渡过程中，如果有必要，就一定要重申该需求。其次，员工害怕改变，是因为改变会威胁到他们的自我效能感（self-efficacy），也就是一个人对自己能在工作中取得成功的信念。为了增强员工的信心，组织需要培训和指导他们如何使用新系统。口口相传是一个非常强大的要素，在某些情况下，关键用户要提前接受培训，从而能够对新系统的使用产生积极的推进作用。员工成功使用新系统的视频演示也很有效。

最后，在许多方面，新 ERP 系统的主要好处是面向会计和财务部门以及高级管理人员的。许多员工需要改变其日常工作活动以适应新的 ERP 系统，却不会从中获得任何直接利益。因此，可能需要给予员工额外的奖励来使其适应新系统。正如一位经验丰富的变革顾问所言："没有什么能比赞扬或现金更有助于实现目标了，尤其是现金。"直接付钱给员工可能会被看作贿赂，但员工或小组之间的现金奖励竞赛则可以非常有效地激励员工做出改变。

使用新的企业系统可以解决许多问题，同时让组织极大地提升效率并节约成本，但这种方式不适合胆小的人。

新的技术

刚刚出现的新技术影响着所有的信息系统，但由于其重要性和价值，它对企业系统的影响尤其大。让我们以云计算为例。因为基于云的计算能节省成本，所以组织希望将自己的企业系统迁移到云上。但是，法律、风险和商业政策因素可能会阻碍这一进程。组织可能需要对其数据进行物理控制。如果将数据迁移到云上，云供应商就会控制数据的实际所在地，而该位置甚至可能与该组织不在同一个国家。因此，可能需要设计某种混合模式。

类似的意见也适用于移动技术。员工想使用移动设备访问甚至修改企业系统数据，但移动设备毕竟是可移动的。当员工在组织控制范围之外时，企业系统可能会暴露在相当大的风险中。而且，ERP 数据对犯罪分子很有诱惑力。这些因素并不意味着组织不能在企业系统中使用新技术，但这些因素确实增加了挑战性。

8.6   企业间信息系统如何解决企业竖井问题

　　本章第 8.3 节和第 8.4 节的讨论说明了企业系统解决工作组信息竖井问题的主要方法。在本节中，我们将使用 iMed Analytics 公司的例子向你展示企业间系统如何在解决信息竖井问题上实现同样的功能。（这个过程如图 8-3 中指向最下面一行的箭头所示。）

　　图 8-9 展示了医院、智能设备制造商和 iMed Analytics 公司的主要居家患者之间存在的信息竖井。医院会保存患者的病例，内容包括体检、药物和治疗、新处方和手术等。另外，它们还会保存医学实验室过去的检验结果，包括患者的胆固醇水平、血糖水平、病毒感染情况、药物使用情况、组织测定等数据。智能设备制造商可以提供各种实时数据（例如，步数、心率、睡眠模式等），这些数据是从智能手表、智能秤、血氧仪、血压计、血糖监测仪等仪器中自动提取的。在家里，患者可以收

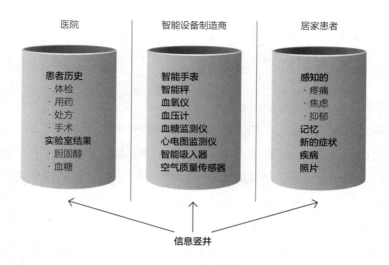

图 8-9　无 iMed 系统的信息竖井

集有关疼痛、焦虑和抑郁等感知水平的额外数据。他们还可以报告记忆的变化、新的症状、新的疾病等，并提供必要的照片。

这些健康状况数据的分离会引发一些问题，例如：医生希望获得来自智能设备的实时数据、来自医院的历史医疗记录以及患者提供的最新信息，他们还希望将所有这些信息集成到一个单一的控制面板上；患者希望看到医院存储的自己过去的所有医疗数据，以及来自他们所有智能设备的集成数据；医院希望获得医生开具的检查和处方的报告、患者的最新情况以及来自智能设备的实时数据。这将大大提高各方为患者提供最佳医疗保健服务的能力。

图 8-10 展示了能满足三方目标的企业间系统结构（iMed 系统）。在该图中，云团中的矩形标签表示移动应用程序，这些应用程序可以是本机应用程序、瘦客户机应用程序或二者兼有。一些应用程序的处理工作可以在云服务器上完成，也可以在移动设备上完成，不过相关的设计决策并没有在图中被展示出来。如图所示，该系统假设所有用户都在移动设备上接收报告，但由于涉及大量的键盘输入工作，雇主需要使用个人计算机来提交和管理实验结果。

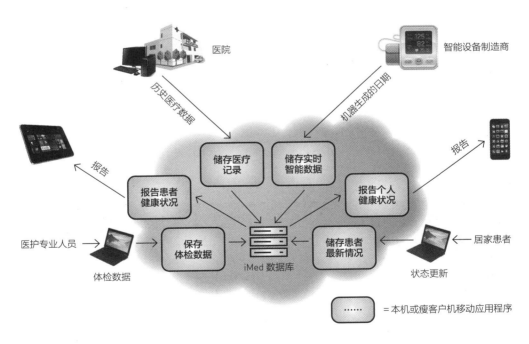

图 8-10　企业间 iMed 系统

如你所见，患者状态更新、实时智能数据、历史医疗数据、医生获得的体检数据都被整合进了 iMed 数据库中，这些集成数据由报告应用程序进行处理，以创建和分发如图 8-10 所示的报告。

　　如图 8-10 所示的系统被称为 分布式系统（distributed system），因为应用程序的处理工作是在多个计算设备上进行的。使用网络服务的标准，如 http、https、html5、css3、JavaScript 和 SOA，使得程序能够从各种移动和桌面设备中接收数据并向其显示数据。iMed 系统使用 JSON 请求和传输数据。

本章的知识对你有什么帮助

　　本章的知识能够帮助你理解信息系统的层级以及每个层级可能存在的问题。它还能帮助你正确地看待你所使用的信息系统，并理解它们产生（或不产生）信息竖井的原因。你还会了解信息竖井的潜在问题，以及如何在工作组和企业层级解决这些问题。另外，当你将来遇到 CRM、ERP 和 EAI 应用程序时，你就会知道这些系统是什么、它们会做什么，以及在使用它们的过程中你可能会遇到什么问题。最后，了解 iMed Analytics 公司如何使用云来支持企业间信息系统，将为你提供充足的背景知识，让你可以研究云在其他应用程序中的使用。

创新指南

工作场所中的可穿戴设备

　　假设一下这样的场景：你在一个典型的办公环境中工作，销售部门所在的楼层有众多小隔间，你的办公桌就在其中一间。你站在办公桌前，能直接看到楼层另一端的经理办公室。经理看起来为人不错，而且幸运的是，你每个月只需要和她当面交流几次。这些交流通常

发生在寥寥几次项目团队会议期间，她可能每隔几周参加一次会议，也可能不参加。

　　你的大学老友经常抱怨自己的老板事无巨细、什么都要管，而你的老板却不这样，这是在公司里你最喜欢的一种工作状态。但是，这种好日子可能快到

头了。你刚刚收到一封来自"高层"的电子邮件，看起来他们正在启动一项新的计划，以帮助管理层更好地与员工和他们的生产力"协调一致"。该计划的特点在于采用可穿戴设备，使管理层能够在每个工作日的工作时间段内获得每个员工的实时信息（例如，敬业度、注意力、情绪、压力等心理和生理指标）。

管理层声称，这一举措旨在最大限度地提高每个员工的效率和效力——考虑到行业竞争日益激烈的现状，这项计划显得至关重要。由于员工可能会害怕公司采用这种技术（因为该技术可能被认为具有侵入性，甚至会侵犯隐私），因此那些同意参与这一计划的人将获得小额奖金。

或许是你太敏感了，但那封邮件好像是在说，你不可以不参与这个计划，而你一直期待着能在即将到来的年度考核中升职加薪。突然之间，加入这个新的"可穿戴设备计划"似乎就成了你的必选项。

高科技时尚

下次在挑选工作日穿的衣服时，你要考虑的可能不仅仅是你看起来怎么样、你的衣服花了多少钱，或者你的钱是否花得值；以后你在买衣服时，要考虑的新标准可能包括服装的无线连接功能、嵌入式传感器的电池寿命，以及你是否可以不戴眼镜阅读显示屏。

我们进入了可穿戴设备的世界，可穿戴技术是目前最新的技术趋势之一，已经开始影响在早期就开始采用该技术的部分美国企业。

专家预测，这种智能服装将帮助员工监测压力水平、接收实时通知，并与其他员工进行协调和协作。智能手机通过闪光或震动的方式来显示通知，与此相似的是，智能服装能在袖子上显示视觉提示。

但并非所有的可穿戴技术都只是为了与穿戴者共享信息而设计的，有些服装还被设计为可以向他人公开展示穿戴者的特征。例如，一家公司开发了一种毛衣，可以改变颜色来显示主人的情绪。虽然这听起来可能没什么问题，甚至有点奇怪，但研究发现，当所有团队成员都穿上这种毛衣，而毛衣展示了每个成员的心理和生理特征时，这实际上提高了团队的同步性和整体的工作效果。

除了可能为员工配备带有通知功能的衬衫或显示情绪的毛衣，雇主还有一个兴趣点，那就是追踪员工在工作中的快乐水平。（研究发现，员工越快乐，其工作效率就越高。）

精神状态评估

判断员工精神状态的传统方法包括：让员工与经理简单会面、直接询问员工的感受、用自动工具（如 Slack）收集并分析电子邮件和协作工具中的文本信息以识别抑郁和疲劳的语言线索等。在可穿戴设备领域中，雇主感兴趣的是获取员工的心率数据，这些数据可以通过智能手表收集，然后雇主可以将员工的心率变化与工作场所的活动联系起来（例如，记录在案的会议和在线活动）。

将这些数据组联系起来，雇主可以识别员工在工作日的压力或焦虑水平，然后考虑如何最大限度地减少或消除这些压力，以改善员工的情绪。

动作评估

最后一种可以在工作场所中应用的可穿戴设备是传感器，它可以跟踪生产部门员工和仓库中员工的风险动作和潜在的有害活动。有些员工可能会经常做出一些容易受伤的行为（例如，举重物），而员工伤到自己的这种可能性会给企业带来风险。

新的可穿戴设备将在危险行为发生时提供实时反馈和通知，其中一些可穿戴设备还可以提供支持，以帮助员工预防常见的伤害。额外的好处还包括：它不仅能够识别孤立的风险，还能够识别常见的危险过程或活动的发展趋势，从而系统地改进或消除它们。

很明显，可穿戴设备提供了另一个数据宝藏库，雇主可以利用它来改进流程。本文中的示例只是各种企业正在测试或部署的技术中的一个子集。虽然雇主的意图可能是好的，因为管理者都希望员工能够高效、快乐并安全地工作，但注重隐私的员工可能会觉得自己在工作场所被监控着。（也就是说，管理者在乎的是仓库工人工作时的安危，还是他们到底有没有在工作？）

最终，这是否会让雇主权力过大，或掌握过多的员工信息？还是说，这只是席卷商业世界的创新机器上的一个齿轮，一个可能让企业的各个层面受益的齿轮？

1. 如果你是本文开头假设场景中的员工，你会选择加入还是退出可穿戴设备计划？请做出解释。
2. 如果你是本文开头假设场景中的经理，你是否有兴趣浏览可穿戴设备数据，进而支持可穿戴设备计划？请做出解释。
3. 你对问题 1 和问题 2 的回答是否相同？你觉得为什么会这样？如果不同，你是否会改变自己对以上两个问题的回答？
4. 如果你可以测试本文中介绍的一种新技术，你会选择哪一种？请做出解释。

问题

安全指南

ERP 的弱点

让我们穿越回几十年前——那是一个比较简单的时代，当时的组织才刚

刚开始认识到部署信息系统的好处。组织领导者开始明白，新技术可以用来提

高业务流程的效率和效力——在新兴的、竞争激烈的全球经济中，谁不想这样呢？

很多系统、软件和底层数据库都与不同的功能业务领域相关（例如，人力资源和会计），随着它们的投入使用，组织也抓住机会投资这些解决方案。随着时间的推移，越来越多的组织从这些特殊技术中受益。

但是，很明显，这种由不同工具组成的新框架有其局限性。营销部门可能在使用与会计部门完全不同的数据库体系结构；用于销售的系统与采购部门使用的系统不兼容；执行简单的会计检查（如三方匹配）可能需要分别检查由仓库、采购和会计部门维护的三个不同数据库。简而言之，所有这种缺乏规划、零散部署的技术都不能相互"交谈"。只有投入大量的时间、精力和金钱，才能努力弥合这些差距，可是信息竖井已经形成了。

进入 ERP 时代

20 世纪 90 年代，ERP 系统主要专注于简化制造作业，但是从那以后，ERP 系统已经扩展为综合平台，可以用来整体运营大型组织。以前的系统陈旧而且相互不兼容，完全是拼凑而成的，那些受困于此的组织如今也投资了 ERP。还有一个需要注意的要点——ERP 系统的标志是一个集中式的数据库，它可以在一个地方合并和更新整个组织的数据，并实时维护它们。

有一种方法可以解释 ERP 系统是什么：它就像计算机的操作系统一样——它是一个底层框架，可以让你在一台机器上运行各种半相关或不相关的应用程序（例如，文字处理、电子表格、互联网浏览器、音乐流等）。因此，ERP 系统是支持各种 ERP 模块（例如，供应链管理、生产、人力资源、会计等）的底层框架，并且允许它们"在一个屋檐下"同时运行。

虽然投资一个 ERP 系统的决定听起来很容易，但部署一个系统面临着很多障碍。第一，ERP 系统可能非常昂贵，一级解决方案（例如思爱普和甲骨文公司的产品）的价格可能高达数千万或数亿美元。

第二，ERP 的执行需要很长时间去部署（通常是数年），而且有时甚至需要更长的时间才能产生效益（这意味着需要设法说服高管们花费数百万美元去做一些可能在很长一段时间内都不会有明显回报的投资）。

第三，配置一个新的 ERP 系统非常复杂，难免会遇到错误、漏洞和员工的抵制。过渡到一个新的 ERP 系统将是一个痛苦的过程，它或多或少都会带来痛苦。

第四，ERP 系统及其基础的集中式数据库结构带来了特有的安全问题和漏洞。

ERP 的弱点

可以说，思爱普公司是全球领先的 ERP 平台供应商。根据其官网，它在全球拥有超过 18 300 个合作伙伴，91% 的《福布斯》全球 2000 强企业（Forbes Global 2000）都在使用它的产品，全球的两亿云用户都在使用它的平台。然而，尽管 ERP 系统稳定且安全，但其安全性往往取决于负责管理生态系统的信息安全从业人员，也取决于那些系统一经部署就被授予了访问权限的用户。

思爱普系统环境中最常见的一些安全错误包括：

* **配置错误的访问控制列表。**访问控制列表用来确定哪些内部系统、外部系统和用户可以使用思爱普系统和数据——失败的列表管理可能会给未经批准的实体以访问权限，这将带来巨大的风险。2019 年，一个名为 10KBlaze 的漏洞被曝光，它被设计为可以利用疏于管理的访问控制列表。

* **不安全的自定义代码。**许多组织会购买现成的 ERP 解决方案，但现实是，组织的业务流程往往与软件中指定的业务流程不同。组织必须决定，是"篡改"其流程来匹配软件，还是"篡改"软件来匹配其流程。后者通常需要组织编写自定义代码来扩充现有的 ERP 框架。不幸的是，自定义代码常常漏洞百出、质量低劣——这些漏洞会引发安全问题。

* **不受保护的数据。**ERP 系统的最新趋势之一是将数据存储库迁移到云端。许多组织认为云供应商会承担端对端的数据安全责任，但事实往往并非如此。组织必须主动确保数据在传输或存储的每个阶段都受到保护。

* **密码管理不善。**对安全从业人员来说，密码常常是他们的"克星"。用户可能会在工作场所的便笺上留下密码，试图规避密码设置建议，或将其他个人账户（如社交媒体）的密码重复用于工作账户（泄露一个账户的信息可能意味着泄露许多账户的信息，这就是所谓的"多米诺效应"）。由于 ERP 系统会无数次地被大量用户使用，使用弱密码，或者最糟的情况——使用默认密码——都很容易被黑客入侵。

简而言之，ERP 系统不再是奢侈品，而是使组织维持现状并在许多行业中具有竞争力的必要条件。使用它要经历一个艰苦的过程，尽管它有优点，可是一旦部署，如果管理不善，它就会带来无穷无尽的风险。

1. 组织是否可以继续使用以前的旧系统来避免与 ERP 系统相关的成本、风险和安全漏洞？

2. 员工被认为是 ERP 系统部署过程中的痛点之一。你认为原因何在？你认为员工会因为有机会使用价值数百万美元的软件而感到兴奋或有动力吗？

3. 文中提到，许多组织不得不改变现有 ERP 系统的功能来匹配它们的业务流程。如果像思爱普系统这样的平台根本无法很好地配合它们的业务流程，你认为那些在独特的细分市场中运营的组织会使用什么？

问题

4. 想想你用来访问不同网站和账户的密码。你用了多少个不同的密码？你会重复使用你的密码吗？你重复使用的密码是否也会被用于银行或医疗保健等重要账户？你是否曾在工作账户中重复使用个人密码？这些做法的风险是什么？

姓名：贾森·库普
公司：CGI Federal
职位：高级顾问、项目经理、主题专家
教育：韦伯州立大学、杨百翰大学（Brigham Young University）

1. 您是如何获得这份工作的？

我在上公共管理研究生课程的时候，从校友那里了解到，掌握信息系统技能对求职者很有好处。研二时，我选择把学习重点放在信息系统方面，同时，由于学校有很多小组项目，我也对咨询工作产生了兴趣。我痴迷于咨询和项目这类工作，因为每个项目都需要善始善终、拼尽全力。我觉得日复一日地在同一个办公地点工作不适合我。当咨询公司来杨百翰大学招聘时，我报名参加了几家公司的面试，得到了三个录用通知，最终选择了CGI，一直在这里工作到今天。

2. 是什么把您吸引到这个领域的？

商业和公共部门组织在 IT 和信息系统方面很大程度上依赖承包商的支持。在定制当前软件解决方案、促进升级甚至使用新系统方面，它们需要专家提供指导。我对这方面很感兴趣。

3. 您典型的一个工作日是怎样的（在职责、决策、问题方面）？

我曾参与交付和升级超过 25 个（这个数字还在增加）CGI 和 CGI 专属企业范围内的 ERP 解决方案。每个项目都有独特的工作文化。这种工作需要经常去现场，所以在我的职业生涯中，我需要经常出差，但现在越来越多的工作可以通过远程来完成。我典型的一个工作日内容包括与客户一起确定系统需求、花时间构建测试版系统、向决策者演示计划的业务流程、收集反馈、获得执行计划中解决方案的工作授权、配置解决方案，然后妥善地进行测试、起草培训材料，最后向终端用户交付培训。我们的顾问通常会花几个月的时间开展运营支持工作，以便顺利地将系统移交给客户并结束项目。所有这些工作都是分阶段完成的，我们会尽可能地遵循项目计划。错过产品推出的截止日期可能会产生负面后果，比如我们的收益会遭受损失，也会引起客户的不满，所以，按时完成工作任务是关键。这不是一份朝九晚五的工作！在一些工作日，你可能会高强度工作超过 8 小时，但如果事情进展顺利或计划提前完成，你就可以放松一下了（我有时会在中午骑山地自行车放松一下）。

4. 对于您的工作，您最喜欢的是哪一点？

成为我们系统解决方案的专家让我很有成就感。我有信心能帮助客户，为他们提供建议、让他们在系统如何改进业务流程方面做出决策，这让我很有成就感。成功的系统执行将大大提高工作效率，其结果是，服务和项目将被按计划提供给政府和公共机构的服务对象。

5. 要做好您的工作，需要具备哪些技能？

首先，要有能力以书面和口头的形式进行有效的沟通。此外，你还要能适应不断变化的工作环境。快速学习的能力也是必不可少的，因为系统解决方案是不断发展的（涉及升级、补丁、增强、定制等）。这里的关键是，当你毕业后第一次加入一个组织时，你对组织的软件工具和解决方案一无所知。大学里的课程无法教授所有的 ERP 系统。但是，证明你能快速学习并独立工作，这对你从事这个行业很有帮助。同时，成为一个好的团队合作者也是项目工作的重点。你要愿意给出信任并乐于建设团队。项目团队的士气过低会扼杀一个项目。

6. 在您的工作领域内，学历和证书重要吗？为什么？

如果是做政府承包商，好的教育背景就会很受欢迎。因为我在软件执行项目中扮演的角色是职能项目经理，所以最好有项目管理方面的认证，如国际项目管理师认证、敏捷项目管理专家认证和规模化敏捷框架认证。当我们公司投标新工作时，潜在客户通常会要求项目团队的备选成员提供简历清单。拥有学位、证书和经验可以帮助我们赢得价值数百万美元的合约。

7. 您对那些想在您的领域工作的人有什么建议？

当你从一个项目转移到下一个项目时，要对快速的变化保持一个开放的心态。你需要适应在不同的项目团队和不同的客户企业文化中工作。要在这方面取得成功，需要提高自我意识和情商水平。要记得从容应对各种事情，从每一次经历中学习。会有让你喜欢与之合作的客户，也会有让你数着日子想早点解脱的客户。你需要愿意出差，并在必要时可以在家远程工作。这不是一份典型的办公室工作。随着项目截止日期的临近，你可能需要工作到深夜或在周末也工作。但当进展放缓或你的进度已经领先时，你会有足够的时间去放松。这项工作总是有起有落的。

8. 您认为未来十年热门的科技工作是什么？

作为一门研究和实践兼备的学科，信息系统的应用正变得越来越广泛。这个行业有很多领域有待探索。我已经在 ERP 执行领域从业了 20 多年，现在又对数据科学和网络安全产生了新的兴趣。我想成为一名数据科学家，从事自由职业，并以独资经营者的身份帮助各种政府机构和非政府实体。与 ERP 软件执行、升级和维护有关的组织仍然需要优秀人才，大数据和网络安全相关的工作将在未来几年中成为热门。

道德指南

你无法管理自己不能衡量的东西

布伦特（Brent）向后靠在椅子上，几乎到了他觉得椅子就要翻倒的程度，所以又赶紧把身体重心向前移了移，让椅子前腿着地。他和罗宾（Robin）已经在会议室里坐了几个小时，在体感上时间却不止过去了几个小时。他们提出的每一个想法都因为这样那样的原因被否决了——似乎就是无论如何也无法找到更好的解决方案，来了解公司的一个生产设备存在的效率问题。

作为一名新任职的区域经理，布伦特的职责之一是监督该公司在新英格兰地区的生产工厂的全部运营情况，而现在，这里出现了一些问题。他并不是这个领域的专家，但是，谁会因为觉得自己经验不足而拒绝升职呢？"可以先不懂装懂，然后再努力弄懂！"这是他爸爸经常说的话。

他和自称技术权威的区域经理助理罗宾在前一天巡视了整条生产线，想看看能否发现什么明显问题。当然，他们看到了一些机器闲置着，更不用说还有一些工人也闲着，但来自生产线上的工人似乎问题更大。

布伦特很快就意识到，仅仅因为他的衬衫上印有和生产工人一样的公司标志，他就不是什么幸福大家庭中受人尊敬的一家之主。他在和罗宾检查设备时，遇到了几位生产线管理人员。他有一种感觉，外来者在这里并不真正受欢迎，因为他们所提的问题仅仅得到了极其简短的回答。

也许工人们知道布伦特去那里是因为过去几个季度的产量下降了，也可能他们只是不喜欢公司领导盯着自己。不管怎样，和布伦特面谈过的经理都不太健谈，也不愿意和他交流一下工厂效率较低的原因。

雪上加霜的是，尽管生产线上有新的设备，但厂房内部没有摄像头，所以布伦特甚至无法看到记录过往情况的视频，以更全面地了解生产过程中的各个节点可能发生的问题。"如果我不能判断这个地方发生了什么，我就无法管理这个地方，"他低声嘟囔着，"尤其是当经理们还不愿意敞开心扉，或至少不愿意给我指明正确的方向时。"

就在这时，罗宾从椅子上跳了起来，把她的笔记本电脑挪到一边，这样布伦特就能看到她在做什么。罗宾说："实际上，不知道他们在生产线上做了什么，也能知道问题出在了哪里。我们只需要看《黑客帝国》就行了！"

布伦特不确定一部科幻电影和手头的任务有什么关系，所以他向后靠在椅子上，双手放在脑后，带着怀疑的语气让罗宾解释一下。

服用红色药丸

罗宾建议，他们可以创建一个程序去收集来自每台生产设备的所有日志数据，从而监控生产设备的问题。这个想法很了不起——它可以用来生成关于设备运行的全面视图（参见《黑客帝国》）。

更具体地说，这个程序能让布伦特看到每台机器何时启动、何时停止，并由此计算出机器的运行时长。此外，通过对工人的操作多加观察，他们可以粗略估计将组件移动到每台机器上所需的时间，然后在运行机器之前加载或配置机器。解决了运行时间和工作时长问题后，他们就可以找出问题发生在哪里。然后，罗宾又提出了一个布伦特闻所未闻的好主意。

罗宾希望拓展这个程序的功能，以获取每一台设备的鼠标移动和键盘输入情况。由于在每次运行机器时，机器使用者都必须输入记录并做出各种选择，因此该程序就可以捕捉到关于每个使用者的"行为生物识别特征"——罗宾这样称呼它。这让他们能够确定，大部分问题是否都出在少数机器使用者身上，而大部分工作人员甚至对此毫不知情。

但这还不是全部——她还建议给所有生产员工发送一份调查问卷（这个调查其实并没有什么意义），询问他们的名字，并要求他们回答一些问题。通过这项调查，他们可以获得每个工人打字和鼠标移动活动的基准数据，然后就可以将这些数据与在工厂车间捕捉到的机器使用者数据联系起来。通过连接这两个数据集，他们不仅可以找出工厂中出现问题的具体位置，还可以确定谁应该对这些问题负责。

布伦特重复了一遍罗宾的提议，有点难以置信地摇了摇头。这个功能不仅能发现问题，还能发现有问题的员工，这个功能确实非常强大。更不用说，他所做的任何关于惩罚或解雇低效率员工的决定都是以数据为根据的，没有人可以指责他主观或有偏见——他完全可以指着数据说："有数据为证！"

那天晚上，他在开车去机场时，又产生了一个更有趣的想法，他忍不住大声地说了出来："我可不可以用同样的方法来评估员工的主管呢？也许罗宾可以通过分析他们的打字行为和鼠标移动来帮我识别那些对我持批评态度的人。"此时一架飞机即将降落，喷气发动机在车的上方发出轰隆隆的声音，他的脸上绽开了一丝自己都没察觉到的微笑。

问题

1. 布伦特计划使用行为生物识别技术，获悉生产设备的使用情况，以识别导致效率低下的因素并对工人采取惩罚措施。请对他的这种做法做出评价。
   a. 根据绝对命令（第 1 章）的观点，这种行为是道德的吗？
   b. 根据功利主义（第 2 章）的观点，这种行为是道德的吗？
2. 思考你对问题 1a 和 1b 的回答。如果布伦特使用相同的行为生物识别方法来辨别接受匿名管理评估调查的用户，基于你对以上问题的回答，你对他的做法是否赞同？请解释具体原因。
3. 如果生产工人知道他们复杂精细的生产操作正在被跟踪、被分析，并被用来评估他们的表现，你认为他们会作何反应？员工的反应能否决定组织是否要使用这种方法？
4. 你愿意为一家暗中监视员工行为的公司工作吗？请说明你愿意或不愿意的理由。

第 8 章要点回顾

请使用本部分验证你是否理解了回答本章学习目标中的问题所需的想法和概念。

1. 流程有哪些基本类型？

- 定义结构化流程和动态流程，并对它们进行比较。定义工作组流程、企业流程和企业间流程，并解释它们之间的区别和面临的挑战。定义相同级别的信息系统。定义功能信息系统和功能应用程序。

2. 信息系统如何提高流程质量？

- 对流程质量的两个维度进行命名、定义，并举出示例。说出并描述组织提高流程质量的三种方法。说出并描述信息系统用于改进流程质量的三种方式。

3. 企业系统如何解决部门竖井问题？

- 给信息竖井下定义并解释这种竖井是如何产生的。这种竖井什么时候会成为问题？命名并描述五种常见的功能应用程序；说明在这五种应用程序中可能重复的

数据。总结信息竖井造成的问题。总结企业系统可用于解决工作组和企业级信息
竖井问题的方法。

4. CRM、ERP 和 EAI 如何支持组织流程？

- 定义业务流程再造，并解释它操作难而且成本高的原因。解释在组织内部开发企
  业信息系统成本高昂的两个主要原因。解释内在流程的优点。定义并区分 CRM、
  ERP 和 EAI。解释 CRM 和 ERP 之间的相似性为何大于 CRM 和 EAI 之间的相似性。

5. 操作和升级企业信息系统有什么挑战？

- 说明并描述操作企业系统的五个挑战来自哪里。描述为什么企业系统管理必须是
  协作式的。说明识别需求差距的两个主要任务。总结从旧系统过渡到企业系统面
  临的挑战。解释为什么员工抗拒改变，并描述三种应对这种抗拒的方式。讨论新
  技术给企业系统带来的挑战。

6. 企业间信息系统如何解决企业竖井问题？

- 描述医院、智能设备制造商和患者之间关于医疗保健数据的信息竖井，并阐述这
  些竖井带来的问题。解释图 8-10 所示的系统将如何解决这些竖井带来的问题。

本章的知识对你有什么帮助

　　说明你从本章的内容中收获了什么。假设在求职时面试官问你："你对 ERP 了
解多少？"你将如何回答？如果问题是"云如何帮助组织集成它们的活动？"你又
该怎么回答？

第 9 章

社交媒体信息系统

● **本章学习目标**

» 什么是社交媒体信息系统？

» 社交媒体信息系统如何推进组织战略？

» 社交媒体信息系统如何增加社会资本？

» （某些）组织如何从社交媒体中获得收益？

» 组织如何解决社交媒体信息系统的安全问题？

» 社交媒体将把我们带向何方？

● **预期学习成果**

» 能够讨论如何使用社交媒体信息系统来帮助组织实现其战略目标。

　　"贾丝明，我正在努力思考我们的广告位应当瞄准哪些人。"埃米丽迟疑地说。埃米丽是 iMed Analytics 公司的新任信息系统经理。公司的主要投资人格雷格·所罗门让她研究一下如何在 iMed 系统中通过投放广告来产生收入。

　　"我们只把广告位卖给医疗设备制造商吗？还是应该更多地关注健身房、私人教练、理疗师或营养补充剂制造商？如果我们能够瞄准那些点击率高、最终销售额也高的特定群体，就能够以更快的速度获得更多的收益。"

　　贾丝明点头表示同意。"您说得对。我认为有针对性的横幅广告和可能内置在 iMed 系统中的短视频将吸引更多用户的关注，从而产生更多的收益。但在收集更多数据之前，我们可能无法确切地知道应该针对哪些人群。这甚至有可能取决于用户选择使用 iMed 系统的原因。"

　　"呃，我不太明白您的意思。"埃米丽说。

　　"嗯，"贾丝明继续说，"如果一个人使用 iMed 系统来监测高血压情况，他可能才会有兴趣多锻炼、减轻自己的压力，并确保药物起作用。对于这样的人，我们可能会从健身房和私人教练那里获得更高的点击率。

　　"但是，另一方面，假设一个人正在使用 iMed 系统监测糖尿病。这样的人可能会对智能血糖监测设备的广告，以及与健康食品和补充剂相关的广告感兴趣。"

　　乔斯打断她说："我觉得咱们可以拓宽思路。广告收入固然很好，但我认为我们可以利用 iMed 系统做更多的事，而不仅仅是出售广告位。"

　　"您是什么意思？"埃米丽问。

　　"是这样，有了正在收集的数据，我们就可以结合不同的数据类型，提供对外部的第三方可能有价值的独特见解。"

　　"我不太明白。"

　　乔斯接着说："假设一个人感染了一种传染性很强的病毒，我们可以通过他智能手机

上 iMed 系统收集的历史数据来追踪其前一周的行踪，我们还可以使用蓝牙连接来查看他与谁接触过。通过他的医疗诊断数据，我们还能很好地了解他何时开始出现症状并有了传染性。"

"哇，我从没想过还可以这样使用 iMed 系统。但我们能做到吗？我的意思是，从技术和法律角度看，我们真的能做到吗？"埃米丽问道。

"当然，"乔斯兴奋地继续说，"我们可以保证所有数据的私密性，并且符合《健康保险流通与责任法案》（Health Insurance Portability and Accountability Act，HIPAA）的规定，而且，我们仍然会合法地与疾病控制与预防中心共享数据。我们可以与美国政府签订一份大型协议，对感染者进行识别、追踪和溯源。我想，政府会对此感兴趣的。"

贾丝明坐在椅子上，身体前倾，拿起了笔，然后开始写着什么。"您知道，我们或许可以给每个人的智能手机都安装 iMed 系统。我的意思是，如果我们对感染者进行追踪和溯源，每个人就都会想知道谁具有传染性，还想知道如何避开他们。如果有人离感染者太近，我们甚至可以发出警报。"

"就像病毒的盖革计数器（Geiger counter）① 一样，这会非常了不起。"贾丝明微笑着看向埃米丽。"iMed 系统将出现在全世界的每一部智能手机上，我们将与政府签订协议，从而大赚一笔。"

乔斯打断她说："可是，我们还没到那一步呢。"

贾丝明看起来很惊讶。"您是什么意思？这很棒呀！我们会从用户、公司和政府那里获得收入，还能进行社交互动。我们什么时候能搞定这些事情？"

乔斯摇了摇头。"我不知道。我的意思是，收集和分析医疗数据很容易，但是安装蓝牙这部分将会很困难。我要和开发人员谈谈，看看是否可行。我们还必须确保我们的数据是私密的，而且我还得重做机器学习模型。所有这些都将增加开发时间。这款应用与我们目前正在开发的东西非常不同。"

埃米丽看起来很沮丧。"所以我又要开始卖横幅广告了。"

"目前是这样的。但我们仍在努力让这款应用程序和现有的分析模型发挥作用。"

埃米丽回想起了导师当初给她的关于在初创公司工作的建议。她没想到情况会如此令人沮丧，她只能强颜欢笑。"难道我们就不能雇个人来做这个新的应用程序吗？"

"是的，我们可以。"贾丝明平静地回答。"乔斯所说的一切都是有可能实现的，但要找到能够做到这一点的开发人员并不容易，成本也不低，毕竟我们斥巨资都没能完全开发出 iMed 系统。这款追踪溯源的应用程序的确潜力巨大，但我们现在需要的是收益。"

---

① 一种专门探测电离辐射强度的计数仪器。——编者注

9.1　什么是社交媒体信息系统

在我们回答本节标题的问题之前，首先要明白本章并不想讨论任何社交媒体平台的最新功能。对于它们，你很可能已经很熟悉了，而且它们变化太快，今天你学到的东西等你毕业工作时都会过时。相反，本章侧重于讨论原理、概念框架和模型，这些东西在社交媒体服务和技术中是持续不变的，因此，当你在职业生涯的早期面对社交媒体系统带来的机遇和风险时，它们会很有用。

这些知识还能帮助你避免犯一些错误。每天，你都能听到商界人士说："我们正在用微博"或"通过我们的网站可以跳转到 ×× 平台的界面"。创意广告和新闻稿也会说："请关注我们的社交媒体账号。"这些人应该问一个重要问题，那就是：我们为什么要这样做？是要紧跟时代，还是要赶时髦？这些努力值得吗？它们是如何推进组织的战略的？

社交媒体（social media，SM）是为了支持用户网络之间的内容共享而使用的信息技术。社交媒体能让人们形成实践社区（communities of practice），或社区（communities），这是一群因共同兴趣而联系在一起的人。社交媒体信息系统（social media information system，SMIS）是一个支持在用户网络之间分享内容的信息系统。

如图 9-1 所示，社交媒体是许多学科融合后的产物。在本书中，我们讨论的是社交媒体信息系统以及它们如何为组织战略做出贡献，所以我们会重点关注图 9-1 中的管理信息系统部分。如果你决定作为一名专业人士在社交媒体领域工作，你就需要对图 9-1 中的所有学科（可能不包括计算机科学）都有一定的了解。

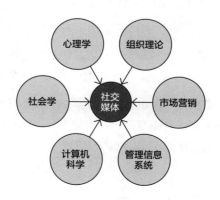

图 9-1　社交媒体是许多学科的融合

● 社交媒体信息系统的三个角色

在讨论社交媒体信息系统的各个要素之前，我们首先需要明确社交媒体信息系统的三个组织单元所扮演的角色：

» 社交媒体供应商；
» 用户；
» 社区。

社交媒体供应商

脸书、领英、推特等社交媒体供应商（social media provider）提供了平台，能够在有共同兴趣的人之间创建社交网络（social network）或社交关系。过去几年来，社交媒体供应商增幅巨大。就活跃用户的数量而言，其中一些网站的活跃用户数量甚至超过了美国的总人口数量。社交媒体的增长引起了企业、广告商和投资者的极大兴趣，社交媒体供应商之间开始相互竞争，以吸引用户的关注并获得相关的广告收益。

用户

用户（user）包括使用社交媒体网站建立社会关系的个人和组织。据统计，截至2020年，全球大约有45亿人可以上网，其中有38亿人每天使用社交媒体。几乎所有（99%）的社交媒体用户都通过手机访问社交媒体。社交媒体供应商经常吸引或瞄准特定人群，例如，60%的领英用户年龄在25岁和34岁之间。

组织也是社交媒体的用户。你可能不认为组织是典型的社交媒体用户，但在许多方面它确实是。和你一样，组织也会创建和管理社交媒体账号。据估计，在《财富》500强公司中，有一半以上的公司都拥有活跃的社交媒体账号。这些公司雇用员工来为其运营社交媒体、推广产品、建立关系，并管理公司在公共平台上的形象。

根据组织使用社交媒体的目的，它们可以是用户，也可以是供应商，或二者兼而有之。例如，一些规模较大的组织大到足以创建和管理自己的内部社交媒体平台。在这种情况下，该组织就是一个社交媒体供应商。我们将在章节延伸13中看到如何在组织内部使用社交媒体。

社区

人类的天性就是形成社区。人类学家声称，形成社区的能力促进了人类的进步。

然而，在过去，社区以家庭关系或地理位置为基础，简单地说，就是生活在某个特定村庄的人会形成一个社区。社交媒体社区与传统社区的关键区别在于，前者是基于共同兴趣而形成的，超越了家庭、地理和企业的界限。

由于这种超越性，大部分人都会同时属于几个不同的用户社区。众多社交媒体应用程序供应商已经认识到了这一事实，并允许它们的用户加入一个或多个社区团体。

如图 9-2 所示，从社交媒体网站的角度看，社区 A 为一级社区，由与网站有直接关系的用户组成。用户 1 依次属于三个社区：A、B 和 C（这些社区可以分别由同学、工作联系人和朋友组成）。从社交媒体网站的角度看，B、C、D、E 社区为二级社区，因为这些社区中的关系要经由一级用户才能形成。二级和三级社区的成员数量呈指数级增长趋势。例如，如果每个社区有 100 名成员，那么社交媒体网站就有 100×100 即 1 万名二级社区成员，和 100×100×100 即 100 万名三级社区成员。但是，这种说法并不完全正确，因为社区之间经常发生重叠。例如，在图 9-2 中，用户 7 同时属于 C 和 E 两个社区。因此，这些计算出来的值代表着最大用户数量，但不一定是实际用户数量。

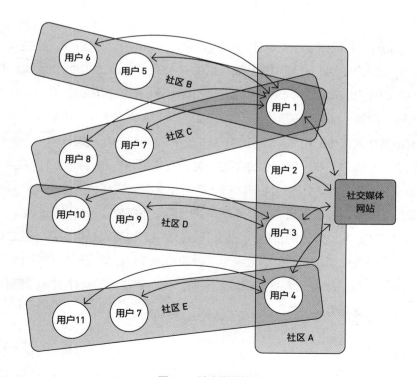

图 9-2   社交媒体社区

　　社交媒体网站如何与这些社区建立联系则取决于它的目标。如果网站对纯粹的宣传感兴趣，它就会想要与尽可能多的、不同层级的社区建立联系。因此，它会创造一种病毒钓钩（viral hook），也就是像奖品或其他奖励一样富有诱惑力的东西，用于各层级之间的交流。但是，如果社交媒体网站的目的是解决棘手问题，比如修复某个产品的缺陷，它就会尽可能地限制与 A 社区之间的通信。

　　通过社区层级实现社交关系数量的指数级增长，对组织来说既是一种福祉，也是一种诅咒。例如，A 社区的一名成员作为员工，对自己所在组织的最新产品或服务有着真诚又正当的自豪感，她可以与社区中成百上千的人分享她的自豪感。但是，她也可以向同样的对象发泄对最近事态发展的失望，或者更糟的是，她还会在无意中把私人或专有的组织数据分享给社区中为竞争对手工作的人。

　　这个例子表明，社交媒体是一个强大的工具。为了妥善地使用它，组织必须知道它们的目标和相应的计划。

● 社交媒体信息系统的要素

　　社交媒体信息系统也是信息系统，所以它与所有的信息系统一样具有五个相同的要素：硬件、软件、数据、规程和人员（参见表 9-1）。

表 9-1　社交媒体信息系统的五要素

要素	角色	描述
硬件	社交媒体供应商	基于云端的弹性服务器
	用户和社区	任何用户计算机设备
软件	社交媒体供应商	应用程序、非关系型数据库（NoSQL）或其他数据库管理系统、分析
	用户和社区	浏览器、iOS、安卓、Windows 10，以及其他应用程序
数据	社交媒体供应商	用于快速检索的内容和连接数据存储
	用户和社区	用户生成的内容；连接数据
规程	社交媒体供应商	运行和维护应用程序（超出本章的讨论范围）
	用户和社区	创建和管理内容；非正式；互相复制
人员	社交媒体供应商	运行和维护应用程序的人员（超出本章的讨论范围）
	用户和社区	关键用户；适应性强；可以是非理性的

硬件

用户和企业都使用台式机、笔记本电脑和移动设备来管理社交媒体网站。在大多数情况下，社交媒体供应商（social media provider）使用云端的弹性服务器来托管社交媒体网站。

软件

社交媒体用户使用浏览器和客户端应用程序来与其他用户通信、发送和接收内容、添加或删除与社区或其他用户的好友关系。用户使用的应用程序包括各种平台的桌面和移动应用程序，涉及 iOS、安卓和 Windows 等平台。

社交媒体供应商开发并运营其自定义的专有社交网络应用软件。正如你在第 4 章中学到的那样，使用自定义软件从长远来看很昂贵，但社交媒体供应商必须这样做，因为它们自定义的应用程序的特性和功能是其竞争战略的基础。它们也有能力这样做，因为它们可以将开发成本分摊到数百万名用户创造的收益上。

许多社交网络供应商（social networking vendor）会使用非关系型数据库管理系统来处理它们的数据，不过其中也有使用传统的关系型数据库管理系统的。脸书已经开始开发自己的内部数据管理系统——Cassandra，但后来当它意识到维护这个系统需要耗费很多的金钱和精力时，就把该系统捐赠给了开源社区。除了自定义应用程序和数据库，社交媒体供应商还投资了分析软件，以了解用户如何与它们的网站和应用程序软件交互。

数据

社交媒体数据分为两类：内容数据和连接数据。内容数据（content data）是用户提供的数据和用户对数据的响应。例如，你为你的社交媒体主页提供了源内容数据，你的朋友在你的留言板（评论区）上留言、评论、标记你或以其他方式在你的主页上发布内容，这时他们就提供了响应内容。

连接数据（connection data）是关于人际关系的数据。例如，在脸书上，你与朋友的好友关系就是连接数据，你为某个组织点的赞也是连接数据。连接数据将社交媒体信息系统与一般网站应用程序区别开来：一般网站和社交网站都会显示用户和回复者内容，但只有社交网络应用程序会存储和处理连接数据。

社交媒体供应商代表用户存储和检索社交媒体数据。当网络和服务器出现故障时，它们必须迅速做到这一点。但是，由于社交媒体内容和连接数据具有相对简单的结构，因此这个问题会变得相对容易一些。

规程

对社交网络用户来说，规程是非正式的、不断发展的、面向社交的。你的朋友做的事情，你也会去做。当你的社区成员开始学习做一些新鲜有趣的事时，你也会去模仿他们。软件也被设计成了易于学习和使用的样式。

因为有了这种非正式性，所以社交媒体信息系统的使用就变得非常简单了，但这也意味着会经常出现意想不到的后果。最令人不安的情况当属用户的隐私泄露。许多人已经学会保护自己的隐私了，他们可能在某个网站介绍过自己新买的高清电视，所以他们就不会在同一个网站发布自己站在家门口的照片。遗憾的是，还有很多人并没有这个意识。

对组织来说，社交网络的规程更加正式，并且与组织的战略相一致。组织开发规程来创建内容、管理用户的回应、删除过时或令人反感的内容，或从内容中提取价值。例如，创建一个社交媒体信息系统来收集关于产品问题的数据纯属浪费金钱，除非该规程能从社交网络数据中提取有用的知识。组织还需要开发能管理社交媒体风险的规程（见本章第 9.5 节）。

运营和维护社交媒体应用程序的规程超出了本章的讨论范围。

人员

社交媒体用户会根据自己的目标和个性做他们想做的事情。他们以某种方式行事，并承担其后果；他们可能会改变自己的行为，也可能不会。顺便说一下，社交媒体用户不一定是理性的，至少在纯粹的金钱方面不是。例如，在弗农·史密斯（Vernon Smith）开展的一项研究中，人们会放弃一些白来的钱，因为他们认为别人得到的更多。

组织却不能如此随意。任何人如果要利用自己的职位为一个组织说话，他或她都需要接受有关社交媒体用户规程和该组织社交网络政策的培训。我们将在本章第 9.5 节中讨论这些规程和政策。

社交媒体正在创造新的工作岗位、新的职责，以及对新型职业培训的需要。例如：怎样成为一名优秀的推特用户？高效的博客作者应该具备哪些条件？这样的工作适合什么样的人？他们应该接受什么样的教育？如何评估这些职位的候选人？如何找到这类人？现在，所有这些问题都被提出并得到了解答。

9.2　社交媒体信息系统如何推进组织战略

在第 2 章的图 2-1 中，你学习了信息系统与组织战略的关系。简而言之，战略决定价值链，价值链决定业务流程，业务流程决定信息系统。价值链决定结构化的业务流程，例如第 8 章中讨论的内容，因此这个价值链是简单明确的。但是，社交媒体本质上是动态的，它的流动过程无法被设计或用图表来表示，即使可以，图表刚一完成，社交媒体流程也会发生变化。

因此，我们需要后退一步，考虑价值链如何决定动态流程，从而对社交媒体信息系统提出要求。你会看到，社交媒体从根本上改变了用户、用户所在社区和组织之间的力量平衡。

表 9-2 总结了社交媒体对五个主要价值链活动和人力资源支持活动的贡献。请思考该表中每一行的内容。

表 9-2　价值链活动中的社交媒体

活动	重点	动态流程	风险
市场营销	对外面向预期	社交 CRM；P2P 销售	失去信用；糟糕的公共关系
客户服务	对外面向客户	P2P 支持	失去控制
进货物流	上游供应链供应商	解决问题	保密性
出货物流	下游供应链运货商	解决问题	保密性
生产和运营	对外面向用户设计； 对内面向生产和运营	以用户为导向的设计； 行业关系；运营效率	效率 / 效力
人力资源	职位候选人；员工沟通	寻找员工、招聘和评估； 用于员工间沟通的 SharePoint	失误；失去信用

● 社交媒体与销售及营销活动

在过去，组织使用结构化的流程和相关的信息系统来控制它们与客户的关系。事实上，传统 CRM 的主要目的是管理客户接触情况。传统的 CRM 确保组织用同一个声音与客户交谈，并根据每个特定客户的价值来控制客户收到的信息、报价甚至是支持服务。例如，在 1990 年，如果你想了解 IBM 的产品，你会联系 IBM 在当地的销售办事处。之后，该办事处的工作人员就会将你列为他们的潜在客户，并使用该分类来控制你收到的营销材料以及你与 IBM 工作人员的接触情况。

与传统 CRM 不同，社交 CRM 是一个基于社交媒体的动态过程。组织和客户之间的关系是不断变化的，因为双方都在创建和处理内容。除了传统的推广形式，组织中的员工还会创建网络百科页面、博客、讨论列表、常见问题、用户评论和评价网站，以及其他动态内容。然后，客户会搜索这些内容、发表评论、咨询更多问题、创建用户群组，等等。因此，通过社交 CRM，每个客户都与组织建立了专属的关系。

社交 CRM 与传统 CRM 的结构化和控制性流程截然不同。因为关系来源于共同活动，所以客户和组织拥有同样多的控制权。传统的销售经理非常讨厌这一特点，因为他们希望通过结构化流程来控制客户读到、看到和听到的关于组织及其产品情况的内容。

此外，传统 CRM 以终身价值为中心，有可能贡献最多业务的客户会得到最多的关注，并对组织产生最大的影响。可是，在社交 CRM 出现后，那些只花 10 美分的客户也能发表有效的评论或博客文章，他们比那些一年购买 1000 万美元产品却不发声的客户更有影响力。传统的销售经理无法理解这种不平衡。

传统的销售经理还是喜欢通过忠诚客户的点对点推荐来销售他们的产品。在亚马逊官网上快速浏览产品及其评论，就会发现客户会频繁地为他们喜欢或不喜欢的产品写下长长的、经过深思熟虑的评论。亚马逊和其他在线零售商还会让读者对这些评论对于自己的帮助程度进行评级。这样，不合标准的评论就很难出现在大众面前。

如今，许多组织正在努力从受控的结构化传统 CRM 流程过渡到完全开放的适应性动态社交 CRM 流程。对那些对信息系统、销售和社交媒体感兴趣的人来说，这个过程能为他们带来重要的工作机会。

● 社交媒体和客户服务

许多产品的用户非常乐于通过互相帮助来解决问题，他们甚至可以不拿任何报酬；事实上，为他们提供报酬才会损害甚至破坏这种相互支持的体验，因为用户之间会互相争斗。例如，思爱普公司认识到，与其给个人提供奖励，不如代表思爱普开发者网络（developer network）向慈善组织捐款。

有些组织的业务战略包含向开发者进行网络销售或通过开发者进行网络销售，

这也毫不奇怪，在基于社交媒体的客户支持领域，它们开始得最早，也最成功。除了思爱普，微软公司也长期通过其合作伙伴网络进行销售。它的<mark>最有价值的专业人员（most valuable professional，MVP）</mark>计划便是一个经典的例子：通过给出赞扬和荣誉，换取用户提供的客户协助。当然，微软网络中的开发人员确实有参与其中的商业动机，因为这种活动有助于向他们所参与的社区销售服务。

没有经济激励的用户也愿意帮助他人。亚马逊公司支持一个名为 Vine 的计划，通过该计划，被选中的买家可以预先体验新产品，并在买方社区中发布评论。你要用心理学知识来解释是什么驱使人们努力获得这样的认可；管理信息系统只是提供了一个平台！

P2P 支持的主要风险是容易失控。组织也许无法控制 P2P 的内容，因此确实可能出现对贵重产品的负面评论，或者积极推荐竞争对手产品的评论。我们将在本章第 9.5 节中讨论这些风险。

● 社交媒体与进出货物流

那些盈利能力取决于供应链效率的组织长期以来一直在使用信息系统提高结构化供应链流程的效力和效率。由于供应链被紧密地集成到了结构化生产流程中，因此它对动态适应性流程的不可预测性容忍度较低。解决问题则是一个例外；社交媒体可以被用于提供大量的解决思路并进行快速评估。例如，2016 年 8 月 31 日，当时的世界第七大航运公司韩进海运（Hanjin Shipping）宣布破产。社交媒体立即注意到了该公司的破产，并让其他公司意识到进出亚洲的运费可能会上涨。韩进海运也立即成了航运界的"弃儿"。一些公司的产品被困在韩进海运的船上，无法在即将到来的假期期间进行销售。但值得庆幸的是，许多其他公司得以避开与韩进海运的合作，从而避免了类似的法律和物流问题。

这个例子说明社交媒体社区可以为复杂的供应链问题提供更快且更好的解决方案。社交媒体旨在促进用户网络之间的内容创造和反馈，这一特性促进了解决问题需要的迭代和反馈。

但是，隐私的丧失也是一个重大风险。想要解决问题，人们需要公开讨论问题的定义、原因和其解决方案的约束条件。由于供应商和货运商同时在与多家公司合作，因此，通过社交媒体解决供应链问题可能会变成在竞争对手面前解决问题。

● 社交媒体与生产和运营

生产和运营活动由结构化流程主导。如果将社交媒体应用于生产线或仓库，其灵活性和适应性就会引起混乱。然而，社交媒体确实在产品设计、发展供应商关系和提高运营效率方面发挥着作用。

众包（crowdsourcing）指让用户参与产品设计或产品再设计的动态社交媒体流程。例如，亿贝经常邀请顾客根据自己的网站使用经验提供反馈。正如该网站上的一句话："没有比我们的客户更好的顾问团队了。"类似地，用户引导的设计也被用于视频游戏、鞋子和许多其他产品中。

一开始，社交媒体就被广泛应用于企业对消费者（business-to-customer，B2C）的关系中，以向终端用户推销产品。现在，制造商开始利用社交媒体成为行业的领导者，提高品牌知名度，并为零售商创造新的企业对企业（business-to-business，B2B）实例。例如，一个制造商可能会开设博客，讨论最新的行业相关新闻、发布专家访谈，以及撰写评论来介绍新产品。它还可以创建一个 YouTube 频道，发布产品评论、试用情况和到工厂考察的视频。同样地，脸书和推特账户也可以被用来宣传积极的消费者故事、发布新产品并关注竞争对手。这些努力参与社交媒体的制造商会被零售商视为行业领导者。

运营部门可以使用社交媒体来改善组织内部的沟通渠道，以及组织外部与消费者的沟通渠道。例如，许多组织社交网络服务平台可以为管理人员提供实时反馈，让他们了解该如何解决组织内部运营效率低下的问题。在外部，零售商可以监控其组织的社交媒体账户，并对产品短缺或假日期间新产品需求激增等情况做出回应。

● 社交媒体和人力资源

表 9-2 的最后一行是关于社交媒体在人力资源方面的应用的。如前文所述，社交媒体越来越多地被用于发掘新员工、招聘候选人，在一些组织中，它还会被用于评估候选人。

组织可以利用领英等社交媒体网站以更低的成本、更快的速度招聘到最好的人才。招聘人员每月只须支付约 750 美元，就可以在数亿领英会员中找到合适的候选人。每月 750 美元对你来说可能很多，但对组织客户来说，这只是一笔小钱，因为仅雇用一名新员工的成本就在 5000 美元左右。如果涉及某个独立的招聘公司，成本可能高达新员工薪酬的 10%。领英还为雇主提供了接触被动候选人的渠道，这些人可能并没有在找工作，但他们非常适合某个特定的职位。一旦他们被雇用了，雇主就可以充分利用新员工的社交网络雇用更多像他们一样的候选人。

招聘公司 Jobvite 报告称，美国招聘人员在招聘过程中会使用领英（72%）、脸书（60%）、推特（38%）等社交媒体网站。但是，社交媒体网站的使用情况正在迅速发生着变化。例如，2017 年，92% 的招聘人员使用领英。但是到了 2020 年，这一数字降至 72%。而同一时期，招聘人员使用照片墙（Instagram）的比例从 18% 上升至 37%。更有趣的是，招聘人员报告称，他们对求职者分享的一些细节持负面看法，例如饮酒（42%）、大谈政治（32%）等。

社交媒体也可以用于员工沟通，这种沟通一般在内部网站进行，如 SharePoint 或其他类似企业系统中的"我的网站"（MySite）和"我的资料"（MyProfile）。SharePoint 为员工提供了一个地方，让他们可以通过"向我提问"的形式，公开自己的专业知识领域，当其他员工在寻找内部专家时，后者就可以在 SharePoint 上搜索发布过自己所需专业知识的人。与早期的 SharePoint 版本相比，SharePoint 2019 极大地扩展了对社交媒体的支持功能。

在人力资源领域，使用社交媒体存在风险，相关风险主要在于使用个人主页对员工和求职者形成结论时，可能会与真实情况出现偏差。另一个风险是社交媒体网站可能会变得防御性过强，或者公然传播一些不受欢迎的管理信息。请再一次认真研究表 9-2 以深化你对一般框架的理解，在这个框架下，组织可以通过社交媒体信息系统支持的动态流程来实现其战略。现在，我们将从经济角度探讨社交媒体信息系统的价值和应用。

9.3　社交媒体信息系统如何增加社会资本

商业文献描述了三种类型的资本：传统资本、人力资本和社会资本。一种传统的定义认为，资本（capital）是为未来的收益进行的资源投资。这个传统的定义是指对工厂、机器、制造设备等资源的投资。相比之下，人力资本（human capital）是对人类知识和技能的投资，以获得未来的利润。学习这门课的过程，就是你投资自己的人力资本的过程。换句话说,你投入了金钱和时间来获得知识,你希望这些知识能将你与其他员工区别开来,并最终让你在劳动力市场中获得更高的薪酬。

林南(Nan Lin)认为,社会资本(social capital)是对社会关系的投资,并期望在市场中获得相应的回报。你可以在个人生活中看到社会资本的作用。当你帮别人找到工作、为朋友安排约会,或者把朋友介绍给某个名人时,你也加强了自己的社会关系。如果你总是白吃白喝、拒绝帮助别人,或者不花时间和朋友相处,你就在削弱自己的社会关系。

在职业生涯中,当你参加一个以结识他人和加强关系为目的的商业活动时,你是在为自己的社会资本投资。同样地,你还可以利用社交媒体来增加社会资本,例如在领英上推荐或支持某人、在脸书上点赞某个图片、转发一条推文或评论一张照片。

● 社会资本有什么价值

林南认为,人们从社会资本中受益的方式有四种:

» 信息(information);
» 影响(influence);
» 社会履历(social credentials);
» 个人强化(personal reinforcement)。

首先,社交网络中的关系可以提供信息,这些信息中有关于机会、选择、问题和其他对于商务专业人士很重要的因素。在个人层面上,可能是一位朋友告诉了你一个新的招聘启事,或者推荐你去跟随哪位老师学习商业法;在业务层面上,可能是一位朋友将你介绍给了一个潜在的新供应商,或者告诉了你有关开辟一个新销售领域的信息。

其次,社交网络提供了一个机会,可以影响你的雇主或其他组织中的决策者,而他们对你的成功至关重要。举个例子,每周六和你所在组织的首席执行官一起打高尔夫球可以增加你升职的机会。这种影响是一个捷径,可以跨越正式的组织结构,如报告关系。

再次,与备受认可的关系网产生联系也是一种社会资历,你可以从中获益。其他人如果认为一些重要人物和你有交往并有可能提供资源支持你，他们就会更愿意与你合作。

最后，融入社交网络可以强化专业人士在组织或行业中的身份、形象和地位。它加强了你向世界（和自己）定义自己的方式。例如，与银行家、理财规划师和投资人成为朋友可以加强你作为金融专业人士的身份认同。

综上所述，社交网络是拥有共同利益的个人之间的社交关系网络，而每个社交网络的价值不同。你和中学朋友之间的社交网络可能不如你和商业伙伴之间的社交网络有价值，但情况也不一定是这样的。根据亨克·弗拉普（Henk Flap）的观点，社会资本的价值（value of social capital）由一个社交网络中关系的数量、这些关系的强度以及这些关系所控制的资源决定。所以，如果你的中学朋友碰巧是马克·扎克伯格（Mark Zuckerberg）或詹姆斯·卡梅隆（James Cameron）和泰勒·温克莱沃斯（Tyler Winklevoss），而你仍然通过中学的社交网络与他们保持着密切的关系，那么这个社交网络的价值就远远超过你在工作中拥有的任何社交网络的价值。可是，对大多数人来说，我们当前的职业人际关系网络还是为我们提供了最大的社会资本。

所以，当你在工作中使用社交网络时，考虑一下这些指导方针。通过添加更多的朋友并加强与现有朋友的关系，你可以获得社会资本。此外，有些人掌握着对你来说很重要的资源，通过添加这些朋友并加强与他们的关系，你也可以获得更多的社会资本。这样的计算可能看起来有些冷漠、没有人情味，甚至可能是虚假的。如果我们出于娱乐性而使用社交网络，可能确实如此，但当你出于职业目的使用社交网络时，请记住这些。商务专业人士需要具备的重要素质就是知道什么是社会资本、它为何有价值，以及自己将如何从中受益。

● 社交网络如何为组织增加价值

组织和人一样也有社会资本。过去，组织通过销售人员、客户支持和公共关系来创造社会资本。在传统方式上，知名人士的认可能增加社会资本。

现在，先进的组织也活跃在各类社交媒体上。通过它们自己的网站，可以跳转至其社交网络，这种方式便于客户和对其感兴趣的人留言。

要理解社交网络如何为组织增加价值，需要考虑社会资本的每一个要素：关系的数量、关系的强度以及"朋友"控制的资源。

● 利用社交网络增加关系的数量

在传统的商业关系中，客户（你）有一定的与组织打交道的经历，比如在餐馆或在度假村。传统上，你可以通过社交网络口头表达你对这种经历的看法。如果你是社交网络中有影响力的人（influencer），你的观点就可能会让别人改变行为和看法。

但是，这样的口口相传不可靠，而且持续时间短：如果你的经历特别好或特别坏，你有可能对朋友说些什么——但即使这样，你可能也只会对那些你遇到的朋友说说，而且只说最近发生的经历。你说完了，也就结束了，你的话不会保留几天或几周。

然而，试想一下，如果你使用社交媒体以文字、图片或视频的形式将你的经历即时传达给社交网络中的每个人，会发生什么。举例来说，假设你是一名婚礼摄影师，使用社交媒体来推广业务，你让最近的客户（用户 1）"点赞"你的个人主页以及你拍摄的婚礼照片（图 9-3），你还可以给客户照片中的人打上标签，甚至可以让客户在网上分享她的经历。

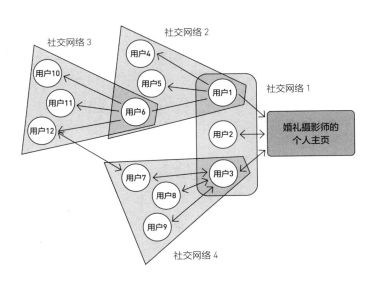

图 9-3　社交网络的发展

客户社交网络中的所有人（用户 4 ~ 6）都能看到点赞、标签和博文。如果用户 6 点赞了这些照片，它们可能会被用户 10 ~ 12 看到——其中一个用户可能正在寻找婚礼摄影师。通过使用社交媒体，你拓展了自己的社交网络，这样就能接触到原本不可能接触到的那些潜在客户。你还可以用社交媒体与更多的客户产生接触。根据这些关系的数量、强度和价值，你在这些社交网络中的社会资本也会大幅增加。

几百年来，这种关系销售一直在通过口口相传的形式进行；社交媒体信息系统则不同，它能让这种销售的规模达到过去不可能达到的水平。事实上，如果客户是拥有数十万粉丝的名人，上文示例中的摄影师（你）甚至可能会考虑付钱给客户以争取到拍摄结婚照的机会。通过这种方式，社交媒体可以让用户将社会资本转化为金融资本。据说，一些名人在网站上发一个帖子就能获得超过 100 万美元的报酬，发一条推特也能获得 3 万美元的报酬！

● 利用社交网络增强关系强度

对一个组织来说，关系强度（strength of a relationship）表明了一种可能性，即关系中的另一个实体（个人或其他组织）会做一些有利于组织的事情。举个例子，如果你写了积极的评论、发布了自己使用该组织的产品或服务的照片，或在个人主页上展示了其即将面世的产品等，该组织可能就与你建立了很牢固的关系。

在前文的场景中，摄影师可以要求客户为她的个人主页和婚纱照点赞。对摄影师来说，客户在社交网络中拥有的朋友数量很重要，但同样重要的是关系强度。客户的朋友会为摄影师的主页和照片点赞吗？他们会转发客户的美好回忆吗？如果客户的朋友都不给这位摄影师的页面和照片点赞，这种关系的强度就是很弱的。但是，如果客户的所有朋友都为摄影师的主页和照片点赞，这位客户社交网络中的关系就很强。

本杰明·富兰克林（Benjamin Franklin）在他的自传中提出了一个关键的见解。他说，如果你想加强与权威人士的关系，就请对方帮你一个忙。富兰克林在发明公共图书馆系统之前，会请有权势的陌生人把自己昂贵的书借给他。同理，组织也知道它们可以请你帮忙，进而加强它们与你的关系。当你为其提供帮助时，这就加强了你与组织的关系。

当然，传统资本会贬值，机器会磨损、工厂会破旧，技术和计算机也会过时。社会资本也会贬值吗？人际关系也会因"使用"而磨损吗？目前看来，答案似乎既是肯定的也是否定的。

显然，你能向权威人士请求的帮助是有限的。同样地，组织让你评论产品、发布照片或者为你的朋友提供联系的机会只有那么多。在某些时候，这种关系会因为滥用而恶化。所以,社会资本是有可能会被用尽的。

但是,频繁的互动也可以加强人际关系,从而增加社会资本。你与一家组织的互动越多,你对它的投入度和忠诚度就越高——只有在双方都看到维持这种关系的价值时,你们之间才会发生持续且频繁的互动。因此,在某些时候,组织必须给你以激励,让你继续为它做事。

所以,社会资本可能会被用尽,但我们也可以通过在互动中添加一些有价值的东西来获得社会资本。如果一个组织能够引导关系中的其他各方提供更多的影响、信息、社会履历或个人强化,这就意味着它加强了这些关系。随着时间的推移,长期且稳固的关系会大大增强这些关系的强度。

● 利用社交网络与拥有更多资源的人建立联系

社会资本价值的第三个衡量标准是关系各方所控制的资源的价值。因此,一个组织的社会资本在一定程度上取决于那些与其相关的人员的社会资本。最明显的衡量标准是关系的数量。一个人如果在推特上有 1000 个忠实粉丝,他通常就比拥有 10 个粉丝的人更有价值——但实际的计算方式更微妙。例如,如果这 1000 个粉丝是大学生,而他所在组织的产品是成人尿不湿,那么这种与粉丝关系的价值就很低。与 10 个在养老院的粉丝建立关系则会更有价值。

为了说明这一点,表 9-3 展示了 2020 年 YouTube 上一些热门频道的年收入、订阅人数和年播放量排名。请注意,年收入最高的频道——"瑞恩的世界"(Ryan's World)并没有像 T-Series 频道那样拥有最多的订阅人数和最高的年播放量。《瑞恩的世界》频道的观众所控制的资源(即金钱)得到了付费广告商的高度重视,尽管它的年播放量仅排在第 10 位,订阅人数仅排在第 93 位。

社会资本并没有相关的计算公式,但这三个因素似乎更像是相乘的关系而不是相加的关系。或者,换句话说,社会资本的价值更符合下面这个公式:

社会资本 = 关系数量 × 关系强度 × 实体资源

而不是下面这个公式:

社会资本 = 关系数量 + 关系强度 + 实体资源

表 9-3　YouTube 上一些热门频道的情况

2020 年收入最高的 YouTube 频道		
排名	名称	年收入（单位：百万美元）
1	瑞恩的世界（Ryan's World）	29
2	野兽先生（MrBeast）	24
3	完美挑战（Dude Perfect）	23
4	神话早安（Good Mythical Morning）	20
5	基萌（Markiplier）	19
2020 年播放量最多的 YouTube 频道		
排名	名称	年播放量（单位：十亿次）
1	T-Series	73
2	Cocomelon——童谣	35
3	SET India	33
4	WWE	30
5	Like Nastya	30
2020 年订阅量最多的 YouTube 频道		
排名	名称	订阅人数（单位：百万人）
1	T-Series	183
2	YouTube 电影频道	136
3	音乐频道	115
4	Cocomelon——童谣	112
5	费利克斯·谢尔贝里（Felix Kjellberg，PewDiePie）	110

资料来源：Social Blade 网站。

再次强调一下，不要从字面上理解这些等式，而要从这三种因素相乘的角度去看待它们。社会资本的这种乘法性质意味着，与资源匮乏的人建立起的庞大关系网，其最终价值可能小于与资源丰富的人建立起的较小关系网。此外，这些资源还必须与组织相关。有零钱的学生会为必胜客付钱，而不会为宝马经销商买单。

这个讨论将我们带到了社交网络实践的边缘。如今，大多数组织都忽视了实体资产的价值，只顾着设法与更多有更强关系的人建立联系。这个领域的创新时机已经成熟，像 ChoicePoint 和安客诚这样的数据整合公司存储着全球民众的详细数据，而信息系统似乎可以利用这些数据来计算一个关系对特定个人的潜在价值。这种可能性会让组织更好地理解其社交网络的价值，并指导它们针对特定个人应当采取什么行为。

让我们拭目以待。还有很多可能性，有些想法——包括你的奇思妙想——都会非常成功。

9.4 （某些）组织如何从社交媒体中获得收益

拥有关系牢固的庞大社交网络可能还不够。例如，脸书拥有超过 27 亿活跃用户，他们每天分享超过 40 亿条内容。YouTube 拥有超过 20 亿活跃用户，他们每天观看视频的时间超过 10 亿小时。因此，这两家公司都拥有大量的活跃用户，但唯一的问题是，它们所提供的服务是免费的。几十亿的任何东西乘以零，还是等于零。如果一家公司不能从用户身上赚到一分钱，那么这些用户真的重要吗？

作为一名商科学生，你应该知道，没有什么真的是免费的，即使在社交媒体的世界里也是如此。处理时间、数据通信和数据存储可能很便宜，但它们仍然需要一些成本。谁为社交媒体信息系统需要的硬件买单？像脸书、推特和领英这样的社交媒体公司也需要付钱请人来开发、使用和管理社交媒体信息系统。网络内容从何而来？《财富》杂志免费提供内容却要向作者付费。谁给这些作者付钱？它从哪里获得收益？

● **你就是产品**

社交媒体的发展方式就是这样——用户希望不付费就能使用社交媒体应用程序。社交媒体公司希望迅速建立庞大的用户网络，但为了吸引用户，它们不得不提供免费产品。接下来的难题是，这些公司如何从它们的应用程序、服务或内容中赚钱（monetize）？

答案就是让用户成为产品。这乍一听起来可能很奇怪，你可能并不想把自己当成产品。但你要试着从公司的角度来看待这个情况。一家公司投放广告，它本质上就是为了获取报酬，因此将广告放到用户面前。所以，在某种程度上，该公司是在把你的眼球短暂地租给广告商。例如，谷歌收取了广告商的费用，通过用户搜索的关键词、访问的网站以及浏览的电子邮件，将广告推送给目标用户。从本质上讲，用户就是它卖给广告商的产品。正如一句话所言："如果你不付钱，那你就是产品。"

● 社交媒体的收益模式

社交媒体公司最常见的两种创收方式是广告和增值服务。例如，在脸书上创建公司页面是免费的，但是如果某些企业想向"点赞"该页面的群体投放广告，脸书就会向其收费。

广告

大多数社交媒体公司都要通过广告来获得收益。例如，脸书 2021 年第一季度收益（254 亿美元）中的 99% 来自广告。推特 2021 年第一季度 8.98 亿美元的收益中，约 87% 也是来自广告。社交媒体广告可以是付费搜索、展示广告或横幅广告、移动广告、分类广告或数字视频广告等。

谷歌凭借付费搜索结果在数字广告收益方面遥遥领先，Gmail 也紧随其后，再之后是 YouTube。如今，如果有人搜索奥迪 A5 Cabriolet，那么这个人可能会对当地奥迪、宝马和梅赛德斯（Mercedes）经销商的广告感兴趣，意识到这一点似乎无需过人的洞察力。或者，如果有人在 YouTube 上看足球比赛，似乎可以合理地假设他或她可能喜欢足球。不难想象，谷歌是第一个通过基于用户内容的定向广告实现可观收入的公司。其他科技公司也紧随其后。

广告商喜欢数字广告，因为与报纸等传统媒体不同，用户可以通过点击广告来对其做出直接反应。在《华尔街日报》（*The Wall Street Journal*）的印刷版上刊登一则广告，你不知道谁会被这则广告所打动，也不知道其反应会有多强烈。但是，在报纸的网络版上投放同一产品的广告，你很快就能知道点击广告的观众比例，以及他们下一步会采取的行动。追踪这些统计数据的能力引领了点击付费（pay-per-click）收入模式的发展，在这种模式下，广告商向潜在客户免费展示广告，然后在客户点击广告时获得报酬。

　　另一种增加广告收益的方法是通过用户贡献来增加网站价值。使用增加价值这个说法是指使用网站的人越多，网站的价值就越大，访问网站的人也会越多。此外，一个网站的价值越大，它在现有用户中的回头客就越多。这种现象引起了用户评论反馈以及博客的兴起，而在接下来的几年内，社交媒体也随之兴起。结果，商家的广告收入增加了，因为有更多的人在他们喜欢的网站上看到并点击了更多的广告。

免费增值

　　免费增值（freemium）模式为用户提供免费的基本服务，然后为升级服务或高级功能收取额外费用。例如，领英通过销售其标准 SaaS（软件即服务）产品的升级版来获得部分收入。2021 年起，普通用户可以免费访问领英；个人升级版的价格从每月 29 美元到 99 美元不等，可以提供高级搜索功能、让升级用户预览更多的用户资料，并可以更直接地把电子邮件信息发给个人社交网络外的领英用户。同样地，想要使用领英进行招聘的企业每月可以花 200 到 1200 美元购买一个招聘企业（Recruiter Corporate）账户。领英约有 17% 的收入来自升级订阅服务，65% 来自在线招聘，18% 来自广告。

　　通过收入来源多样化，领英减少了对不稳定广告收入的依赖，并减轻了广告拦截软件的负面影响。Blockthrough 公司的一份报告发现，2.36 亿桌面用户和 5.27 亿移动用户正主动使用广告拦截软件（ad-blocking software）来过滤广告内容。这些人很少会看互联网上的广告。该报告还称，全球有 69% 的广告拦截是在移动设备上完成的。如果广告拦截软件的使用变得广泛，完全依赖广告收入的社交媒体公司可能会看到自己的股价暴跌。

　　社交媒体网站的其他创收方式包括销售应用程序和虚拟商品、捐款、互联网营销，或介绍付费客户以产生收入。2020 年 4 月，免费游戏《堡垒之夜》（Fortnite）通过销售虚拟商品赚取了 4 亿美元的收入。维基百科（Wikipedia）在 2020 年收到了大约 1.2 亿美元的捐款。有趣的是，一些社交媒体公司虽然能产生收入，但并不能持续盈利。例如，拼趣（Pinterest）在 2020 年的收入为 16.9 亿美元，不幸的是，它的支出为 18.3 亿美元，净损失超过 1 亿美元。一些社交媒体公司现在只专注于建立庞大的用户网络，之后才会考虑如何赚钱。

　　这些例子说明，社交媒体可能是"使用增值"的完美体现。网站连接的实际社区越多，使用该网站的人就越多，人们就会有更多的动力多次访问该网站。所以，社交媒体似乎可能是在从个人电脑转移到移动设备之外的下一个巨大收入来源。

移动性会减少在线广告收入吗

从个人电脑到移动设备的转变引发了另一个与社交媒体相关的有趣问题。具体来说，上文中描述的广告点击收入模式首先出现在个人电脑设备上，那里有足够大的广告空间。但现在，随着用户越来越多地从个人电脑转向移动设备，尤其是小屏幕智能手机，可用的广告空间要少得多。这是否意味着广告收入会减少？

从表面上看，是这样的。根据市场研究公司 eMarketer 2020 年的预测数据，2021 年的移动广告支出将增长 17% 以上，达到 1240 亿美元，占数字广告支出总额的 70%。到 2024 年，如图 9-4 所示，移动广告支出将达到 1670 亿美元，占数字广告总支出的 73%。但是，移动设备数量的增长远远超过个人电脑数量的增长。

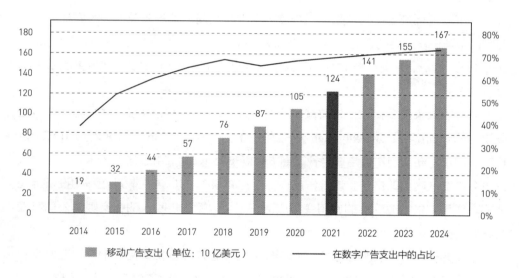

图 9-4   移动广告支出

资料来源：基于 "US Mobile Ad Spending 2020" 中的数据。

2018 年，全球移动设备总数量超过 88 亿台。到 2023 年，移动设备的数量预计将超过 130 亿台，这将超过世界人口的总量。网络解决方案供应商思科公司预测，到 2023 年，全球 70% 以上的人口将能够进行移动连接。因此，尽管移动设备的单台设备平均广告收入可能低于个人电脑的平均收入，但移动设备的绝对数量可能会弥补该收入差距。

此外，设备的数量并不代表事情的全部。有些平台比其他平台更依赖移动广告，因为用户更多地通过移动设备访问它们的网站。脸书的情况尤其如此。2020 年，98% 的脸书用户通过移动设备访问该网站，其 94% 的广告总收入来自移动广告。

但是，点击量并不是最终的结果。由于广告在移动设备上所占的空间要比在个人电脑上占的空间大得多，许多点击可能是偶然发生的。转化率（conversion rate）是用来衡量点击广告的人购买、"点赞"某网站或采取广告商期望的其他行动的频率。根据 Kibo 的一项调查，个人电脑的转化率（2.33%）高于平板电脑（0.59%）和智能手机（1.57%）。所以，平均而言，个人电脑的广告点击比移动设备的广告点击更有效。

点击流数据很容易收集，正如我们所看到的这样，人们对它的分析也较为普遍。例如，可以根据移动设备类型来衡量点击率和转化率。根据 Moovweb 平台的数据，iOS 用户的转化率高于安卓用户，二者的数字分别为 1.04% 和 0.79%。这是为什么呢？是设备的问题吗？是广告融合用户体验的方式问题吗？是用户的问题吗？是 iOS 用户比安卓用户更有好奇心吗？还是前者有更多的可支配收入？这些我们也不确定。

但是，从这些错综复杂的数据中，我们可以得出的结论是，移动设备不太可能导致网络或社交媒体收入模式的消亡。用户在这里、兴趣点在这里，剩下的就是设计问题：如何优化移动体验以获得合法的点击和转换。计算机行业极为擅长解决设计问题，考虑到当前移动界面和 USX 的动态发展情况，在 iOS、安卓、Windows 10 环境中出现活跃、有趣并引人注目的广告呈现方式指日可待。

地理围栏

移动性给广告定位客户的能力引入了一个不同的维度。当客户在公司办公场所时，公司可以使用地理围栏来定位广告客户。地理围栏（geofencing）是一种定位服务，它允许应用程序知道用户何时越过虚拟围栏（特定位置），然后触发自动操作。

举个例子，假设一名用户进入一家咖啡店，她的手机自动连上了店内的免费 Wi-Fi。她手机上的一个应用程序可以识别咖啡店的无线网络，并向她的手机推送店内的免费甜甜圈广告。手机也可以使用蜂窝网络来确定她的位置，这样她就可以看到街上露天商场的鞋子正在打折的消息。

地理围栏有可能会对我们产生巨大影响，因为世界上有极大比例的智能手机在技术上支持地理围栏功能。消费者可能会喜欢它，因为他们恰好能得到可用的优惠券；公司会喜欢它，因为它能让公司更精准地锁定潜在客户。

9.5   组织如何解决社交媒体信息系统的安全问题

20年前，大多数组织都严格掌控着所有的公共信息和内部消息。每一次记者招待会、新闻发布、公开采访、推介会，甚至是学术论文都需要预先经过法务部门和营销部门的批准。这种批准流程可能需要数周或数月时间。

现在，先进的组织彻底改变了这种模式。它们鼓励员工参与到社区活动中，而且在大多数组织中，员工在这样做的时候也要与自己的雇主共同进退。不过，所有这些参与都伴随着风险。在这个问题上，我们将讨论社交媒体政策的必要性、考虑非员工用户生成内容的风险，并关注员工使用社交媒体的风险。

● 员工沟通的风险管理

任何组织都应该采取的第一步就是制定并公布一项社交媒体政策（social media policy），这是一份描述员工权利和责任的声明。你可以在网上搜到上百种不同政策的索引。一般来说，越是技术性强的组织，其社交媒体政策就越开放和宽松。也许有些出乎你意料的是，美国军方会充满热情地支持社交媒体，但是，出于保护机密数据的需要，这种支持被打了折扣。

英特尔公司率先提出了开放且受员工信任的社交媒体政策，随着其在员工书面认可的社交媒体上获得更多经验，这些政策还在持续发展。如图9-5所示，2021年，其政策的三大支柱包括：

» 公开（disclose）；
» 保护（protect）；
» 使用常识（use common sense）。

英特尔的"参与准则"中的第一条规定，社交媒体的参与者应该公开他们与雇主的关系。这是对透明度和真相的追求：应当明确说明你是谁、你的专业领域是什么，以及你在推销某些产品时是否收了费。一位经验丰富、精明睿智的商务人士曾经说过："没有什么比真相更有用了。"它可能会带来不便，但从长期来看，它是很有用的。

参与三原则

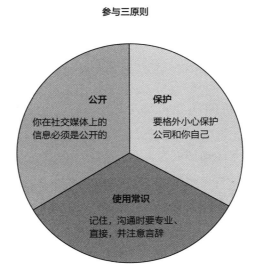

图 9-5　英特尔公司的社交媒体参与准则

资料来源：英特尔公司官网。

　　第二条规定，社交媒体参与者有义务保护他们的雇主，不讨论有关公司及其产品的机密或专有信息。例如，无意中泄露新产品的信息可能会给竞争对手带来战略上的优势。社交媒体参与者还要避免因公开发表关于竞争对手的负面评论而引起法律纠纷，这也是对雇主的保护。

　　第三条规定，社交媒体参与者应该使用常识，并坦率对待自己犯的错误。如果你犯了错误，不要试图掩盖，相反，你应该纠正错误，道歉并做出补偿。社交媒体的世界特别开放、特别广阔，也特别强大，你根本不可能愚弄它。举个例子，有一个名为 "Would You Rather?" 的游戏，它的一则广告是问色拉布用户想扇歌手蕾哈娜（Rihanna）耳光还是想给克里斯·布朗（Chris Brown）一拳——暗指 2009 年两人之间的争执，这引发蕾哈娜抨击了色拉布对家庭暴力的无视态度。结果，色拉布的市值损失了大约 8 亿美元。

　　想了解有关英特尔社交媒体政策的更多详细信息，可以直接访问英特尔公司官网。请仔细阅读这一政策，其中的真知灼见和可行性建议一定会对你有所启迪。

　　不管你所在组织的政策是什么，避免失误的最好方法是在用户的年度安全培训中加入社交媒体意识模块。社交媒体对许多用户来说仍然是新鲜事物。老实说，他们可能根本不知道有这样的政策存在。手机刚开始流行时，电影院里的手机铃声总是响个不停。随着时间的推移，人们学会了在进入拥挤的剧院之前把手机调成静音。社会只是需要时间来追赶技术，而培训会起作用。

● 不当内容的风险管理

和所有关系一样，评论可能在内容上不恰当、在语气上过于消极，或者有其他方面的问题。在使用社交媒体之前，组织要决定如何处理这些问题。可以指定一个人为企业的官方社交媒体账号全权负责，并创建一个流程来监控和管理这些社交媒体账号。这能让组织有清晰、协调、一致的信息。

简单地说，用户生成内容（user-generated content，UGC）就是你的社交媒体网站上由用户贡献的内容，它是社交媒体关系的本质。以下是一些可能会对组织产生负面影响的不当 UGC 的例子。

源自外部的问题

UGC 问题的主要来源有：

» 垃圾或虚假内容；

» 不当内容；

» 不良评论；

» 反动行为。

组织加入社交网络或向 UGC 开放网站，就是向那些发布不当内容的人敞开了大门，这些人会发布与网站目的无关的垃圾信息。他们可能还会使用网络或 UGC 网站来表达对不相关话题的激进观点，如不明飞行物、荒诞的阴谋论等。由于这些内容随时可能出现，因此组织应当定期监控网站，并立即删除那些令人反感的言论。监控工作可以由员工或专业的公司来完成，这些公司提供的服务不仅包括收集和管理用户评论，还包括监控网站上出现的不相关内容。

另一个风险是负面评论。研究表明，消费者已足够成熟，他们知道很少有（如果有的话）产品是完美的。大多数客户在购买一家公司的产品之前都想知道产品的缺点，这样他们就可以判断这些缺点是否会影响自己的具体使用。但是，如果每条评论都是差评（例如，满分为 5 星，而该产品被评为 1 星），这家公司就等于是通过社交媒体公开了自己的问题。在这种情况下，它必须采取一些行动。

　　有时候，不当的社交媒体内容可能来自意想不到的地方。2016 年，微软公司在推特上发布了人工智能聊天机器人"Tay"。Tay 本应通过向用户学习来提高用户参与度。可不幸的是，它在互动中学会了极端的种族主义和性别歧视。在它发布了一系列极具攻击性的推文后，微软公司禁用了 Tay。

应对社交网络问题

　　管理社交网络风险的一部分工作是了解潜在问题的来源并监控网站，以发现有问题的内容。一旦发现这样的内容，组织就需要做出适当的回应。在上述情况下，有三种可能的做法：

» 保留；
» 回应；
» 删除。

　　如果有问题的内容是对组织的产品或服务的合理批评，最好的回应可能是将其保留下来。这样的批评表明，该网站不是组织的"托儿"，它包含一些理性的用户内容。这样的批评也可以作为产品评论的免费来源，这对产品开发很有用——为了使批评有用，开发团队需要了解它，因此，如前所述，保证批评被发现并被反馈给开发团队的流程是必要的。

　　第二种选择是对有问题的内容做出回应。但是，这种选择很危险。如果这种回应可以被理解为对内容贡献者的傲慢或侮辱，它可能就会激怒社区成员并使其产生强烈的抵触情绪。此外，如果所做的回应被理解为自我辩护，它也可能会成为一次负面公关。

　　在大部分情况下，如果组织已经对有问题的内容采取了积极行动，最好的方式就是保留回应。举例来说，假设一个用户发布评论，说自己为了获得客户支持服务等待了 45 分钟。如果组织已经采取了一些行动来减少用户的等待时间，那么对批评的有效回应是不要狡辩，承认确有其事，并说明自己已经做了哪些事情来减少用户的等待时间。

　　如果组织的回应理性又坦诚，但网站上还是产生了来自同一个地方持续的、不合理的 UGC，那么接下来最好什么都不做。不要和猪摔跤，你会把自己弄脏，而猪却乐在其中。相反，要让社区来约束用户。它能做到。

如果某些人发表了不当言论，其内容与网站无关，或者包含其他不当内容，这时就可以删除内容了。不过，删除合理的负面评论可能会引起用户的强烈不满。在社交媒体兴起的早期，有人指责雀巢（Nestlé）公司使用了棕榈油，雀巢在其社交媒体账户上对这种批评做出了回应，却演变成了一场公关噩梦。有人修改了雀巢的标志，作为回应，雀巢决定删除所有使用错误标志的人在社交媒体上发布的内容，而且它的做事方法傲慢粗暴，结果就引发了一场负面舆论风暴。

商业活动中的一个合理原则是，不想知道答案就永远不要提问。我们可以将这一原则扩展到社交网络上——如果不能对出现的内容做出有效回应，就永远不要建立一个网站！

社交媒体的内部风险

越来越多地使用社交媒体会在组织内部产生新的风险。这些风险可能会威胁组织的信息安全、增加组织的责任，或降低员工的生产力。

首先，社交媒体的使用可能会直接影响组织保护其信息资源的能力。举个例子，假设一位高级员工在推特上说："20 年前的今天，我在达拉斯结婚了。"或者，"中央高中 1984 级同学聚会太棒了"，或者"纪念我在夏威夷度过的蜜月"。所有这些文字都为攻击者提供了其密码重置问题的答案。一旦攻击者重置了用户的密码，他们就有了访问组织内部系统的所有权限。因此，看似无伤大雅的评论可能会在不经意之间泄露安全访问组织资源的信息。很遗憾，告诉所有人今天是你的生日并不是一个好主意，因为你的出生日期可能会被用于窃取你的身份信息。

员工使用社交媒体可能会无意（或有意）地泄露有关组织知识产权、新的营销活动、未来产品、可能的裁员计划、预算困境、产品缺陷或即将到来的组织架构调整等信息。这也不仅仅是信息泄露的问题。员工可能会安装未经授权的应用程序，绕过现有的安全措施，通过社交媒体来分享内容。或者，更糟糕的是，他们可能会在不太安全的社交媒体网站上使用组织系统的密码。

其次，员工在使用社交媒体时，可能会在无意中增加组织的责任。如果员工通过社交媒体泄露敏感信息，组织可能会面临法律问题。学校、医疗供应商和金融机构都必须遵循特定的指导方针，以保护用户数据安全并避免违反法规。在社交媒体上发布关于学生、病人或客户账户的信息可能会造成法律后果。

最后，越来越多地使用社交媒体可能会威胁员工的生产力。发帖、转发、点赞、评论等都需要时间。在这段时间内，雇主们花了钱却没有从中受益。

从员工的角度来看，你或许会认为生产力下降一点是可以接受的。但想象一下，如果你是雇主或经理（有一天你可能真的会在这个职位上），当你支付的薪酬与员工的工作效率挂钩时，你会不会介意员工每天用社交媒体另找一份工作、和朋友聊天或翻看度假照片？如果社交媒体被用来散播办公室中的人员八卦，导致人力资源问题、士气问题和可能的诉讼呢？聪明的管理者都明白，和任何技术一样，社交媒体有利也有弊。

9.6　社交媒体将把我们带向何方

在过去的十几年里，社交媒体一直被视为有趣的东西——它能以新方式接触客户，这就很有趣。它确实能以改变营销格局的新方式让企业接触到客户。社交媒体公司获得了数不胜数的赞誉和巨大的市场估值。但一直存在一个问题，就是这些公司如何赚钱。它们大多依靠出售用户数据来增加广告收入，其工作人员普遍认为，如果用户获得了免费服务，他们就不会介意隐私泄露这种"小"损失。但是如果他们的确介意呢？

十年后，社交媒体的格局将与现在大不相同。社交媒体的蜜月期已过，隐私会重新变得重要起来。对一些青少年来说，停止使用社交媒体（或至少短暂离开一下）可能会成为一件很酷的事情。

在很多方面，社交媒体就像你的驾照一样。当你第一次拥有它时，开车的体验既有趣又刺激。但随着时间的推移，开车会日益成为一种实用的能力，它变成了你从 A 点移动到 B 点必须做的事情。那么，当社交媒体也成为一种实用工具时，会发生什么？当社交媒体公司的产品（你）决定离开时，这些社交媒体公司会怎样？它们会出售谁的信息？

社交媒体领域仍有巨大的增长机会。许多组织开始在内部使用社交媒体企业 2.0（Enterprise 2.0），那么，企业 3.0 会问世吗？具有创新移动设备用户体验的新型移动设备，加上基于云计算和动态虚拟化的动态和敏捷信息系统，可以确保从现在到 2031 年的时间内将继续发生巨大变化。

物联网设备的爆炸式增长为社交媒体开辟了全新的市场。例如，一个联网的健身追踪器现在可以将用户锻炼数据发送到云端，在那里，用户既可以与朋友比试一番，也可以与社区中的其他用户互动。想象一下，当混合现实设备流行起来时，会出现新型的社交互动方式。你坐在办公桌前工作，却可以同时坐在虚拟的大学课堂里，与朋友一起玩在线游戏，或者和同事即时通信。

哈佛大学以及微软和星巴克这样的公司都非常关注社交媒体，它们聘请了首席数字官（chief digital officer，CDO），负责开发和管理创新的社交媒体程序。

设想一下，十年后的你是一名经理，你的团队中有十个人，其中有三个人向你汇报，两个人向其他经理汇报，另外五个人在不同的公司工作。你所在的公司使用各种台式机、笔记本电脑、平板电脑、电话和虚拟设备。其中有一些设备是公司下发的，但大多数是员工自带的。所有设备都有这样的功能——员工和团队可以立刻在博客、在线百科、视频或其他任何可用的地方发布自己的想法。

当然，你的员工在各种流行的社交网站上都有自己的账户，他们会定期在上面发布消息。你如何管理这个团队？如果"管理"意味着计划、组织和控制，你该如何在这个新兴的员工网络中做到这些呢？如果你和你的公司紧跟英特尔这种高科技公司的步伐，你就会知道，你无法禁止员工使用社交媒体，你也不想这样做。相反，你要利用员工和合作伙伴做出的社交行为的力量来推进你的战略。

接下来呢？也许我们可以从生物学角度学习一些东西。螃蟹有外骨骼；鹿在进化链上的出现时间比螃蟹晚得多，它有内骨骼。在螃蟹的成长过程中，它们必须经历艰辛的过程，而且从生物学上来讲，它们付出的代价也非常大——它们需要蜕去小壳，长出大壳。在这个蜕壳的过程中，它们是非常脆弱的。在鹿的成长过程中，骨骼在体内，它和鹿一起长大，鹿不需要经历脆弱的蜕壳过程。在敏捷性方面，你会认为螃蟹比鹿强吗？ 20 世纪 60 年代，组织就是员工周围的外骨骼。到 2029 年，组织将成为内骨骼，从而支持外部人员的工作。

对你来说，所有这一切意味着，"社交媒体＋物联网＋云"将在未来十年间为你创造极佳的机会去发展你的非常规认知技能！

本章的知识对你有什么帮助

你已经学会了如何运用不同的社交网站来达成个人目的。本章展示了如何应用你掌握的一些知识来帮助你所在的组织。你学到了社交媒体信息系统的要素，也知道了一个组织在其网页上放置特定社交媒体的图标时所做的承诺。你还学习了组织如何使用社交媒体信息系统、如何通过五个主要价值链活动来实现其战略，以及社交媒体信息系统如何增加社会资本。最后，你还学习了如何从社交媒体中获得收入、组织需要如何管理社交媒体的风险，以及社交媒体未来将如何向你发出挑战。

不过，故事还在发展，还需要持续关注。当你读到与未来社交媒体发展有关的内容时，记得考虑一下组织的情况，而不仅仅是你自己的情况。

创新指南

不断发展的社交媒体

花些时间想一想你的父母、祖父母、阿姨或叔叔——他们现在还和多少个儿时的朋友经常联系？他们中的一些人可能已经与人生早期阶段认识的朋友或熟人断了联系。

不过，他们之中的有些人可能非常善于交际，并设法保持着这样的联系，这就引出了下一个问题：你的家庭成员如何与这些熟人保持联系？社交媒体极有可能成为一个重要的媒介，通过这个媒介，那些已经断了多年的联系又得以重新建立，并且直到现在还能保持下去。

现在，想一想你自己的社交媒体使用情况。你什么时候创建了自己的第一个社交媒体账号？你选择了哪个平台？

为什么选择这个平台？是因为你的朋友使用这个平台（你被拉了进来），还是因为你找到了一个某些人不在其中的平台，比如你的父母（你被推了出去）？如今，随着越来越多的初创公司加入社交媒体领域，人们毫无疑问地有了越来越多的选择。

有趣的是，许多比较新的社交媒体刚刚做出一些成就，就被已经存在的巨头收购了。不过，尽管这些平台的所有者可能会发生变化，但社交媒体平台的形式和功能基本上与多年前是一样的。

它们是人们以文本、图像、视频和反馈（例如"点赞"）等形式保持联系并分享信息的地方。虽然到目前为止，社交媒体领域似乎没有太多创新，但这并不意味着情况不会发生改变。以下是有关未来社交媒体体验的一些预测。

发展趋势

虽然社交媒体的根基可能不会发生动摇，即为人们建立联系并让他们彼此分享信息，但随着时间的推移，这种信息交换的性质可能会与以前大不相同。

例如，可穿戴技术日益普及，发展前景也越来越好，今后人们使用可穿戴设备就可以进行社交媒体互动。智能手表广受欢迎，它们已经可以用来接收通知和消息，甚至可以回复社交媒体的帖子。许多公司也在开发并开始销售智能服装，其设计目的是通过蜂鸣声和视觉警报机制将通知传递给穿着者。

另一个开始增长的领域是增强现实和虚拟现实。应用在工作场所中的增强现实技术正在迅猛发展，因为它可以在员工的视野中叠加图像和信息，而这会带来巨大的价值。想想仓库里的叉车司机，他可以获知在仓库中行驶的最佳路线、有关该区域其他作业叉车的警报，以及关于物品和数量的实时订单信息——他能据此提货并将货物交付至运输站点。

在社交媒体的环境下，增强现实可以提供无障碍的信息共享服务，因为用户不再需要检索手机或平板电脑，还可以不断地在他们的视野范围内实时更新和发布帖子。

目前社交媒体的其他发展趋势包括，平台可能会取消"点赞"功能，以消除"网红"的影响力、恢复平台的权限，进而追求广告收益的最大化。一些专家认为，一些平台将恢复对隐私性的保护，因为当前平台可以收集大量的用户信息，而用户对此越来越敏感。

此外，用户的年龄范围可能会发生变化，因为有报道称，年轻一代（12~34岁）的用户数量趋于稳定，而在某些情况下，用户数量正在减少。

最后，全球因特网连接范围的扩大将继续推动更小、更本地化和专业化的社交媒体平台崛起，这些平台将与现有的巨头竞争，但并不会取代它们。

其他情况

专家们还对未来 10 年或 20 年间社交媒体的性质做了一些有趣的预测。例如，有一种预测是，可穿戴设备有一天将从外接式变成内嵌式，它将与我们的认知联系在一起，而不仅仅是让我们分享文本或图像——你可能还可以分享味道或气味。

还有一种预测是，标准的输入或输出设备将被语音控制和全息显示所取代，我们的手持设备将会被淘汰。

最后一种预测超越了我们分享或接收信息的方式，它关注的是信息的本质。一位专家认为，我们产生的所有数据都将被分析，并用于为每个用户创造高度个性化的体验——这在今天仍处于起步阶段。

1. 思考并回答本文开头提到的问题。你什么时候创建了自己的第一个社交媒体账号？你选择了哪个平台？为什么选择这个平台？是因为你的朋友使用这个平台（你被拉了进来），还是因为你找到了一个某些人不在其中的平台，比如你的父母（你被推了出去）？

2. 你多久使用一次社交媒体？当你读到这篇文章，了解到这些新兴技术可能被用作未来社交媒体体验的一部分时，你有什么感受？你对增强现实和可穿戴设备的前景感到兴奋吗？还是你担心这些技术可能会太过干扰自己的生活，而你会因为总有人联系自己而觉得很累？

3. 文章提到，年轻一代使用社交媒体的情况已经开始趋于稳定。你认为是什么因素推动了这种趋势？你是这种趋势的一部分吗？

4. 你认为使用社交媒体有什么不利影响？你在自己的生活中有没有注意到这些影响？

安全指南
数字时代泛滥的谎言

你上次说谎是什么时候？你今天说谎了吗？好吧，别只说你自己了。你上次发现别人说谎是什么时候？在过去的 24 小时里，你有可能说了很多种谎言，虽然它们都是没有什么后果的善意谎言（例如，给父母发短信说你在做作业，但实际上你正和朋友在外面玩）。

但是，你能发现的别人的欺骗行为往往比你自己的欺骗行为少得多。为什么会有这种差异？与周围的人相比，你是一个满嘴谎话的人吗？放轻松——根本就不是这样。这一切都取决于你识别欺骗的能力。

考虑到欺骗是人类交流中的一个主要手段，科学家们付出了巨大的努力去理解欺骗。欺骗研究的一个焦点是对察觉欺骗的准确率的调查——简而言之，科学家们想知道我们（平均而言）在识别欺骗方面的能力如何。

在识别欺骗的准确度方面有大量研究，对这些研究的回顾表明，人类的准确率只有 54% 左右——比偶然的概率高一点点。但这是为什么呢？为什么我们不能更准确地察觉欺骗呢？事实证明，有许多因素导致我们无法准确地识别欺骗。

一种理论是进化论的观点，它假设我们的远祖只有依靠成功地撒谎来隐瞒食物和其他资源的位置，才能幸存下来。换句话说，一代又一代的撒谎专家利用欺骗来实现"适者生存"，而生活在今天的所有人都是他们的后代。

另一个因素是沟通的复杂性，包括言语、非言语和其他语言学方面的线索。我们的大脑容量有限，我们不可能跟踪或准确地解释所有这些沟通线索（例如，我们说的话、我们怎么说、语调、肢体语言、眼神行为等）。一个更乐观但听起来稍显天真的因素是，我们只是有一种倾向——认为别人是好的，并相信他们。

然而，现在我们发现自己沉浸在一个数字世界中，我们的很多日常互动都发生在网上。这种从现实世界到虚拟世界的交流范式转变，对我们和我们的交流而言意味着什么？无论是关注社交媒体"网红"的动态，还是我们与组织的在线互动，它如何改变我们对他人的看法和信任？

网上没有谎言。不对，等等，有……

社交媒体是我们在日常交流中最常用的数字论坛。遗憾的是，社交媒体上有限的面对面交流可能会被我们当作一个镜头，而通过镜头，我们投射给别人的是自己的不实形象（这通常被称为印象管理）。

一项对网上约会者的调查研究发现，超过 60% 的人在自己的体重问题上撒谎，另一项基于 2000 多份回复的研究报告称，40% 的男性会在网上谎报自己的形象。可悲的是，随着我们越来越多地使用社交媒体，并把它作为衡量自己成就的基准，别人对我们的扭曲看法会削弱我们对自己的感觉。

社交媒体上有一个地方充满了想要展示自己积极形象的人，它就是"网红"领域。这些收费数字广告商发布自己使用产品或体验的图片，试图说服其他人

做出相似的购买决策。组织已经认识到"网红"效应是数字营销的另一个潮流，预计到2022年，"网红"营销将花费150亿美元。此外，在一项研究中，大约一半的参与者表示，他们根据"网红"的推荐购买了产品。

但你有没有停下来认真想一想，你是否真的可以相信"网红"和他们推荐的产品？换句话说，"网红"们试过或用过他们销售的产品吗？在一项研究中，大多数参与者表示，他们希望如此，因为他们认为，在没有使用过该产品的情况下销售产品，是一种欺骗和不道德的行为。

然而，不信任感不仅与约会网站、社交媒体网站或"网红"有关。信息的真假对组织也至关重要，是影响组织与客户在线互动的关键因素。一项关于消费者对组织和社交媒体看法的分析显示，三分之二的受访者认为品牌有责任减少错误信息，甚至认为品牌应该主动监管和消除网上的有害信息。此外，对网上组织的不信任感也导致在一项研究中有超过一半的受访者主动减少自己与组织分享的数字信息。

总的来说，在线互动为人们提供了大量的途径来交流信息，不管它们准确与否。无论是一个人在约会网站上向另一个人展示不真实的自己，还是一个"网红"在毫无根据的情况下向大批粉丝推销产品，每次我们在看数字屏幕时，我们都是在被可疑信息轰炸。就像我们遥远的祖先一样，我们能否在数字时代生存下去，可能取决于我们准确分辨真相和谎言的能力。

问题

1. 把你过去一天中发出的短信或电子邮件列个清单。你有多少次歪曲了事实，哪怕只是稍微歪曲一点点？大部分人经常会做出某种形式的欺骗行为——你的记录是否支持这种看法？

2. 本文指出，人类察觉欺骗的准确率大约是 54%。用于计算这一统计数据的研究主要面向大学生或普通市民参与者。你认为执法人员或政府（军事）人员察觉欺骗的准确率会更高吗？

3. 你是否为在自己的社交媒体账户上使用印象管理策略而感到内疚？或者，你是否发现自己可能被别人的印象管理策略影响过？总的来说，本文提供的信息是否让你想减少使用社交媒体的频率或完全放弃它？

4. 你可能听说过测谎仪——这种装置可以用来测量受访者在被问到一些问题时的生理反应，以确定是否存在欺骗行为。虽然这些设备不能用于我们的在线互动，但你认为识别欺骗的新型技术正在开发中吗？

就业指南

姓名：亚当·扬

公司：RC Willey 公司

职位：社交媒体／在线声誉经理

教育：犹他大学

1. 您是如何获得这份工作的？

我还在犹他大学读书时，就开始在 RC Willey 公司的市场营销部工作。当公司决定朝这个方向发展时，我抓住了社交媒体和其他在线营销的机会并一路升迁。我努力地工作，尽我所能帮助身边的人成功。这些人认可了我的努力和我为公司的成功所做的贡献，我的付出得到了回报。

2. 是什么把您吸引到这个领域的？

当时我正在攻读学位，要努力工作来支付学费，我自然而然地掌握了一些营销和技术方面的技能。在寻找职业机会的过程中，我发现技术一直都很重要，而且它一直在不断发展。我向来喜欢新的挑战，这看起来是一个很好的起点。

3. 您典型的一个工作日是怎样的（在职责、决策、问题方面）？

每天我都要回看前一天的工作报表，还要创建新报表来帮助我了解日常趋势。我会使用自己的营销工具来回复积极或消极的反馈和评论，并与管理层合作解决问题。我会为各个社交媒体平台创建内容，并确定在什么时间发布这些内容。我还会参加销售部门的会议。

4. 对于您的工作，您最喜欢的是哪一点？

我这份工作最大的一个好处就是可以帮助别人。并不是每个人都对自己目前的状况感到满意，我要伸出援手，尽我所能地照顾这些人，看看公司能做些什么来解决他们的问题。最棒的事情就是，当有人认为没人关心他们或愿意倾听他们诉说的时候，我解决了他们的忧虑，因此他们完全改变了对公司的看法。

5. 要做好您的工作，需要具备哪些技能？

能够管理好自己的时间是社交媒体经理的一个重要工作内容，此外，还需要善于沟通，关键是能够分析数据并创造营销团队想要讲述的故事。

6. 在您的工作领域，学历和证书重要吗？为什么？

大多数公司都会要求入职人员有市场营销和传播或类似领域的教育背景。大部分公司还想要有工作经验的员工。虽然在媒体购买、内容创作、网红营销等方面的其他证书确实有帮助，但这些并不总是必要的。

7. 对于那些想在您的领域工作的人，你有什么建议？

在毕业前尽可能多地工作以让自己获得更多的经验，因为很多公司都在找有经验的人。现在你在培养这些技能上做得越多，将来就越能在竞争中脱颖而出。

8. 您认为未来十年热门的科技工作是什么？

在我看来，现在几乎所有的事情都在向科技行业转移。我想，行业内的热门技术工作将是编程工程师和职责不同的数字营销岗位。

道德指南

生活、自由和对不被评价的追求

床头柜上的闹钟声根本对帕特里夏（Patricia）没什么影响——她已经醒来至少45分钟了，一直在盯着天花板沉思。这样的早晨对她来说并不少见，因为她经常会在起床前把当天要做的事情在脑子里过一遍。

在过去的十年里，她和她的丈夫理查德（Richard）一直过着梦想中的生活。后来他们终于鼓起勇气，离开稳定的工作岗位，在佛蒙特州（Vermont）开办了自己的民宿。从 35 年前他们开始约会以来，拥有自己的生意一直是他们讨论的话题，后来这件事终于实现了。

帕特里夏走下楼，开始布置早餐区，并留意着送货卡车。她和理查德都很自豪，因为他们为游客提供的食物质量上乘又很新鲜，每天早上他们都请人从当地的牛奶场送来乳制品、从当地的面包房送来甜点。至于农场的新鲜鸡蛋和培根呢？他们也有。他们想成为自己区域内的最佳能量补充地，让游客们在吃过早饭后能量满满地迎接一整天的活动，比如滑雪、徒步旅行、买古董或吃枫糖。

经过近十年的一流服务，他们看起来颇有声誉——帕特里夏用一只手就能数清有多少真正不满意的客户打电话来要求退钱（她也很确定问题出在这些奇怪的人身上，而不出在她的服务上）。但在过去的几年里，情况发生了巨大的变化。现在旅游预订平台和点评网站比较流行，在线评论也随之成为新的业务命脉。

成败攸关的点评

如今，人们似乎连买一把牙刷都要在网上看看别人的评价。以前，要是有人抱怨住宿和早餐不够好，她可以给他们退款，或者给他们一些折扣，供其下次光顾时使用，这样似乎总是能解决问题。

可是现在，顾客不满意就会在网上发表差评，而那些花时间写差评的人似乎总是在炫耀他们的残忍和破坏性。最困难的地方是，她根本没机会去解决这个问题——她甚至不知道这些人是谁！

一开始，人们在网上对这家民宿的床品和早餐的评价都很正面。几个月前，事情开始变得有些不妙。就在一段很短的时间内，出现了好几条对于这家民宿的严厉批评。帕特里夏对她过去几年间的预订量做了分析，发现自从出现差评以来，他们的生意明显变差了。

更令人不安的是，她仔细阅读了这些评论，发现其中的一些细节似乎并不合理。例如，一条评论说"我们一家人上周末过得糟糕透了"，但帕特里夏查了一下预订记录，在那段时间里就没有一整个家庭入住的情况。理查德认为是她太多疑了，帕特里夏却认为，这是城里新开的一家住宿加早餐旅店在网上发布的关于竞争对手的虚假评论，目的是为自己招揽更多的生意。

事实让帕特里夏很抓狂。她觉得自己在和一个看不见的敌人战斗——不管她的客户对自己的体验有多满意，差评似乎还是层出不穷。她似乎无法追索其源头，即便她相当确信那些差评都是假的。

她发现自己经常查看在线评论网站，尤其是一个看起来非常受欢迎的网站，她甚至费心给网站发了电子邮件，看看能否把自己民宿的业务从列表中完全删除。好评当然是有帮助的，但她就是不能再接受差评了。

她从口袋里掏出手机，又一次查看电子邮件，想看看是否有来自该网站的回复，但没有任何消息。"回一封电子邮件能有多难？！"她心里想。就在这时，一辆送货卡车的前灯突然扫过车道，然后对准了她。"看样子鸡蛋来了。"她一边低声嘟囔着，一边穿上夹克，打开门，走出去迎接司机。

评论？你的意思是，消息是假的

马克（Mark）听到了熟悉的提示音，这是在提醒他收到了新的电子邮件。他切换到电子邮件平台，看了看邮件，没有认出发件人。就在删除这条消息之前，他迅速浏览了一下标题，意识到这可能是一条需要他查看的消息。

邮件来自某个业务所有人，对方抱怨负面评论太多，甚至声称这些负面评论都是假的——现在这种情况并不少见。可是，这个人想让他把自己的业务从一个旅游评论网站上撤下来，而这个网站由马克协助运营。

他不得不承认，对方说得有道理。他们对评论做了一些幕后分析，发现短时间内同一 IP 地址提交的评论往往呈现两极分化的趋势，要么给 1 星差评要么给 5 星好评。网站管理人员知道这是虚假评论的迹象，但这些帖子保证了评论的活跃度、增加了网站的流量，而且也没有人能证明它们是假的。

此外，如果业务所有人一抱怨，他们就清除所有虚假评论或把其业务从网站上撤下来，这种做法会让他们无法继续获得大量的网络流量，这对任何在线公司来说都无异于自寻死路。

马克心想："这个人难道没听说过言论自由吗？人们在互联网上想说什么就说什么——这就是残酷的规则！"他轻笑了一声，删除了这封邮件，然后开始检查是否还有其他的邮件。

1. 马克公司的旅游评论网站上出现了疑似捏造的差评，想一想马克的观点。
   a. 根据绝对命令（第 1 章）的观点，这种行为是道德的吗？
   b. 根据功利主义（第 2 章）的观点，这种行为是道德的吗？
2. 你同意马克的观点吗——言论自由意味着人们在互联网上想发什么就可以发什么？如果你不同意，你认为我们能做些什么来管理在互联网上共享的信息呢？
3. 如果你是马克，你会把帕特里夏的民宿从网站上删除吗？为什么会或者为什么不会？请解释一下。
4. 你有没有在网上发布过虚假评论，或者有没有人在网上捏造过关于你的信息？这些行为让你感觉如何？

第 9 章要点回顾

请使用本部分验证你是否理解了回答本章学习目标中的问题所需的想法和概念。

1. 什么是社交媒体信息系统？

- 请给出社交媒体、实践社区、社交媒体信息系统、社交媒体供应商和社交网络的定义。命名并描述社交媒体信息系统中的三个组织角色。解释图 9-2 中的要素。请用自己的话解释一下，在对应每个组织角色时，社交媒体信息系统中五个要素的性质。

2. 社交媒体信息系统如何推进组织战略？

- 请总结社交媒体对市场营销、客户支持、进货物流、出货物流、生产和运营以及人力资源的贡献。说明每种活动的社交媒体风险。定义社交 CRM 和众包。

3. 社交媒体信息系统如何增加社会资本？

- 请定义资本、人力资本和社会资本。解释社会资本增加价值的四种方式。说出决定社会资本的三个因素，并解释为什么"它们的相乘作用大于相加作用"。定义"网红"，并描述你如何使用社交媒体来增加社交关系的数量和强度。

4.（某些）组织如何从社交媒体中获得收益？

- 请给赚钱（monetize）下个定义，并说明为什么社交媒体公司很难产生收益。举例说明社交媒体公司如何从广告和收费的增值服务中获得收益。定义点击付费、转化率和免费增值。定义广告拦截，并解释它是如何损害在线公司产生收益的能力的。总结移动设备的增长如何影响收入流。解释一下为什么对移动设备限制广告收入的担忧是杞人忧天。

5. 组织如何解决社交媒体信息系统的安全问题？

- 请说出并描述两个社交媒体风险来源。说明社交媒体政策的目的并总结英特尔公司的指导原则。描述一个在本文所述之外的社交媒体过失，并说明如何做出明智的回应。指出用户生成内容的四个问题来源，说出三种可能的回应，并指出每种回应的优缺点。解释在组织内部使用社交媒体如何为信息安全、组织责任和员工生产力带来风险。

6. **社交媒体将把我们带向何方?**
- 请说出几种当今社会中媒体使用方式的变化。总结十年后组织在管理员工时可能遇到的挑战。描述社交媒体公司如何能够从物联网设备中受益。解释螃蟹和鹿的差异与这一变化的关系。

本章的知识对你有什么帮助

解释一下我们在本章中解决的问题将如何帮你协助雇主去使用不同的社交媒体平台。总结一下社交媒体将给你这个未来的管理者带来的挑战(和机遇)。

第四部分

信息系统管理

第四部分涉及信息系统安全、开发和资源管理等问题。由于如今网络安全问题的解决已刻不容缓，因此我们先从它开始讨论。随着互联网、系统的互联性和企业间信息系统的兴起，一个组织的安全问题也已成为相关组织的安全问题。在第 10 章的开头，你将看到企业间系统是如何影响 iMed Analytics 公司的。

作为未来的管理者，你要重点关注信息系统安全，这一点你大概很容易理解，但你可能很难理解为什么你还需要了解信息系统的开发。作为一名商务专业人士，你将成为开发项目的客户，所以你需要具备开发流程的基本知识，这样才能够对工作质量进行有效的评估。作为一名管理者，你可以为信息系统的发展分配和发放资金。只有掌握了这些知识，你才能成为这类项目中积极有效的参与者。

此外，你需要知道信息系统资源是如何得到管理的，这样你就可以更好地与信息系统部门进行联系。信息系统的管理者有时会显得有些僵化，他们会对信息系统资产过度保护，但通常他们的担忧都有重要的理由。你需要了解信息系统部门的观点，并及时了解你作为组织中信息系统资源用户的权利和责任。拥有这些知识是当今的商务专业人士成功的关键。

第 10 章

信息系统安全

● **本章学习目标**

» 信息系统安全的目标是什么？
» 计算机安全问题有多严重？
» 你应该如何应对安全威胁？
» 组织应该如何应对安全威胁？
» 技术防护措施如何防范安全威胁？
» 数据防护措施如何防范安全威胁？
» 人员防护措施如何防范安全威胁？
» 组织应该如何应对安全事件？

● **预期学习成果**

» 你将了解计算机的安全威胁对你这样的商务专业人士会有什么影响，以及对你
将为之工作的组织又有什么影响。

"丽塔（Rita），感谢你今天能来和我们会谈。"埃米丽带着热情的笑容说，她同时向乔斯做了个手势。iMed Analytics 公司的总经理贾丝明为埃米丽（信息系统经理）和乔斯（机器学习专家）安排了一次视频会议，让他们有机会能和丽塔·鲁宾（Rita Rubin）交流。丽塔是坦帕综合医院的首席信息官（CIO），这家医院是佛罗里达州坦帕湾（Tampa Bay）地区最大的一家医院。

"不客气，我应当谢谢你才是，很高兴终于见到你们二位了。贾丝明跟我讲了很多你们正在开发的医疗分析应用程序，它的确可以帮助我们的病人和医生。一想到人工智能和机器学习可以改进我们的医疗方式，我就非常激动。"丽塔看起来兴致勃勃。

乔斯插话说："确实，我们也很兴奋。iMed Analytics 会做一些以前从来没有人做过的事情。我们将能够收集大量的实时患者数据，并使用机器学习来准确评估医疗问题。我们甚至可以使用 iMed 系统来预测严重的医疗问题，比如中风、心脏病发作或某些严重的创伤。如果我们能让人们更快地得到治疗，就能拯救更多的生命。机器学习和人工智能的使用将从根本上改变医疗行业。"

埃米丽看着丽塔的眼睛，缓缓地点头以示同意，然后低头看她的笔记。丽塔很感兴趣，但显然还是有些顾虑。

"嗯，这对坦帕综合医院来说当然是个很好的机会。我们的医生应该会愿意实时监测病人的情况，以获得更准确、及时的数据。病人也不必经常来医院，以防止交叉感染。从管理的角度来看，执行团队也很喜欢这种想法，因为这样就可以获得更多数据来提高整体的工作效率。"丽塔的回答有些犹豫。

埃米丽看得出丽塔很担心。贾丝明告诉过埃米丽,丽塔对整合 iMed 系统和坦帕综合医院的内部信息系统存在诸多安全方面的顾虑。她拒绝让 iMed 系统访问患者的数据信息。坦帕综合医院的首席执行官之所以聘用丽塔,就是因为特别看中她在预防数据丢失方面的工作背景。违反《健康保险流通与责任法案》(HIPAA)是件很严重的事情。在丽塔同意之前,首席执行官是不会批准任何东西的,而丽塔不希望某个未经测试的应用程序扰乱她负责的数据。

埃米丽平静又耐心地回答:"我们期望如此,但还有很多细节问题需要解决。我参与过几个比较大的系统开发项目,但从来没有经手过这样的项目,也从来没有遇到过这样的事情。将机器学习、物联网设备和医疗数据有机地整合到一个系统中,这似乎是一项非常艰巨的任务。"

"我同意你的看法。"丽塔回答得很坚定。"坦率地说,我对机器学习知之甚少,只是不确定它将如何与我们的数据和系统一起工作。"

"是的,贾丝明提起过,你有一些安全方面的顾虑。你都有哪些类型的问题呢?"

"是这样的,我不想让别人觉得我对 iMed 系统的想法很消极。我也确实没有这种想法,我看到了 iMed 系统的可能性,希望它能发挥出重要作用。但我担心的是,让外部系统访问我们的医疗数据和受保护的系统——因为我们投入了大量的时间和金钱来保护它们——如果 iMed 系统被黑了怎么办?某个黑客会不会在地球的另一端窃取我们的数据或破坏我们的医疗系统?如果我们的数据被盗,谁来支付联邦罚款并处理可能出现的官司?"

埃米丽只是点了点头,她专心地聆听着,并在丽塔说话时认真做着笔记。

丽塔继续说:"我还担心病人的隐私。你们的机器学习算法是在我们的系统上运行还是在你们的系统上运行? iMed 系统的编码是否足够安全,可以防止 SQL 注入攻击或缓存溢出吗?我们根据 HIPAA 的严格保护要求存储了大量的患者数据,你们在保护病人数据方面都做了些什么?"

乔斯喝了一口咖啡,低头看着他的笔记本电脑,脸上尽量保持着看不出什么情绪的表情。他的机器学习应用程序将拯救人们的生命、大幅降低成本,并让医生们成为患者眼中的英雄。而丽塔为什么又要担心潜在的安全问题?

埃米丽不停地点着头,在记事本上写着些什么。"你说得完全正确。安全是一个大问题。我们需要确保我们……"

丽塔打断她说:"并不是我悲观,但如果真的出了问题,对坦帕综合医院和我个人来说,后果都相当严重。我的意思,你们都听明白了吗?能看出我为什么担心了吗?"

埃米丽对着屏幕做了个手势。"是的，当然明白，我也有同样的感觉。事实上，我还记得 2015 年的 Anthem 数据泄露事件。它影响了 7800 万人，我也是其中之一。"

"没错，我就是这个意思。你永远不知道将来会发生什么。"

埃米丽指指她的笔记本。"丽塔，你的担心是合理的。这点毫无疑问。"她故意停顿了一下，望向笔记本，慢慢看着每一条记录。她想让丽塔看出她正在仔细考虑丽塔说的话。然后埃米丽继续说："好吧，不如我们按照记录一条一条地研究，先看看能想出些什么。乔斯会谈到我们的安全编码实践以及如何分析数据。我可以说说我们的安全数据连接和后端存储情况。我想你会发现，我们真的很重视安全问题。"

埃米丽向乔斯示意。"乔斯，你可以说说我们如何保护自己免受 SQL 注入攻击吗？"

乔斯怒气未消，但还是勉强挤出了一个微笑。"好的，好的，我很乐意这么做。对于从物联网医疗设备或外部数据库进入我们系统的任何数据，我们都要使用参数化法进行净化。来自用户的数据是通过交互元素输入的，而用户不被允许输入数据。实际上，没有任何地方可以进行 SQL 注入攻击。"

视频会议又持续了 40 分钟，乔斯和埃米丽轮流与丽塔交流。丽塔似乎对乔斯和埃米丽给出的答案很满意。他们计划在一周后再通一次电话，讨论数据整合的问题。丽塔想让她手下的一位数据库管理员在电话中询问有关 iMed 系统的数据加密、存储和备份规程的相关问题。

后来，当他们走出会议室时，乔斯对埃米丽说："事情还不算太糟，她有一些合理的担忧，但我不确定她是否真的理解机器学习的好处。问题就出在这儿。"

"也许不太容易做到，但我可以尝试从她的角度思考问题，我们是一家小型创业公司，我们拥有的新技术可能会给他们带来很多问题。对他们来说，我们代表着风险和潜在的回报。新技术总是有风险的。"

10.1　信息系统安全的目标是什么

信息系统安全实际上是一种权衡。从某种意义上说，它是安全与自由之间的一种权衡。例如，组织可以不允许用户自由地选择密码，并要求他们选择黑客难以破解的强密码，以此来提高其信息系统的安全性。

另一种看待信息系统安全的方式，也是本章主要的关注点，是将其视为成本和风险之间的权衡。为了理解这种权衡的本质，我们首先要描述安全威胁和损失情境，然后讨论安全威胁的来源，接着，我们将说明信息系统安全的目标。

● 信息系统威胁和损失情境

图 10-1 说明了个人和组织现在面临的安全问题的主要构成元素。威胁（threat）是指个人或组织未经所有者许可，而且通常是在所有者不知情的情况下，试图非法获取数据、更改数据或其他信息系统资产。漏洞（vulnerability）会让个人或组织的资产受到威胁。例如，当你在网上购物时，你提供了自己的信用卡数据，这些数据在互联网上传输时，就很容易受到威胁。防护措施（safeguard）是指个人或组织为阻止资产受到威胁而采取的一些措施。注意，在图 10-1 中，防护措施并不总是能生效的；尽管有防护措施，但个人或组织还是会受到一些威胁。最后，威胁的目标（target）就是我们的资产。

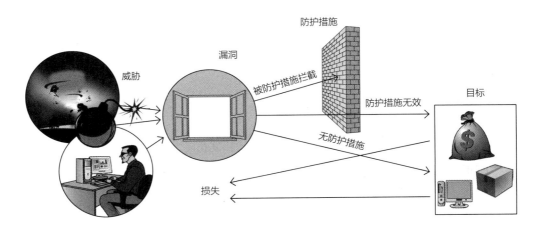

图 10-1　威胁和损失情境

表 10-1 展示了威胁 / 目标、漏洞、防护措施和结果的示例。在第一个示例中，黑客（威胁）想要获得你的银行登录认证信息（目标）以访问你的银行账户。如果你点击电子邮件中的链接，就可能被引到与银行网站看起来一样的钓鱼网站。但钓鱼网站通常不使用 https。如果如表 10-1 的第一行所示，你总是使用 https 而不是 http（这个知识点我们会在本章第 10.5 节中讨论）访问银行网站，你就使用了有效的防护措施，并且成功地抵挡了威胁。

表 10-1　威胁和损失示例

威胁 / 目标	漏洞	防护措施	结果	说明
黑客想窃取你的银行登录认证信息	黑客创建了一个钓鱼网站，它和银行的网站几乎一模一样	只访问使用 https 的网站	无损失	有效防护
		无	登录认证信息丢失	无效防护
员工将机密数据发布到社交媒体公共群中	群的公开访问权限	密码、规程、员工培训	损失机密数据	无效防护

但是，如果像表 10-1 中第一个示例的第二种情况描述的那样，你访问的网站似乎是银行网站，你却没有使用 https（即，这是一个不安全的网站），你就根本没有进行任何安全防护。你的登录认证信息会被黑客迅速记录下来，然后被转卖给其他罪犯。

表 10-1 中的最后一行展示了另一种情况。一名员工在工作中获取了机密数据，并将其发布到他认为只是工作用的社交媒体群中。但是，该员工错将其发布到了公共群。在这里，黑客的目标是机密数据，而漏洞是群的公开访问权限。在这个示例中，有几项防护措施本可以预防损失；员工需要有密码才能获取机密数据并加入私人工作群。雇主有规定，一般员工不得在任何公开网站发布组织的机密数据，但这些规定要么不为人知，要么被忽视了。另一项防护措施是对所有员工进行相关培训。但是，员工忽视了这些规定，导致所有防护措施都是无效的，组织的机密数据就这样暴露在了公众面前。

● 威胁的来源是什么

表 10-2 总结了一些安全威胁的来源。表格中的列展示了威胁类型，而行展示了损失类型。

表 10-2　安全威胁及其来源

		威胁		
		人为错误	计算机犯罪	自然事件和灾害
损失	未经授权的数据泄露	规程错误	假托技术 网络钓鱼 假冒 嗅探 黑客攻击	恢复期间泄露
	错误的数据修改	规程错误 不正确的规程 无效的会计控制 系统错误	黑客攻击	错误的数据恢复
	故障服务	规程错误 开发和安装错误	篡夺	服务异常恢复
	拒绝服务（DoS）	突发状况	DoS 攻击	服务中断
	基础设施损失	突发状况	盗窃 恐怖活动	财产损失

人为错误

　　第一类威胁是人为错误（和失误），包括由员工和非员工引发的意外事故。例如，一名员工操作失误，不小心删除了客户记录。再如，一名员工在备份数据库的过程中，无意中在当前数据库之上安装了一个旧数据库。这类错误还包括编写糟糕的应用程序和设计糟糕的规程。此外，人为错误（和失误）还包括物理事故，例如驾驶叉车穿过计算机房的墙壁。

计算机犯罪

　　第二类威胁是计算机犯罪。这类威胁包括在职员工和前任员工有意破坏数据或其他系统要素。这类威胁也有可能来自侵入系统的黑客和编写各类病毒来感染计算机的人。计算机犯罪还有可能出自恐怖分子和那些闯入组织系统盗取经济利益的人之手。

自然事件和灾害

　　第三类安全威胁是自然事件和灾害。这类灾害包括火灾、洪水、飓风、地震、海啸、雪崩和其他自然灾害。这类威胁不仅包括能力和服务的初期损失，而且，要从初期问题中恢复过来，组织需要采取一些行动，这也会带来损失。

● 安全损失有哪些类型

安全损失有五种类型：未经授权的数据泄露、错误的数据修改、故障服务、拒绝服务和基础设施损失。接下来我们逐一进行探讨。

未经授权的数据泄露

当构成威胁的一方获取了本应受保护的数据时，就会发生未经授权的数据泄露（unauthorized data disclosure）问题。它可能是人为错误引起的，比如有人无意中违反政策公布了数据信息。举大学里的一个例子，某部门行政人员在公开场所张贴学生的姓名、身份证号和成绩单，而泄露学生姓名和成绩违反了美国法律。另一个例子是员工在不知情或不小心的情况下将专有数据泄露给竞争对手或媒体。表 10-1 中的第二个例子就是一个示例。

另一种不经意间的泄露源自搜索引擎的普及和有效性。员工如果在搜索引擎可以访问的网站上放置机密数据，可能会错误地导致互联网上出现组织专有的或机密的数据。

当然，专有的和个人的数据也可能会被恶意发布或获取。假托（pretexting）是指某人假装成另一个人来开展欺骗行为。一个常见的骗局是，打电话的人假装是信用卡公司的员工，声称要检查接电话的人信用卡号码的有效性：“我正在检查您以 5491 开头的万事达卡（Mastercard）号码，您能核对一下剩下的数字吗？”以 5491 开头的万事达卡号码数以千计，打电话的人无非是为了盗取有效的信用卡号码。

网络钓鱼（phishing）也使用类似的伎俩，通过电子邮件获取未经授权的数据。网络钓鱼者（phisher）假装是一家合法公司的员工，发送电子邮件要求对方提供机密数据，如账号、社保卡号、账户密码等。

假冒（spoofing）是某人假装成别人的另一种说法。如果你假装成你的教授，你就是在以假冒的方式进行欺骗。入侵者使用另一个网站的 IP 地址伪装成某个特定网站时，就发生了 IP 假冒（IP spoofing）事件。电子邮件假冒（Email spoofing）是网络钓鱼的同义词。

嗅探（sniffing）是一种拦截计算机通信的技术。在有线网络中，嗅探需要设备通过物理方式连接到网络。在无线网络中，则不需要这样的连接：驾驶攻击黑客（wardriver）只是让使用无线网络连接的计算机通过一个区域，然后搜索那些不受保护的无线网络。他们使用数据包嗅探器（packet sniffers），即捕获网络流量的程序，来监控和拦截未受保护的无线（或有线）网络上的流量。你将在后文中了解到，即使是受保护的无线网络也有可能不堪一击。间谍软件和广告软件是本章稍后将讨论的另外两种嗅探技术。

其他形式的计算机犯罪包括黑客攻击（hacking），即侵入计算机、服务器或网络窃取数据，如客户名单、产品库存数据、员工数据以及其他专有或机密的数据。

最后，人们在从自然灾害恢复的过程中也可能会在无意中泄露数据。在恢复的过程中，每个人都非常专注于恢复系统功能，以至于他们可能忽略了正常的安全防护措施。例如，"我需要客户数据库备份副本"这样的请求在灾难恢复期间受到的审查要比其他时候少得多。

错误的数据修改

表 10-2 中的第二类安全损失就是错误的数据修改。例如，错误地增加客户的折扣或错误地修改员工的薪酬、员工获得的假期天数或年度奖金。其他例子还包括在组织内部网站或组织门户网站上发布错误信息，例如不正确的价格变化。

当员工错误地执行规程或规程的设计不正确时，错误的数据修改就可能会因人为错误而发生。有些系统要处理财务数据或控制资产（如产品和设备）库存，为了对这些系统进行正确的内部控制，组织应确保责任和权力分离，并适当地建立多种制衡机制。

另一种由人为错误引起的错误数据修改包括系统错误。第 5 章中讨论的更新丢失问题就是一个例子。

计算机犯罪分子可以侵入计算机系统，进行未经授权的数据修改。例如，黑客可以侵入系统，转移人们的账户余额，或者下订单向未经授权的地点和客户发货。

在安全损失出现后，错误的恢复操作也有可能导致错误的数据修改。人们的错误操作可能是无意的，但也可能是恶意的。

故障服务

第三种类型的安全损失是故障服务，包括因错误的系统操作而导致的问题。错误的服务可能包括错误的数据修改（如上文所述），它可能还包括系统工作失误，例如将错误的货物发送给客户或将订购的货物发送给错误的客户、未向客户收取正确的费用，或者向员工发送错误的信息。人们可能会因规程错误而在不经意间造成故障过失。系统开发人员可能会出现编程错误，或者在硬件、软件程序、数据等的安装过程中犯错。

当计算机犯罪分子入侵计算机系统并用他们自己未经授权的程序取代合法程序

时，就发生了 篡夺（usurpation） 现象，这些程序会关闭合法的应用程序，并用自己的手段来监视、窃取和操纵数据，或达到其他目的。在从自然灾害中恢复的过程中，由于服务恢复不当，也有可能会出现故障服务。

拒绝服务

规程执行过程中的人为错误或规程缺失可以导致拒绝服务（DoS）的情况，这是安全损失的第四种类型。例如，员工可能会通过启动计算密集型应用程序而在无意中关闭了 Web 服务器或组织的网关路由器。使用操作 DBMS 的 OLAP 应用程序可能会消耗大量的 DBMS 资源，以至于订单录入业务无法被审批通过。

计算机犯罪分子发起 DoS 攻击，恶意黑客向 Web 服务器发送数百万个虚假的服务请求，这些请求会占用服务器，使其无法为合法请求提供必要的服务。此外，计算机蠕虫可以渗透到一个网络中，产生大量的人造流量，致使合法流量无法通过。最后，自然灾害引起的系统故障也可能会导致拒绝服务的情况出现。

基础设施损失

很多时候，人为事故会造成基础设施的损失，这是最后一种安全损失类型。例如，推土机切断了光纤电缆管道，或者地面抛光机撞塌了 Web 服务器的机架。

盗窃和恐怖袭击也会造成基础设施的损失。例如，一名心怀不满的被解雇员工可能会带走组织的数据服务器、路由器或其他重要设备。恐怖袭击还有可能造成实际的厂房和设备损失。

自然灾害是造成基础设施损失的最大风险。火灾、洪水、地震或类似的事件可以摧毁数据中心及其存储的所有内容。

想要了解更多关于数据泄露的信息，请参见章节延伸 14。

你可能会感到奇怪，为什么表 10-2 中没有提到"病毒""蠕虫"和"特洛伊木马"等术语。答案是，"病毒""蠕虫"和"特洛伊木马"是导致表中提到的某些问题的技术原因。它们可能会引起 DoS 攻击，或者被用于恶意、未经授权的数据访问或数据丢失。

最后，最近出现了一个新的威胁术语：高级可持续威胁（Advanced Persistent Threat，APT），它是一种复杂的、可能长期存在的计算机黑客攻击，由资金雄厚的大型组织实施。APT 可能会被用作网络战争和网络间谍活动的一种手段。

● **信息系统安全的目标**

如图 10-1 所示，一些威胁是可以被阻止的，如果不能阻止，我们还可以通过创建适当的防护措施来降低损失成本。但是，建立和维护防护措施是非常昂贵的，这还会让普通任务变得更加困难，从而降低工作效率，增加额外的劳动力成本。信息安全的目标是在损失的风险和实施防护措施的成本之间找到适当的平衡。

商务专业人士需要仔细考虑这种权衡。在你的日常工作生活中，一定要使用杀毒软件。你可能还要实施其他防护措施，这些我们将在本章第 10.3 节中讨论。一些防护措施，比如删除浏览器缓存，会让你在使用电脑时遇到更多麻烦。这样的防护措施值得吗？你需要为自己评估风险和收益。

类似的说法也适用于组织，尽管它们需要一个更加系统的流程。底线就是，如果不能仔细分析并依据分析来采取行动，就不要贸然开展行动。要对生活和事业做出适当的权衡，才能更好地应对安全问题。

10.2　计算机安全问题有多严重

我们无法全面地了解由计算机安全威胁造成的财务和数据损失。当然，人为错误造成的损失是巨大的，但很少有组织计算这些损失，公布具体数据的组织更是少之又少。然而，Risk Based Security 公司 2020 年发布的一份安全报告称，在 3932 起安全事件中，一共出现了 370 亿条记录的损失。一些更引人注目的数据泄露包括泰国服务通信公司 Advanced Info Service（ 83 亿条记录）和英国的网络安全公司 Keep-net Labs（ 50 亿条记录）的用户账户数据丢失。这还不包括雅诗兰黛（ Estée Lauder ）集团超过 4.4 亿条记录的损失，以及微软公司 2.5 亿条记录的损失。在被盗的用户数据中，有一半以上（ 77% ）是被外部黑客所窃取的。而且，这些也只是出现在新闻中并报告了估算出的损失的公司。

而且，没有人知道计算机犯罪的代价。第一，目前还没有可以用来计算犯罪成本的标准。DoS 攻击的成本是否包括员工的时间损失、收入损失或由客户流失造成的长期收入损失？或者，如果一名员工丢失了一台价值 2000 美元的笔记本电脑，成本是否包括电脑中的数据的价值？是否包括更换和重新安装软件的时间成本？又或者，如果有人窃取了一家公司明年的财务计划，其竞争对手收集的价值成本要如何确定？

第二，所有关于计算机犯罪成本的研究都是基于调查的。不同的受访者对术语的理解有所不同，一些组织不会报告所有的损失，而另一些组织根本不会报告计算机犯罪所造成的损失。由于缺乏标准的定义和收集犯罪数据的更准确的方法，任何特定估算方式的准确性都值得怀疑。我们能做的最多就是假设各类调查对象使用相同的方法，通过比较每年的数据来发现相关趋势。

图 10-2 展示了 IBM 公司和波耐蒙研究所（Ponemon Institute）的调查结果。图 10-2 展示了遭遇过一些常见攻击类型的组织的百分比，可以发现，在该图中，最常见的攻击类型是凭证泄露和云配置错误（各占 19%）。不幸的是，这些类型的攻击似乎不会很快减少。图 10-3 显示，这些攻击的成本会随着时间的推移而增加。

除了这些数据，IBM 公司还根据受损资产类型调查了损失情况。调查发现，2020 年，业务成本损失是成本最高的计算机犯罪，平均约占数据泄露总成本的 40%（见图 10-4）。检测和升级的成本位列第二，占比约 31%。IBM 公司还报告称，在与数据泄露相关的成本中，有 27% 左右来自泄露后成本，5% 左右与通知成本有关。

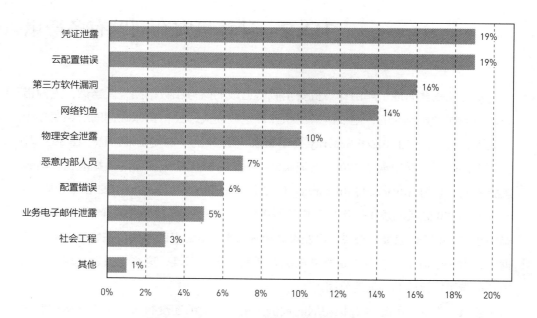

图 10-2 按攻击类型划分的遭受数据泄露的组织百分比

资料来源：基于埃森哲公司公布的数据。

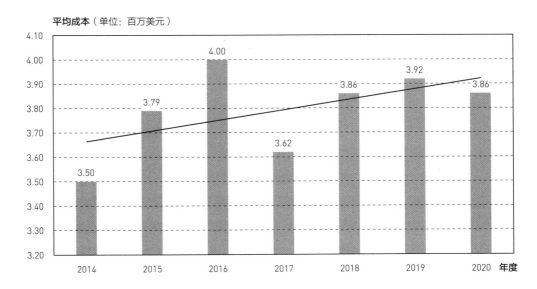

图 10-3　计算机犯罪每年的平均成本

资料来源：基于 IBM 公司公布的数据。

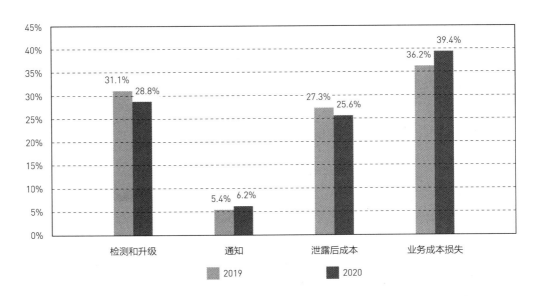

图 10-4　按类别划分的数据泄露成本

《2020 年度数据泄露成本报告》深入分析了不同安全政策对降低计算机犯罪成本的影响。结果就是，在本章稍后部分中讨论的防护措施上投入更多的组织，遇到的计算机犯罪更少，损失也更小。因此，防护措施确实有效！

如果在网上搜索计算机犯罪统计这样的关键词，你会发现许多类似的研究。有些研究是基于不靠谱的抽样技术进行的，似乎是为了推广某些防护产品或观点而写。在阅读时要注意这种情况。

根据 IBM 公司的研究，截至 2020 年，计算机犯罪的主要内容包括：

- » 凭证泄露和云配置错误是严重的安全威胁；
- » 业务中断是计算机犯罪的主要成本；
- » 防护措施确实有效。

10.3　你应该如何应对安全威胁

如本章第 10.1 节末尾所述，你的个人信息系统安全目标应该是在损失的风险和实施防护措施的成本之间找到有效的平衡。然而，很少有人真正认真地对待安全问题，大多数人甚至都没有实施低成本的防护措施。

图 10-5 列出了关于个人安全防护措施的建议。第一项防护措施就是要重视安全。你看不到现在有人正试图破坏你的计算机，可他们确实就在那里。

```
» 重视安全
» 设置强密码
» 使用多个密码
» 不要通过电子邮件或即时通信软件发送有价值的数据
» 在可靠且信誉良好的供应商处使用 https
» 将高价值资产从计算机中删除
» 清除浏览历史记录、临时文件和 cookies（使用系统垃圾清理工具）
» 定期更新杀毒软件
» 向同事表明你对安全问题的顾虑
» 遵循组织的安全指令和指导方针
» 考虑所有业务活动的安全性
```

图 10-5　个人安全防护措施

很不幸，你的安全会受到威胁，你收到的第一个信号可能是信用卡上的伪造收费，或者来自朋友的信息，抱怨他们刚刚从你的邮箱账户那里收到了奇怪的电子邮件。计算机安全专业人员会运行入侵检测系统来检测不怀好意的攻击。入侵检测系统（intrusion detection system，IDS）是一种计算机程序，它可以检测到一台计算机试图扫描或访问另一台计算机或网络的情况。IDS 日志每天可以记录数千次类似的操作。如果这些尝试来自国外，除了使用合理的防护措施，你什么也做不了。

如果你重视计算机的安全问题，你可以实施的最重要的防护措施之一，就是创建和使用强密码。要创建强密码，就不要使用任何语言的任何单词作为密码的一部分，而要使用由大小写字母、数字和特殊字符混合而成的密码。

这种非单词密码仍然容易受到暴力破解（brute force attack），密码破解器会尝试各种可能的字符组合。暴力破解可以在几分钟内破解由大写字母或小写字母组成的 6 位密码。但是，要对由大小写字母、数字和特殊字符组合的 6 位密码进行暴力破解，可能需要花费数小时；一个只有大写字母和小写字母的 10 位密码可能需要数年时间才能破解，破解一个由字母、数字和特殊字符组成 10 位密码可能需要数百年；破解一个 12 位的纯字母密码可能需要数千年，而破解一个 12 位的混合密码可能需要数百万年。当然，所有这些估计都是基于密码中不包含任何语种的单词这一假设的。总之，要使用不含单词的长密码，使用 12 位或更多的字符，并且要保证密码由字母、数字和特殊符号组成。

除了使用又长又复杂的密码，你还应该在不同的网站使用不同的密码。这样，即使一个网站的密码泄露了，你也不会失去对所有账户的控制。攻击者使用凭证填充（credential stuffing），即自动输入窃取的用户名和密码来访问多个网站。由于一些人会对密码重复使用（password reuse），或使用同样的登录信息访问多个网站，因此凭证填充现在已经变得非常普遍了。

要确保自己在重要的网站（比如银行网站）上使用非常强的密码，并且不在不那么重要的网站（比如社交网站）上重复使用这些密码。一些网站的开发者会专注于创新产品，可能没有分配相同数量的资源来保护你的隐私信息。因此，你要使用合适的密码来保护自己的信息。

永远不要在电子邮件或即时通信软件中发送密码、信用卡数据或任何其他有价值的数据。正如本书多次提到的那样，大多数电子邮件和即时通信软件都没有加密保护（见本章第 10.5 节），你应该假设你在电子邮件或即时通信软件中写的任何东西都有可能在明天登上《纽约时报》（The New York Times）的头版。

还要使用安全的 https 连接，只从信誉良好的在线供应商那里购买商品。如果供应商在其交易中不支持 https（请在浏览器的地址行中找"https://"），就不要在其网站上购买任何商品。

你可以通过从计算机中删除高价值资产的方式降低遭受损失的可能性。现在，尤其是以后，作为一名商务专业人士，你要养成一个习惯——你带出办公室的笔记本电脑或其他设备中没有存储任何非必要数据。一般来说，应当将专有数据存储在服务器或不需要随身携带的可移动设备上。

你的浏览器会自动存储你的浏览活动的历史记录和临时文件，这些文件包含你访问过的网址、买过的东西、你的用户名和密码等敏感数据。它还会存储浏览器缓存（cookie），这是浏览器在你访问网站时接收的小文件。缓存中可能包含一些数据，例如你上次访问某网站的日期、你当前的登录状态，或者你与该网站交流的其他内容。缓存可以让你在不必登录的情况下访问网站，还可以加快某些网站的处理速度。

第三方缓存（third-party cookie）是由你访问的网站以外的网站创建的缓存。此类缓存可以由几种不同的方式生成，但最常见的情况是网站页面中的内容有多个不同的来源。例如，亚马逊对其网站页面进行了设计，让页面的一个或多个部分包含广告服务公司 DoubleClick 提供的广告。当浏览器构建你的亚马逊页面时，它会联系 DoubleClick 公司来获取这些部分的内容（也就是本例中的广告）。当它就一些内容做出回应时，DoubleClick 公司会指示你的浏览器存储其缓存。这个缓存就是第三方缓存。通常，第三方缓存不包含标识任何特定用户的名称或其他内容。但是，它们包含发送内容的 IP 地址。

在 DoubleClick 公司自己的服务器上，当它创建缓存时，它会在日志中记录这些数据。如果你单击了广告，它就会将你单击的事实添加到日志中。DoubleClick 公司每展示一个广告，日志都会重复进行记录。缓存都有到期日，这个日期是由缓存的创建者设置的，可以保存很多年。因此，久而久之，DoubleClick 公司和任何其他第三方缓存的所有者都会获得相关的历史记录，包括它们向用户展示过的内容、被用户点击过的广告以及交互活动的间隔时间等。

此外，DoubleClick 不仅与亚马逊签订了协议，还与许多其他公司签订了协议，比如某知名社交网站。如果该社交网站上包含了任何 DoubleClick 公司提供的内容，DoubleClick 公司就会在用户的计算机上放置另一个缓存。这个缓存与它通过亚马逊放置的缓存不同，但两个缓存都包含你的 IP 地址和其他数据，足以将第二个缓存与第一个缓存关联为同一来源。所以，现在 DoubleClick 公司在两个网站上都记录了用户的广告响应数据。随着时间的推移，缓存日志将累计一些数据，其中不仅有用户对广告的反应，还包括用户访问各种网站的方式，而所有这些网站上都设置了广告。

不幸的是，一些缓存中包含敏感的安全数据，这些缓存可以被用来对用户进行跟踪，而且跟踪的方式用户可能根本都没有意识到。最好的防护措施就是删除计算机中的历史浏览记录、临时文件和缓存，并将浏览器设置为禁用历史记录和缓存。

删除和禁用缓存是一种很好的方法，但我们要在提高安全性和付出的成本之间做出权衡。如果使用了这种方法，我们的数据安全性会大大提高，但同时，计算机会变得难以使用。我们的决定要由自己来做，但做决定时一定要慎重，不要让对数据泄露的无知为自己做决定。

我们将在本章第 10.5 节讨论杀毒软件的使用。在你成为商务专业人士后，图 10-5 中的最后三条就对你适用了。对于你的同事，尤其是你管理的那些人，你应该表明你对安全问题的关注和重视。你还要遵守组织的所有安全指示和指导方针。此外，你在开展所有业务活动时都要考虑安全性的问题。

10.4　组织应该如何应对安全威胁

上一节讨论了个人应对安全威胁的方法。就组织而言，则需要采取更广泛和更系统的方法。2020 年，全球有 53% 的首席执行官都"非常担心"网络威胁对其组织的影响。首先，高级管理人员需要重视两个关键的安全职能：安全政策和风险管理。

● 安全政策

首先，高级管理人员必须确立一个适用于组织的每一个部分和每个人的安全政策（security policy），或发布一份文件，说明保护企业信息系统与数据的规则和规程。例如，数据安全政策要声明组织对其收集的有关客户、供应商、合作伙伴和员工的数据持什么态度。政策至少应该规定：

» 组织将存储哪些敏感数据；
» 它将如何处理这些数据；

» 是否与其他组织共享数据；

» 员工和其他人如何获取有关他们的存储数据副本；

» 员工和其他人如何要求更改不准确的数据。

政策的具体内容取决于组织是政府性的还是非政府性的、是公有的还是私有的，也取决于组织所在的行业、管理层与员工的关系，以及其他因素。作为一名新员工，如果你在入职后没有接受过与安全政策相关的培训，你可以主动去了解一下该政策。

确立安全政策时的一个常见问题是制定了太多过于严格的规则。这样的规则会激怒员工，让他们觉得自己不被信任，甚至会降低他们的工作效率，或者，更糟的是，会迫使重要员工离开。安全政策太多也会导致员工出现信息安全疲劳（information security fatigue），即员工因感到不堪重负而不愿处理信息安全问题。当用户被要求做出太多复杂的安全决策时，他们可能会不知所措。他们也会对接二连三出现的关于数据泄露、恶意软件、DoS 攻击等坏消息感到厌倦。当绝望感开始袭来时，员工们就会停止尝试。

降低安全政策的复杂性并让其变得易于遵守，可以减少信息安全疲劳的问题。信息安全经理需要在组织的安全和员工的生产力及满意度之间找到平衡。制定更多的政策并不一定会让组织更安全。事实上，太多的规则可能会让组织更不安全。

● 风险管理

高级管理人员的第二个安全职能是进行风险管理（risk management）。风险是无法消除的，因此管理风险意味着要主动在风险和成本之间权衡利弊。这种权衡因行业和组织而异。金融机构明显容易成为盗窃分子的目标，因此它必须在安全防护方面投入巨资。保龄球馆就不太可能成为盗窃目标，除非它把用户的信用卡数据存储在电脑或移动设备上（这样的决策是其安全政策的一部分，可这明显是不明智的，不仅对保龄球馆，对大多数小型组织来说也都是如此）。

为了做出权衡决策，组织需要创建想要保护的数据和硬件清单，然后根据每种潜在威胁的可能性评估相应的防护措施。表 10-2 就是一个很好的参考，它可以让你了解安全威胁的类别和频率。在有了清单也知道了威胁的情况后，组织还需要判断它想承担多少风险，或者换一种说法，它想实施哪些安全防护措施。

使用防护措施保护信息资产就像买汽车保险一样。在买汽车保险之前，你要确定自己的车值多少钱、你的车发生损坏的可能性，以及你愿意承受多大的风险。然后，你通过购买一种叫作保单的防护措施，将一部分风险转移给保险公司。组织不需要购买保单，但它们可以实施各种防护措施来保护数据和硬件。

记住信息系统防护措施的一个简单方法是根据信息系统的五要素来对它们进行排序，如图 10-6 所示。一些防护措施涉及计算机硬件和软件，另一些涉及数据，还有一些涉及规程和人员。在接下来的三小节中，我们将讨论技术、数据和人员防护措施。

图 10-6　与五要素相关的安全防护措施

10.5　技术防护措施如何防范安全威胁

技术防护措施（technical safeguard）涉及信息系统的硬件和软件等组件。图 10-7 列出了主要的技术防护措施。请认真思考每一项措施。

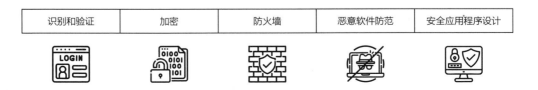

图 10-7　技术防护措施

● 识别和验证

现在的每个信息系统都应该要求用户使用用户名和密码登录。用户名识别用户
［即识别（identification）过程］，密码验证该用户［即验证（authentication）过程］。

密码有其弱点。尽管专业人士一再警告（不要让这种事情发生在你身上！），但
还是有一些用户会经常分享自己的密码，也有很多人选择简单的密码——这种密码
是无效的。事实上，威瑞森公司 2021 年的一份报告指出，80% 已确认的数据泄露涉
及窃取凭证或通过暴力破解获取密码。你的密码很有可能在某种情况下被窃取。由
于这些问题，一些组织除了设置密码，还会使用智能卡和生物特征对用户进行验证。

智能卡

智能卡是一种塑料卡，类似于旧版带磁条的信用卡，但它有一个嵌入式的微芯
片。这种微芯片储存的数据比磁条多得多，其中存有识别数据。智能卡用户必须输
入个人识别码（personal identification number，PIN）来进行身份验证。

生物特征验证

生物特征验证（biometric authentication）使用个人的物理特征，如指纹、面部特
征和视网膜扫描等对用户进行验证。生物特征验证能保证身份验证的真实性，但所
需设备价格昂贵。此外，一些用户会抵制这种验证方式，因为他们觉得这是一种对
自己隐私的侵犯。

生物特征验证尚处于早期使用阶段。由于它功能强大，未来人们对它的使用量
可能会增加。立法者也有可能通过法律来管理生物特征识别数据的使用、存储和保
护要求。

请注意，身份验证方法可分为三类：你知道的（密码或 PIN）、你持有的（智
能卡）和你本人的（生物特征）。

● 多系统单点登录

信息系统通常需要多个身份验证源。例如，当你登录个人计算机时，你需要进
行身份验证；当你在自己的部门访问局域网（LAN）时，你需要进行身份验证；当
你跨过企业的广域网（WAN）时，你也需要对更多的网络进行身份验证。此外，如

果你请求访问数据库中的数据，管理该数据库的数据库管理系统服务器将再次对你进行身份验证。

　　每一个验证源都需要你输入用户名和密码，这确实很恼人。你可能要使用并记住 5 ～ 6 个不同的密码以访问工作所需的数据。在所有上述网络上发送密码的行为同样是不可取的，你的密码传播得越远，被泄露的风险就越大。

　　当你加入网络或其他服务器时，现在的操作系统已经有能力对你进行身份验证了。你登录了本地计算机并提供了身份验证数据，从这时起，你的操作系统就要向另一个网络或服务器验证你的身份，而该网络或服务器会再向另一个网络和服务器验证你的身份，以此类推。正因如此，你的身份和密码在你的本地计算机之外还打开了很多扇大门，所以你在选择密码时一定要记住这一点！

● 加密

　　加密（encryption）是将明文转换为编码的、难以理解的文本的过程，以便安全地存储数据或进行通信。大量的研究都在开发难以被破解的加密算法（encryption algorithms，用来加密数据的程序）。常用的方法有 DES、3DES 和 AES，如果你想了解更多这方面的知识，可以在网上搜索一下这些术语。

　　密钥（key）是一串用来加密数据的字符。它之所以被称为密钥，是因为它可以解锁消息。但它实际上是一串二进制字符，用数字或字母表示，与加密算法一起使用。它并不是像你公寓钥匙那样的实物。

　　想要对报文（message）进行加密就要让计算机程序使用加密方法（如 AES）并结合密钥（如"key"这个词），将明文报文（在这里我们以"secret"一词为例）转换为加密报文。由此产生的编码报文（"U2FsdGVkX1+b637aTP80u+y2WY-lUbqUz2XtYcw4E8m4="）看起来就像乱码一样。解码（解密）报文的过程也类似，是将一个密钥应用于编码后的消息以恢复其原始文本。对称加密（symmetric encryption）用相同的密钥进行编码和解码；非对称加密（asymmetric encryption）用两个密钥，一个密钥对报文进行编码，另一个密钥对报文进行解码。对称加密比非对称加密更简单、更快捷。

　　人们在因特网上还会使用一种特殊的非对称加密方法——公钥加密（public key encryption）。使用这种方法的每个网站都有一个用于报文编码的公钥和一个用于报文解码的私钥。在我们解释它的工作方式之前，请先思考下面的例子。

假设你给了朋友一个打开的密码锁（就像健身房储物柜上的锁那样），而你是唯一知道这把锁的密码的人。现在，假设你朋友把一些东西放进了一个盒子里，并上了锁。然后，你的朋友和其他人都打不开这个盒子。朋友把上锁的盒子寄给你，你用密码打开了盒子。

公钥就像密码锁，私钥就像密码。你的朋友使用公钥对报文进行编码（锁上盒子），而你使用私钥对报文进行解码（打开锁）。

现在，假设我们有两台通用计算机 A 和 B，B 要向 A 发送加密报文，为此，A 需要向 B 发送其公钥（也就是说，A 给了 B 一个打开的密码锁）。现在，B 将 A 的公钥应用于报文，并将得到的编码报文发回给 A。此时，不论是 B 还是 A 以外的任何计算机都无法解码此报文，它就像那个用密码锁锁住的盒子一样。只有在 A 收到编码报文后，A 用其私钥（也就是你知道的密码）才能解锁或解密报文。

同样地，公钥就像那把打开的密码锁。电脑 A 会给任何向它索要"锁"的人发一把"锁"，但是 A 从不会将其私钥（锁的密码）发送给任何人。私钥一定要由个人持有。

互联网上的大多数安全通信使用一种叫作 https（安全超文本传输协议）的协议。通过 https，人们可以使用安全套层（Secure Sockets Layer，SSL）协议，即传输层安全性（Transport Layer Security，TLS）协议对数据进行加密。SSL/TLS 使用的是公钥加密和对称加密的组合。

它的基本思路是：对称加密速度快，因此是首选。但是双方（比如，你和一个网站）不共享对称密钥。因此，你和网站使用公钥加密来共享相同的对称密钥，一旦双方都有了该密钥，你就可以对通信的其余部分使用对称加密。

图 10-8 总结了 SSL/TLS 在你与网站进行安全通信时的工作原理：

1. 你的计算机获得它将连接的网站的公钥；
2. 你的计算机生成对称加密的密钥；
3. 你的计算机使用该网站的公钥对密钥进行编码，并将加密的对称密钥发送给网站；
4. 网站使用其私钥来解码对称密钥；
5. 接下来，你的计算机和网站使用对称加密进行通信。

当会话结束时，你的计算机和网站都要丢弃你们使用的密钥。通过这种策略，使用更快的对称加密就可以进行大量的安全通信。此外，由于密钥的使用间隔时间很短，因此它们被发现的可能性比较小。

　　使用 SSL/TLS 可以安全地发送敏感数据，如信用卡卡号和银行账户余额。你只要确保在自己浏览器中看到的网址是以 https:// 而不是 http:// 开头的。大多数浏览器都有额外的插件或扩展程序，强制用户使用可用的 https 连接。

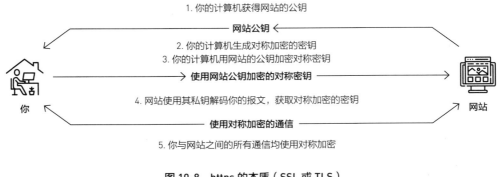

图 10-8　https 的本质（SSL 或 TLS）

● 防火墙

　　防火墙（firewall）是一种计算设备，可以防止未经授权的网络连接。防火墙可以是一台专用计算机，也可以是通用计算机或路由器上的程序。从本质上讲，防火墙只是一个过滤器，它可以通过多种方式对流量进行过滤，包括网络流量来自何处、正在发送什么类型的数据包、数据包的内容，以及数据包是否属于授权连接的一部分。

　　组织通常会使用多个防火墙。边界防火墙（perimeter firewall）位于组织网络之外，它是因特网流量遇到的第一个设备。除了边界防火墙，一些组织还会在内部网络中使用内部防火墙（internal firewall）。图 10-9 展示的就是使用边界防火墙来保护组织的所有计算机，并使用第二道内部防火墙来保护局域网的方式。

　　封包过滤式防火墙（packet-fittering firewall）会检查报文的每个部分，并决定是否让该部分通过。为了做出这个决定，它要检查报文的源地址、目标地址和其他数据。

　　封包过滤式防火墙可以禁止外人与防火墙内的任何用户启动会话。它还可以禁止来自特定网站的流量，比如已知的黑客地址。它可以禁止流量从合法但不需要的地址流入，例如竞争对手的计算机，并对出站流量进行过滤处理。它可以阻止员工

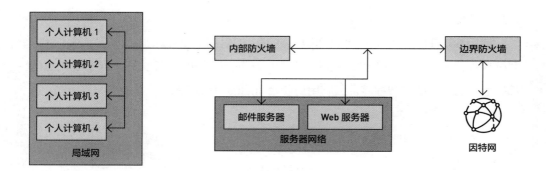

图 10-9   多个防火墙的使用

访问特定的网站，比如竞争对手的网站、含有非法内容的网站或一些特定的新闻网站。作为一名未来的管理者，如果你不希望员工访问某些特定的网站，你就可以要求信息系统部门通过防火墙对员工的访问行为加以限制。

封包过滤式防火墙是最简单的一种防火墙。其他防火墙需要在更复杂的基础上对消息进行过滤。如果你上过数据通信课，就会对它有所了解。现在，你只需要知道防火墙有助于保护组织的计算机免受未经授权的网络访问。

没有防火墙保护的计算机不应该连接到互联网上。许多信息系统供应商都会为客户提供防火墙，从本质上讲，这些防火墙是通用的。大型组织会用自己的防火墙来弥补这种通用防火墙的不足。大多数家用路由器都设有防火墙，微软的 Windows 系统也有内置防火墙。第三方也可以授权防火墙产品。

● 恶意软件防范

图 10-7 列出的防火墙之后的技术防护措施就是有关恶意软件（malware）的。恶意软件是一大类软件的统称，包括病毒、间谍软件和广告软件。

病毒（virus）是一种会自我复制的计算机程序。这种不受控制的复制就像计算机得了癌症一样，最终，病毒将消耗完计算机的资源。此外，许多病毒还会导致人们不希望看到的有害行为。造成这些有害行为的程序代码被称为有效负载（payload）。有效负载可以删除程序或数据，更糟的一种情况是，数据会在人们毫无察觉的情况下被修改。

特洛伊木马（Trojan horse）是伪装成有用的程序或文件的病毒。这个名字源自特洛伊木马的典故。在特洛伊战争期间，希腊士兵藏身在一个巨大的木马中，进入了特洛伊城，并取得了胜利。典型的特洛伊木马病毒看起来就像一个电脑游戏、一个 MP3 格式的音乐文件，或者其他一些有用且无害的程序。

蠕虫（worm）是一种利用因特网或其他计算机网络进行自我传播的病毒。蠕虫病毒比其他类型的病毒传播得更快，因为它可以自我复制。非蠕虫病毒必须等待用户与第二台计算机共享文件，而蠕虫病毒则不同，它可以主动利用网络传播。有时，蠕虫病毒传播得太快，甚至可以导致网络过载并崩溃。

间谍软件（spyware）是在用户不知情或未经用户许可的情况下被安装在用户的计算机上的。间谍软件驻留在后台，在用户不知情的情况下，观察用户的动作和按键，监视计算机的活动，并向其赞助者报告用户的活动情况。一些恶意间谍软件，被称为键盘记录器（key logger），会捕捉按键输入的内容以获取用户名、密码、账号和其他敏感信息。还有一些间谍软件支持市场分析，如观察用户的行为、用户访问的网站、用户查看和购买的产品，等等。

广告软件（adware）和间谍软件类似，也是在未经用户许可的情况下被安装的，并且会驻留在后台观察用户的行为。大多数广告软件是无害的，它们不会执行恶意行为或窃取数据。不过，它们确实会监视用户的活动，并弹出广告。广告软件还可以改变用户的默认窗口、修改搜索结果，并切换用户的搜索引擎。

勒索软件（ransomware）是一种恶意软件，它会阻止用户对系统或数据的访问，直到用户向攻击者付钱为止。某些形式的勒索软件，如加密恶意软件（crypto malware）会加密用户的数据，并阻止用户访问它，直到用户支付"赎金"。其他类型的勒索软件可以阻止用户运行应用程序，甚至锁定用户的操作系统。攻击者在拿到钱后才会允许用户访问自己的数据或系统。

图 10-10 中列出了广告软件和间谍软件的一些征兆。有时，随着用户安装的恶意软件组件越来越多，这些征兆会随着时间的推移慢慢出现。如果你的计算机出现了

```
»  系统启动慢
»  系统性能欠佳
»  弹出许多广告
»  浏览器主页出现可疑变化
»  任务栏和其他系统界面出现可疑变化
»  硬盘活动异常
```

图 10-10　间谍软件和广告软件的征兆

这些征兆，请使用反恶意软件程序删除间谍软件或广告软件。

恶意软件防护措施

幸运的是，使用以下恶意软件防护措施可以避开大多数的恶意软件：

1. **在电脑上安装杀毒软件和反间谍软件。** 信息系统部门会有一份推荐（也可能是规定）软件清单。如果你要为自己选择一个软件，一定要选择信誉良好的供应商。在购买前先在网上查看一下其他用户对你选定的反恶意软件的评论。

2. **设置反恶意软件程序，经常对计算机进行检查。** 每周至少检查一次电脑，或者可以更频繁地检查。如果检测到恶意软件代码，要用反恶意软件将其删除。如果不能删除代码，请联系信息系统部门或反恶意软件供应商。

3. **更新恶意软件定义。** 恶意软件定义（malware definition）指的是存在于恶意软件代码中的模式，你应该经常下载它。反恶意软件供应商会不断更新这些定义，你也要及时地安装这些更新。

4. **只打开来自已知信息源的电子邮件附件。** 而且，在打开已知来源的附件时也要非常小心。有了正确配置的防火墙，电子邮件就成了唯一可以到达用户计算机且由外部发起的通信方式。

   大多数反恶意软件都会检查电子邮件附件中的恶意软件代码。但是，每个用户还是应该养成从不打开来历不明的附件的习惯。另外，如果你收到已知来源的电子邮件，却觉得意外，或者认为主题可疑（其中有拼写奇怪的单词或语法错误），请不要打开附件，而要先与已知来源确认附件是否合法合规。

5. **及时安装来源合法的软件更新。** 很不幸，所有的程序都充满了安全漏洞，供应商正在以最快的速度修复它们，但这种操作并不完全正确。应当及时为操作系统和应用程序安装补丁。

6. **只浏览信誉良好的网站。** 哪怕你只打开了一个网页，一些恶意软件都有可能会自行安装在你的计算机上。前一阵子就有恶意软件编写者在合法网站上购买横幅广告，并在广告中嵌入恶意软件。一旦你点击了广告，你的电脑就会被感染。

● 安全应用程序设计

图 10-7 中的最后一个技术防护措施是安全应用程序设计。正如你在本章开头的

故事中所了解到的那样，埃米丽和乔斯在设计 iMed 系统时就已经考虑到了安全性问题，iMed 系统将把用户的隐私设置存储在一个数据库中，它开发的所有应用程序在显示报表中的任何数据之前都首先要阅读隐私设置。很有可能的情况是，iMed 系统将对应用程序进行设计，让应用程序在服务器上处理隐私数据，这种设计意味着这类数据只有在被创建或修改时才需要通过互联网进行传输。

顺便说一下，当用户在应该输入名称或其他数据的窗体中输入 SQL 语句时，就会发生 SQL 注入攻击（SQL injection attack）。如果应用程序设计不当，它就会接受此代码并使其成为它发出的数据库命令的一部分，结果可能的是数据泄露和数据损坏或丢失。设计良好的应用程序则不会让这种注入攻击生效。

作为未来的信息系统用户，你不必自己设计应用程序。但是，你应该确保你和你所在的部门开发的任何信息系统都包括与安全性有关的内容，这是对应用程序的要求之一。

10.6　数据防护措施如何防范安全威胁

数据防护措施（data safeguard）的作用是保护数据库和其他的组织数据，共分为两大方面。一方面，数据管理（data administration）是一个面向整个组织的功能，负责制定数据政策和执行数据标准。

另一方面，数据库管理（database administration）是指与特定数据库相关的功能。ERP、CRM 和 MRP 数据库都有数据库管理功能。数据库管理负责开发程序和相关实践措施，以确保多名用户对数据库进行有效和有序的处理、控制对数据库结构的更改，并保护数据库。第 5 章总结了关于数据库管理的内容。

图 10-11 中列出的数据安全防护措施既要包括数据管理，也要包括数据库管理。第一，数据管理应该明确数据政策，例如"我们不会与任何其他机构共享客户识别数据"等。第二，数据管理和数据库管理共同工作，明确与用户数据相关的权利和责任。第三，这些权利应该由用户账户来执行，而且这些用户账户至少应当通过密码进行身份验证。

组织应该以加密的方式来存储敏感数据，以此来实现对敏感数据的保护。这种

> » 明确数据政策
> » 数据权利和责任
> » 由通过密码验证的用户账户执行权限
> » 数据加密
> » 备份和恢复的规程
> » 物理安全

图 10-11 数据防护措施

加密方式会使用一个或多个密钥，与数据通信加密的方式类似。但是，存储数据的一个潜在问题就是密钥可能会丢失，而心怀不满或被解雇的员工也可能会破坏密钥。由于这种可能性的存在，组织在对数据进行加密时，可靠的一方应该持有加密密钥的副本。这种安全程序有时会被称为密钥托管（key escrew）。

还有一个数据防护措施是定期创建数据库内容的备份副本。组织应该至少将一部分备份存储在外部，也可以存储在远程位置。此外，IT 人员应该定期测试恢复功能，以确保备份有效且有效的恢复规程确实存在。不要认为只要做了备份，数据库就可以受到保护了。

保障物理安全是另一种数据防护措施。运行 DBMS 的计算机和存储数据库数据的所有设备都应该保存在锁定的、受控访问的地点。否则，它们不仅容易被盗，而且容易被损坏。为了更好地保障安全，组织应该准备一个日志，记录谁在什么时间、为了什么目的进入了该地点。

当组织在云上存储数据库时，图 10-11 中列出的所有防护措施都应该是云服务协议的一部分。

● 数据的法律防护措施

一些组织会按照法律的要求来保护它们收集和存储的客户数据。法律可以规定相关记录必须保存多长时间、组织可以与谁共享数据，以及强制性的安全数据存储要求。一些数据存储法律对组织的业务有直接影响。

例如，美国的支付卡行业数据安全标准（Payment Card Industry Data Security Standard，PCIDSS）管理着美国信用卡数据的安全存储和处理情况。《格雷姆 – 里奇 – 比利雷法案》（Gramm-Leach-Bliley Act，GLBA）保护着美国金融机构存储的消费者金融数据，它将金融机构定义为银行、证券公司、保险公司，以及提供财务建议、准备纳税申报表或提供类似金融服务的机构。

对医疗机构而言，《健康保险流通与责任法案》（HIPAA）中的隐私条款赋予个人访问医生和其他医疗服务提供者创建的健康数据的权利。HIPAA 还对谁能阅读或接收患者的健康信息设置了规则和限制。

其他国家的数据保护法可能比美国更严格。《通用数据保护条例》（General Data Protection Regulation，GDPR）是欧盟于 2018 年颁布的一项隐私法，概述了旨在保护个人数据的数据保护法规。它规范了在欧盟内部收集、存储和转移个人数据的途径。GDPR 是欧盟最重要的隐私法之一，而与美国公司有业务往来的许多其他国家也在制定强有力的商业数据隐私法。

2019 年，英国航空公司（British Airways）因违反 GDPR 被罚款 1.83 亿英镑。2018 年，英国航空公司在一次包含信用卡信息和个人信息的数据泄露事件中丢失了 50 万份客户记录。英国信息专员办公室立即对英国航空公司开出了罚单。英国航空公司对这次创纪录的罚款进行了上诉，称没有证据表明被盗数据被不法分子利用，也没有证据表明该公司在存储客户数据方面存在疏漏。

10.7　人员防护措施如何防范安全威胁

人员防护措施（human safeguard）涉及信息系统的人员要素和规程要素。一般来说，当被授权用户遵循适当的规程使用系统和恢复系统时，人员防护措施就得到了执行。想要对被授权用户访问数据的行为进行限制，就需要有效的身份验证方法和严密的用户账户管理办法。此外，作为每个信息系统的组成部分，安全规程必须设计周全，而且组织应该就这些规程的重要性及其应用方式对使用者进行培训。在本节中，我们将探讨如何为员工设置人员防护措施。根据本章第 10.2 节中讨论的计算机犯罪调查，内部人员的恶意犯罪是一个常见且代价巨大的问题。这一事实使得防护措施的实施显得更加重要。

● 针对员工的人员防护措施

图 10-12 列出了针对员工的安全注意事项。请认真思考每一项。

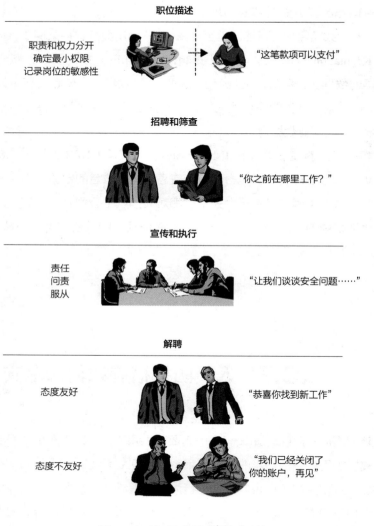

图 10-12   针对内部员工的安全政策

职位描述

有效的员工防护措施始于明确的工作任务和职责。一般来说,职位描述应该将职责和权力分开。例如,任何人不可既批准开支又填写支票。相反,应该由一个人批准开支,另一个人填写支票,还有第三个人负责记账。与此类似的是,在库存管理过程中，也不应该允许任何人既批准提取库存，又从库存中拿走货物。

有了恰当的职位描述，还应该定义用户账户，以给予用户执行其工作所需要的最小可能权限（least possible privilege）。例如，其职位描述中不包含修改数据工作的用户应该使用拥有只读权限的账户。同样地，用户账户应该禁止用户访问其职位描述中未要求其访问的数据。

最后，每个岗位的安全敏感性都应该被记录在案。有些工作会涉及高度敏感的数据（例如，员工薪酬、销售配额和专利营销或技术数据），而其他岗位不会涉及敏感数据。记录岗位的安全敏感性可以让安全人员能够根据可能存在的风险和损失优先考虑其活动。

招聘和筛查

安全方面的考虑应该是招聘过程的一部分。当然，如果相关岗位不涉及敏感数据，也不能访问信息系统，那么以信息系统安全为目的的筛查力度将是最小的。然而，在为安全敏感性很高的岗位进行招聘时，组织就应该进行充分的面试、征询和背景调查。还要注意的是，安全筛查不仅适用于新员工，也适用于被提拔到敏感岗位的老员工。

宣传和执行

组织不能期望员工遵守他们不知道的安全政策和规程。因此，需要让员工了解组织的安全政策、相关规程和他们需要承担的责任。

针对员工的安全培训从新员工入职时就要开始，要讲解常规的安全政策和规程。培训的强度必须随着岗位敏感性和职责的增加而增加。新晋升人员应该接受与其新岗位相匹配的安全培训。在员工完成必要的安全培训之前，组织不应该向其发放用户账号和密码。

执行包括三个相互依存的因素：责任、问责和服从。首先，组织应该明确规定每个岗位的安全责任。安全规程的设计应该对在安全方面违规的员工问责。其次，组织应该制定相关规程，以便在关键性数据丢失时，能够确定丢失是如何发生的以及该向谁问责。最后，安全规程应该鼓励员工服从安全规定。组织应该定期检查员工的活动是否符合安全规定，管理层应该明确针对违规行为采取纪律措施。

管理层的态度是至关重要的：当管理层在言语和行为上都表现出对安全的高度重视时，员工就更容易服从规定。如果经理们在员工公告栏上写出密码、在走廊上大声说出密码，或者忽略物理安全规程，员工的安全态度和员工对安全规程的服从性就会受到影响。还要注意的是，保障有效的安全性是一项持续的管理责任。定期提醒员工注意安全问题是很有必要的。

解聘

组织还必须建立解雇员工的安全政策和规程。很多员工出于升迁、退休或跳槽的原因，会从原组织态度友好地离职。标准的人力资源政策应确保系统管理员在离职员工最后一天上班前收到通知，以便前者可以删除该员工的账户和密码。回收加密数据的密钥并履行其他特殊的安全手续，这些都应该是员工离职手续的一部分。

态度不友好的解聘则比较难处理，因为员工可能会忍不住采取恶意或有害的行为。在这种情况下，系统管理员可能需要在通知员工解聘前删除其用户账户和密码，也可能需要采取其他行动来保护组织的数据资产。例如，一个被解雇的销售人员可能会试图获取组织的机密客户和销售前景数据，以便将来在另一家公司使用它们。决定解雇员工的雇主应该在合同终止前采取措施保护这些数据的安全。

人力资源部门应该意识到，解聘员工要提前通知信息系统管理员，这是很重要的。但是，目前还不存在万能的策略，信息系统部门也必须对每个员工的不同情况进行评估。

● 针对非员工的人员防护措施

出于业务的需要，组织可能需要向非员工人员（临时人员、供应商、业务合作伙伴的雇员和公众等）开放信息系统。虽然组织可以对这些临时人员进行筛查，但为了降低成本，组织对临时人员的筛查一般比对正式员工的筛查更简单。在大多数情况下，组织既不能筛查供应商的人员，也不能筛查合作伙伴的人员。当然，组织也根本无法筛查公众用户。类似的局限性也存在于安全培训和合规测试中。

对于临时人员、供应商人员和合作伙伴人员，业务合作的协议应该规定需要采取的安全措施，该安全措施要与所涉数据及信息系统资源的安全敏感性相匹配。组织应该要求供应商和合作伙伴对其人员进行适当的筛查和安全培训。协议还应该规定要执行的工作所特有的安全责任。组织应该为相关人员提供尽可能少的账户和密码，并尽快在合作结束后删除这些账户。

公众用户访问网站和其他开放信息系统的情况又有所不同。想要让公众用户对违反安全规程的行为负责，是极其困难也极其昂贵的。一般而言，要防范来自公众用户的威胁，最佳措施之一就是加固网站或其他设施，从而尽可能地防范各类攻击。加固（harden）网站是指采取特别的措施来降低系统的脆弱性。被加固过的网站使用的是特殊版本的操作系统，会锁定或剔除不需要的操作系统特性与功能。加固实际上是一种技术防护措施，但我们在这里将其作为防范公共用户攻击的一种重要防护措施。

最后，要注意的是，与公众及部分业务伙伴之间的商业关系不同于与临时人员及供应商之间的商业关系。公众和一些业务伙伴可以使用信息系统获得利益，因此，防护措施需要保护这些用户免受组织内部安全问题的影响。心怀不满的员工恶意更改网站价格可能会损害公众用户及业务伙伴的利益。正如一位 IT 经理所言："我们需要保护他们不受到来自我们的伤害，而不是保护我们自己。"

● 账户管理

用户账户、密码和服务台政策及规程的管理是另一项重要的人员防护措施。

账户管理

账户管理涉及创建新的用户账户、修改现有账户权限和删除不需要的账户。信息系统管理员负责执行所有这些任务，但账户用户有责任通知管理员需要执行这些操作。信息系统部门应该为此制定标准规程。作为未来的用户，你可以及早将更改账户的需求通知信息系统人员，这样可以增进你们之间的关系。

保留不再需要的账户是一个严重的安全威胁。信息系统管理员不知道应该在什么时候删除某个账户；此事要由用户和经理告知。

密码管理

密码是一种主要的身份验证手段。它不仅对于访问用户的计算机很重要，而且对于用户可能访问的其他网络和服务器的身份验证流程也很重要。鉴于密码的重要性，美国国家标准和技术研究院建议组织要求员工签署类似于图 10-13 所示的声明。

创建账户后，用户应该立即把账户的初始密码改为自己创建的密码。事实上，架构良好的系统要求用户在第一次使用系统时就更改自己的密码。

此外，用户应该经常修改密码。有些系统要求用户每三个月修改一次密码，或更频繁地修改密码。用户抱怨修改密码很麻烦，但频繁修改密码不仅可降低密码丢

> 我在此确认本人已收到与下列用户身份相关的系统密码。我知道我有责任保护密码，我将遵守所有相应的系统安全标准，不会向任何人泄露我的密码。我也知道，当我在使用密码遇到任何问题时或有理由相信我的密码已经泄露时，我必须向信息系统安全主管进行报告。

图 10-13   账户确认声明示例

资料来源： National Institute of Standards and Technology, *Introduction to Computer Security: The NIST Handbook*, Publication 800–812.

失的风险，而且，一旦发生密码泄露的情况，损失的严重程度也会降低。

有些用户会创建两个密码，并在这两个密码之间来回切换。这种策略会导致账户安全性降低，而且有一些密码系统不允许用户重复使用最近使用过的密码。同样地，用户也可能会觉得这个政策很麻烦，但它很重要。

服务台政策

过去，服务台长期以来都是一个严重的安全隐患。忘记密码的用户会打电话给服务台，请求服务台的工作人员告诉自己密码，或者帮助重置密码。"没有它我就看不到报表！"曾经是（现在也是）一句常见的抱怨。

当然，服务台工作人员的问题在于他们无法确定和自己交谈的对象是真正的用户还是假冒的用户。他们进退两难：如果他们不以某种方式提供帮助，服务台就会被认为是"一个摆设"。

为了解决这类问题，许多系统为服务台工作人员提供了一种验证用户身份的方法。通常，服务台会问一些问题，只有真正的用户才知道正确答案，比如用户的出生地、用户母亲的姓氏或用户的某个重要账号的后四位数字。一般来说，当密码得到更改时，更改通知将通过电子邮件发送给用户。正如你所了解到的那样，电子邮件是以不加密的明文形式发送的，因此新密码本身不应该通过电子邮件发送。如果你在没有请求重置密码的情况下收到了密码被重置的通知，请立即联系 IT 安全部门。这说明有人已经盗用了你的账户。

服务台的所有这些做法都降低了安全系统的强度，而且，如果相关用户的岗位足够敏感，这些做法可能会造成极大的漏洞。在这种情况下，只能说这名用户的运气不好。他的账户应该被删除，而他必须按流程重新申请账户。

● 系统规程

表 10-3 展示的是规程的不同类型——正常操作、备份和恢复。每个信息系统都应该具备这三种类型的规程。例如，订单输入系统应该具备这些规程，互联网店铺、库存系统等也应如此。标准化规程的制定和使用降低了内部人员进行计算机犯罪和其他恶意活动的可能性，也可以确保系统的安全政策得以执行。

表 10-3　系统规程

	系统用户	操作人员
正常操作	使用系统执行工作任务，采取与自己岗位的敏感性相匹配的安全措施	操作数据中心设备、管理网络、运行 Web 服务器、完成其他的相关操作任务
备份	为系统功能的丧失做好准备	备份网站资源、数据库、管理性数据、账户与密码数据以及其他数据
恢复	在系统故障时完成工作任务；了解在系统恢复期间要执行的任务	根据备份的数据恢复系统，在恢复过程中扮演服务台的角色

针对系统用户和操作人员，组织都要设置相应的规程。对于每种类型的用户，组织应该为其分别制定正常操作、备份和恢复的规程。作为未来的用户，你要重点关注用户的规程。正常操作的规程应该规定与该信息系统的敏感性相匹配的防护措施。

备份规程涉及在发生故障时创建备份数据。操作人员负责备份系统数据库和其他系统的数据，而部门人员则需要在自己的计算机上备份数据。值得思考的问题是："如果我明天弄丢了电脑或移动设备，会发生什么？""如果在机场安检时有人把我的电脑摔坏了该怎么办？""如果我的电脑被偷了怎么办？"……员工应该确保自己备份了电脑上的重要业务数据。信息系统部门可以通过设计备份规程和提供可用的备份设施来帮助员工做到这一点。

最后，系统分析人员还要制定系统恢复的规程。当一个关键系统不可用时，涉及的部门该如何管理其事务？即使没有关键的信息系统，客户也会想要订货，而生产部门也想要从库存中出货。该部门将如何应对？系统恢复服务后，如何将中断期间的业务活动记录输入系统？如何恢复正常服务？系统开发人员应该提出并回答这些问题以及其他类似的问题，并相应地制定规程。

● 安全监控

安全监控是我们将考虑的最后一项人员防护措施。重要的监控功能包括活动日志分析、安全测试、安全事故调查和教训总结。

许多信息系统程序会产生活动日志。防火墙会生成有关其活动的日志，包括所有丢弃的数据包、渗透尝试和来自防火墙内部未经授权的访问尝试的列表；DBMS 会生成登录成功和失败的日志；Web 服务器会产生大量的 Web 活动日志；个人电脑的操作系统会生成登录日志和防火墙活动日志。

除非有人查看，否则这些日志对组织没有任何价值。因此，一项重要的监控功能是分析这些日志，从而获知来自外界的威胁模式、攻击是否成功，也可以获得与安全漏洞有关的证据。

今天，大多数大型组织都在主动调查自己的安全漏洞。它们可能会使用 Tenable 公司的 Nessus 或 HCL 公司的 AppScan 等工具来评估自己的漏洞。

许多组织创建了蜜罐（honeypot），这是故意吸引计算机犯罪分子攻击的虚假目标。对攻击者来说，蜜罐看起来像一个特别有价值的资源，比如一个不受保护的网站，但实际上该网站仅有的内容是一个用以确定攻击者 IP 地址的程序。组织可以使用免费的在线工具追踪该 IP 地址，以确定是谁攻击了它们。如果你有技术头脑，且注重细节，又有好奇心，这个领域的安全专家的工作对你而言几乎就像电视剧《犯罪现场调查》一样刺激。

另一项重要的监控功能是调查安全事故。问题是怎么发生的？组织是否已经建立了防护措施以防止此类问题再次发生？该事件是否表明安全系统的其他部分存在漏洞？我们能从这起事件中吸取什么教训？

系统安全处在一个动态的环境中。由于组织结构正在变化，组织可能会被收购或出售，也可能会进行合并。在这种情况下，新系统需要新的安全措施。新技术改变了安全环境，新威胁则层出不穷。安全人员必须不断地监测形势，并确定现有的安全政策和防护措施是否充分。如果需要进行调整或更改，安全人员就要采取相应的行动。

保证安全与保证质量一样，是一个持续的过程。安全的系统或组织不是最终形态。相反，组织必须持续进行安全监控。

10.8　组织应该如何应对安全事件

接下来我们要讨论安全计划的最后一个组成部分，即应急响应。主要因素如图 10-14 所示。首先，作为安全计划的一部分，每个组织都应该有一个应急响应计划。任何组织都不应该等到某些资产丢失或受到损害后才决定该做什么。应急响应计划应该包括员工要如何对安全问题做出反应、他们要联系谁、他们要如何报告以及可以采取哪些措施来减少进一步的损失。

> » 制订计划
> » 集中报告
> » 具体响应
>   – 速度
>   – 充分准备
>   – 别把问题弄得更糟
> » 演习

图 10-14　应急响应的影响因素

让我们以病毒为例。应急响应计划应该规定，员工在发现病毒时需要做什么。该计划应该详细说明要与谁联系以及要做什么；该计划可能会规定员工应该关掉电脑并断开网络连接；该计划还应该指明使用无线联网电脑的用户应该做什么。

该计划应该提供所有安全事故的集中报告，这种报告将使组织能够判定它是否受到了系统性攻击，或者本次攻击是否为孤立事件。集中报告还允许组织了解其面临的安全威胁，以采取一致的响应措施，并将专业知识应用于所有安全问题。

当事故发生时，响应速度是最为重要的。事件持续的时间越长，付出的代价就越大。病毒和蠕虫可以在一个组织的网络中迅速传播，快速地响应将有助于减轻后果的严重程度。为了提高响应速度，组织要做好充分的准备。应急响应计划应该确定关键的负责人员及其下班后的联系信息。这些人员应该接受培训，知道自己要去哪里、到达那里后要做什么。如果没有充分的准备，好心做坏事的风险就会很大，会使问题变得更糟。此外，胡乱指挥的古怪想法很容易被疯传，而一批见多识广、训练有素的人员将有助于平息此类谣言。

最后，组织应该定期开展应急响应演习。如果没有这样的演习，员工会对应急响应计划知之甚少，并且计划本身可能也存在缺陷，而这些缺陷只有在演习中才会暴露出来。

本章的知识对你有什么帮助

　　本章的知识帮助你理解了何为计算机安全威胁，这些知识无论是对于你个人，还是对于你为之工作的任何组织，都是有帮助的。你知道你和你的组织都必须权衡损失的风险和防护措施的成本。你已经掌握了一些必备技术，以保护自己的计算设备和数据。你知道组织应该如何应对安全威胁。本章向你介绍了技术、数据和人员的防护措施，并总结了组织应该如何对安全事件做出响应。

　　再强调一遍：最重要的是，设置并使用强密码！

创新指南

来自黑帽安全技术大会的新信息

　　美国的黑客、安全专家、学者和政府工作人员每年都会涌向拉斯维加斯，参加两场世界上规模最大，也极为出名的安全会议：黑帽安全技术大会和 Def Con 极客大会。黑帽大会更多地是为一群专业的学术安全专家、组织和政府实体服务，而极客大会则吸引了更多黑客社区的普通成员。尽管这两场会议的目标受众不同，但前往拉斯维加斯参会的人通常是两个大会都参加的，因为一个大会会紧接着另一个召开。

　　每年的发言人都会就黑客如何发动攻击进行简短汇报。发言人会详细展示如何利用硬件、软件、协议或系统中的漏洞。大会的某个议程可能会教你如何侵入你的智能手机，而另一个议程可能会教你如何把自动取款机里的钱取光。

　　大会鼓励组织修复产品漏洞，它也是黑客、开发人员、制造商和政府机构的教育论坛。以下是黑帽大会和极客大会的部分主题。

深度伪造

近几年的许多讨论都集中在深度伪造（Deepfake）技术上，即让计算机生成图像（可以是照片，也可以是视频），其中一个人的肖像被另一个人的肖像替换。利用强大的人工智能和机器学习技术，创造高保真的深度伪造图像是可能的。随着时间的推移，技术的处理能力不断增强，可以用来制作这些照片和视频的专业软件也越来越普及，在互联网上出现的深度伪造作品数量也在急剧上升。

深度伪造视频早期主要运用于色情领域，其制作者将名人的脸和色情明星的身体融合在一起生成视频。更邪恶的是，深度伪造制作者用同事、同学或前任的脸制作色情视频。

计算机生成的深度伪造视频质量如此之高，以至于其受害者声称视频是假的，也可能无人相信。能够识别出这些假视频并维护信息的真实性已成为人们关注的当务之急。在 2019 年度的黑帽大会上就有人提出了一些新的方法。

物联网

物联网设备正在逐渐进入千家万户。如今，走进朋友或邻居的家中，看到智能恒温器、Wi-Fi 或蓝牙照明、联网的安全摄像头或婴儿监视器、智能电视、智能扬声器、数字助手等设备，这些人们都已经司空见惯了。

物联网设备的一个基本特征是，它们必须易于配置并与其他物联网设备集成——例如，与智能安全系统相连的智

能照明设备，在警报响起时，便会闪烁红光。

物联网设备的另一个重要特征是，它们必须由直观的应用程序和数字助理轻松控制——例如，房主走进黑暗的房子，呼唤 Alexa 数字助手即可开灯。

物联网设备和应用程序之间的所有这些集成都意味着用于通信和管理这些设备的软件存在许多潜在的漏洞。如果物联网软件的开发者优先考虑安全性，那么成千上万种产品之间的集成就会困难得多。

极客大会和黑帽大会中经常会出现关于智能设备被黑客攻击的演示（通常非常容易实现）。2019 年，演示的重点是如何破解波音飞机多种不同型号的发动机，甚至是内部网络。

选举技术

2016 年的美国总统大选因各种关于虚假信息竞选的谣言和指控而蒙上了阴影，甚至连投票设备的可信度也受到了质疑。因此，信息安全专业人士和黑客都在密切关注选举过程中使用的一切技术。

为了找出可能用于攻击投票机的黑客技术，极客大会创建了"投票村"，加入者可以直接访问各种在当今选举中仍在被使用的技术模型。

投票村的一个亮点是美国国防部高级研究计划局提供了一款其开发的新型微处理器，让人们有机会破解它。组织越来越依赖外部安全专家来识别其产品和数字服务中的漏洞——这只是这类合作的又一个例子。

问题

1. 深度伪造视频对世界政治、金融或国家安全有什么影响？
2. 你认为制作和发布深度伪造视频违法吗？
3. 考虑到物联网设备的安全控制能力较差，你对使用物联网设备持什么立场？冒险使用它们值得吗？
4. 如果你可以参加黑帽大会或极客大会，你最感兴趣的主题是什么？请解释原因。

安全指南

利用技术降低危机带来的风险

保障信息安全的一种关键手段是识别风险并确定处理该风险的最佳行动方案。思考信息安全风险的一种常见方式是将其比作中世纪的城堡。这样的城堡以利用各种各样的安全措施来保证城堡内部人员和资源的安全而著称，相关的安全措施包括建造吊桥、大门、护城河、内外墙、塔楼和城垛等。

要攻陷具备这些防御措施的城堡，需要周密的计划、大量的资源、充足的时间以及制胜的战略。在通常情况下，当外部威胁势力感觉难度太大而决定不浪费时间、精力或资源攻入城堡时，城堡的防御就会成为一种有效的威慑。

数字防御

在数字世界中，组织会使用各种防御措施来保证其网络、系统和数据的安全。例如，物理安全措施（如限制停车、门口刷卡、办公室大厅的签到站以及对办公楼某些区域实行基于职能的访问控制）有助于确保未经授权的人员无法实际访问敏感系统和数据。

防火墙和入侵检测系统这样的数字防御措施有助于确保不法分子无法进入敏感的内部网络并窃取、修改、删除或破坏数据。此外，安全教育、培训和相关的安全政策有助于确保"城堡"里的人不会在不经意间打开"门"或"窗"，从而导致敌人轻易进入。

组织除了可以使用常规安全措施来构建安全的数字城堡，还可以使用其他机制来确保在发生其他风险（如自然灾害）时，组织能存续下去。

例如，灾难恢复计划和业务持续性计划应该落实到位，这样，一旦受到攻击，组织就有了一个可以恢复关键系统的规程，同时也增加了在危机期间维持一定程度的正常业务操作的可能性。

1. 本文中列出的许多解决方案都需要从员工那里收集数据。你认为雇主有权利收集这些类型的数据吗?
2. 很早之前就有将信息安全比作数字城堡的比喻。然而,随着笔记本电脑、移动设备、可穿戴设备等的大规模普及,技术领域发生了巨大变化。你认为数字城堡模式在今天仍然适用吗? 请解释具体原因。

问题

姓名: 克里斯·海伍德
公司: 诺斯罗普·格鲁曼 (Northrop Grumman) 公司
职位: 网络系统工程师
教育: 卡耐基梅隆大学、韦伯州立大学

1. 您是如何获得这份工作的?

从大学三年级开始,我就知道自己想从事网络安全方面的工作。因此,我开始申请各种网络安全方面的职位,并参加我能找到的每一场招聘会。我反复练习面试,努力理解网络和安全方面的技术概念。最终,我的努力得到了回报,我在网络安全领域获得了第一份实习工作。实习工作结束不久,我便获得了硕士学位,然后在现在的公司找到了另一份实习工作。这次实习工作非常成功,此后我便成了一名正式的网络系统工程师。我的成功并不是一蹴而就的,而是经过了很多努力和学习深造。但这一切都很值得!

2. 是什么把您吸引到这个领域的?

我一直认为,知道如何闯入系统并知道如何保护系统免受黑客攻击是一件很酷的事。在网络视频中看到黑客窃取用户名、密码甚至银行账户数据是多么容易之后,我便发现自己有志于保护自己和他人免受黑客的恶意侵害,并保障我们的信息安全。

3. 您典型的一个工作日是怎样的 (在职责、决策、问题方面)?

我每天的工作都很不一样。有时我可能会在高度敏感的系统中寻找漏洞,有时我可能会为我们的公司制定政策。我大部分时间都在查看系统,根据我发现的漏洞来判断系统有多大的网络安全风险,然后制定更好的计划去保护这些系统。每天我都得面对独特的挑战,我喜欢解决这些问题。

4. 对于您的工作,您最喜欢的是哪一点?

在安全行业工作给了我很多机会去学习如何让不断变化的技术变得更安全。

热爱工作带给我的最大的好处是，工作对我来说更像一种爱好，而不像一份工作。我开始学习如何从物理层面和虚拟层面闯入系统、保护系统、加密通信、设计安全网络以及如何在公司系统中发现威胁。

5. 要做好您的工作，需要具备哪些技能？

当我为团队招聘人员时，我看中的主要是与他人沟通的能力和在团队中工作的能力，还有不断学习的愿望。拥有技术和分析背景对从事网络安全的人来说也很有帮助。

6. 在您的工作领域，学历和证书重要吗？为什么？

学历和证书在网络安全领域非常有用。许多企业会要求员工至少拥有 IT 相关领域的学士学位，并持有至少一项网络安全认证。该认证使你能够有效地证明你的网络安全知识可以保护企业的信息技术。随着新的网络威胁和漏洞不断涌现，继续学习网络安全知识是至关重要的。

7. 您对那些想在您的领域工作的人有什么建议？

努力理解信息技术是如何工作的，不要害怕尝试。设置实验室和虚拟机，用来帮助你了解网络、系统管理和网络安全的工作原理。应用你在课堂上学到的东西，并尽可能多地通过实践积累经验。开始在你的家庭网络中运行免费的网络安全工具，并成为这方面的专家。观看有关如何设置、利用和保护网络环境的视频教程。最重要的是，保持愉悦的心情，享受学习网络安全概念的过程。

8. 您认为未来十年热门的科技工作是什么？

我认为未来十年仍会有很多热门的科技工作出现。科技不会很快衰落，我预计科技行业对专业人士的需求将达到最高点。我们将开始在物联网、云、机器人、数据科学、软件工程和网络安全领域看到更多的工作岗位。现在正是加入科技领域的好时机！

道德指南

白帽黑客，被投反对票

霍华德（Howard）盯着电话等待接听下一个来电——出乎意料的是，又过了几分钟，红灯才闪烁，刺耳的铃声响起，霍华德慌忙接听了电话。"您好，感谢您致电客服……今天我能为您做些什么？"每次他说出这些话时，他都感觉自己的内心要崩溃了。他不知道在崩溃之前这份工作自己还能坚持多久。

霍华德已在客户服务中心工作几年了。这份工作是他在上学期间解决经济问题的兼职。然而，他的志向并不是服务客户，而是做信息安全方面的工作。

他目前是管理信息系统专业的本科四年级学生，正在钻研与安全追踪有关的问题。他花了几年时间在不同的专业之间摇摆不定，但幸运的是，他终于找到了能让他兴奋的方向。

他如此热爱信息安全工作，以至于对他来说，信息安全更像是一种爱好，而不是他被迫学习的东西。他从来不会向朋友承认这一点，周末他会告诉朋友们他不能和大家在一起，实际上他会在家里读关于黑客的书、测试自己新发现的安全软件，或者通过浏览安全网站和留言板的方式了解安全领域的最新消息。

然而，他已经开始厌倦在家里的网络上折腾了。当然，使用隐写术（steganography）应用程序在图像中隐藏数据一开始很酷，但在用过几十次之后，他就感觉没意思了。他使用网络封包分析软件进行数据包嗅探，在一段时间里他乐在其中，但他的家庭网络只连接了几台设备，所以没有太多的流量可以检查。他需要一个更大的沙箱来测试自己的技能。

为了解决这些问题，他决定把笔记本电脑带到办公室，这样他就可以在公司网络上实验他的安全工具了。这家公司不大，IT 团队显然不太受重视，人手也不足。

霍华德想：如果他能在网络上发现一些问题，并把它们展示给老板，也许他就可以去 IT 团队工作，也就可以离开客服部门了。他基本上就是做了白帽黑客所做的事情，只是不收费而已。这怎么会有问题呢？

白帽黑客

霍华德只花了大约一个星期的时间就在公司网络上收集了大量的数据。尽管作为员工他有权限访问呼叫中心的 Wi-Fi 网络，但他想假装成外部黑客，看看自己是否能入侵呼叫中心并找到一些敏感数据。他使用自己在网络上找到的方法破解了 Wi-Fi，然后开始使用他的数据包嗅探工具进行搜索。他很快发现，公司的呼叫中心定制开发的软件平台几乎没有任何的安全措施。

事实上，似乎每个用户的凭证每隔几分钟就会在数据包报头中以明文形式被发送——在大约半小时内，霍华德就记下了当班的所有人，甚至包括他上司的用户名和密码。

有了这张员工凭证列表，他就想去找更有价值的东西——人力资源系统。他知道人们倾向于在多个账户中重复使用相同的密码，所以他想，在被用于呼叫中心系统的密码中，会有很大一部分也会被用作人力资源平台的密码。

登录上司的人力资源系统账户似乎有点过分，所以他测试了几个呼叫中心同事的密码。五个密码中有三个有效，他能够登录他们的人力资源系统账户。他觉得查看别人的薪酬单或过于敏感的东西不妥，所以他只是截屏了他们的联系方式并将其添加到了他收集所有其他文件的文件夹中。

最后，他把文件保存到了一个 U 盘上。"我要成为英雄了！"他一边自言自语，一边穿过大厅去找他的上司谈话。走到拐角的时候，他在想，如果他坐到了 IT 安全人员的位置上，公司会给他多少薪水——公司怎么可能会拒绝他的要求呢？

被投反对票

霍华德花了整整 15 分钟的时间侃侃而谈。他解释了他是如何一步一步地入侵公司网络、取得用户凭证，并最终找到了进入多个人力资源系统账户的方法的。他越说越兴奋。

由于太兴奋，他并没有注意到上司的态度逐渐从不自在变为恼火，最后则是勃然大怒。霍华德讲完后，请求上司在下次有 IT 人员岗位空缺时考虑一下自己。但他随后被上司的回答吓了一跳：

"霍华德，我不确定你是否认识到了这种情况的严重性。我们希望公司安全吗？当然！我们会把你的分析报告交给 IT 部门，让工厂安全人员加固这些漏洞。但是，你的所作所为，性质是非常恶劣的。

"第一，你利用上班时间当黑客，我们付工资给你不是让你做这个的。第二，你登录多名同事的人力资源系统账户，侵犯了他们的隐私。虽然你只是把相对无害的信息截了屏，但我无法确定你有没有查看其他更敏感的信息。第三，你把所有这些信息，包括你做黑客的方法，都存到了一个 U 盘里。如果有人拿走了你的 U 盘，或者你在出去的路上把它丢在了停车场，这该怎么办？你这样做无异于为别人做好了一个'黑客大礼包'，心怀不轨的人利用这些信息有可能给公司造成非常严重的损失！

"我必须请你立即离开公司，在我和管理层谈过之前请你暂时不要回来——我需要再考虑一下这件事，但我担心你在这里的工作很难继续做下去了。"

霍华德简直不敢相信自己的耳朵。他只是在尝试练习自己的安全技能，同时也在帮助公司找出漏洞——他是在试图保护公司啊！他并没有违反法律，而且他认为，根据员工手册中的规定，他并没有做错任何事情。当他走向他的车时，他想知道自己是否还能再次回到这个地方。

1. 思考：霍华德在未经批准的情况下调查和报告公司网络中的安全漏洞——这是他工作职责之外的事。
   a. 根据绝对命令（第 1 章）的观点，这种行为是道德的吗？
   b. 根据功利主义（第 2 章）的观点，这种行为是道德的吗？
2. 你觉得那些被霍华德查看过账户的员工如果知道了他的行为会作何反应？

问题

3. 如果霍华德请求上司让自己开展这种活动，你认为上司会批准吗？

4. 如果你是霍华德的上司，你会怎么做？如果员工手册中没有任何与这种活动相关的内容，霍华德也没有违反法律呢？这个条件会改变你对此事的反应吗？

第 10 章要点回顾

请使用本部分验证你是否理解了回答本章学习目标中的问题所需的想法和概念。

1. 信息系统安全的目标是什么？

- 请定义威胁、漏洞、防护措施和目标，并各举一例。请列出三种威胁和五种安全损失。举例说明表 10-1 中的每一行内容。总结表 10-2 中的每个元素。请解释为什么人们很难统计计算机犯罪造成的真正损失。请解释信息系统安全的目标。

2. 计算机安全问题有多严重？

- 请解释为什么总的来说人们很难知道计算机安全问题的真正严重程度，而计算机犯罪尤其如此。列出这个问题的要点并解释每个要点的含义。

3. 你应该如何应对安全威胁？

- 请解释图 10-4 中的每个元素。定义 IDS 并解释为什么使用 IDS 程序是有效的。定义暴力破解和凭证填充。总结强密码的特征。解释为什么你的身份和密码的作用不仅限于打开电脑。定义缓存并解释为什么使用可以清除缓存的程序是在计算机安全与付出的代价之间权衡的好例子。

4. 组织应该如何应对安全威胁？

- 说出并描述高级管理层应该重视的两个安全职能。总结安全政策应该包含的内容。描述人们出现安全疲劳的原因以及该如何预防它的出现。解释它对风险管理而言意味着什么。总结组织在平衡风险和成本时应该采取的步骤。

5. 技术防护措施如何防范安全威胁?

- 请列出五项技术防护措施。定义身份识别和身份验证。描述三种类型的身份验证方式。解释 SSL/TLS 是如何工作的。定义防火墙并解释其应用。定义恶意软件,并列出六种类型的恶意软件。描述六种防范恶意软件的方法。总结一下,为什么恶意软件是一个严重的问题。解释 iMed Analytics 公司为了安全起见是如何设计自己的系统的。

6. 数据防护措施如何防范安全威胁?

- 请定义数据管理和数据库管理,并解释它们的区别。列出数据防护措施都有哪些。解释 GLBA、HIPAA、GDPR 和 PCI DSS 等法律法规是如何保护消费者数据的。

7. 人员防护措施如何防范安全威胁?

- 请总结图 10-11 中的每个活动对应的人员防护措施。总结与非员工相关的人员防护措施。描述账户管理防护措施的三个方面。解释系统规程为何属于人员防护措施。描述安全监控技术。

8. 组织应该如何应对安全事件?

- 请总结组织在处理安全事件时应该采取的行动。

本章的知识对你有什么帮助

总结你从本章中学到的知识,并解释为什么这些知识有助于你成为一名更好的商务专业人士,同时也有助于你成为一名更好的员工。说出你当下最应该做的事情,然后就去行动吧!

第 11 章

信息系统管理

● **本章学习目标**

» 信息系统部门的职能及组织结构是什么?

» 组织如何规划信息系统的使用?

» 外包的优缺点是什么?

» 你的用户权利和责任是什么?

● **预期学习成果**

» 能够讨论信息系统部门的职能,以及它可能执行的标准和政策。

"开发人员——我们需要更多的开发人员来处理物联网医疗设备的数据集成问题，开发人员还要负责与坦帕综合医院的系统集成，为用户开发在线控制面板，搭建后端系统，并帮助他们编写机器学习方面的代码。"埃米丽不情愿地对贾丝明说。

"需要多少这样的开发人员呢？"贾丝明问。

埃米丽清了清嗓子说："需要很多……其实物联网医疗设备是一个非常新的领域，所以目前还没有实现全行业的标准化。我们可能要为每个设备提供不同的界面。每个制造商都有自己的软件开发工具包，并希望你针对其平台进行开发。为智能手表开发应用程序相当简单，但像血氧仪、血压计、血糖监测仪和智能秤等设备的接口则更难开发一些。因此，很难找到懂行的人。"

贾丝明在椅子上挪了挪身子，身体前倾说："这要怎么运行呢？"

埃米丽指着她的智能手机说："最根本的是我们要让 iMed 系统的移动应用程序能够通过蓝牙连接到每个物联网医疗设备。医疗设备将数据发送到我们的 iMed 应用程序，然后再返回给我们进行分析。从那里，我们可以与医院和医生共享，或者也可以通过在线患者控制面板获得数据信息。但是，我们需要更多的开发人员来开发我们的后端系统和网络界面，并帮助乔斯进行机器学习的开发。"

"哇，可是这要花多少钱呢？"贾丝明一脸惊讶地问。

"也没有你想的那么多。"乔斯插话说。"我有几个研究生朋友，他们可以在机器学习方面提供帮助。我们可以把一些繁重的工作外包给他们，他们也乐意赚些外快。"

"说到外包，"埃米丽小心翼翼地说，"我以前在酒店行业工作，我们会把应用程序开发工作外包给印度人，这样可以省下一大笔钱。我认识一个叫齐亚安（Kiaan）的印度人，他说不定能开发所有这些应用程序，还能进行后端系统、网络界面和与坦帕综合医院的整合工作。"

"说不定？这是什么意思，什么叫说不定？"贾丝明知道埃米丽在几家初创公司都做出过不错的成绩，但她不会把钱投到一个不确定的结果上。

"是这样的，我以前和齐亚安合作过，他开发了一个很棒的 C# 应用程序。他在印度管理着一支开发团队，产出质量一直很稳定。但他现在忙着自己的业务，他就住在印度。"

"埃米丽，我感到很担忧。我对在印度做生意一窍不通。如果那家伙拿了我们的钱跑了怎么办？"贾丝明强调道。

"哦，我们可以按量付费，如果遇到问题，可以随时更换开发团队。虽然那样会很麻烦，但情况不至于变得太糟。老实说，我不认为这会有什么问题，我和他合作过，他的为人我了解。"

"印度离我们太远了。如果他把密码给了别人怎么办？或者把我们的想法告诉了别人呢？如果我们在他的代码里发现了非常严重的错误却找不到他本人来修复呢？如果他完成了三分之二的工作，然后又去做别人的项目了怎么办？"贾丝明抛出了一串的问题。

"我同意，一切都有风险。但在我们这里开发程序的成本是在印度的四到六倍。"埃米丽耸耸肩说。

"把战略应用程序的开发工作外包出去，似乎太过冒险了。"贾丝明摇着头说。

埃米丽看出了贾丝明脸上的担忧。"这确实有风险，而且，这比雇用本地开发人员风险更大。但是，找本地开发人员也会有风险。你想试着雇用当地的开发人员吗？"

贾丝明顿了顿，若有所思地看着桌子。"不，我认为外包给印度可能是我们最好的选择，至少是我们目前能负担得起的选择。埃米丽，你能约一下齐亚安吗？我希望在我们三人都在场的情况下听听他怎么说。"

"没问题，我明天就给他打电话。佛罗里达和印度有九小时的时差。现在是印度晚上十点。因为需求文件需要几天时间才能完成，所以我现在还无法从他那里得到报价。"埃米丽边说边在手机上做笔记。

"很好，你还能拿到本地开发人员的报价吗？我想看看如果我们决定把这个外包出去会有什么不同。"

"当然可以。只是有一个问题——本地开发人员也可能把它外包出去。"

"你是说，不管怎样我们都得把钱付给齐亚安？"

埃米丽露出微笑。"恐怕是的，也有可能不是。说实话，我也不确定，明天再看吧。"

11.1   信息系统部门的职能及组织结构是什么

信息系统部门的主要职能如下:

» 规划信息系统的使用,完成组织目标和战略;
» 管理外包关系;
» 保护信息资产;
» 开发、操作和维护组织的计算基础设施;
» 开发、操作和维护应用程序。

我们将在本章的第 11.2 节和第 11.3 节中讨论前两个职能。保护职能我们已经在第 10 章中讨论过。后两个职能对信息系统专业的学生来说很重要,但对其他商务专业人士来说就不那么重要了,在这里我们暂且不讨论这两个职能。为了顺利地完成对本章的学习,我们先来了解一下信息系统部门的组织结构。

● 信息系统部门是如何组织的

图 11-1 展示了典型的高层汇报关系。正如你将在管理课程中学到的一样,组织结构取决于组织的规模、文化、竞争环境、行业和其他因素。规模较大的组织会设置独立部门,并且有一组高级管理人员负责每个部门,而规模较小的组织可能会合并一些部门。请仔细观察图 11-1 中的典型结构。

信息系统部门主要管理人的头衔因组织情况不同而异,常见的称谓是首席信息官(chief information officer,CIO),其他常见称谓是信息服务副总裁、信息服务主管,以及不太常见的计算机服务主管。

在图 11-1 中,CIO 和其他高级管理人员一样,要向首席执行官(CEO)汇报,但有时候这些高管要向首席运营官(chief operation officer,COO)汇报,再由后者向 CEO 汇报。在一些组织中,CIO 要向首席财务官(chief financial officer,CFO)汇报,如果该组织的主要信息系统只支持会计和财务活动,这种报告安排就是合理的。但在另一些组织中,例如制造厂商,它们使用的是重要的非会计信息系统,图 11-1 所示的结构则更为常见和有效。

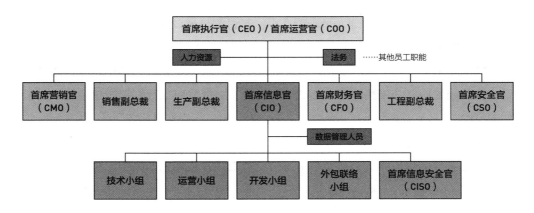

图 11-1　典型的高层汇报关系

在不同的组织内，信息系统部门的结构也不尽相同。图 11-1 展示的是一个典型的信息系统部门，它由四个小组和一个数据管理职能人员组成。

大多数信息系统部门都有一个技术小组，负责调查新的信息系统技术，并确定组织可以如何从中受益。例如，现在有很多组织都在研究如何利用社交媒体和弹性云带来的机会，并规划如何利用这些技术来更好地实现自己的目标。首席技术官（chief technology officer，CTO）通常会领导技术小组。CTO 负责评估新技术、新想法和新功能，并确定哪些与组织最为相关。CTO 的工作需要对信息技术有深入的了解，并有能力为组织设想和创新应用程序。

图 11-1 中的第二个小组是运营小组，负责管理计算基础设施，包括单个计算机、内部服务器群组、网络和通信媒体。该小组由系统管理员和网络管理员构成。你将了解到，这个小组的重要功能之一便是追踪用户体验并回复用户的问题。

在图 11-1 中，信息系统部门的第三个小组是开发小组。这个小组负责管理新信息系统的开发过程，并维护现有的信息系统。（你将在第 12 章中了解到，在信息系统环境中，维护意味着修复问题或调整现有信息系统以支持新的特性和功能。）

开发小组的规模和结构取决于程序是否在组织内部开发。如果不在，这个小组将主要由业务人员和系统分析师组成，他们与用户、运营小组和供应商一起获取和安装授权软件，并围绕该软件设置系统组件。如果在组织内部开发程序，这个小组还将包括程序员、测试工程师、技术文档工程师和其他开发人员。

在图 11-1 中，最后一个信息系统部门的小组是外包联络小组。与其他公司达成外包协议的组织会设立外包联络小组，负责提供设备、应用程序或其他服务。你将在本章后面的部分了解到更多有关外包的内容。

图 11-1 还包括数据管理人员职能小组，其目的是通过建立数据标准、进行数据管理实践并制定相关策略来保护数据和信息资产。

如图 11-1 所示，信息系统部门的结构会有很多变化。在较大的组织中，运营小组本身可能是由几个不同的部门组成的。有时，数据仓库和数据集市也会有自己单独的小组。

在查看图 11-1 时，请记住 IS 和 IT 的区别。信息系统（IS）的存在是为了帮助组织实现其目标和目的。信息系统由五个要素组成，我们在本书中已讨论过。信息技术（IT）只是一门技术，它涉及产品、技能、程序和基于计算机的技术设计。组织在使用信息系统之前，必须将信息技术置于信息系统结构之中。

安全官

塔吉特公司（Target Corp.）在损失了 9800 万份客户账户信息后，设立了一个新的 C 级安全岗位，以防止此类损失出现。许多受到大规模数据泄露影响的组织都在设立类似的行政安全岗位。首席安全官（chief security officer，CSO）负责管理组织所有资产的安全，包括实物厂房和设备、员工、知识产权和数字资产等。首席安全官会直接向首席执行官汇报。首席信息安全官（chief information security officer，CISO）负责管理组织信息系统和信息的安全，并向首席信息官汇报。

这两个岗位都涉及人员管理，同时也需要很强的变通技巧。无论是首席安全官还是首席信息安全官，对他们要保护的活动都没有直接的管理权力，也不能通过直接命令来强制执行组织的安全计划。相反，他们需要教育、鼓励，甚至诱导组织的管理层认识到遵守安全计划的必要性。

有哪些与信息系统相关的工作岗位

信息系统部门可以提供很多有趣且收入颇高的工作岗位。许多开始学习管理信息系统课程的学生认为，信息系统部门只由程序员和技术支持工程师组成。如果你对信息系统的五个要素进行思考，就能理解为什么这不是真的了。对于信息系统的数据、规程和人员等要素，都需要具备极强人际沟通技巧的专业人员来进行管理。

表 11-1 总结了信息系统行业的主要工作岗位。除了技术支持工程师，可能还有

QA（quality assurance，质量保证）测试工程师，所有这些职位都需要候选人拥有四年制的大学学位。此外，除了程序员和 QA 测试工程师，其他职位都需要候选人具

表 11-1　信息系统行业的工作岗位

岗位	职责	知识、技能和性格要求
技术销售	销售软件、网络、通信和咨询服务	学习能力强，产品知识丰富，专业销售技巧高超
网络管理员	监控、维护、修复并调整计算机网络	有诊断技能，对通信技术和产品有深入的了解
技术文档工程师	编写程序文档、帮助文本、规程、职责描述、培训材料	学习能力强，写作能力强，口头沟通能力强
技术支持工程师	帮助用户解决问题，提供培训	沟通和人际交往能力强，产品知识丰富，有耐心
系统分析师	与用户一起确定系统需求，设计和开发工作描述及规程，并帮助确定系统测试计划	良好的人际交往能力和沟通能力，具备商业知识和技术知识，适应能力强
程序员	设计和编写计算机程序	良好的逻辑思维和设计能力，掌握一种或多种编程语言
IT 业务分析师	与业务领导和规划人员合作，制定实施组织战略和目标的流程及系统	具备商业计划、战略、流程管理和技术等方面的知识；能处理复杂情况，着眼大局，着手细节；良好的人际交往和沟通技巧
商业智能分析师	与跨职能团队合作项目，分析组织数据	优秀的分析、表达、协作、数据库处理和决策能力
QA 测试工程师	开发测试计划，设计和编写自动化测试脚本，并执行测试	逻辑思维能力，基本的编程能力，出色的组织能力，注重细节
数据库管理员	管理和保护数据库	变通能力，具备数据库技术知识
IT 顾问	涵盖范围广：编程、测试、数据库设计、通信和网络、项目管理、安全和风险管理、社交媒体和战略规划	学习能力强，有企业家精神，善于沟通和人际交往；抗压能力强，具备工作方面的特定知识
IT 项目经理	启动、规划、管理、监督和结束项目	具备管理和人际交往能力，具备技术知识；极有条理
IT 经理	管理技术人员团队，管理新系统的实施。	具备管理和人际交往能力，具备批判性思维和非常强的技术能力
首席技术官（CTO）	就新兴技术向 CIO、执行团队和项目经理提供建议	学习能力强，具备良好的沟通能力，有商业背景，对 IT 有深入的了解
首席信息安全官（CISO）	管理信息系统安全程序，保护组织的信息系统和信息安全，管理信息系统安全人员	对安全威胁、防护措施和新兴的安全威胁趋势有深入的了解；具备优秀的沟通和变通技巧；是一名优秀的管理者
首席信息官（CIO）	管理 IT 部门，与行政人员就 IT 和 IS 相关事宜进行沟通；是执行小组的一员	卓越的管理能力，深厚的商业和技术知识，良好的商业判断力；是一名良好的沟通者；情绪稳定、不慌乱

备业务知识。在大多数情况下，成功的专业人士一般都有商科学位。还要注意的是，大多数职位都需要候选人具备良好的口头和书面沟通能力，包括信息系统在内的业务活动也是一种社会活动。

　　表 11-1 所列岗位的薪酬中位数和大致薪酬范围如图 11-2 所示。根据美国社会保障署的数据，美国普通工人 2019 年的薪酬中位数是 34 248 美元。CTO、CIO 和 CISO 的薪酬范围比这些职位高，因为它们需要候选人拥有更多的工作经验。

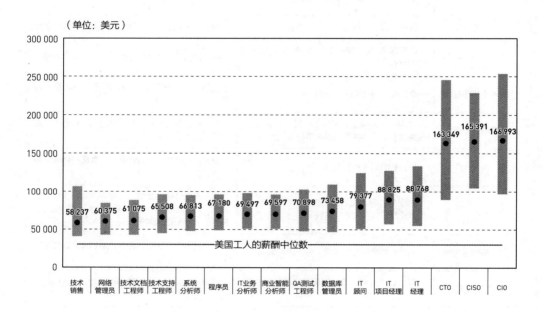

图 11-2　信息系统岗位薪资

资料来源：美国社会保障署、Payscale 网站。

　　信息系统工作的薪酬范围很广。那些经验丰富的专业人士在大公司工作的同时也在大城市生活，所以他们的薪酬比较高。不要指望刚一入行就拥有很高的薪酬。在图 11-2 中，所有的薪酬都是针对在美国的岗位的，并以美元为单位显示。

　　（顺便说一下，除了技术性强的岗位，商务专业知识可以增强你的市场竞争力。如果你有多余的时间，同时修两个专业是一个很好的选择。比较热门且前景光明的专业选择是会计加信息系统、市场营销加信息系统、管理加信息系统。）

11.2　组织如何规划信息系统的使用

让我们来讨论一下如何对信息系统的使用进行规划。图 11-3 列出了主要的信息系统使用规划。

● 使信息系统与组织战略保持一致

信息系统的目的是帮助组织实现目标。为了做到这一点，所有的信息系统都必须与组织的竞争战略保持一致。

回顾一下我们在第 2 章中学到的四种竞争战略。前两个战略是，一个组织可以是整个行业的成本领先者，也可以是行业细分下的成本领先者。或者，按照后两种战略，组织可以在整个行业内或在一个细分市场内实现其产品或服务的差异化。无论组织战略是什么，CIO 和信息系统部门都必须时刻保持警惕，使信息系统与其保持一致。

保持信息系统方向和组织战略之间的一致性是一个持续的过程。随着组织战略的变化，或者组织与其他组织的合并，或者部门被出售，信息系统必须随着组织的发展而发展。

但遗憾的是，信息系统基础设施并不具备延展性。改变网络是需要时间和资源的；整合不同的信息系统应用程序甚至会更慢，成本也更高，但这一事实往往不被管理层所重视。如果没有一个让人信服的 CIO，信息系统可能会被视为组织（抓住）机遇的拖累。

● 与管理团队沟通信息系统问题

前文提到的观察结果引出了图 11-3 中列出的信息系统规划的第二个功能。CIO 是管理团队中信息系统和信息技术问题的代表。在讨论问题解决方案、建议和新计划时，CIO 可以就信息系统相关情况发表观点。

例如，在考虑并购时，很重要的一点是组织要考虑并购企业中信息系统的整合。在评估并购机遇时，就需要考虑到这一点。很多时候，这些问题要在协议签署后才会被考虑，然而，事不宜迟，在考虑并购的经济因素时也要把整合成本算进去。让 CIO 参与高层讨论是避免此类问题的最佳方式。

> » 使信息系统与组织战略保持一致；当组织发生变化时，信息系统也要与组织战略保持一致
> » 与管理团队沟通信息系统／信息技术问题
> » 确定优先事项并在信息系统部门内执行
> » 成立指导委员会

图 11-3　信息系统／信息技术的使用规划

● 确定优先事项并在信息系统部门内执行

在图 11-3 中，信息系统规划的下一个功能涉及优先事项。CIO 必须确保优先事项与组织整体战略相一致，然后将其传达给信息系统部门。同时，CIO 还必须确保部门在对使用新技术的建议和项目进行评估时，能按照沟通好的优先事项进行。

尤其对信息系统专业人士而言，科技是极具吸引力的。CTO 可能会满怀激情地宣称："我们要把所有的报表服务转移到云端，这样我们就可以做这个、这个和这个了……"尽管事实确实如此，但 CIO 还必须不断发问：这些新的可能性是否与组织的战略和方向相一致？

因此，CIO 不仅要确定优先事项并就这些事项进行沟通，而且要去执行它们。部门必须尽早对每一项提案进行评估，以确定它们是否与组织的目标和战略相一致。

此外，任何一个组织都不可能把所有的好想法全部付诸实践。即使是与组织战略一致的项目，人们也必须确定其优先级。在时间和资金的限制下，信息系统部门的每个人都必须以尽可能开发最合适的系统为目标。经过深思熟虑和明确沟通的优先事项至关重要。

● 成立指导委员会

图 11-3 中最后一个规划事项是成立指导委员会。指导委员会（steering committee）由来自主要业务职能部门的一组高级管理人员组成，他们与 CIO 一起确定信息系统的优先事项，并在主要的信息系统项目和备选方案中做出决策。

指导委员会在信息系统和用户之间起着重要的沟通作用。在指导委员会中，信息系统人员可以与用户群讨论可能的信息系统计划和方向。与此同时，指导委员会为用户提供了一个论坛，以便让用户反馈对信息系统部门的需求、失望之处和其他相关问题。

通常，信息系统部门负责制定指导委员会的时间表和议程，并主持会议。CEO和其他管理人员则负责确定指导委员会的成员。

11.3　外包的优缺点是什么

外包（outsourcing）是雇用另一个组织来执行某项服务的过程。外包这种方式可以节省成本、获得专业知识和节省管理时间。

现代管理学之父彼得·德鲁克（Peter Drucker）曾说过："你的后屋正是别人的客厅。"比如，对大多数公司而言，经营自助餐厅并不是取得商业成功的基本要素，因此，员工餐厅就是一个"后屋"。谷歌公司希望成为搜索和移动计算硬件及应用方面的全球领导者，所有这些都有赖于不断增长的广告收入的支持。谷歌并不想让人知道它的自助餐厅经营得有多好，所以按照德鲁克的观点，谷歌最好聘请另一家专门从事餐饮服务的公司来运营其自助餐厅。

因为餐饮服务是某家公司的"客厅"，所以它更有可能以合理的价格提供优质的产品。将业务外包给餐饮供应商也可以让谷歌的管理层不必在自助餐厅方面投入太多的精力。食品质量、厨师调度、塑料叉子采购、废物处理等，这些都将是另一家公司需要关注的问题。这样，谷歌就可以专注于搜索、移动计算和广告收入增长等领域。

● 信息系统外包

现在，许多组织选择将部分信息系统业务外包出去，图 11-4 列出了一些常见的原因。请对每一组主要原因进行认真思考。

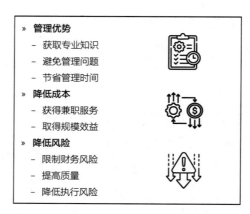

图 11-4　外包信息系统服务的普遍原因

管理优势

首先，外包是获得专业知识的一种简单方式。正如你将在第 12 章中学到的那样，iMed Analytics 公司想要开发自定义的物联网医疗设备应用程序和一个新的实时机器学习系统，但没有一个员工知道编码这类应用程序的具体情况。而外包是获取专业知识的一种简单且快捷的方式。

例如，表 11-2 展示了美国数据网站 Dice 的年度技术薪酬调查报告中排名前十的技能或经验。请注意，在 2020 年排名前十的技能中，只有一项在 2012 年也排名前十。科技的日新月异推动了人们对某些专业技术能力的需求的快速变化。

开发创新产品的组织可能缺乏必要的内部技术来生产它们。事实上，除非这些组织经常对现有员工开展关于最新技术的培训活动，否则员工可能并不具备必要的专业知识。外包和战略合作伙伴关系让组织能够生产出原本无法在内部生产的产品。

外包还可以避免管理问题。对 iMed Analytics 公司来说，建立一个大型的开发和测试团队可能超出了公司的需求，而且埃米丽和乔斯并不具备所需的管理技能。如果公司将开发功能外包出去，他们就不需要学习这些专业知识了。

同样地，一些组织选择外包是为了节省管理时间和精力。iMed Analytics 公司的埃米丽虽然具备管理新软件开发项目的技能，但她可能并不愿意在这件事上投入太多的时间。

还要注意的是，这里说的时间不仅仅是艾米丽的时间，它也是公司更高级管理人员的时间——他们负责批准该活动的采购和招聘申请。像贾丝明这样的高级管理人员需要投入足够多的时间才能充分了解服务器的基础设施，以批准或拒绝相关申请。外包则可以节省直接和间接的管理时间。

表 11-2　排名前十的专业技术能力

技能或经验（软件名）	薪资（单位：美元）	年度排名								
		2020	2019	2018	2017	2016	2015	2014	2013	2012
RabbitMQ	136 151	1	32	7	28	30	–	–	–	–
MapReduce	135 516	2	4	8	2	2	9	3	3	–
Mockito	133 261	3	7	28	76	62	–	–	–	–
面向服务的架构（SOA）	133 119	4	8	15	10	8	20	15	8	6
PAAS	132 314	5	10	9	1	11	4	1	–	–
Cloudera	132 045	6	3	11	5	19	3	4	19	–
人工智能	131 907	7	34	18	–	–	–	–	–	–
Verilog	131 784	8	–	–	–	–	–	–	–	–
自然语言处理	131 542	9	–	–	–	–	–	–	–	–
Cassandra	130 491	10	5	5	11	6	2	2	5	–

降低成本

组织选择外包的其他常见原因和降低成本有关。通过外包，组织可以获得兼职服务。外包的另一个好处是获得规模效益。如果 25 个组织都在内部开发自己的薪资管理应用程序，那么如果税法发生变化，25 个不同的团队都不得不学习新的法律、更新它们的程序以符合法律的要求、对新功能进行测试，还要编写文档解释更新的情况。但是，如果这 25 个组织将开发工作外包给同一个薪资管理供应商，该供应商就可以一次做出所有的调整，而且更改的成本可以平摊给每个组织（因此可以降低供应商必须收取的成本费用）。

降低风险

组织选择外包的另一个原因是降低风险。首先，外包可以限制财务风险。在一个典型的外包协议中，外包供应商会接受一份固定价格的服务协议。例如，当一家公司将硬件外包给云供应商时，就会出现这种情况。还有另一种降低财务风险的方法：直到工作完成并且软件（或其他组件）开始运行后，组织才会支付大部分费用。在第一种情况下，外包通过控制总费用的方式来降低风险；在第二种情况下，外包确保了在工作完成之前，组织不会产生大量支出。

其次，外包可以保证一定的质量水平，也能避免质量不达标的风险，因此外包可以降低风险。一家专门从事食品服务的公司知道该如何提供一定水平的质量服务。例如，它拥有相关的专业知识，能确保自己提供的食品都是健康的。因此，专门从事云服务器托管业务的公司也知道如何在工作量一定的情况下保证服务的可靠性和执行力。

请注意，外包服务的质量并不一定比内部服务的质量更高。如果谷歌公司没有将自助餐厅外包出去，它可能会幸运地雇用一位优秀的主厨；某家公司可能会幸运地和世界上最好的软件开发人员一起合作。但是，一般来说，专业的外包公司知道如何不让人食物中毒，或者如何开发新的移动应用程序。如果无法保证最低质量，那么聘请另一家供应商要比解雇和重新雇用内部员工容易得多。

最后，组织选择将信息系统外包是为了降低执行风险。聘请外部云供应商可以降低以下几种风险：选择错误的硬件品牌、错误的虚拟化软件，或错误地执行了税法变更。外包将所有这些风险都集中为一个风险，即选择的供应商是否合适。一旦公司选择了供应商，进一步的风险管理则取决于该供应商的情况。

● 国际外包

并不是只有 iMed Analytics 公司才会使用印度的外包开发人员。许多总部设在美国的公司已经开始将业务外包给海外的工作人员。例如，微软和戴尔公司已经将其客户支持活动中的大部分外包给了美国以外的公司。印度就是一个很受欢迎的选择，因为它有大量受过良好教育、会说英语的人，而其劳动力成本只有美国的 20% 到 30%。这些公司也会选择其他一些合适的国家。事实上，借助现代电话技术和支持因特网的服务数据库，单个服务呼叫可以在美国发起，在印度进行部分处理，然后转到新加坡，最后由英国的员工完成。在此期间，客户只知道自己在通话过程中等待了一小会儿。

国际外包对于客户支持和其他必须全天候运行的功能尤其有利。例如，亚马逊在美国、哥斯达黎加、中国、德国、印度、爱尔兰、意大利、牙买加、日本、摩洛哥、菲律宾、波兰、乌拉圭、苏格兰和南非等地都设有客服中心。在美国的晚上，印度的客服代表可以处理这些电话，因为印度那里还是白天。当印度夜幕降临时，爱尔兰或苏格兰的客服代表可以处理清晨来自美国东海岸的电话。通过这种方式，公司可以提供全天候不间断的服务，而不需要员工上夜班。

顺便说一下，正如你在第 1 章中学到的那样，保住工作的关键是让自己成为一个擅长非常规抽象分析的人。这样的人有能力发现新技术的创新型应用方式，也不太可能把工作拱手让给海外人员。

● 外包有哪些可选方案

组织已经找到了数百种不同的方式来外包信息系统和部分信息系统，图 11-5 根据信息系统的构成划分了可选方案的主要类别。

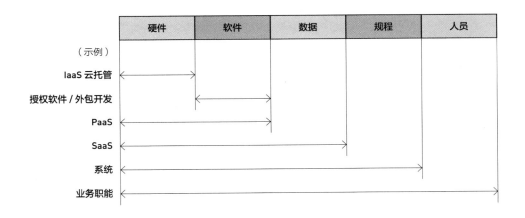

图 11-5　信息系统／信息技术外包可选方案

一些组织将计算机硬件的获取和操作工作进行外包。电子数据系统公司（Electronic Data Systems，EDS）作为硬件基础设施的外包供应商，有着 30 多年的成功经验。另一种方案如图 11-5 所示：通过 IaaS 将云计算机外包。

如第 4 章和第 12 章所讨论的那样，获取授权软件是外包的一种形式。组织不会在内部开发软件，而会从另一个供应商那里获得许可。这样的许可允许软件供应商将软件维护成本分摊到所有用户身上，从而减少了这些用户的成本。另一种选择是平台即服务（PaaS），即租赁带有预装操作系统以及可能的 DBMS 系统的硬件。微软公司的 Azure 就是这样的一个 PaaS 产品。

一些组织选择外包软件的开发工作。这种外包可能是针对整个应用程序的（就像 iMed Analytics 公司的选择一样），也可能会定制某种授权软件，就像在执行 ERP

过程中经常做的那样。

　　另一种可选方案是软件即服务（SaaS），其中硬件、操作系统和应用软件都是租用的。赛富时就是一家典型的提供 SaaS 的公司。

　　还有一种选择是将整个系统外包出去。仁科（PeopleSoft，现为甲骨文公司所有）公司因提供整个薪资管理功能的外包服务而声名鹊起。在这个解决方案中，如图 11-5 中的箭头所示，由供应商提供硬件、软件、数据和部分规程，组织只需要提供员工和工作信息，剩下的事项会由薪资外包供应商来完成。

　　最后，一些组织选择外包整个业务功能。多年来，许多组织将安排员工旅行的职能外包给旅行社。还有一些外包供应商甚至可以管理组织内部的设施和办公室。这种协议比外包信息系统要广泛得多，但信息系统是外包应用程序中的关键要素。

● 外包有哪些风险

　　既然外包有这么多个优点和这么多种不同的选择，你可能想知道为什么每个组织还是会设有内部的 IS/IT 职能部门。事实上，外包也存在着很大的风险，如图 11-6 所示。

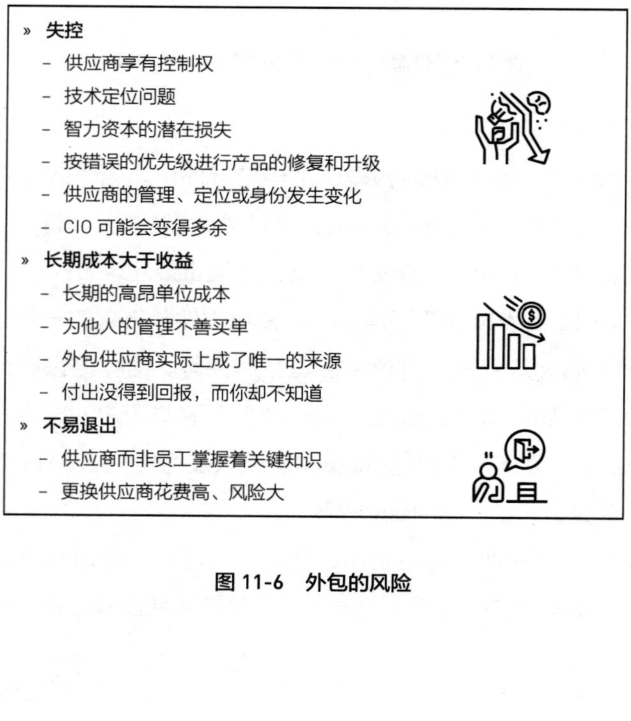

》 **失控**
- 供应商享有控制权
- 技术定位问题
- 智力资本的潜在损失
- 按错误的优先级进行产品的修复和升级
- 供应商的管理、定位或身份发生变化
- CIO 可能会变得多余

》 **长期成本大于收益**
- 长期的高昂单位成本
- 为他人的管理不善买单
- 外包供应商实际上成了唯一的来源
- 付出没得到回报，而你却不知道

》 **不易退出**
- 供应商而非员工掌握着关键知识
- 更换供应商花费高、风险大

图 11-6　外包的风险

失控

外包的第一个风险就是失控。对 iMed Analytics 公司来说，一旦埃米丽与她的朋友齐亚安签约，一切事情就都交由齐亚安来掌控了，而且这种情况至少要持续几周或几个月。如果他把 iMed 系统作为一个优先项目，并根据需要投入时间和精力，同时也要求下属员工投入精力，那么一切都能顺利地进行。相反，如果刚开始 iMed 项目后不久，他又拿到了一份规模更大、利润更高的协议，那么 iMed 项目就会出现拖延问题和质量问题。埃米丽和乔斯都无法控制这种可能性。如果他们选择在项目结束后再付费给齐亚安，他们可能不会亏钱，却会损失很多时间。

对于面向服务的外包，例如 IT 基础设施的外包，供应商拥有控制权。每个外包供应商都有自己的服务方法和规程，组织及其雇员必须遵守这些规程。例如，硬件基础设施供应商有标准的表格和规程，想要申请计算机、记录和处理计算机问题，或对计算机进行例行维护、都要按照表格和规程的规定进行。一旦这些工作由供应商负责，员工就必须遵守相关规定。

组织将自助餐厅外包时，员工就只能选择供应商提供的食物。同样地，如果想获得计算机硬件和服务，员工就要接受供应商支持的产品。如果一名员工想要的设备不在供应商的清单上，就只能说是他运气不好了。

除非协议另有要求，否则外包供应商可以选择自己想要使用的技术。如果出于某种原因，供应商无法及时接受关键的新技术，那么雇用该供应商的组织也无法很快从该技术中获益。由此，一个组织可能会发现自己在竞争中处于劣势地位，因为它不能提供与竞争对手相同的信息系统服务。

另一个风险是智力资本的潜在损失。组织可能需要向外包供应商的员工透露专有的商业秘密、方法或规程。作为其正常运行的一部分，供应商可能会把相关员工调到组织的竞争对手那里，而组织可能会因此损失智力资本。这种损失不一定以窃取知识的形式出现，它可能只是供应商的员工在组织中学会了一种新的、更好的工作方式，然后将其带到了组织的竞争对手那里。

同样地，所有的软件都会出现故障和问题。质量供应商负责跟踪这些漏洞，并根据一组优先级来修复它们。当一个组织将一个系统外包出去时，它就不再能够控制这些修复工作的优先次序了——这种控制权属于供应商。对于你的组织至关重要的修复工作，对外包供应商来说可能是优先级很低的。

其他问题还包括：外包供应商可能会改变管理方式、采取不同的战略方向，或被收购。当这些变化出现时，供应商的工作优先顺序可能会发生变化——一个精挑细选出来的外包供应商在改变方向后，可能就变得不适合组织了。当这种情况发生时，更换外包供应商对组织来说可能困难重重而且花费很高。

最后一个失控的风险是 CIO 可能会变得多余。当用户需要一项关键的外包服务时，CIO 必须求助于供应商，等待它的回应。慢慢地，用户发现直接与外包供应商打交道速度更快，于是 CIO 很快就被挤出了沟通环节。在这一点上，供应商实际上取代了 CIO，导致后者形同虚设。但是，外包供应商的雇员是为另一家公司工作的，自然也就更偏向于自己的雇主。因此，关键部门的经理与管理团队的其他成员的目标和目的并不相同，这就可能导致他们做出带有偏见的错误决策。

长期成本大于收益

外包一开始可能会给组织带来巨大的好处，它可以限制财务风险、减少管理时间和注意力、解决许多管理问题和人员配备问题（外包供应商很有可能承诺了这些好处）。这时，外包可能看起来好得让人难以置信。

事实上，以上好处往往难以成真。首先，尽管固定成本确实限制了风险，但它也消除了规模效益的好处。例如，假设用户对组织的新应用程序的需求激增，突然需要 200 台服务器，而不是 20 台，组织要支付的费用比支持一台服务器的固定成本高 200 倍。但是，由于规模效益的影响，支持 200 台服务器的成本可能远低于支持 20 台服务器成本的 10 倍。如果组织在内部托管这些服务器，那么受益人就是组织自己而不是供应商。

此外，外包供应商可能会随着时间的推移改变其定价策略。最初，一个组织从几个外包供应商那里获得竞标。然而，随着胜出的供应商对业务越来越了解，组织员工与供应商员工之间的关系也在加深，其他公司也就很难拿下后续的合作协议，使得该供应商成为组织唯一的选择——在几乎没有竞争压力的情况下，供应商可能会提高价格。

还有一个问题是，一个组织可能会发现自己在为另一个组织的管理不善买单，却对此一无所知。如果一个组织将它的服务器外包出去，它是很难知道供应商的管理是否得当的。投资者可能在为糟糕的管理工作买单，更糟的是，他们可能还要遭受管理不善的后果，比如数据丢失。一个组织很难了解这种管理不善的情况。

不易退出

最后一类外包风险涉及终止协议：不易退出。首先，外包供应商的员工已经掌握了与组织相关的重要知识。他们知道客户支持对服务器的需求、知道组织信息系统的使用模式，也知道将操作数据下载到数据仓库的最佳规程，因此，由于缺乏知识，组织很难将外包服务直接转回组织内部。

此外，由于供应商已经被紧密地整合进了组织的业务中，拆分组织可能会变得非常危险。将员工自助餐厅关闭几个星期，同时另找一家餐饮供应商，这种做法可能不得人心，但员工还可以挺过去。但若是将网络关闭几周时间，组织就会面临倒闭的风险。鉴于此，组织必须投入大量的工作、重复的努力、管理时间和费用来更换供应商。事实上，选择外包供应商可能是一条单行道。

在 iMed Analytics 公司，如果在开发出最初的应用程序之后，团队决定更换开发供应商，可能就非常困难了。新的供应商无法像创建应用程序的当前供应商那样了解应用程序的代码，所以换一个更好、价格更低的供应商在成本角度看根本行不通。

选择外包是一个艰难的决定。事实上，无人知晓这个决定正确与否，但时间和当时的具体情况会迫使组织做出决定。

11.4　你的用户权利和责任是什么

作为未来的信息系统用户，你在与信息系统部门的关系中既有权利也有责任。图 11-7 中列出了你有权获得的东西和你的责任。

» 你有权利	» 你有责任
－ 使用计算机硬件和程序，以熟练地完成工作	－ 学习基本的计算机技能
－ 使用可靠的网络和因特网连接	－ 学习有关你所使用的应用程序的标准技术和规程
－ 使用安全的计算环境	－ 遵守安全和备份规程
－ 使用保护措施，免受病毒、蠕虫及其他威胁的影响	－ 保护你的密码
－ 对新系统的特性和功能提出要求	－ 根据雇主的计算机使用政策使用电脑和移动设备
－ 进行可靠的系统开发和维护	－ 不擅自修改硬件
－ 确保你的问题、担心和抱怨得到及时关注	－ 仅安装经过授权的程序
－ 确定妥善修复及解决问题的优先级	－ 接到指示后再安装应用软件补丁和修复程序
－ 接受有效的培训	－ 当被问及对新系统的特性和功能有何需求时，要花时间做出仔细全面的回答
	－ 避免报告琐碎问题

图 11-7　用户信息系统的权利和责任

● 你的用户权利

你有权获得需要的计算资源，以便按照自己的意愿熟练地完成工作。你有权使用需要的电脑硬件和程序。如果你要为数据挖掘应用程序处理大型文件，那么你有权使用需要的大容量磁盘和快速处理器。但是，如果你只需要接收电子邮件或查询公司门户网站，那么你仅有权提出适度的需求（将更强大的资源留给组织中有需要的人）。

你有权使用可靠的网络和互联网服务。可靠的意思是你几乎可以在任何时间使用网络而不会出现问题。这意味着你不需要在上班时担心："今天网络能用吗？"这种网络问题应当极为少见。

你也有权使用安全的计算环境。组织应该保护你的计算机和其中的文件，通常情况下你甚至不需要考虑安全问题。有时，组织可能会要求你采取特别的行动来保护计算机和文件，这时你应当采取这些行动。但这样的要求应该是非常罕见的，而且与特定的外部威胁有关。

你有权参加会议，对你将要使用的新应用程序提出要求，或对你正在使用的应用程序提出重要的变更要求。你可以将此项权利委托给别人，或者你所在的部门可以代你行使此项权利，在这种情况下，你有权通过该受托人发表你的看法。

你有权进行可靠的系统开发和维护。尽管在许多开发项目中，一个月或两个月的进度延迟是很常见的，但你不必忍受六个月或更长时间的进度延迟，这种延迟证明了系统开发工作是不合格的。

此外，你有权确保你在信息服务方面的问题、担心和抱怨得到及时的关注。你有权通过某个途径报告问题，也有权知道你的问题是否已经被接收，或至少已经在信息系统部门被登记了。你有权利按照既定的优先级解决你的问题。这就意味着，一个影响你工作的恼人问题，可能会被排在另一个人的问题之后。

最后，你有权接受有效的培训。它应该是你能够理解的培训，并且能够让你使用系统来完成某项工作。组织应该按照你方便的形式和时间提供培训。

● 你的用户责任

你还对信息系统部门和你所在的组织负有责任。具体地说，你有责任学习基本的计算机技能，学习有关你所使用的应用程序的标准技术和规程。你不能期望别人在基本操作方面手把手地教你，也不能期望在同样的问题上得到重复的培训和支持。

　　你有责任遵守安全和备份规程。这一点尤其重要，因为你没有采取的行动可能会给你的同事、你的组织和你自己带来一些问题。特别是，你有责任保护你的密码，这不仅对保护你的计算机很重要，而且由于不同系统之间需要的身份验证，这对保护你所在组织的网络和数据库也很重要。

　　你有责任以符合雇主政策的方式使用你的计算机资源。许多雇主允许员工在工作时为了处理重要的家庭事务有限制地使用私人电子邮件服务，但不鼓励频繁和冗长的非正式电子邮件使用。你有责任了解并遵守雇主的政策。此外，如果你的雇主制定了关于在工作中使用个人移动设备的政策，你也有责任遵守它。

　　你也有责任不对你的计算机进行未经授权的硬件修改，并且只安装授权的程序。一个原因是，组织的信息系统部门为升级你的计算机构建了自动维护程序，而未经授权的硬件和程序可能会干扰这些程序。此外，安装未经授权的硬件或程序可能会给你带来一些问题，而信息系统部门将不得不解决这些问题。

　　你有责任根据组织的要求安装计算机更新和修复程序，对那些与安全性、备份和恢复相关的补丁来说，这一点尤其重要。当被问及对新系统和已适应系统的需求有何意见时，你有责任花时间给出周到且全面的回复。如果你没有那么多时间，你就应该委托别人发表意见。

　　最后，你有责任以专业的态度对待信息系统专业人员。大家都在同一个组织工作，每个人都想在工作上有所成就，而专业和礼貌的态度将发挥很大的作用。专业的一种表现形式是学习基本的计算机技能，这样你就可以避免报告琐碎的问题。

本章的知识对你有什么帮助

　　你现在知道了信息系统部门的主要职责，并且可以理解为什么该部门会执行它制定的标准和政策。你知道了信息系统的使用规划，以及这些规划与组织其他部门的关系。你还知道了人们外包信息系统服务的原因、最常见也最普遍的外包可选方案，以及外包的风险。最后，关于你所在组织的信息系统部门提供的服务，你知道了自己的相应权利和责任。

这些知识将帮助你更好地使用信息系统部门的服务。如果你在一家小公司工作，而公司中少有或者根本没有信息系统支持，你就能知道自己必须完成哪些工作，也能知道外包的优缺点，以及可行的外包选择。最后，了解你的权利和责任、设定合理的预期、明确你可以从信息系统部门那里得到什么，同时也知道信息系统部门对你的期望，你就可以成为一名更有影响力的商务专业人士。

创新指南

脸书一塌糊涂的数据管理

你与家人、朋友和同事互动的主要方式是什么？你可能至少会通过面对面互动或传统的方式（打电话）与自己社交关系网中的一些人交流。而现在，越来越多的通信技术正在被开发并应用于各种各样的环境。例如，Slack 是一个在商业领域非常受欢迎的协作工具，而 Discord 是一个很受欢迎的沟通工具，被数百万玩家用来在游戏过程中保持联系和制定战略。你很可能会使用脸书与一些联系人交流——脸书是一家社交媒体巨头公司，截至 2020 年，它拥有超过 27 亿名活跃用户。

脸书能一直吸引并留住这么多用户的一个原因与梅特卡夫定律有关，该定律指出，一个网络的价值等于连接到它的用户数量的平方。换句话说，与一个网络相关联的用户越多，该网络提供的价值就越大，因为已有用户会激励新用户加入。当人们考虑加入自己的第一个社交网络时，他们最有可能选择的平台就是很多朋友、家人和同事都已经成为其用户的平台，因为这些人在该网络中的经验将为自己提供更大的价值。然而，梅特卡夫定律的作用并不仅仅是为网站吸引新用户；它还吸引了应用程序开发者、研究人员和企业员工，他们想分析用户产生的海量数据，并从中获利。

不喜欢请点这里

脸书是世界上最受欢迎的社交媒体网站之一，因其地位之高，无数第三方机构以该网络为目标，寻找机会收集有关其用户、用户之间联系以及用户之间互动的数据。几年前，脸书使用的是一个非常开放的模式，允许自己的网站与各种其他平台和服务（如音乐流媒体网站、约会网站等）进行集成，并允许用户通过其脸书账号在这些网站创建账户并登录。此外，第三方机构为脸书开发的应用程序可以访问这些应用程序使用者的数据，以及他们所有好友的数据。

　　直到近几年，该公司才意识到这种模式的潜在隐私风险，并最终限制了外部机构对用户数据的访问，只允许其访问那些从 2015 年起直接向第三方开发者授权的用户的数据。然而，损害已经造成：有消息称，一名研究人员窃取了超过 8000 万名脸书用户的数据，并在脸书实行更严格的数据限制措施之前，将这些数据卖给了一家分析公司。这一侵犯用户隐私的行为引发了人们对脸书数据管理不善的猛烈抨击，并导致脸书发表声明，称其将对在此期间有能力访问用户数据的应用程序进行调查评估。

付费使用

　　针对这一事件，脸书首席执行官兼创始人马克·扎克伯格表示，脸书已经采取措施防止未来在隐私保护方面出现纰漏。他后来被传唤到美国华盛顿特区，向相关部门解释这类事情是如何发生的，以及如何防止类似事件再次发生。然而，脸书的声誉已然受损。大量网友纷纷参与到了"删除脸书账号"的运动中来。这一丑闻也对华尔街（Wall Street）产生了影响——重要的科技股（如脸书、亚马逊、苹果、奈飞和字母表等公司的股票）在此期间总共损失了 3970 亿美元的市值，因为人们越来越担心其他顶级科技公司可能也有类似的"不可告人的秘密"。

　　虽然脸书的股价可能还会回升，但它的数据管理实践及其他商业模式可能都将发生变化。一些专家推测，脸书将开始向用户提供按月付费才能使用该网站的选项，这样的付费服务可以保护用户的数据不被广告商或其他第三方机构以任何形式访问。据估计，脸书要向北美地区的用户收取每月大约 7 美元的费用，才可以弥补平均每年从每个用户那里能获得的 82 美元的广告收入。不出意外的话，这种情况已经给科技界带来了一定的冲击，这种冲击涉及与疏于管理用户数据相关的隐私和风险，以及这种散漫行为可能增加的硬成本和软成本。

问题

1. 社交媒体平台在你的日常生活中的重要性有多高？你使用某个社交媒体平台是因为家人或朋友使用它吗？你认为为什么会这样？
2. 你被社交媒体网站泄露过隐私数据吗？如果你的回答是肯定的，这种情况是否对你产生了困扰？请解释你的原因。
3. 从相关报道中可以发现，许多美国政客明显对脸书的商业运作方式知之甚少。为了确保脸书及其他科技公司能妥善管理用户数据，需要制定和执行相应的法规，而这些政客的"知之甚少"可能会为此带来怎样的挑战？

4. 脸书为什么要提供付费选项？对你来说，在知道你的个人数据会受到保护的前提下，是否值得支付月费来访问脸书？请解释你的原因。

胡萝卜还是大棒？都不要

　　想象一下，你有机会与一群组织领导者坐在一起，你可以问一问他们最大的网络安全顾虑是什么。你认为他们最担心的是什么？

　　大多数人在想到网络安全时，浮现在他们头脑中的可能是穿着连帽卫衣的黑客在黑暗的地下室里疯狂地输入代码，或者社会工程师潜入组织的服务器机房，安装网络窃听装置以获得远程访问权限。然而，这些类型的恶意数字行为操作者通常不会为组织带来最大的风险。你可能会惊讶地发现，组织领导者最担心的是他们自己的员工。

　　一项关于组织领导者对组织最薄弱之处的感知的研究发现，最令他们担忧的三大网络安全问题是：通过移动设备不当地共享数据、移动设备的丢失导致组织面临风险，以及员工并未妥善地使用 IT 资源——所有这些风险都是内部人士引发的。

　　这项研究的另一个发现是，至少有 40% 的各种规模的组织（极小型组织、中小型组织和大型组织）报告称，它们缺乏安全感，因为自己的员工并未妥善地使用信息技术。

安全政策

　　组织试图降低风险的机制之一就是激励员工采取更安全的行为，一般会通过制定并实施安全政策来实现。安全政策只是组织员工必须遵守的指导方针和过程的框架，以确保其正确地使用系统、数据和其他技术资产。

　　一般来说，信息安全政策通常都是与各种其他政策一起推出的，包括可接受的使用政策、变更管理政策、电子邮件及通信政策和灾难恢复政策。员工通常需要认真研究这些政策，并同意在入职期间遵守这些政策。

　　然而，对员工遵守安全政策情况的调查研究表明，员工对安全政策的遵守情况往往不尽如人意，有时安全政策甚至形同虚设。一项研究报告了令人不安的统计数据：44% 的组织发现员工没有正确地遵守安全政策，大约 25% 的组织甚至不打算执行已经部署的安全政策。

　　对那些想要让员工遵守政策的组织来说，它们可以使用多种方法。这些方法一般可以分为奖励和惩罚两种（通常被俗称为"胡萝卜加大棒"法）。但是，如果几乎一半的组织都报告了员工在遵守安全政策方面的问题，现有的方法（如"胡萝卜加大棒"法）还能奏效吗？

遵守政策的原因是什么

最近有一项调查着眼于信息系统的研究，它关注的是影响员工的安全政策服从情况的因素。这项研究的目的是从几十项不同的调查中确定更高层次的趋势和关键的要点，其中的每项调查都评估了一些员工遵守组织政策的因素（这种调查的研究被称为元分析）。

在被广泛研究的 17 个不同因素中，奖励和惩罚排在最后 4 位，这就意味着它们最不可能引发员工遵守政策的行为。这是一个相当反直觉的发现，因为许多组织在试图激励员工的政策遵守行为时都会依赖于奖励和惩罚措施。

更令人惊讶的是，研究发现，一些最能预测员工对政策的遵守情况的因素是个人属性，例如态度、个人规范和道德。这一发现的有趣之处在于，人们认识到，在一个组织中培养一种具有安全意识的文化，不能仅仅通过采取奖励或惩罚措施来实现，而需要找到并雇用合适的人员，他们的个人特征与组织试图创建的安全规范相匹配。

这些发现对你来说意味着什么？第一，当你进入职场时，你将成为组织安全态势中不可或缺的一部分——你对既定政策的遵守有助于将组织的风险降到最低。第二，当你担任管理角色并聘用新员工时，你需要注意一些因素，它们会表明候选人能够很好地配合组织的安全需要和文化。一旦员工被雇用并已经进入组织内部，组织就很难对其进行改造，并令其适应组织的既定模式了。

问题

1. 你的大学是否设有一项安全政策，指导学生、教师和工作人员如何使用技术资源？如果有，你熟悉这项政策吗？如果你不熟悉，请找到学校的相关政策并仔细阅读。这项政策中有什么让你感到惊讶的地方吗？

2. 在 17 个可能让员工遵守组织安全政策的因素中，你认为安全教育、安全培训和安全意识的排名如何？

3. 你认为经理和更高级别的组织领导者在促进员工遵守组织政策进而营造安全的组织文化方面扮演着什么角色？

4. 回到问题 1，如果你不熟悉学校的政策，你认为为什么会出现这种情况？你会给大学的首席信息官什么样的建议，以帮助提高学生对学校相关政策的遵守意识，并创造一种更安全的大学文化？

姓名：琳赛·姿雅（Lindsey Tsuya）
公司：耐克
职位：消费者科学高级分析师
教育：犹他大学

1. 您是如何获得这份工作的？

我当时住在美国华盛顿州的西雅图，为露露乐檬（Lululemon）公司工作，在此期间耐克公司雇用了我。一个招聘人员通过领英联系了我，他对我的背景很感兴趣，认为我很适合耐克的全球供应链分析岗位。在与招聘人员交谈并通过资格认证后，耐克的相关负责人来到西雅图，对多名候选人进行了整整两天的面试。我在第二天接受了一场三人小组面试。

2. 是什么把您吸引到这个领域的？

上大学的时候，我就在服务业工作了。我在选择学位时，主要考虑了两样东西。一是我想获得一个能帮助自己赚钱的学位；二是想找一份不直接为公众提供服务的工作。我知道，选择信息系统方向的学位和工作岗位就意味着我将做更多的幕后工作。

3. 您典型的一个工作日是怎样的（在职责、决策、问题方面）？

我参与耐克的全球业务，这意味着我和同事们要与不同地区的合作伙伴一起开展营销活动，以确保营销活动的每一次迭代都会变得更好。我们要衡量覆盖面、留存率和其他指标的相关性，以了解消费者对我们的营销活动作何反应。在此期间，我们需要做出大量的决策，并与商业伙伴和地区主管进行大量的沟通，以执行 A/B 测试，然后将结果报告给对应的利益相关方。

4. 对于您的工作，您最喜欢的是哪一点？

我热爱我的工作，因为它可以让我贴近消费者。过去，我并没有从事市场营销或市场营销领域的分析工作。现在，看到这些活动在不同的市场结出的硕果，并对消费者产生了影响，这是一件很有趣的事情。在我的工作中，通过消费者对这些活动的感受，我可以从中获得有意义的见解。耐克在营销活动方面做得非常好，看到消费者能接受这些营销活动，在我看来真是不可思议。

5. 要做好您的工作，需要具备哪些技能？

良好的分析技能和分析大量数据的能力必不可少。批判性思维能力和跳出思维定式的能力也很重要。满怀激情和积极进取的态度是能让人脱颖而出的软技能，二者结合起来会让你有机会走得更远。

6. **在您的工作领域，学历和证书重要吗？为什么？**

   我想说，在任何领域，学历和证书都有助于职业发展和提高自己的可信度。

7. **对于那些想在您的领域工作的人有什么建议？**

不管你选择什么领域，都要确保你对它有热情，因为如果你对它没有热情，工作就会让你感到无聊。而如果你对自己的工作充满热情，你在工作时就会感觉很轻松。你在一生中会花很多时间在工作上，所以不应该把时间浪费在你不喜欢的事情上。

培训接替者

斯科特·埃塞克斯（Scott Essex）坐在办公桌前，翻阅着自己管理的员工名册。他一边翻页，一边觉得自己的内心愈发压抑。高层管理人员要求他开掉软件开发团队近 75% 的员工。他们最近采取的一项举措是将 IT 部门的项目外包出去以降低成本，换言之就是裁员。斯科特来回翻阅着这些文件，不知道该如何确定让哪些员工留下、哪些员工走人。每个员工都能给团队带来价值——如果不能，斯科特一开始也不会雇用他们。

斯科特从名册的最前面开始浏览，并在他考虑要解雇的员工名字旁边画上星号。有些人已经在这家公司工作很多年了，可是，虽然他们在工作上花了很多时间，但老实说，相对于他们的薪酬，他们并没有创造出相应的价值。相反，一些新近聘用的员工潜力巨大，而且相较于其他员工，他们的成本较低。斯科特停顿了一下，从名册上抬起头来——他不知道当他把这个坏消息告诉他们时，该怎样看着他们的眼睛。但他必须这么做，因为这是他工作的一部分。

后来的情况愈发严峻。斯科特的上司给他发了一份新开发项目的文件，这些项目必须在未来的三到六个月内完成。当 75% 的员工将被地球另一端的外包员工所取代时，高层管理人员怎么能期望这些项目在正常时限内完成呢？这些"新员工"对团队的工作氛围以及使团队顺利运作的无形资产一无所知。解雇员工是一回事，但如果不能按时完成这些项目，他自己的职位也会保不住。

培训还是不培训

第二天早上，斯科特走进办公室，仍然在为要失去这么多团队成员感到沮丧。但他对自己选择的那些要留下来的员工很有信心。他认为，只要剩下的团队成员能够挺过这次危机并重新开始工作，他们就有机会遵循新的项目时间表。他穿过走廊，打算向上司贝丝·伯曼（Beth Birman）提出他的人事变动建议。他走进贝丝的办公室后，贝丝让他关上门坐下。

贝丝首先开了腔："你管理的那些员工马上就会面临很大的变动，我敢打赌，你一定在想如何才能如期完成那些新项目。"斯科特尽量不让自己的真实感情流露在脸上，他乐观地回答说："嗯，会有点儿忙乱，但我想我们能处理好。"

贝丝笑着说："你应该知道我一直在努力照顾你。我不会让你陷入这样的困境却一点儿都不帮忙。"斯科特不确定她想说什么。"我不太明白您的意思。"他答道。

贝丝继续说："我们会让那些从你的团队中离职的员工去培训新的外包员工。培训接替者将是离职员工获得遣散费的一个条件，这样做能确保外包员工不至于花一个月或更长的时间才能提高工作效率并了解他们的职责，而是能在一周内上手工作。你也能在截止日期前完成项目。"

其余的会议内容他都记不清了。斯科特试图接受这样一个事实：即将被他解雇的员工还要被迫培训自己的接替者。如果他们不这样做，就拿不到大部分的遣散费。"这简直是伤害加侮辱。"他一边走回办公桌，一边低声嘟囔着。

他一整天都在想这件事，贝丝要求他做的事让他深感不安。一个人要对接替自己工作的人进行培训，这公平吗？斯科特认为这件事会让人感到尴尬、不快和羞辱。如果管理层觉得这个决定没问题，他们会不会还想让即将离职的员工做其他事情作为顺利解约的条件呢？这似乎是一种艰难的处境。他不知道自己是不是很快就要培训接替自己工作的人了。他无法将母亲说过的话从脑海中抹去："如果你和流浪狗躺在一起，你在醒来时身上也会有跳蚤。"

1. 根据本书前几章提到的道德规范定义回答以下问题：

   a. 根据绝对命令（第 1 章）的观点，你认为强迫员工培训自己的接替者是道德的吗？

   b. 根据功利主义（第 2 章）的观点，你认为强迫员工培训自己的接替者是道德的吗？

2. 如果你在收到雇主的解雇通知后，又被要求培训接替你的人，你会作何感想？你认为这是否为未来的解雇条件开了一个危险的先例？

3. 在这个场景中，除了贝丝提出的策略，组织还可以使用哪些策略来确保新的继任员工能够更好地履行工作职责？

4. 在问题 3 的基础上，你认为我们可以如何使用技术来改进变更管理方式的流程？

问题

第 11 章要点回顾

请使用本部分验证你是否理解了回答本章学习目标中的问题所需的想法和概念。

1. 信息系统部门的职能及组织结构是什么？

- 列出信息系统部门的五项主要职能。定义 CIO 并解释 CIO 的典型汇报关系。列出典型信息系统部门的四个小组，并解释每个小组的主要职责。定义 CTO 并解释典型的 CTO 职责。解释数据管理功能的目的。定义 CSO 和 CISO，并解释他们的职责有何差异。

2. 组织如何规划信息系统的使用？

- 解释战略一致性在信息系统规划中的重要性。解释为什么保持一致性很困难。说明 CIO 与其他行政管理人员的关系。说明 CIO 在优先级方面的职责。解释这项任务所面临的挑战。定义指导委员会，并解释 CIO 在其中的角色。

3. 外包的优缺点是什么？

- 给外包下个定义。解释德鲁克所说的"你的后屋正是别人的客厅"与外包有何联系。总结外包的管理优势、成本优势和风险。区分 IaaS、PaaS 和 SaaS 的外包，并给出相应的示例。解释为什么国际外包尤其有优势。说明你能培养哪些技能以保护自己的工作不被外包。总结关于控制、长期成本和退出策略的外包风险。

4. 你的用户权利和责任是什么？

- 用你自己的话解释图 11-7 中每一项用户权利的含义。用你自己的话解释图 11-7 中每一项用户责任的含义。

本章的知识对你有什么帮助

　　请说明本章的知识可以如何帮助你成为一名大型组织的雇员。如果你在一家小型组织工作，请说明相关知识可以如何帮助你。如果你在一家大型组织担任高管，解释一下这些知识将如何帮助你。解释这些知识将如何使你成为一个更有效率的商务专业人士。

第 12 章

信息系统开发

● **本章学习目标**

» 什么是系统开发?

» 为什么系统开发有难度且有风险?

» 系统开发生命周期的五个阶段是什么?

» 如何定义系统?

» 用户在需求分析阶段的作用是什么?

» 五要素是如何设计的?

» 信息系统是如何实现的?

» 系统维护的任务有哪些?

» 系统开发生命周期存在哪些问题?

● **预期学习成果**

» 能够讨论系统开发流程的重要性及其对用户和组织的影响。

"大家好，感谢大家能在周五上午过来。"iMed Analytics 公司的创始人兼老板格雷格·所罗门说。"今天早上我想开个短会，然后咱们可以绕着海湾快速航行一圈儿。"

"没问题。您是老板。绕海湾一圈儿听起来很棒啊，"贾丝明微笑着说。她看到格雷格正打量着在座的每个人。

格雷格坐了下来，对着贾丝明点了点头。"那么，你们现在要开始花大钱了，是不是？"

贾丝明紧张地笑了笑，伸手去拿文件夹，然后环顾了一下众人说道："是的，嗯，实际上我们要花的是您的钱，所以我想我应该让您看看我们计划要做的事。"

贾丝明递给格雷格一个文件夹，里面有几张活页纸。"关于如何才能让公司以最快的速度发展，我想让埃米丽和乔斯给您讲讲我们的想法。"

埃米丽身体前倾，指了指格雷格正在看的第一页，说："第一页是物联网医疗设备数据集成的成本估算，其中包括与坦帕综合医院系统集成的成本、在线用户控制面板的开发成本、后端系统的开发成本以及机器学习方面的开发成本。"

格雷格仔细地看了看这些成本估算。埃米丽知道格雷格会发现一切有错误或有瑕疵的想法。她接着说道："与设备制造商和坦帕综合医院的数据集成将花费大约 20 万到 25 万美元。然后我们需要构建控制面板、后端系统和机器学习组件，这些将花费 30 万到 40 万美元。"

格雷格抬头看着埃米丽说："也就是说，总花费大概是 50 万到 65 万美元？为什么跨度会这么大呢？"

　　"是的，我们不确定要花多少钱来完成这项工作。我们计划将大部分工作外包给印度的一个团队。坦白地说，准确预估这些应用程序的开发成本几乎是不可能的。"

　　乔斯插话说："是的，没错。我们的物联网医疗设备应用程序会与健康信息系统集成，谁也没有开发这种应用程序的经验。您还要考虑到，我们将开发一个十分独特的机器学习系统，用它来专门分析实时医疗数据。这是史无前例的。因此，估算开发成本极其困难。"

　　埃米丽知道格雷格想要更具体的回答，她说："我们正在考虑将开发工作外包给我在印度的朋友齐亚安。听说齐亚安拥有一支优秀的团队，而且他告诉我们的报价远低于我们接触过的本地开发公司。"

　　格雷格把文件放在桌子上，看着埃米丽说："广告收入怎么样？我们能从中赚钱吗？"

　　埃米丽笑了："当然可以了！广告的前景广阔。我问过的每一家机构都想加入。设备制造商、健身房、理疗师，看起来都是很好的广告收入来源。"

　　"那不错呀。"格雷格微笑着说。

　　"是的，但他们想看到系统运行后的效果。在我们获得收益之前，他们需要先看到效果如何。"

　　格雷格向后靠了靠，又看了看估算报告。没有人说话，气氛让人感到紧张。格雷格却一点儿都不受影响。

　　贾丝明慢慢地问道："那么……您觉得怎么样，格雷格？"

　　格雷格看着贾丝明说："我认为我们有点儿超前。我们还没有为这件事做好准备。"

　　"那么您打算怎么做？"贾丝明迟疑地问。

　　"我们需要打造一个测试版系统。"格雷格平静地说。"目前，我们只考虑了一家设备制造商，其他制造商先缓缓再说。我们将与欧姆龙健康医疗公司合作，因为它会生产各种小型智能医疗设备。这将降低我们的成本，并使我们的测试版系统尽快投入使用。我们还要把精力集中在坦帕综合医院的肿瘤科上。我们在扩大规模之前要解决掉所有存在的问题。"

　　格雷格环顾了一下桌旁的众人，用清晰的声音说道："我们现在的重点是开发测试版系统。我们所有的努力都是为了让测试版系统能够正常工作。我们要让它尽快产生收益。"

　　格雷格停顿了一下，确保每个人都听明白了。"有什么问题吗？"他微笑着问道。没有人说话。"太好了，我们去海湾航行一圈儿怎么样？"

12.1　什么是系统开发

系统开发（systems development），有时也被称为系统分析与设计，是指创建和维护信息系统的过程。请注意，这个过程涉及的是信息系统，而不仅仅是计算机程序。开发一个信息系统涉及所有五个要素：硬件、软件、数据、规程和人员，而开发一个计算机程序只涉及软件程序，同时也可能会关注一些数据和数据库。如图12-1所示，系统开发所涉及的范围比计算机程序开发更大。

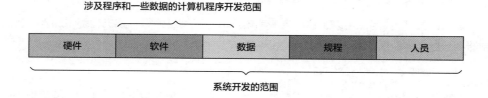

图 12-1　系统开发与程序开发

由于系统开发涉及所有五个要素，所以它需要的不仅仅是编程或者专业技术。设定系统的目标、建立项目和确定需求都需要相关人员具备商务知识和管理能力。构建计算机网络和编写计算机程序等任务需要专业能力；开发其他要素需要非技术类的人际关系能力；创建数据模型需要具备访谈用户并了解他们对业务活动看法的能力；设计程序，尤其是设计那些涉及群体行动的程序，需要具备商务知识和群体动力学知识；岗位描述的撰写、人员的配置和培训都需要运用人力资源等相关专业知识。

因此，不要认为系统开发只是程序员和硬件专家等专业技术人员才需要承担的技术任务。相反，它需要专业技术人员与具有商务知识的非专业技术人员合作完成。

在第4章中，你了解了软件的三种来源：现成的、半定制的和定制的。虽然这三种来源都与软件有关，但只有后两种与信息系统有关。和软件不同的是，信息系统从来都不是现成的。因为信息系统涉及公司的人员和规程，不论我们是如何获得计算机程序的，我们都必须构建或修改规程，使其与自己的业务和员工情况相匹配。

作为一名未来的业务经理，你将在信息系统开发工作中发挥关键的作用。为了完成你所在部门的目标，你要确保信息系统使用规程的有效性。你要确保人员受到适当的培训并能够高效使用信息系统。如果你所在的部门没有适当的规程或人员未受过专业培训，你就必须采取修正措施。尽管你可以将硬件、程序或数据问题推给 IT 部门或某个独立承包商，但你无法推卸规程和人事问题的相关责任。这些问题就是你的责任。评价信息系统成功与否的核心标准是用户能否使用该系统。

12.2　为什么系统开发有难度且有风险

系统开发有难度也有风险，许多项目并不能被完成。而在完成的项目中，一部分项目的成本超出了预算的两倍或三倍。还有一些项目未超预算且按时完成了，但并没有完美地实现目标。

你可能会感到惊讶——系统开发失败的可能性竟是如此之大。你可能会想，这么多年来人们开发了这么多系统，现在一定存在一些成功的系统开发方法。的确，现在人们有一些成功的系统开发方法，我们将在本章中讨论其中运用得最广泛的一种方法。但是，即使称职的人遵循了这种方法或其他某种公认的好方法，失败的风险也是很高的。

在接下来的章节中，我们将讨论系统开发面临的五个主要挑战，如图 12-2 所示。

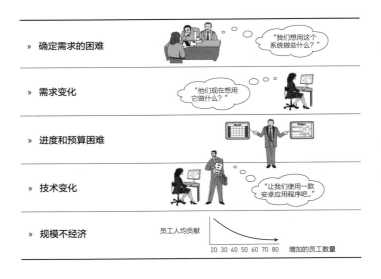

图 12-2　系统开发面临的主要挑战

● 确定需求的困难

首先，需求是很难确定的。在本章开头的故事中，所罗门想从一个测试版开始，因为这通常是一个很好的开始方式。然后呢？团队应该首先关注哪些设备？数据集成需要多长时间？为了将来与其他制造商兼容，iMed Analytics 公司是否应该投入额外的资源来构建系统？具体需要做些什么才能使这个系统可用？公司什么时候才能知道可以将该系统扩展到其他部门、医院和设备制造商了？

或者，让我们考虑一些实际的问题。用户如何通过 iMed 系统的应用程序和特定设备登录？数据被将存储在哪里？需要什么样的安全保障？如果发生用户忘记密码等情况，系统应该如何响应？

所有这些需求不仅难以详细说明，而且很难弄清楚。

有经验的系统分析人员都知道，存在一些应该问但没人知道要问的重要问题。也许有报告的需求或者法律数据存储规则，但没人记得或没人完全理解。然而，一旦系统投入使用，就会出现对缺失功能的需求，这将使用户和 iMed 系统的支持人员感到非常懊恼。系统开发流程的主要目的之一是创建一个环境，在这个环境中人们可以提出并回答这些问题。

● 需求变化

更困难的是，系统开发的目标是不断变化的。需求随着系统开发情况的变化而变化，系统越大，项目时间就越长，需求变化也越多。例如，在开发流程进行到一半时，一家大型医疗保健机构向贾丝明递交了一份有利可图的协议变更提议，但这个提议需要对原定的需求进行重大修改。

当需求发生变化时，开发团队应该怎么办？要停止工作并按照新要求重新构建系统吗？如果他们这样做，系统开发工作将时断时续，可能永远都不会完成。或者，团队明知道该系统不能令人满意但还是继续完成开发，然后再立即对其进行维护？

● 进度和预算困难

另外一些挑战涉及进度和预算。开发一个系统需要多长时间？这个问题不好回答。让我们假设你正在开发一个新的数据库。你需要构建一个数据模型。构建模型需要多长时间？就算你知道创建该数据模型需要多长时间，其他人也可能不同意你的模型，可能他们彼此之间的意见也会有分歧。你需要重新构建多少次才能让所有人都满意？你应该计划用多少工时完成该模型呢？

再想想数据库应用软件。建立窗体、报表、查询和应用程序需要多长时间？测试这些项目需要多长时间？制定规程和配置人员呢？需要制定哪些规程？应该留出多少时间来创建和记录规程、制订培训计划，并对人员进行培训？

此外，所有这些工作的花费是多少？劳动成本与劳动时间成正比。如果你不能预估劳动时间，你就无法预估劳动成本。而且，如果你无法预估一个系统的成本，那么你该如何进行财务分析以确定该系统是否具有适当的回报率呢？

● 技术变化

还有一个挑战是，在项目进行期间，技术仍在不断地变化。例如，当你正在为欧姆龙公司的设备开发 iMed 系统的应用程序时，谷歌公司带着几种新的智能医疗设备进入了市场。这些新设备改进了图像、电池寿命和用户界面，并被完全集成到了谷歌的其他应用程序中。你知道这些新设备将被用户广泛使用。如果你把注意力转移到谷歌的设备上，你就能更快地开发出更好的应用程序。

你想停止当前的开发工作并转向新技术吗？按照现有计划完成开发任务是不是更好呢？做这样的决策是很艰难的。为什么要开发一个过时的系统？但如果不这样做，你能承受不断变更项目的代价吗？

● 规模不经济

不幸的是，随着开发团队的壮大，每个员工的平均贡献在减少。这是真的，因为随着员工规模的增大，需要更多的会议和其他协调活动来使每个人保持同步。规模经济在一定程度上是存在的，但如果一个工作团队中有超过 20 名成员，那么规模不经济可能就会开始占据主导地位。

著名的布鲁克斯法则（Brooks' Law）指出了一个相关的问题：在一个进度落后的项目中加入更多的人会让进度更落后。布鲁克斯法则之所以成立，不仅是因为员工数量增加需要加强协调，而且还因为新人需要培训。能培训新员工的人只能是现有的团队成员，而他们现在被免除了生产任务。培训新人的成本可能会超过新人做出的贡献。

简而言之，软件开发项目的管理者面临着一个两难选择：要保持小团队的规模不变，就要增加人均工作量，但这样做会延长项目的开发时间；或者，他们可以通过增加员工数量的方式缩短项目的时间，但由于规模不经济，他们将不得不增加150 或 200 小时的劳动来获得 100 小时的工作成果。根据布鲁克斯法则，一旦项目延迟了，这两种选择都是糟糕的。

此外，工作进度的压缩是有极限的。

● 情况真的那么令人绝望吗

前文列出的一系列挑战可能会让人觉得系统开发是一件令人绝望的事，但事实果真如此吗？也是，也不是。前文中提到的所有挑战确实存在，而且它们都是每个开发项目必须克服的重大障碍。如前文所述，一旦项目延迟并超出预算，就没有更好的选择了。"我必须选择吞下苦果。"一位因项目延迟而陷入困境的经理说。

IT 行业已有超过 50 年的信息系统开发经验。这些年来，已经出现了成功解决上述问题的方法。在下一节中，我们将探讨系统开发生命周期（systems development life cycle，SDLC），这是系统开发最常见的流程。章节延伸 17 介绍了敏捷开发，这是一种更新的、颇有前景的开发方法。

12.3   系统开发生命周期的五个阶段是什么

系统开发生命周期（SDLC）是用于开发信息系统的传统流程。IT 行业从经验中打磨出了 SDLC。许多早期的项目遭遇了彻底的失败，组织和系统开发人员通过分析失败情况寻找问题所在。到了 20 世纪 70 年代，对于成功构建和维护信息系统需要完成的基本任务，大多数经验丰富的项目经理已经达成了共识。这些基本任务被组合成了系统开发的各个阶段。

　　不同的作者和组织将这些任务分成不同数量的阶段。一些组织使用八阶段流程，另一些使用七阶段流程，还有一些使用五阶段流程。在本书中，我们将使用下面这个五阶段流程：

1. 系统定义；
2. 需求分析；
3. 要素设计；
4. 系统实现；
5. 系统维护。

　　各阶段之间的关系如图 12-3 所示。当商业规划流程确定了组织需要一个新系统时，系统开发工作就开始了。我们在第 11 章中讨论了 IS 规划流程。现在，让我们假设管理层已经以某种方式确定：通过构建一个新的信息系统，该组织可以更好地实现其目标。

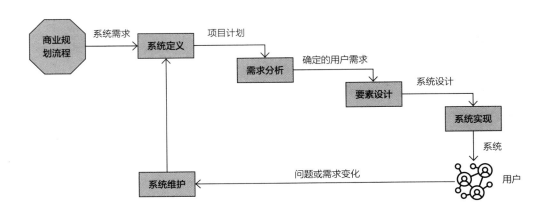

图 12-3　SDLC 五个阶段之间的关系

　　开发人员在 SDLC 的第一个阶段（系统定义）中使用管理层的系统需求说明来定义新系统。该阶段产出的项目计划会被输入第二阶段（需求分析）。在这个阶段，开发人员会确定新系统的具体特点和功能。该阶段输出的是一组已确定的用户需求，这些需求将成为要素设计阶段的主要输入内容。在第四个阶段（系统实现）中，开发人员会实现、测试和安装这个新系统。

在使用一段时间后，用户会发现一些错误和问题，也会提出新的需求。对修复错误和新需求的描述将被输入系统维护阶段。系统维护阶段将重新开始第一阶段的流程，这就是为什么整个过程被认为是一个循环。

接下来，我们将更详细地探讨 SDLC 的每个阶段。

12.4   如何定义系统

确定对新系统的需求以后，组织会指派几名员工（有可能是兼职的）来定义新系统、评估其可行性，并制订项目计划。这些工作通常由 IS 部门的人员负责（如果组织没有这个部门，则由顾问负责），但初始团队的成员应该既包括用户也包括信息系统专业人员。

● 确定系统目标和范围

如图 12-4 所示，第一步是定义这个新的信息系统的目标和范围。开发信息系统是为了推动实施组织的竞争战略。在这一步，开发团队会根据组织的竞争战略来定义这个新系统的目标和用途。

思考一下 iMed Analytics 公司的情况。目前该公司的系统是为医疗专业人员构建的，但该团队想要一个把物联网设备、用户、医院整合起来的集成化系统，并使用人工智能来分析实时数据。这意味着什么？需要一款怎样的应用程序？需要花哨的

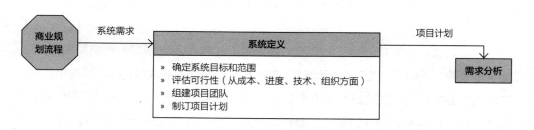

图 12-4   SDLC 的系统定义阶段

用户界面吗？大致说来，这款应用程序要做什么？

在该系统中，可以通过指定它所涉及的业务活动、用户、业务流程、组织和医疗保健提供机构来确定系统范围。

● 评估可行性

一旦我们确定了项目的目标和范围，下一步就是评估它的可行性。这一步回答了"这个项目有意义吗？"这个问题。这一步的目的就是在组建项目开发团队并投入大量人力之前，否决掉那些明显不可行的项目。

可行性包括四个维度：成本、进度、技术和组织。由于 IS 开发项目很难确定预算和进度，所以人们只能对成本和进度的可行性进行近似的、粗略的分析。其目的是尽快消除其中明显不可行的想法。

成本可行性（cost feasibility）评估旨在判断系统的预期效益与预估的开发和运营成本相比是否合理。在某些情况下，成本可行性的不同决定了项目是否能够在规定的预算内完成。显然，成本取决于项目的范围。只说"我们要构建一个测试版系统，该系统要集成来自物联网设备、医院、医生和用户的实时数据"，这对团队而言并没有多大帮助。

所以，在这个阶段，团队能做的就是进行粗略的预估。有了这些预估，团队就可以问："这个项目有意义吗？我们获得的回报与预估的成本相比值得吗？"在 iMed Analytics 公司，所罗门要求开发一个测试版系统，因为他不愿意花 50 万到 65 万美元来开发一个完整的系统。

与成本可行性一样，进度可行性（schedule feasibility）也很难确定，因为人们很难预估构建系统所需的时间。然而，如果乔斯和他的团队能够确定开发该系统并将其投入使用需要至少 6 个月的时间，埃米丽和所罗门就可以确定他们能否接受这个时间周期。在项目的这个阶段，该公司不应该依赖于对成本或进度的预估；这些预估的目的只是排除那些明显不可行的项目。

技术可行性（technical feasibility）是指现有的信息技术是否有可能满足这个新系统的需求。关于 iMed Analytics 公司的测试版系统，开发团队将评估当前的测试版系统与他们想要支持的物联网设备之间存在的技术差异。例如，iMed 公司能否从智能血压计中提取数据、分析数据并将数据以控制面板的形式发送给医生？

最后，组织可行性（organizational feasibility）关注的是该新系统是否符合组织的习俗、文化、章程或法律要求。作为 iMed 公司的创始人，所罗门可能高估了医生使用 iMed 系统的意愿。出于对保护患者隐私的考量，医生们可能会拒绝使用 iMed 系统。iMed Analytics 公司的团队还必须考虑在多个组织之间传输医疗数据的相关法律规定。

● 组建项目团队

如果能确定该项目是可行的，下一步就是组建项目团队。通常，项目团队由 IS 专业人员和用户代表组成。项目经理和 IS 专业人员可以是内部人员，也可以是外部供应商。在第 11 章中，我们讨论了利用外部资源获得 IT 专业人员支持的各种方法以及外包的好处和风险。

开发团队的人员一般包括项目经理（大型项目可能会有几个项目经理）、业务分析师、系统分析师、程序员、软件测试人员和用户。业务分析师（business analyst）专注于理解业务需求、战略和目标，并帮助组织完成系统以实现其竞争战略。系统分析师（systems analyst）是既了解商务又了解技术的 IT 专业人员。

系统分析师更擅长 IT，比业务分析师更懂技术，不过二者的职责有相当大的重叠。二者在整个系统开发过程中都很活跃，并且在系统开发过程中对于项目的推进起着关键的作用。业务分析师更多地是与经理和管理人员在一起工作；系统分析师整合程序员、测试人员和用户的工作。根据项目的性质，项目团队成员可能还包括硬件和通信专家、数据库设计师和管理员以及其他 IT 专家。

项目团队的组成会随着时间的推移而变化。在确定需求期间，团队主要由业务分析师和系统分析师组成；在设计和实现期间，团队将主要由程序员、测试人员和数据库设计人员组成；在集成测试和系统转换期间，团队将增加测试人员和业务用户的数量。

在整个系统开发过程中，用户参与始终是至关重要的。根据项目的大小和性质，用户会被分配到项目中，他们可以是全职的，也可以是兼职的。有时，用户还会被分配到定期开会的审查监督委员会中，特别是在项目阶段完成或其他重要事件完成时。用户会以许多不同的方式参与开发工作。重要的一点是让用户积极参与并在整个开发过程中对该项目有所有权。

项目团队组建后的第一个主要任务是制订项目计划。项目团队的成员要详细说明需要完成的任务、分配人员、确定任务依赖关系，并设定进度表。

12.5 用户在需求分析阶段的作用是什么

需求分析阶段的主要目的是确定和记录新系统的具体特点和功能。对大多数开发项目来说，这个阶段需要采访几十个用户，可能要记录数百条需求。因此，确定需求的成本是很高的。而且你会发现，确定需求也是很难的。

● **确定需求**

确定系统需求是 SDLC 的几个阶段中最重要的阶段。如果需求是错的，那么系统也会是错的。如果需求能完整而准确地被确立下来，那么设计和实现系统将会变得更容易，也更有可能获得成功。

需求的例子包括：网页的内容和格式以及这些页面上按钮的功能、报表的结构和内容、数据输入窗体中的字段和菜单选项。需求不仅包括要产出什么，还包括产出的频率和速度。还有一些需求指定了要存储和处理的数据量。

如果你选修了系统分析与设计课程，你将花费数周的时间来学习确定需求的方法。在这里，我们只会概述一下这个过程。通常，系统分析师会访谈用户并持续记录访谈结果。良好的访谈技巧至关重要，因为，众所周知，用户往往无法很好地描述他们的需求是什么，而且用户倾向于只关注接受访谈时他们正在执行的任务。如果面试发生在季度中期，那么季度末或年末要完成的任务就会被遗忘。经验丰富的系统分析师知道如何通过访谈来发现这些需求。

如图 12-5 所示，需求的来源包括现有系统和用户希望新系统具备的网页、窗体、报表、查询以及应用特点和功能。安全性是另一类重要的需求。

如果新系统需要一个新数据库或需要对现有数据库进行较大的修改，那么开发团队将创建一个数据模型。正如你在第 5 章中学到的那样，该模型必须反映用户对组织及其业务活动的看法。因此，数据模型是在用户访谈的基础上构建出来的，而且必须由这些用户来验证其有效性。

有时，在确定需求的过程中，工作人员会过于关注软件和数据这两个要素，以至于忽略了其他要素。经验丰富的项目经理会确保自己考虑到所有五个 IS 要素的需求，而不仅仅是软件和数据。关于硬件，团队可能会问：对硬件是否有特殊的需求或限制？是否有组织标准规定了什么类型的硬件可以用或不可以用？新系统必须使

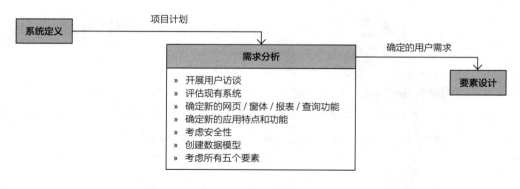

图 12-5 SDLC 的需求分析阶段

用现有的硬件吗？对通信和网络硬件或云服务有什么需求？

同样地，团队应该考虑到规程和人员方面的需求：会计监督是否需要职责和权力分开的规程？是否只有某些部门或特定人员才能采取某些行动？是否有政策或工会制度限定了某些活动只能由某些类别的员工参加？该系统是否需要与其他公司和组织的信息系统对接？简而言之，需要考虑新信息系统所有要素的需求。

以上都是在需求分析期间必须提出和回答的问题，我们在此仅举几个示例。

● 核准需求

一旦确定了需求，用户就必须在项目继续推进之前审查并核准这些需求。在这个阶段修改信息系统是最简单的，也是成本最低的。此时，想要修改一项需求，只要简单地修改一条描述即可。在实现阶段修改需求，则可能需要数周的时间来重新设计应用程序组件和数据库结构。

● 测试版系统的作用

因为需求很难确定，所以构建一个工作测试版系统是非常有好处的，因为未来的系统用户往往很难理解以文字和草图表示的需求，而使用测试版系统能给他们提供直观的体验。在使用测试版系统的过程中，用户将评估其可用性，并想起自己忘记提及的特点和功能。此外，测试版系统也为评估系统的技术可行性和组织可行性提供了证据。而且，测试版系统产生的数据可被用于估算开发和运营成本。

想要测试版系统生效，就必须把它实际投入使用；窗体和报表的模型虽然会有帮助，但不会产生上文描述的那些好处。测试版系统必须能让用户使用该系统来完成任务。

创建测试版系统的成本可能会很高，然而，这种支出通常是合理的，不仅因为它能使需求更清晰、更完整，而且还因为测试版系统的某些部分通常可以被重复运用于将来运行的系统。使用云是有好处的，因为可以短期低价地租赁硬件和存储容量，而不需要进行一次性购买和安装。

可惜的是，系统开发人员在获取开发测试版系统所需资金时会面临一个困境：测试版系统的成本出现在系统开发过程的早期，有时是在项目资金到位之前。"我们需要测试版系统来获得资金，同时，我们需要资金来获得测试版系统。"不幸的是，对于这个问题，除了运用基于直觉的经验，目前还没有统一的解决办法。我们再一次看到了市场对非常规解决问题能力的需求。

12.6　五要素是如何设计的

下一阶段是设计五个要素中的每一个要素。通常，团队通过开发备选方案来设计每个要素，再根据需求来评估每个备选方案，然后在这些备选方案中做出选择。准确的需求对于方案评估至关重要；如果需求是不完整的或者错误的，它就会成为糟糕的评估标准。与五个 IS 要素对应的设计任务如图 12-6 所示。

● 硬件设计

对于硬件，团队应该确定其所需硬件的规格和来源。团队可以购买硬件、租用硬件，或者租用云端托管服务（这里说的硬件设计不是指设计 CPU 或磁盘驱动器）。

对于 iMed 系统，其数据是存储在云端的，可能有一些应用程序的处理也是在云端完成的。从这个意义上说，硬件设计的过程就是确定需要什么云资源的过程。然

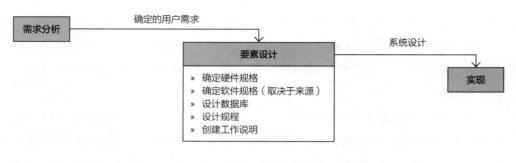

图 12-6　SDLC 的要素设计阶段

而，iMed 系统的设计人员还需要决定他们打算让该系统支持哪些设备。除了支持欧姆龙的设备，他们还希望支持哪些医疗设备？该决定也涉及软件设计——如果 iMed 系统使用 Web 应用程序，该项目就可以在不必为每种设备创建本地应用程序的情况下支持更多设备。

● 软件设计

软件设计取决于程序的来源。对于现成软件，团队必须确定候选产品，并根据需求对这些产品进行评估。对于半定制软件，团队要确定需要获取的现成软件并确定需要进行的修改。对于定制软件，团队要给出用于编写程序代码的设计文档。

对于基于云的系统，一个重要的设计决策是应用程序的处理将在哪里进行。处理可以全在客户端设备上进行或全在云服务器上进行，也可以二者混合使用。此外，对于移动系统项目，在这个阶段团队应该决定是构建基于 Web 的应用程序还是本地应用程序。

● 数据库设计

如果开发人员正在构建数据库，那么在这个阶段，他们将使用本书第 5 章中讨论的技术将数据模型转换为数据库设计。如果开发人员使用现成的程序，那么他们几乎不需要进行数据库设计；程序会自行处理数据库。

● 规程设计

对于商务信息系统，系统开发人员和组织还必须为用户和操作人员设计规程。对于正常、备份和故障恢复操作，需要制定相应的操作规程，如表 12-1 所示。在通常情况下，规程由系统分析师和关键用户组成的团队来设计。

表 12-1　需要设计的规程

	用户	操作人员
正常处理	» 使用系统完成业务任务的规程	» 启动、停止和操作系统的规程
备份	» 用户备份数据和其他资源的规程	» 备份数据和其他资源的操作规程
故障恢复	» 当系统出现故障时继续操作的规程 » 恢复后转换回系统的规程	» 确定故障来源并修复系统的规程 » 恢复和重启系统的规程

● 工作说明设计

与人员相关的设计包括为用户和操作人员撰写工作说明。有时新的信息系统需要新的岗位。如果是这样，则需要根据组织的人力资源政策来确定这些岗位的职责。更常见的是，组织会给现有的岗位增加新职责。在这种情况下，开发人员要在这个阶段定义这些新职责。有时，这项任务就像"杰森（Jason）负责管理密码"这种句子一样简单。与规程一样，系统分析师和用户组成的团队负责确定工作说明和工作职能。

12.7　信息系统是如何实现的

一旦设计完成，SDLC 的下一个阶段就是实现阶段。此阶段的任务是构建、测试新系统并将用户转换到新系统中（见图 12-7）。开发人员会独立构建每个要素：获取、安装和测试硬件；授权并安装现成的程序；根据需要修改和定制程序；构建一个数据库并向该数据库中填充数据；记录、审查和测试程序，并创建培训计划。最后，组织会雇用和培训需要的人员。

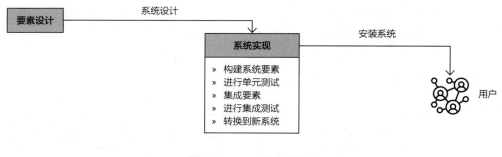

图 12-7   SDLC 的实现阶段

● 系统测试

一旦开发人员构建并测试了所有要素，他们就可以将单个的要素集成起来并对该系统进行测试。到目前为止，我们一直并未强调测试，就好像测试无所谓似的。事实上，软件和系统测试是一项困难、耗时且复杂的任务。开发人员需要设计和制订测试计划并记录测试结果。他们需要设计一个向人员分配修复任务的系统，并验证修复情况是否正确、完善。

测试计划（test plan）由用户使用新系统时执行的一系列操作组成。测试计划不仅包括用户将执行的正常操作，还包括那些不正确的操作。一个全面的测试计划应该使每一行程序代码都能得到执行。测试计划应该把每个出错信息都显示出来。反复测试会耗费大量精力，开发人员经常通过编写自动调用系统功能的程序来降低测试的人工成本。

现在，许多 IT 专业人士都是测试专家。测试，通常也被称为产品质量保证（product quality assurance，PQA），是一项重要的工作。PQA 人员通常会在用户的建议和帮助下制订测试计划。PQA 测试工程师会执行测试，同时也监督用户的测试活动。许多 PQA 专业人员都是编写自动化测试程序的程序员。

除了 IT 专业人员，用户也应该参与系统测试。用户需要参与测试计划和测试案例的开发工作，他们也可以成为测试团队的成员，在 PQA 人员的指导下进行工作。用户对系统是否可以使用拥有最终决定权，如果你被邀请以用户测试员的身份加入测试团队，请认真履行你的工作职责。开始在生产过程中使用该系统之后，再想对问题进行修复将变得困难得多。对于你将依赖的任何系统，参与测试案例的开发以及测试本身都很重要（也是明智之选）。用户坐在一旁，直到系统完成，然后抱怨功能缺失或者错误——这对开发团队来说是不专业、不明智、不公平的！

Beta 测试（Beta testing）是允许未来的系统用户自己试用新系统的过程。软件供应商（比如微软）经常发布产品的 Beta 版，以供用户试用和测试。这些用户会将问题反馈给软件供应商。Beta 测试是测试的最后阶段。通常，Beta 测试阶段的产品是完整的、功能齐全的，一般很少有严重错误。开发新的大型信息系统的组织有时会像软件供应商一样使用 Beta 测试过程。

● 系统转换

一旦系统通过了集成测试，组织就会安装新系统。系统转换（system conversion）这个术语通常就是指这项活动，即将业务活动从旧系统转换到新系统的过程。

组织可以通过以下四种方式之一实现系统转换：

- » 试点安装；
- » 分段安装；
- » 并行安装；
- » 冒险安装。

根据具体情况，IS 专业人员会推荐前三种方法中的一种。在大多数情况下，组织应该避免"冒险一试"。

通过试点安装（pilot installation），组织在其限定的部分业务中安装了整个系统。试点安装的优点是，如果该系统失败了，组织也能将这次失败控制在一个有限的范围内。这样就减少了组织整体业务的曝光情况，也避免了新系统在整个组织中名声受损。

顾名思义，分段安装（phased installation）是指在整个组织中分阶段安装新系统。一旦某个部分可以正常运行了，组织就会安装和测试系统的下一个部分，直到整个系统安装完成。有些系统集成得太紧密，以至于无法以分阶段的方式进行安装。这时，系统必须以其他方式安装。

在并行安装（parallel installation）中，新系统与旧系统会同时运行，直到新系统经过测试、完全可以正常应用为止。并行安装的成本很高，因为组织需要同时运行两个系统。用户的工作时间必须翻倍才能同时运行这两个系统。此外，组织还要做大量的工作来确定新旧系统的结果是否一致。

然而，一些组织认为并行安装的费用相当于买保险。它是最慢、最昂贵的安装方式，但如果新系统出现故障，它确实能够提供一条简单的退路。

最后一种转换方式是冒险安装（plunge installation），有时也被称为直接安装。如果使用这种方式，组织会关闭旧系统并启动新系统。如果新系统出现故障，组织就有麻烦了：在修复新系统或重新安装旧系统之前，什么工作也做不了。由于它存在风险，因此组织应该尽可能地避免这种转换方式。唯一的例外是，新系统提供的新功能对组织的运作来说并不是至关重要的。

表 12-2 总结了五个要素在设计和实现阶段的任务。请用这张表来测试你对每个阶段任务的了解程度。

表 12-2　五个要素的设计与实现

	硬件	软件	数据	规程	人员	
设计	确定硬件的规格	选择现成的程序；设计必要的修改方案并定制程序	设计数据库及相关结构	设计用户和操作规程	编写用户和操作人员工作说明	
实现	获取、安装、测试硬件	获取许可并安装现成的程序；编写要修改和定制的程序；测试程序	创建数据库；填充数据；测试数据	起草规程文件；创建培训计划；审查和测试规程	雇用和培训人员	对每个要素进行单元测试
集成测试和转换						

12.8　系统维护的任务有哪些

SDLC 的最后一个阶段是维护阶段。使用"维护"这个词并不准确；人们在这个阶段所做的工作其实是修复系统使其正常工作，或者修改系统使其适应需求的变化。

维护阶段的任务如图 12-8 所示。首先，需要有一种手段来跟踪故障和新的改进需求。对于小型系统，组织可以使用办公文档来记录错误和需要改进之处。然而，随着系统变得越来越大，以及修复错误和改进功能的请求数量的不断增加，许多组织会发现，有必要开发一个错误跟踪数据库。这种数据库包含对每个错误或改进的描述，它还记录了是谁报告的问题、将由谁来负责修复或改进工作、该项工作的现状如何，以及修复或改进后是否已由发起人进行了测试和验证。

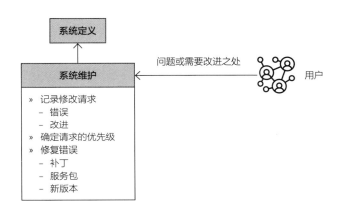

图 12-8　SDLC 的系统维护阶段

在通常情况下，IS 人员会根据系统问题的严重程度对其进行优先级排序。他们会尽快解决优先级高的问题，并在时间和资源允许时解决优先级低的问题。

在软件方面，软件开发人员会将高优先级错误的修复分组到一个补丁（patch）中，该补丁可以应用于特定产品的所有副本。软件供应商负责提供补丁以修复安全漏洞并解决其他关键问题。软件供应商通常会将低优先级问题的修复分到一个更大的组中，即服务包。用户使用服务包的方式与使用补丁的方式大致相同，只不过服务包中通常包含对成百上千个问题的修复。

顺便说一下，你可能会惊讶地发现，所有商业软件产品在发布时都带有已知的错误。通常，软件供应商会测试自己的产品并去除最严重的问题，但它们很少会去除已知的全部缺陷。带缺陷发布产品是一种行业惯例；微软、苹果、谷歌、Adobe 和许多其他公司的产品都存在已知的问题。

因为改进是对新需求的适应，所以开发人员通常会将改进请求与错误分开进行优先级排序。做出改进决定涉及一个经营决策，即该改进能否产生可接受的回报率。

虽然使用服务包可以进行微小的改进，但大的改进请求通常会导致产品发布新版本。

你在阅读本文时，请记住，尽管我们通常认为错误和改进适用于软件，但它们也可以应用于系统的其他要素。硬件或数据库也可能有错误或需要改进。在程序和人员方面也可能存在错误和需要改进之处，尽管人们会用比"错误"或"改进"更人性化的词语来描述后者，但其中的基本思想都是相同的。

如前文所述，请注意，维护阶段启动了 SDLC 流程的另一个周期。改进系统就是重新启动系统的开发过程。即使是一个简单的错误修复也需要经历 SDLC 的所有阶段；如果只需要进行一次小的修复，可以由一个人用简化的形式完成这些阶段。不过，尽管形式是经过简化的，但每个阶段也是要经历一遍的。

12.9   系统开发生命周期存在哪些问题

尽管 SDLC 流程在行业内取得了显著成功，但正如本节将讨论的那样，它也存在许多问题。

● SDLC 属于瀑布开发

SDLC 存在问题的原因之一，是 SDLC 在本质上属于瀑布开发。就像一连串的瀑布一样，该流程本应在一系列不重复的阶段中执行。例如，团队顺利经过需求阶段，如瀑布一般流入设计阶段，然后继续流过整个流程（请回看图 12-3 ）。

不幸的是，在多数情况下，系统开发很少能够如此顺利地进行，工作人员经常需要回头重做先前阶段的工作。最常见的情况是，当设计工作启动且团队已经开始评估备选方案时，他们才得知一些需求声明是不完整的或缺失的。这时，团队需要做更多确定需求方面的工作，但这个阶段本应已经完成了。在一些项目中，团队在需求和设计之间会来回切换很多次，以至于项目看起来像失去了控制一样。

◉ 记录需求的困难

另一个问题是，我们很难以可用的方式记录需求，尤其是对于复杂的系统。本书的作者之一戴维·M. 克伦克曾经管理过波音公司一个软件项目的数据库部分。工作团队当时在这个项目中用了 70 多年的劳动时间来编写一个需求声明。打印时，这份声明文档由 20 多卷组成，堆叠起来有 7 英尺 [①] 高。

在进入设计阶段时，团队发现没有人真正了解与特定功能相关的所有需求。大家开始设计一个功能，却发现自己没有考虑到隐藏在该文档中的某个需求。简而言之，这些需求太笨重了，以至于几乎无法使用。此外，在需求分析期间，飞机产业有了一定的发展。当团队进入设计阶段时，却发现许多需求不够全面，还有些已经过时了。花费太多时间去记录需求的项目有时会处于一种分析瘫痪（analysis paralysis）的状态。

◉ 进度和预算困难

面对一个新的大型系统，对其开发进度和预算的预估是非常不精确的，有时候甚至可以到荒谬的地步。管理人员试图严肃对待进度和预算，但是当团队正在开发一个历时多年且耗资数百万美元的大型项目时，只能对劳动时间和完成日期进行一个大致的预估。团队成员并不知道做某些事情需要多长时间，也不知道有多少判断实际上只是猜测。他们知道，预估的总预算和总时间是每个人的这种猜测的总和。许多大型项目的预算和进度都没有什么根据。

事实上，软件行业已经做了很多工作来提升预测的准确性。但是，对有着大型 SDLC 阶段的大型项目来说，任何技术都无法很好地解决存在太多不确定性的问题。因此，SDLC 之外的开发方法已经出现了，这些方法通过一系列小的、易管理的模块来开发系统。Scrum、面向对象开发和极限编程等敏捷技术就属于这样的方法。

---

① 1 英尺 = 0.3048 米。——编者注

本章的知识对你有什么帮助

在你职业生涯中的某个时间点，可能不超过五年，你将需要用到本章及相关章节延伸中的知识。无数个新系统将被开发出来，而这些系统都需要进行管理。考虑到人工智能、机器人、无人机、无人驾驶技术和 3D 打印技术，生产或运营部门的人怎么可能不参与系统开发？财务和会计部门呢？大的机遇在哪里？如何为这些机遇进行融资？当然，所有管理学专业的毕业生都将在新系统开发和项目管理方面发挥重要作用。

你们这一代人拥有移动设备和应用程序的使用经验，比以往任何一代人都更精通计算机。所以，你不想忍受设计糟糕的界面，因为你见过设计得更好的界面。同样地，你会期望 IS 帮助你完成工作，也不再想要忍受低效的系统。但是，想要让自己更有话语权，你就需要具备系统开发方面的知识。你要知道接下来该怎么做，而本章的知识可能会让你走上正确的道路，并在新的开发项目中保持正确的方向。

创新指南

用 5G 加速进入未来

你有没有试过长途公路旅行，在一路上看到各种各样的风景，包括都市、丘陵、山脉、深谷？如果有过这种经历，你就会知道，从无尽的、起伏的田野到参差的悬崖和蜿蜒的峡谷，各种地貌吸引人的程度是不一样的。你可能注意到了，除了风景的变化，手机服务的可用情况也在发生变化。

当移动信号塔超出覆盖范围或者该地区的地形变得多山时，稳定而快速的下载和上传功能可能会戛然而止。没有什么比依赖边缘网络更糟糕的事了！虽然公路旅行中的移动电话服务似乎与我们谈论的商务场景相去甚远，但这种场景实际上与许多工厂车间中可能出现的因特网连接问题非常相似。

让我们设想一个由大型仓库改造而成的生产车间。车间内可能有许多自动化制造区，也有摆满各种材料的大型货架区（足足有几层楼高），有成堆的、等待投入生产的组件，还有成堆的、等待向客户发货的成品。虽然为了最大限度地提高网络速度和覆盖范围，工厂周围部署了 Wi-Fi 接入点，但由于存在信号难以穿透的障碍物（例如机器、货架、金属设备等），这种工厂中通常有很多 Wi-Fi 信号盲区。

越来越多的机器接入了互联网，工厂里到处都是自主移动的自动化设备，而这些机器和设备都依赖无线通信，所以高速稳定的无线网络覆盖对于这些工厂的高效运行至关重要。

进入 5G 时代

5G 是指蜂窝网络的第五代无线技术，目前美国的主要电信运营商都在推广该技术。5G 信号可以使用毫米波段、中波段或低波段进行传输。不同波段的覆盖范围和下载速度有所不同，但总的来说，5G 服务可以提供更快的速度、更少的延迟（即更快的响应时间），以及比前几代技术连接更多设备的能力。

虽然这些提升能够改变我们所有人将移动设备连接到互联网的体验，但 5G 不仅仅会影响私人用户，它对于各种利益相关者都有许多重要意义。

想想前文提到的工厂，它一直受到不稳定的 Wi-Fi 速度和信号盲区的困扰。值得指出的是，一个多世纪以来，工厂不得不依赖有线设备，而许多工厂直到今天仍然依赖有线设备，因为无线连接一直存在一些棘手的问题。在工厂内部使用 5G 可以大大缓解这些问题。

5G 实际上需要更多的天线，因为它会在更短的距离内传输数据，所以工厂车间将受益于这种紧密结合的技术框架。此外，由于天线密度更高，5G 天线将提供更快、更稳定的速度，而且它还可以支持目前工厂车间里大量部署的、连接到因特网的多种设备（即物联网）。

许多专家还预测：5G 的发展将对体育界产生巨大的影响。例如，体育迷通常希望能尽可能多地了解球员和球队的信息。从球到运动员的装备（如头盔和垫肩），在所有东西中都嵌入传感器将成为大势所趋。使用 5G 技术是一个很棒的解决方案，因为它能支持所有这些传感器的通信，并有着更少的延迟。5G 对体育界的其他影响还包括允许用户选择任意数量的摄像头视角或视频源来观看比赛。

其他一些可能受到 5G 影响的领域包括无人驾驶汽车（这类汽车拥有众多传感器并有可能与其他自动驾驶汽车进行实时通信）、增强和混合现实应用（例如电影和游戏）、医疗保健应用（包括高保真远程医疗和远程外科手术）以及摄像头和监控图像（因上传速度提高和延迟情况改善而得以改进）。

虽然有些人可能认为 5G 只是让我们在更短的时间内下载内容，但显然它还有更多的影响。速度更快和延迟更少的连接可能会改变我们在不断扩大的数字世界中所做的一切！

1. 许多关于部署 5G 基础设施的新闻都将这个过程称为一场竞赛。你认为各国是"赢"还是"输"取决于它们应用 5G 的速度吗？请解释原因。

2. 5G 不仅自身有望提供令人难以置信的新功能，而且还有望成为一个放大器，帮助其他新兴技术变得更强大。你认为 5G 将如何为人工智能赋能？

3. 请再想出三个能够从 5G 的高速度和少延迟中受益的行业或流程。

4. 你认为 5G 为什么可以被用于改善信息安全？

安全指南

物联网和 Mirai

你家里或公寓里有多少个设备连接到了互联网？答案可能会让你大吃一惊。你或许很难相信，仅仅在 10 到 20 年前，大多数美国家庭都只有一台可以上网的台式电脑（也有一些家庭没有电脑或互联网连接）。从那时起，摩尔定律和梅特卡夫定律以及带宽的增加成为联网设备激增的催化剂。

到了今天，走进一个普通家庭时，你会发现，几十个设备连接到互联网的情景并不罕见，包括台式机、笔记本电脑、平板电脑、手机、游戏机、流媒体设备、智能电视、智能扬声器、家庭安全设备（如报警系统、安全摄像头、烟雾探测器和可视门铃）、婴儿监视器、人工智能助手、电器等。除了这些设备的核心功能，许多设备还被设计为可以与其他联网设备进行互操作，以创建系统和"系统的系统"。这些互联设备可以在没有人为干预的情况下进行通信和互操作，构成的生态系统通常被称为物联网（IoT）。

物联网，不是安全网

开发物联网产品的公司必须以这样一种方式开发设备：无需复杂配置，设备即可高效地与其他设备进行通信。早期使用者并不是唯一购买物联网设备的群体，而这些产品现在已经成为主流，这就意味着大多数物联网消费者缺乏解决问题所需的技术技能。因此，物联网设备的安全设计通常是一种补救措施而不是会被优先考虑的事情。物联网设备每增加一重安全保护，其开发速度都会减慢，并最终推迟其上市时间。

因此，物联网设备是人们在安全性和便利性之间权衡的另一个例子。这就好比要求你为网上银行账户设置 50 个字符的密码——虽然这种方式能保障账户安全，但你不会愿意忍受每次想查看账户余额都要输入 50 个字符的不便。许多物联网设备唯一的安全保障是访问设备和设置设备时需要输入用户的用户名和密码。然而，用户在设置设备时经常会忘记创建新密码，这可能会造成严重的安全漏洞。

事实上，由于物联网设备的主人经常忘记为其设备创建新密码，因此一些黑客已经将物联网设备确定为创建其大规模僵尸网络的主要目标（"僵尸"被用来比喻已被黑客入侵的、具有互联网连接的设备）。然后，这些僵尸网络可以被用作大规模协同拒绝服务（DoS）攻击的一部分。许多 DoS 攻击的规模相对较小，大多数较大的组织都有对策来避免这类攻击。然而，一个由三名黑客组成的小组最近将僵尸网络和 DoS 攻击提升到了新的高度。

遇到 Mirai

美国罗格斯大学（Rutgers University）的一名大学生和另外两个人一起开发了一款专门针对物联网设备的恶意软件，专门用来创建僵尸网络。其最初目的是让黑客在玩热门游戏"我的世界"（Minecraft）时能占得先机。从本质上讲，僵尸网络使黑客们在游戏中能够断开对手的网络连接，迫使其下线，从而战胜对手。然而，黑客们在创建一款名为 Mirai 的恶意软件时非常精明，以至于该僵尸网络的规模增长到了前所未有的水平。Mirai 在最初的几小时内感染了数万台设备，然后感染设备数每小时会增加一倍，总共感染了约 60 万台电脑。

在认识到他们创造的这个"数字怪物"的力量之后，这几名黑客开始提高僵尸网络的复杂性，并针对各种目标发起了一系列攻击。当执法机构开始加大调查力度时，这几名黑客在网上公布了他们的代码，这种策略通常是为了掩盖其恶意软件创建者的身份。然而，将代码发布到网上可比简单地放烟幕弹造成的影响大得多：其他黑客组织开始争相使用这些代码来创建自己的僵尸网络。在接下来的 5 个月里，发生了超过 1.5 万起与 Mirai 相关的 DoS 攻击。

尽管最初的三名黑客最终被抓并认罪，但这些代码仍然存在，谁也不知道这个"数字怪物"何时会消失。对普通人来说，最好的办法是更改物联网设备上的密码，以确保自己的设备不会成为下一波大型僵尸网络攻击的目标。

问题

1. 花几分钟时间想一想你家的家庭网络和联网设备。你家有多少个物联网设备？你是否为每个账户创建了新密码以确保它们不容易受到攻击？攻击者如何获得访问这些设备的权限？
2. 想一想你每天与科技产品的互动。想出另外三个人们在安全性和便利性之间权衡的例子（除了本文提到的"使用长密码"这种方式）。

3. 为什么物联网设备会成为容易受到攻击的目标？

4. 黑客们破坏了众多网站和公司的数字业务，你认为他们是否应该受到更严厉的惩罚？尽管有些黑客被抓了，他们甚至可能会对自己的行为感到抱歉，但恶意软件的开发还会继续。法律应该如何惩罚恶意软件的开发行为？

就业指南

培养你的个人品牌

在前面的章节中，你在"就业指南"中读到的人物都是在 MIS 领域取得成功的真实人物。针对他们的访谈解释了这些人是如何得到这份工作的、是什么吸引他们进入这个领域的、他们典型的工作日是什么样的，以及他们喜欢这份工作的哪些方面。你也可以从中了解到做好这类工作需要的技能和接受的教育。现在你即将学完这本书，你对什么是管理信息系统也有了一定的认识。你了解了它的主要内容、理解了许多相关术语，并听取了在该领域工作的一些真实人物的意见。希望这些都能让你对 MIS 领域内的职业有一个真实的认识。如果你对这类职业感兴趣，或者，你想去别的领域工作，学习如何发展个人品牌都是很重要的。

专业人士会使用社交媒体（如领英）来建立他们的个人品牌。你可能仍旧年轻、缺乏工作经验，或者还不够独特，所以无法拥有个人品牌，但话说回来，也许事实并非如此。即使现在不是建立个人品牌的合适时机，如果你想成为一名商业领袖，你也需要在未来的某个时候拥有、建立和维护你的个人品牌。

那么，什么是"建立个人品牌"呢？它不是令人尴尬的自我推销。建立个人品牌不是给自己打广告，也不是对自己最近的经历进行总结。相反，它是一种让自己的才能与市场建立真实关系的手段。这个市场里可能有专业的同行、你的雇主、你的同事、你的竞争对手，以及任何关心你所关心的事情的人。

作为一名商务专业人士，你该如何建立非业务相关的、真实的私人关系？你首先要意识到，你在工作中接触的人不仅仅是老板和同事，他们更是实实在在的人，他们有着人类共同的复杂性。有了这个想法后，你能否利用社交媒体将业务上的关系转变为私人关系？

这样的转变是可能的，但困难重重。你不会想在领英或行业博客上分享自己个人生活的每一个细节，因为这些网站上的读者很少会关心你在巴哈马的假期是怎么度过的。然而，他们可能想知道你躺在沙滩上读了什么、为什么读，从中又学到了什么，或者你对没有学到的东西有多失望。不过，你说的话必须是真实的。

如果你读克尔凯郭尔（Kierkegaard）或亚里士多德（Aristotle）的作品是为了在你的个人博客上炫耀自己的博学，那你就错了。但是，如果读克尔凯郭尔的作品让你对最新的商业新闻有了什么伦理道德上的有趣看法，那么许多与你有同样兴趣的读者可能都想听你分享它们。然后，他们就会因为共同兴趣而更加关注你。共同的兴趣可能会带来令人兴奋的新工作机会，或者可能会带来一段令人满意的新关系，也可能会无果而终。你无法预知结果。

在努力推广个人品牌时，你要始终以自己的个人战略为指导思想。你可以从个人竞争战略的视角再回去看看图2-5。你的个人竞争优势是什么？为什么有人会选择你？你的专业知识或你的工作成果强于其他人吗？带着这些问题的答案，请开始建立你的个人品牌。再强调一遍，要确保把力气用在建立真实的关系上，而不是自吹自擂上。

同时要意识到，强有力的个人品牌对某些职业来说是必不可少的。例如，如果你想成为一名独立顾问（比如云数据存储隐私和控制方面的专家），你就需要投入大量的时间来发展和维护你的个人职业品牌。但是，不论它是否必不可少，在任何领域、任何工作中，一个强有力的个人品牌都是一笔财富。可以肯定的是，如果你没有一个好的个人品牌，你的竞争对手会有。

问题

1. 请用你自己的话定义并描述个人品牌。
2. 请描述你该如何利用社交媒体（比如领英）在保护个人隐私的同时，让现有的职业关系变得更加私人化。
3. 选择一个你主修的专业领域内的热门话题。比如，如果你学的是运营专业，你就可以选择 3D 打印之类的话题。（不过，在选择之前，请先阅读问题 4。）

   a. 在网上搜索与该话题相关的观点，包括现实情况、当前应用、重大问题和难题及其他方面等。

   b. 寻找两三个该话题领域的专家并访问他们的职业品牌站点。这个品牌站点可能是一个博客、一个网页、一组文章、一个社交媒体站点，或者其他一些关于他们职业精神的公开声明。

   c. 你觉得哪个站点是做得最好的？请解释你这么认为的原因。
4. 假设你成了你在问题 3 中选择的话题的专家。想想你在过去的一年中与这个话题相关的经历。可以是课堂上的经历、课外与同学合作的经历、与室友对话的经历，也可以是你在兼职工作时发生的事情……无论什么都可以。

a. 请列出 10 条这样的经历。

b. 请描述你可以如何利用社交媒体（包括博客）以一种有助于建立个人职业品牌的方式展示这些经历。请从这 10 条经历中选出 5 条你认为最好的经历，然后对其加以描述。

5. 反思你对问题 1 ~ 4 的回答。

a. 你认为拥有个人品牌对你来说重要吗？解释它为什么重要或为什么不重要。（对这个问题的回答未必是肯定的，你有充分的理由即可。）

b. 在回答问题 4 时，对你来说最困难的任务是什么？

c. 你如何才能让自己的大学生活更有价值？总结一下从这个练习中你领悟到了什么。

道德指南

医生在……你的笔记本电脑里

迈克走进办公室，关好门，坐到桌边的皮椅上。他没想到这次会议能进行得如此顺利——现在他知道，所有的准备工作都有了回报。他刚刚提出了一个方案，概述他的医疗实践该如何转向以远程医疗为主的方式。作为诊所里最年轻的医生之一，他确实比同事们更懂技术，也更有创新精神，所以他本以为会遇到相当大的阻力。没想到，其他人这么快就加入了他的行列，这倒让他有些吃惊。

这种变化背后的驱动力其实很简单，因为年轻一代想要得到更方便、更技术化的服务。如果你可以用一个应用程序来点餐、叫出租车，甚至找到下一个约会对象，那为什么医疗保健服务不能变得同样简单和便捷呢？此外，迈克在一个相对偏远的农村地区工作，他的诊所是该地区主要的医疗保健服务机构，他

认为提供数字服务能为那些住得远的人带来方便——他们可能需要开车 30 到 60 分钟才能到达医生的办公室。

他想知道一些病人有时候是否会因为距离太远而不来进行定期检查。在医学院读书时，他的一个研究方向是预防保健。对他来说，促使病人接受检查并关注自己的健康是很重要的事情。此外，由于检查过程中使用的许多仪器现在都可以在网上以相对便宜的价格买到，因此患者无须亲自与医师会面，就可以获得准确的医疗数据。换句话说，患者能以最低的成本轻松获得严谨的医疗服务。

这个变化还有一方面原因，那就是在传染性病毒肆虐的背景下，让所有患者到医疗机构寻求治疗很显然会带来一定的风险。让一群病人坐在一起等待检查或测试是不太理想的。对迈克的诊所来说，在网上与尽可能多的病人会面，

然后把剩下的需要本人到场治疗的工作外包给邻县的医院或医疗办公室，这样则会安全得多。

对某些患者而言，在线诊疗可能会更贵或更耗时，但对诊所而言，由于大多数诊疗实际上可以在线开展，因此诊所能保证收益并降低整体成本和风险，这种方式在经济上具有可行性。如果一切顺利，迈克甚至可以完全关闭线下办公室，让医疗团队成员在各自的家里工作——如果他们可以关闭线下办公室，就真的可以省下一笔钱！

能听到我说话吗

迈克慢慢合上笔记本电脑，瘫坐在椅子上，这似乎是他职业生涯中最漫长的一天。他刚刚结束了与病人视频连线的一天，可是，只有其中大约一半的连线是成功的。许多患者都不知道如何加入视频会议，还有更多患者的网络连接不稳定——要么是连线中断，要么是音频或视频断断续续，以至于他们无法进行正常且有意义的对话。

自从迈克几个月前初次提出方案以来，诊所团队做了一些人口统计和地理分析工作。他们发现，许多病人要么处于职业生涯晚期，要么已经退休，而且大多数病人生活在电信基础设施有限的地区（也就是电话服务差或网络连接不稳定／带宽低的地区）。他没有想到网络条件竟然如此不尽如人意，甚至连基本的视频通话都无法正常进行——但这在当地似乎是常态，而不是例外情况。难道他犯了一个职业生涯中最大的错误吗？

目前诊所也不能完全恢复线下诊疗

服务。为了转换到这种新型的在线诊疗形式，他们投入了太多的时间和金钱，可是，如果他们因技术限制而无法真正为患者提供有意义的诊疗，这种新模式终将无法持续，诊所最终会破产。当他起身把白大褂挂到壁橱里时，他还没关上门，白大褂就从衣架上滑了下来，掉在了地板上，他希望这不是个不祥之兆。

抛弃客户

斯特拉（Stella）和查理（Charlie）一起走到室外去查看信件——这是他们二人自几年前退休以来养成的日常习惯。幸运的是，他们成功地削减了许多开支，所以催缴账单的信件不会太多。他们主要关注的是孙女们寄来的卡片和图画。在一堆邮件的最上面，他们抽出了一封"迈克医生"的来信。"会是什么事呢？"查理对斯特拉说。"我觉得我们至少还要再过几个月才需要体检。"查理打开信，开始大声朗读起来——

亲爱的患者：

　　首先祝您身体健康。您知道，我们诊所几个月前转换成了线上／远程医疗形式。我们非常遗憾地发现，纯粹的线上形式并不适合当地的客户群，特别是考虑到与本地区相关的一些技术限制。因此，我们将把我们的远程医疗业务与市区的一家大型医院合并起来，同时将服务后者现有的客户群。我们很遗憾地通知您，由于新协议中规定要服务的客户太多，我们无法继续与现有的客户合作了。如果您需要我们推荐其他医疗机构，我们可以提供一些有限的转诊服务。

保重。

查理看着斯特拉，他能看得出来她很担心。迈克的诊所不能去了，他们开车去另一家诊所要花一小时，而且现在他们俩都不太喜欢开车。"他们真的要走了。我们没有便利的医疗服务了吗？"斯特拉问。"看起来是这样的。"查理回答。他们慢慢地沿着车道走回室内。

1. 科技不断地改变和颠覆着各种商业模式和各个行业。迈克将诊所的服务模式转为仅提供线上服务，而且他最终决定只为不受技术限制的客户群体提供服务（这会让以前的客户无法得到便利的诊疗），请思考他的这个决定。

   a. 根据绝对命令（第1章）的观点，这种行为是道德的吗？

   b. 根据功利主义（第2章）的观点，这种行为是道德的吗？

2. 你尝试过远程医疗服务吗？如果你的答案是肯定的，请分享一下你对这段经历的看法。

3. 你认为向在线的医生问诊和去医院进行的线下问诊一样吗？想一想网络课程和传统大学课程（面对面授课）的区别。你认为这两种形式的体验有什么不同？

4. 如果你是迈克的同事，在这种情况下你会给他什么样的建议？

第 12 章要点回顾

请使用本部分验证你是否理解了回答本章学习目标中的问题所需的想法和概念。

1. 什么是系统开发?

- 请定义系统开发。解释系统开发与程序开发的区别。描述系统开发项目所需的专业知识类型。解释为什么格雷格·所罗门需要了解本章的相关知识。

2. 为什么系统开发有难度且有风险?

- 描述系统开发中的风险。总结下列因素可能造成的困难:需求定义、需求变更、进度和预算、不断变化的技术、规模不经济。

3. 系统开发生命周期的五个阶段是什么?

- 说出系统开发生命周期的五个阶段,并简要描述每个阶段的内容。

4. 如何定义系统?

- 请以图 12-4 为指导,谈谈如何进行系统定义。说出并描述评估可行性的四个维度。[提示:可行性的四个维度可以这样排列:成本(cost)、组织(organizational)、进度(schedule)、技术(technical);这样排列后,就可以形成一个首字母缩略词"COST",便于记忆。]

5. 用户在需求分析阶段的作用是什么?

- 请总结需求阶段的任务。描述用户在这个阶段的作用是什么。如果用户不参与或用户不认真对待这项工作,你认为会发生什么?描述用户在需求核准工作中扮演的角色。

6. 五要素是如何设计的?

- 总结信息系统的五个要素的设计活动。请解释需要设计的六类规程。

7. 信息系统是如何实现的?

- 请说出系统实现规程中的两项主要任务。总结系统测试过程。描述系统测试和软

件测试的区别。解释五要素的测试任务。说出四种系统转换方式。描述每种转换
方式并举例说明每种方式何时生效。

8. 系统维护的任务有哪些?

• 解释为什么"维护"一词是不恰当的。总结维护阶段的任务。

9. 系统开发生命周期存在哪些问题?

• 解释为什么 SDLC 被认为是瀑布流程,并描述为什么这个特征可能是个问题。描
述 SDLC 在确定需求时出现的问题。总结 SDLC 的进度困难和预算困难。

本章的知识对你有什么帮助

　　商业环境的变化使系统开发知识对于每个商务专业人士都很重要,请描述这些
变化。解释这些变化将如何影响你的主修专业。

为了给读者提供更好的阅读学习体验，
本书准备了配套电子资源，请您扫码获取。